# 여러분의 합격을 응원하는
# 해커스경찰의 특별 혜택!

## 회독용 답안지 (PDF)

해커스경찰(police.Hackers.com) 접속 후 로그인 ▶ 상단의 [교재·서점 → 무료 학습 자료] 클릭 ▶
본 교재 ...

## FREE 경찰헌법 특강

해커스경찰(police.Hackers.com) 접속 후 로그인 ▶ 상단의 [무료강좌 → 경찰 무료강의] 클릭하여 이용

## 해커스경찰 온라인 단과강의 20% 할인쿠폰

**AFEF4A567A59C6EV**

해커스경찰(police.Hackers.com) 접속 후 로그인 ▶ 상단의 [내강의실] 클릭 ▶
[쿠폰/포인트] 클릭 ▶ 쿠폰번호 입력 후 이용

* 등록 후 7일간 사용 가능(ID당 1회에 한해 등록 가능)

## 합격예측 온라인 모의고사 응시권 + 해설강의 수강권

**EA2C28ABAAFE24N6**

해커스경찰(police.Hackers.com) 접속 후 로그인 ▶ 상단의 [내강의실] 클릭 ▶
[쿠폰/포인트] 클릭 ▶ 쿠폰번호 입력 후 이용

* ID당 1회에 한해 등록 가능

쿠폰 이용 관련 문의 **1588-4055**

# 단기 합격을 위한
# 해커스경찰 커리큘럼

**입문**

**탄탄한 기본기와 핵심 개념 완성!**

누구나 이해하기 쉬운 개념 설명과 풍부한 예시로 부담없이 쌩기초 다지기

TIP 베이스가 있다면 **기본 단계**부터!

**기본+심화**

**필수 개념 학습으로 이론 완성!**

반드시 알아야 할 기본 개념과 문제풀이 전략을 학습하고
심화 개념 학습으로 고득점을 위한 응용력 다지기

**기출+예상 문제풀이**

**문제풀이로 집중 학습하고 실력 업그레이드!**

기출문제의 유형과 출제 의도를 이해하고 최신 출제 경향을 반영한
예상문제를 풀어보며 본인의 취약영역을 파악 및 보완하기

**동형문제풀이**

**동형모의고사로 실전력 강화!**

실제 시험과 같은 형태의 실전모의고사를 풀어보며 실전감각 극대화

**최종 마무리**

**시험 직전 실전 시뮬레이션!**

각 과목별 시험에 출제되는 내용들을 최종 점검하며 실전 완성

* 커리큘럼 및 세부 일정은 상이할 수 있으며,
자세한 사항은 해커스경찰 사이트에서 확인하세요.

**단계별 교재 확인** 및
**수강신청은 여기서!**

police.Hackers.com

해커스경찰

# 황남기 경찰헌법

## Season 2 진도별 모의고사

해커스경찰

## 황남기

### 약력

현 | 해커스경찰 헌법 강의
해커스공무원 헌법/행정법 강의

전 | 동국대 법대 겸임교수
외교부 사무관
윌비스 헌법/행정법 대표교수
제27회 외무 고등고시 수석합격
2012년 공무원 승진시험 출제위원
연세대, 성균관대, 한양대, 이화여대, 중앙대, 전남대, 전북대 사법시험 특강

### 저서

해커스경찰 황남기 경찰헌법 기본서
해커스경찰 황남기 경찰헌법 핵심요약집
해커스경찰 황남기 경찰헌법 Season 1 쟁점별 기출모의고사
해커스경찰 황남기 경찰헌법 Season 2 진도별 모의고사
해커스경찰 황남기 경찰헌법 Season 2 진도별 모의고사 플러스
해커스경찰 황남기 경찰헌법 Season 3 전범위 모의고사 Vol.1 1차 대비
해커스경찰 황남기 경찰헌법 Season 3 전범위 모의고사 Vol.2 2차 대비
해커스경찰 황남기 경찰헌법 최신 판례집 2023 하반기
해커스경찰 황남기 경찰헌법 최신 판례집 2023 상반기
해커스공무원 황남기 헌법 기본서 1권
해커스공무원 황남기 헌법 기본서 2권
해커스공무원 황남기 헌법 진도별 모의고사 기본권편
해커스공무원 황남기 헌법 진도별 모의고사 통치구조론편
해커스공무원 황남기 헌법족보
해커스공무원 황남기 헌법 최신 판례집
해커스공무원 황남기 헌법 단원별 기출문제집
해커스공무원 황남기 행정법총론 기본서
해커스공무원 황남기 행정법각론 기본서
해커스공무원 황남기 행정법 모의고사 Season 1
해커스공무원 황남기 행정법 모의고사 Season 2
해커스공무원 황남기 행정법총론 최신 판례집
황남기 경찰헌법 기출총정리, 멘토링
황남기 행정법총론 기출문제집, 멘토링
황남기 행정법각론 기출문제집, 멘토링

# 서문

본 교재는 헌법 과목의 기출 선지를 진도별로 정리했으며, 기출문제 공부를 충실히 했는지를 점검할 수 있는 모의고사 교재입니다. 모의고사는 이론공부보다 시험장과 비슷한 상황에서 훈련하는 것이 주된 목적입니다. 따라서 다음 사항을 주의해서 본 교재를 활용하시기 바랍니다.

**1.** 모의고사는 20문제당 13분 정도의 시간을 기준으로 풀기 바랍니다.

**2.** 틀린 문제는 암기가 안 된 것인지, 실수인지, 이해를 못해서인지 분석하시기 바랍니다.

**3.** 틀린 문제에 해당하는 범위의 기출문제를 다시 보시기 바랍니다.

**4.** 많이 틀린 파트는 발췌강의를 수강하시거나 기본서 공부를 다시 하시기 바랍니다.

**5.** 이후에 모의고사 선지를 암기하시기 바랍니다.

황남기 헌법 모의고사는 매주 토요일 해커스 노량진 학원에서 1년 동안 상시적으로 진행됩니다. 가능한 한 현장에서 진행하는 모의고사에 참여해보는 것이 실전 훈련에 큰 도움이 될 것입니다.

더불어 경찰공무원 시험 전문 **해커스경찰(police.Hackers.com)**에서 학원강의나 인터넷 동영상강의를 함께 이용하여 꾸준히 수강한다면 학습효과를 극대화할 수 있을 것입니다.

본 교재 작업에는 7급 합격생 다수가 참여하여 정리 작업을 해주었습니다. 또한 해커스 편집팀의 수고가 많이 담겨 좋은 교재로 나오게 되었습니다. 참여해주신 분들에게 감사드립니다. 황남기 헌법 시리즈와 행정법 시리즈는 계속해서 출간할 예정이니 공부 후 실력 점검과 내용 보충에 활용하시기 바랍니다.

2024년 6월

**황남기**

문 4. 법치주의의 의의에 관한 설명으로 가장 적절하지 않은 것은? (다툼이 있는 경우 판례에 의함)

① 법치국가의 원리는 국가작용이 법에 의해 이루어져야 한다는 것을 의미한다.
② 현행헌법상 법치주의를 선언하고 있는 명문의 규정은 없으나, 법치주의는 헌법의 기본원리로 인정된다.
③ 바이마르 헌법하에서는 일반적으로 법치국가의 의미를 형식적으로 이해하여 나치의 합법적 권력장악과 통치를 저지하고자 했으나 결국 실패하였고, 1949년 본(Bonn) 기본법에서도 이러한 형식적 법치주의의 이념이 계승되었다.
④ 법의 지배란 전단적인 국가권력의 지배를 배제하고, 권력을 법에 구속시킴으로써 국민의 권리와 자유에 대한 보장을 목적으로 하는 원리이다. 법의 지배라는 사고는 국왕의 자의가 아니라 법에 의해 지배하여야 한다는 법 우위 사상에서 시작하여, 영미법의 근간으로 발전한 기본원리이다.

문 5. 법치주의에 관한 설명으로 가장 적절하지 않은 것은? (다툼이 있는 경우 판례에 의함)

① 유치원의 학교에 속하는 회계의 예산과목 구분을 정한 '사학기관 재무 · 회계규칙'이 법률유보원칙에 위반된다고 볼 수 없다.
② 특별한 법적 근거 없이 엄중격리대상자의 수용거실에 CCTV를 설치하여 24시간 감시하는 행위는 법률유보의 원칙에 위배된다.
③ 법외노조 통보를 규정한 노동조합 및 노동관계조정법 시행령 제9조 제2항은 법률의 구체적이고 명시적인 위임도 없이 헌법이 보장하는 노동3권에 대한 본질적인 제한을 규정한 것으로서 법률유보원칙에 반한다.
④ 법외노조 통보는 입법자가 스스로 형식적 법률로써 규정하여야 할 사항이고, 행정입법으로 이를 규정하기 위하여는 반드시 법률의 명시적이고 구체적인 위임이 있어야 한다. 그런데 노동조합 및 노동관계조정법 시행령 제9조 제2항은 법률의 위임 없이 법률이 정하지 아니한 법외노조 통보에 관하여 규정함으로써 헌법상 노동3권을 본질적으로 제한하고 있으므로 그 자체로 무효이다.

문 6. 법치주의에 관한 설명으로 가장 적절한 것은? (다툼이 있는 경우 판례에 의함)

① 환경부장관이 하수의 수질을 현저히 악화시키는 것으로 판단되는 특정공산품의 제조 · 수입 · 판매나 사용의 금지 또는 제한을 명할 수 있도록 한 구 하수도법은 죄형법정주의의 명확성원칙에 위배된다.
② 집행명령은 모법에 규정이 없는 새로운 입법사항을 규정하거나 법률에 없는 국민의 새로운 권리 · 의무를 규정할 수 없다.
③ 오늘날 사회현상의 복잡화에 따라 국민의 권리 · 의무에 관한 사항이라 하여 모두 입법부에서 제정한 법률만으로 다 정할 수는 없으므로 반드시 구체적이고 개별적으로 한정된 사항이 아니더라도 하위법령에 위임하는 것이 허용된다.
④ 구 보건범죄 단속에 관한 특별조치법상 형벌의 구성요건 일부에 해당하는 식품의 제조방법기준을 식품의약품안전처 고시에 위임한 것은 헌법에서 정한 위임입법의 형식을 갖추지 못하여 헌법에 위반된다.

문 7. 법치주의에 관한 설명으로 가장 적절한 것은? (다툼이 있는 경우 판례에 의함)

① 고졸검정고시 또는 고등학교 입학자격 검정고시에 합격했던 자는 해당 검정고시에 다시 응시할 수 없도록 응시자격을 제한한 전라남도 교육청 공고는 위임받은 바 없는 응시자격의 제한을 새로이 설정한 것으로서 기본권 제한의 법률유보원칙에 위배하여 청구인의 교육을 받을 권리 등을 침해한다.
② 운전면허를 받은 사람이 자동차등을 이용하여 살인 또는 강간 등 행정안전부령이 정하는 범죄행위를 한 때 운전면허를 취소하도록 한 도로교통법은 법률유보원칙에 위반된다.
③ 인구주택총조사의 조사항목은 사생활의 비밀에 관한 사항이므로 법률에서 직접 정해야 하는 사항이다.
④ 지방의회에 유급보좌관을 두는 것은 반드시 국회가 법률로 정해야 할 사항이 아니므로 조례로 정할 수 있다.

문 10. 소급입법금지에 관한 설명으로 가장 적절한 것은? (다툼이 있는 경우 판례에 의함)

① 친일재산을 그 취득·증여 등 원인행위시에 국가의 소유로 하도록 규정한 친일반민족행위자 재산의 국가귀속에 관한 특별법 조항은 진정소급입법에 해당하며, 친일반민족행위자의 재산권을 일률적·소급적으로 박탈하는 것을 정당화할 수 있는 특단의 사정이 존재한다고 볼 수 없으므로 소급입법금지원칙에 위배된다.

② 헌법불합치결정으로 구법 조항이 실효되어 이미 전액 지급된 공무원 퇴직연금의 일부를 다시 환수할 수 있도록 규정한 부칙조항은 진정소급입법으로서 국회가 개선입법을 하지 않은 것에 기인함에도 불구하고, 법집행의 책임을 퇴직공무원들에게 전가하는 것으로 소급입법금지원칙에 위반된다.

③ 공무원이 '직무와 관련 없는 과실로 인한 경우' 및 '소속상관의 정당한 직무상의 명령에 따르다가 과실로 인한 경우'를 제외하고 재직 중의 사유로 금고 이상의 형을 받은 경우, 퇴직급여 등을 감액하도록 2009.12.31. 개정된 감액조항을 2009.1.1.까지 소급하여 적용하도록 규정한 공무원연금법 부칙조항은 소급입법금지원칙에 위반하지 않는다.

④ 새로운 입법으로 과거에 소급하여 과세하는 것은 소급입법금지원칙에 위반되지만, 이미 납세의무가 존재하는 경우에 소급하여 중과세하는 것은 소급입법금지원칙에 위반되지 않는다.

문 11. 소급입법금지원칙에 관한 설명으로 가장 적절한 것은? (다툼이 있는 경우 판례에 의함)

① 헌법 제13조 제2항이 금하고 있는 소급입법은 진정소급효를 가지는 법률이지 부진정소급효의 입법은 아니다.

② 1945.8.9. 이후 성립된 거래를 전부 무효로 한 재조선미국육군사령부군정청 법령 제2호 제4조 본문과 1945.8.9. 이후 일본 국민이 소유하거나 관리하는 재산을 1945.9.25.자로 전부 미군정청이 취득하도록 정한 재조선미국육군사령부군정청 법령 제33호는 부진정소급입법에 해당하여 소급입법금지원칙에 위반되지 아니한다.

③ 1990.1.13. 법률 제4199호로 개정된 민법의 시행일 이전에 발생한 전처의 출생자와 계모 사이의 친족관계를 1990년 개정 민법 시행일부터 소멸하도록 규정한 민법 부칙은 헌법 제13조 제2항이 금하는 소급입법에 해당한다.

④ 독점규제 및 공정거래에 관한 법률 위반행위에 대한 시정조치 및 과징금 부과처분의 시한을 '공정거래위원회가 조사를 개시한 때는 조사개시일부터 5년, 조사를 개시하지 않은 때에는 법 위반행위 종료일부터 7년'으로 정한 공정거래법을 최초로 조사하는 사건부터 적용하는 부칙은 헌법 제13조 제2항이 금하는 소급입법에 해당한다.

문 12. 소급입법에 관한 설명으로 옳고 그름의 표시(○, ×)가 바르게 된 것은? (다툼이 있는 경우 판례에 의함)

> ㄱ. 의무사관후보생의 병적에서 제외된 사람의 징집면제연령을 31세에서 36세로 상향조정한 구 병역법은 헌법 제13조 제2항의 소급입법의 문제가 발생하지 않는다.
> ㄴ. 보안처분은 형벌이 아니지만 재판시가 아닌 행위시의 재범 위험성 여부에 대한 판단에 따라 결정되므로, 원칙적으로 재판 당시 현행법을 소급적용할 수 없다.
> ㄷ. 2009.12.31. 개정된 공무원이 '직무와 관련 없는 과실로 인한 경우' 및 '소속상관의 정당한 직무상의 명령에 따르다가 과실로 인한 경우'를 제외하고 재직 중의 사유로 금고 이상의 형을 받은 경우, 퇴직급여 등을 감액하도록 규정한 공무원연금법(2009.12.31. 법률 제9905호로 개정된 것) 제64조 제1항 제1호를 2009.1.1.까지 소급하여 적용하도록 규정한 공무원연금법(2009.12.31. 법률 제9905호) 부칙 제1조는 헌법 제13조 제2항에 의하여 원칙적으로 금지되는 이미 완성된 사실·법률관계를 규율하는 소급입법에 해당한다.
> ㄹ. 상습범등에 대한 보안처분의 하나로서 신체에 대한 자유의 박탈을 그 내용으로 하는 보호감호처분은 형벌과 같은 차원에서의 적법한 절차와 헌법 제13조 제1항에 정한 죄형법정주의의 원칙에 따라 비로소 과해질 수 있는 것이라 할 수 있어 그 요건이 되는 범죄에 관한 한 소급입법에 의한 보호감호처분은 허용될 수 없다고 할 것이다.

① ㄱ(○), ㄴ(×), ㄷ(○), ㄹ(×)
② ㄱ(○), ㄴ(×), ㄷ(○), ㄹ(○)
③ ㄱ(×), ㄴ(×), ㄷ(×), ㄹ(○)
④ ㄱ(○), ㄴ(○), ㄷ(○), ㄹ(×)

문 13. 신뢰보호에 관한 설명으로 가장 적절하지 않은 것은? (다툼이 있는 경우 판례에 의함)

① 국민이 어떤 법률이나 제도가 장래에도 그대로 존속될 것이라는 합리적인 신뢰를 바탕으로 하여 일정한 법적 지위를 형성한 경우, 국가는 그와 같은 법적 지위와 관련된 법규나 제도의 개폐에 있어서 국민의 신뢰를 최대한 보호하여야 한다.
② 진정소급입법의 경우 구법에 의하여 이미 얻은 자격 또는 권리를 그대로 존중할 의무가 발생하지 않는다.
③ 국가에 의하여 일정방향으로 유인된 신뢰가 아니라 단지 법률이 부여한 기회를 활용한 신뢰의 이익은 법적으로 보호해야 하는 것은 아니다.
④ 수형자가 형법에 규정된 형 집행경과기간 요건을 갖춘 것만으로 가석방을 요구할 권리를 취득하는 것이 아니므로, 10년간 수용되어 있으면 가석방 적격심사 대상자로 선정될 수 있었던 구 형법에 대한 청구인의 신뢰를 헌법상 권리로 보호할 필요성이 없다.

문 14. 신뢰보호원칙에 관한 설명으로 가장 적절하지 않은 것은? (다툼이 있는 경우 판례에 의함)

① 사회환경이나 경제여건의 변화에 따른 정책적인 필요에 의하여 공권력행사의 내용은 신축적으로 바뀔 수밖에 없고, 그 바뀐 공권력행사에 의하여 발생된 새로운 법질서와 기존의 법질서와의 사이에는 어느 정도 이해관계의 상충이 불가피하므로 국민들의 국가의 공권력행사에 관하여 가지는 모든 기대 내지 신뢰가 절대적인 권리로서 보호되는 것은 아니라고 할 것이다.

② 성폭력범죄의 처벌 등에 관한 특례법 부칙을 성폭력범죄의 처벌 등에 관한 특례법 시행 전 행하여진 성폭력범죄로 아직 공소시효가 완성되지 아니한 사건에도 적용하도록 한 성폭력범죄의 처벌 등에 관한 특례법(심판대상법률)은 진행 중인 공소시효를 정지 · 배제하는 법률로서 부진정소급효를 가지며 심판대상법률이 형사소송법의 공소시효에 관한 조항의 적용을 배제하고 새롭게 규정된 조항을 적용하도록 하였다고 하더라도, 이로 인하여 제한되는 성폭력 가해자의 신뢰이익이 공익에 우선하여 특별히 헌법적으로 보호해야 할 가치나 필요성이 있다고 보기 어려워 신뢰보호원칙에 반한다고 할 수 없다.

③ 헌법 제13조 제1항에서의 가벌성을 결정하는 범죄구성요건과 형벌의 영역을 포함하여 소급효력을 갖는 법률은 헌법상 절대적으로 허용되지 않는 것은 아니고 소급입법은 법치주의원칙의 중요한 요소인 법적 안정성의 요청에 따른 제한을 받을 뿐이다.

④ 1945.8.9. 이후 성립된 일본인 재산 거래를 전부 무효로 한 재조선미국육군사령부군정청 법령 제2호 제4조 본문과 1945.8.9. 이후 일본 국민이 소유하거나 관리하는 재산을 1945.9.25.자로 전부 미군정청이 취득하도록 정한 재조선미국육군사령부군정청 법령 제33호 제2조는 진정소급입법으로서의 성격을 가지나 소급입법금지원칙에 대한 예외로서 헌법 제13조 제2항에 위반되지 아니한다.

문 15. 사회국가원리에 관한 설명으로 가장 적절한 것은? (다툼이 있는 경우 판례에 의함)

① 국가가 저소득층 지역가입자를 대상으로 소득수준에 따라 국민건강보험법상의 보험료를 차등 지원하는 것은 사회국가원리에 위반된다.

② 사회국가원리를 수용하는 방법에 있어서 독일헌법은 사회국가원리를 규정하여 수용하고 있는데 우리나라 헌법은 사회국가원리를 규정하고 있어 독일헌법방식에 가깝다.

③ 사회국가는 사회적 문제를 해결하는 데에 있어서 국가의 노력을 우선하며, 국가는 1차적으로 국민에게 도움을 제공하고 배려하며 조정한다는 기본적 사고를 바탕으로 하고 있으므로, 사회국가의 실현은 국가에 의한 국민의 생존권을 실현을 요구하므로 사회국가는 급양국가이다.

④ 조세나 보험료와 같은 공과금의 부과에 있어서 사회국가원리는 입법자의 결정이 자의적인가를 판단하는 하나의 중요한 기준을 제공하며 일반적으로 입법자의 결정을 정당화하는 헌법적 근거로서 작용한다.

문 16. 다음 헌법 조항에 관한 설명으로 가장 적절하지 않은 것은? (다툼이 있는 경우 판례에 의함)

> **헌법 제119조** ① 대한민국의 경제질서는 개인과 기업의 경제상의 자유와 창의를 존중함을 기본으로 한다.

① 헌법 제119조 이하의 경제에 관한 장은 국가가 경제정책을 통하여 달성하여야 할 공익을 구체화하고, 동시에 헌법 제37조 제2항의 기본권 제한을 위한 일반적 법률유보에서의 공공복리를 구체화하고 있다.

② 자동차손해배상보장법이 위험책임의 원리에 기하여 운전자에게 무과실책임을 지운 것은 헌법 제119조의 시장경제질서에 근거한 것이다.

③ 헌법 제119조는 그 자체가 기본권의 성질을 가지는 것은 아니므로 독자적인 위헌심사의 기준이 되지 아니한다.

④ 법률조항이 직업수행의 자유를 제한하더라도 헌법상 경제질서에 위배 주장에 대해서는 별도로 판단할 필요가 없다.

문 17. 헌법 경제조항에 관한 설명으로 가장 적절하지 않은 것은? (다툼이 있는 경우 판례에 의함)

① 우리 헌법상 경제질서는 '개인과 기업의 경제상의 자유와 창의의 존중'이라는 기본원칙과 '경제의 민주화 등 헌법이 직접 규정하는 특정 목적을 위한 국가의 규제와 조정의 허용'이라는 실천원리로 구성되고, 어느 한쪽이 우월한 가치를 지닌다고 할 수는 없다.

② 일간신문에 대한 불매운동의 수단으로 해당 신문에 광고를 게재하는 광고주들을 대상으로 '전화걸기'는 형법상 '위력에 의한 업무방해죄'의 구성요건에 해당하여 허용되지 않는다.

③ 특정한 사회 · 경제적 또는 정치적 대의나 가치를 주장 · 옹호하거나 이를 진작시키기 위한 수단으로 선택한 소비자불매운동은 헌법상 보호를 받을 수 있다.

④ 법률조항이 직업수행의 자유를 제한하더라도 헌법상 경제질서를 위배한다는 주장에 대해서는 별도로 판단할 필요가 있다.

문 18. 경제질서에 관한 설명으로 가장 적절한 것은? (다툼이 있는 경우 판례에 의함)

① 헌법상의 경제질서인 사회적 시장경제질서는 헌법의 지도원리로서 모든 국민 · 국가기관이 헌법을 존중하고 수호하도록 하는 지침이 되며, 기본권의 해석 및 기본권 제한입법의 합헌성 심사에 있어 해석기준의 하나로서 작용하고 구체적 기본권을 도출하는 근거가 될 수 있다.

② 경제적 약자를 보호하기 위하여 사인 간의 약정이자를 제한하는 것에 대해 입법자의 폭넓은 재량이 허용된다.

③ 경제적 기본권의 제한을 정당화하는 공익은 헌법에 명시적으로 규정된 목표에 제한되지 않으나 경제적 기본권을 제한하는 법률의 합헌성 여부를 판단함에 있어 모든 공익을 고려해야 하는 것은 아니다.

④ 일반불법행위책임에 관하여 과실책임의 원리를 기본원칙으로 하면서도 일정한 영역의 특수한 불법행위책임에 관하여 위험책임의 원리를 수용하는 것은 입법자의 재량에 속한다고 볼 수 없다.

문 19. 문화국가에 관한 설명으로 가장 적절한 것은? (다툼이 있는 경우 판례에 의함)

① 어떤 의식 · 행사 · 유형물이 종교적인 의식 · 행사 또는 상징에서 유래되었다면, 비록 그것이 이미 우리 사회공동체 구성원들 사이에서 관습화된 문화요소로 인식되고 받아들여질 정도에 이르렀다고 하더라도 그에 대한 국가의 지원은 헌법상 정교분리원칙에 반하게 된다.
② 원칙적으로 모든 과외교습행위를 금지하고 그에 위반된 경우 형사처벌하도록 한 규정은 문화국가원리에 위반되는 것이다.
③ 대학 부근 학교환경위생정화구역 내에서의 극장 시설 및 영업을 금지하는 것은 유해환경을 방지하고 학생들에게 평온하고 건강한 환경을 마련해 주기 위한 것으로서 대학생의 자유로운 문화향유에 관한 권리 등 행복추구권을 침해한다고 볼 수 없다.
④ 건설공사 과정에서 매장문화재 발굴로 인하여 문화재 훼손 위험을 야기한 건설공사 시행자에게 원칙적으로 발굴경비를 부담시키는 구 문화재보호법 조항은 합리적인 이유 없이 부당한 재산상 부담을 지워 재산권을 침해하므로 헌법에 위반된다.

문 20. 문화와 국가에 관한 설명으로 가장 적절한 것은? (다툼이 있는 경우 판례에 의함)

① 우리나라는 제9차 개정헌법에서 문화국가원리를 헌법의 기본원리로 처음 채택하였으며, 문화국가원리는 국가의 문화국가실현에 관한 과제 또는 책임을 통하여 실현된다.
② 어떤 표현이 가치가 없거나 유해한 경우 그 표현의 해악을 시정하는 1차적 기능은 국가가 아니라 시민사회 내부에 존재하는 사상의 경쟁메커니즘에 맡겨져 있다.
③ 헌법 전문(前文)과 헌법 제9조에서 말하는 '전통', '전통문화'란 역사성과 시대성을 띤 개념으로 이해하여야 하므로, 과거의 어느 일정 시점에서 역사적으로 존재하였다는 사실만으로도 헌법의 보호를 받는 전통이 되는 것이다.
④ 문화국가원리와 밀접 불가분의 관계를 맺게 되는 국가의 문화정책은 국가의 문화국가 실현에 관한 적극적인 역할을 감안할 때, 문화풍토의 조성이 아니라 특정 문화 그 자체의 산출에 초점을 두어야 한다.

3회

# 진도별 모의고사
## (지방자치제도 ~ 기본권의 침해와 구제)

소요시간: ________ / 15분　　맞힌 답의 개수: ________ / 20

문 1. 지방자치에 관한 설명으로 옳지 않은 것을 모두 고른 것은? (다툼이 있는 경우 판례에 의함)

> ㄱ. 헌법 제117조 제1항은 "지방자치단체는 주민의 복리에 관한 사무를 처리하고 재산을 관리하며, 법령의 범위 안에서 자치에 관한 규정을 제정할 수 있다."고 규정하고 있는데, 여기서의 '법령'에는 법규명령으로서 기능하는 행정규칙이 포함된다.
> ㄴ. 헌법 제117조 제1항은 지방자치단체가 법령의 범위 안에서 자치에 관한 규정을 제정할 수 있다고 규정하고 있으므로, 고시 · 훈령 · 예규와 같은 행정규칙은 상위법령의 위임한계를 벗어나지 아니하고 상위법령과 결합하여 대외적인 구속력을 갖는 것이라 하더라도 위의 '법령'에 포함될 수 없다.
> ㄷ. 지방자치의 제도적 보장의 본질적 내용은 자치단체의 보장, 자치기능의 보장 및 자치사무의 보장이다.
> ㄹ. 지방자치단체의 헌법상의 권능에는 자치입법권과 자치행정권 외에도 자치사법권이 포함된다.

① ㄱ, ㄷ　　② ㄴ, ㄷ
③ ㄴ, ㄹ　　④ ㄷ, ㄹ

문 2. 지방자치제도를 규정한 헌법 제117조와 제118조에 관한 설명으로 가장 적절한 것은? (다툼이 있는 경우 판례에 의함)

① 헌법에 의하여 지방자치단체의 자치사무와 단체위임사무를 처리할 권한이 부여된다.
② 지방의회의원 선거권은 헌법에 명시적 규정되어 있고 헌법상 기본권에 해당한다.
③ 헌법은 지방자치단체의 종류, 지방의회의원과 지방자치단체의 장의 선거방법에 대해서는 법률로 정하도록 하고 있다.
④ 지방자치단체의 장 선거권은 헌법에 명시적으로 기본권으로 규정되어 있다.

문 3. 조례에 관한 설명으로 가장 적절한 것은? (다툼이 있는 경우 판례에 의함)

① 행정정보공개조례안은 행정에 대한 주민의 알 권리의 실현을 그 근본 내용으로 하는 것이므로 주민의 권리를 제한하거나 의무를 부과하는 조례에 해당하여 그 제정에 있어 법률의 개별적인 위임이 필요하다.
② 지방자치단체의 세 자녀 이상 세대 양육비 등 지원에 관한 조례안은 지방자치단체 고유의 자치사무 중 주민의 복지증진에 관한 사무에 해당되고, 위 조례안에는 주민의 편의 및 복리증진에 관한 내용을 담고 있어 그 제정에 있어서 반드시 법률의 개별적 위임이 따로 필요한 것은 아니다.
③ 법률의 위임에 의하여 형벌규정을 조례로 정하는 경우에는, 그 한도 내에서 일반적인 국가법이 된다.
④ 지방자치단체는 조례의 실효성을 확보하기 위한 수단으로 조례 위반행위에 대한 벌칙을 정할 수 있는데, 여기서 말하는 벌칙의 개념에는 별도의 제한이 없으므로, 지방자치단체는 법률의 위임이 없이도 조례 위반행위에 대한 벌칙으로서 벌금, 구류, 과료와 같은 형벌을 정하여 부과할 수 있다.

문 4. 기본권에 관한 설명으로 가장 적절한 것은? (다툼이 있는 경우 판례에 의함)

① 변호인과 상담하고 조언을 구할 권리는 헌법 제12조 제4항의 변호인의 조력을 받을 권리에서 직접 도출되기보다는 이를 구체화시키는 법률의 규정이 있어야 인정되는 권리이다.
② 기본권의 성질상 인간의 권리에 해당하는 기본권은 외국인도 그 주체가 될 수 있다고 할 때 그것은 기본권 행사능력을 가짐을 의미한다.
③ 출국만기보험금은 퇴직금의 성질을 가지고 있으나 그 지급시기에 관한 것은 근로조건의 문제이므로 외국인인 청구인들에게 기본권 주체성이 인정되지 않는다.
④ 신체의 자유, 변호인의 조력을 받을 권리, 재판청구권은 성질상 인간의 권리에 해당하나 불법체류 외국인에게도 인정된다.

문 5. 기본권 주체에 관한 설명으로 가장 적절한 것은? (다툼이 있는 경우 판례에 의함)

① 민법상 성년자라면 누구나 피선거권의 제한을 받지 않는다.
② 입법자가 선거 연령을 제한하는 것은 기본권의 보유능력을 제한하는 것이라 할 수 있다.
③ 기본권 보유능력은 민법상의 권리능력과 일치한다.
④ 기본권 주체로서의 법적 지위와 민법상의 권리주체로서의 법적 지위는 그 범위가 일치하지 않는다.

문 6. 기본권 주체에 관한 설명으로 가장 적절하지 않은 것은? (다툼이 있는 경우 판례에 의함)

① 법인 등 결사체는 그 조직과 의사형성에 있어서, 그리고 업무수행에 있어서 자기결정권을 가지므로 결사의 자유의 주체가 된다.
② 사업범위, 조직, 회계 등에 있어서 상공회의소법에 따른 규율을 받는 상공회의소는 특수한 공법인에 해당하므로, 결사의 자유의 주체가 될 수 없다.
③ 헌법 제14조의 거주·이전의 자유, 헌법 제21조의 결사의 자유는 그 성질상 법인에게도 인정된다.
④ 재판청구권은 자연인과 법인 모두가 향유할 수 있는 기본권이다.

문 7. 외국인의 기본권 주체에 관한 설명으로 가장 적절하지 않은 것은? (다툼이 있는 경우 판례에 의함)

① 외국인이 대한민국 국적을 취득한 경우 일정 기간 내에 그 외국 국적을 포기하도록 한 국적법 제10조 제1항에 대한 심판청구에 대해 외국인인 청구인들의 참정권, 입국의 자유, 재산권, 행복추구권에 관한 침해가능성은 인정되지 않는다.
② 사증발급 거부처분을 다투는 외국인은, 아직 대한민국에 입국하지 않은 상태에서 대한민국에 입국하게 해달라고 주장하는 것으로, 대한민국과의 실질적 관련성 내지 대한민국에서 법적으로 보호가치 있는 이해관계를 형성한 경우는 아니어서 사증발급 거부처분의 취소를 구할 법률상 이익이 인정되지 않는다고 봄이 타당하다.
③ 외국국적의 동포들 사이에 재외동포법의 수혜대상에서 차별하는 것은 평등권 침해라는 이유로 외국인도 헌법소원을 청구할 수 있다.
④ 불법체류 중인 외국인들은 관련 법령에 의하여 체류자격이 인정되지 않으므로 기본권 주체성이 인정되지 않는다.

문 8. 외국인에게 인정되는 권리에 관한 설명으로 가장 적절한 것은? (다툼이 있는 경우 판례에 의함)

① 독일의 경우 헌법상 기본권으로서 외국인의 '망명권' 혹은 '난민권'이 인정되는 반면에, 우리나라의 경우는 법률상의 권리로서 외국인의 '난민인정신청권'도 인정되지 않는다.
② 직장선택의 자유는 성질상 참정권, 사회권적 기본권, 입국의 자유 등과 같이 외국인의 기본권 주체성을 전면적으로 부정할 수는 있다.
③ 기본권 주체성의 인정 문제와 기본권 제한의 정도는 별개의 문제이므로 외국인에게 근로의 권리에 대한 기본권 주체성을 인정한다는 것이 곧바로 우리 국민과 동일한 수준의 보장을 한다는 것을 의미하는 것은 아니다.
④ 외국인이 법률에 따라 고용허가를 받아 적법하게 근로관계를 형성한 경우에도 외국인은 그 근로관계를 유지하거나 포기하는 데 있어서 직장선택의 자유에 대한 기본권 주체성을 인정할 수 없다.

문 9. 기본권 경합에 관한 설명으로 가장 적절하지 않은 것은? (다툼이 있는 경우 판례에 의함)

① 일반음식점 영업소에 음식점 시설 전체를 금연구역으로 지정하여 운영하여야 할 의무를 부담시키는 것은 음식점 운영자의 직업수행의 자유를 제한하나, 음식점 시설에 대한 재산권을 제한한다고 할 수 없다.
② 형제자매가 가족관계등록부의 기록사항에 관하여 증명서교부를 청구할 수 있도록 한 가족관계등록법의 기본권 침해 여부는 개인정보자기결정권 침해 여부를 판단한다면 인간의 존엄과 가치 사생활의 비밀 침해 여부 판단할 필요는 없다.
③ 사생활 비밀과 통신비밀이 경합하는 경우 통신비밀의 침해 여부만 심사하면 족하다.
④ 학교정화구역 내 극장영업금지는 직업의 자유침해 여부를 판단하는 것으로 족하므로, 표현 · 예술의 자유 침해 여부를 판단할 필요는 없다.

문 10. 기본권 충돌에 관한 설명으로 가장 적절한 것은? (다툼이 있는 경우 판례에 의함)

① 흡연권과 혐연권이 충돌하는 경우 두 기본권 모두 헌법 제10조와 제17조에 근거한 기본권이므로 두 기본권 모두가 최대한으로 효력을 나타낼 수 있는 해결방법을 찾아야 한다.
② 헌법재판소에 의하면, 흡연자의 흡연권과 비흡연자의 혐연권은 각기 독자성을 갖는 기본권이므로 양자는 대등하게 인정된다.
③ 헌법재판소는 공개되지 아니한 타인 간의 대화를 녹음 또는 청취하여 지득한 대화의 내용을 공개하거나 누설한 자를 처벌하는 통신비밀보호법에 의해 대화자의 통신의 비밀과 공개자의 표현의 자유라는 두 기본권이 충돌하는 경우, 법익형량에 의해 기본권 간의 충돌을 해결하였다.
④ 친생부모의 기본권과 친양자가 될 자의 기본권이 충돌 시 규범조화적 해석에 따라 기본권 충돌을 해결해야 한다.

문 11. 기본권의 갈등에 관한 설명으로 가장 적절하지 않은 것은? (다툼이 있는 경우 판례에 의함)

① 기본권의 경합과 충돌은 기본권의 해석에 관한 문제이자 기본권의 효력에 관한 문제이기도 하고 기본권의 제한에 관한 문제이기도 하다.
② 기본권의 경합은 반드시 상이한 기본권 간에 발생한다.
③ 기본권의 경합은 대사인적 효력의 문제라면 기본권 충돌은 대국가적 효력의 문제이다.
④ 성범죄로 유죄판결이 확정된 자에 대한 신상정보를 등록하도록 한 성폭력특례법은 개인정보자기결정권과 인간다운 생활을 할 권리는 유사경합이다.

문 12. 기본권 제한에 관한 설명으로 가장 적절하지 않은 것은? (다툼이 있는 경우 판례에 의함)

① 간통죄는 목적은 정당하나 기본권 제한의 방법으로도 적합성이 없다.
② 수형자의 선거권을 전면적으로 제한하고 있는 공직선거법은 목적과 방법은 적정하나, 침해의 최소성 원칙에 위반된다.
③ 변호사시험 성적을 합격자에게 공개하지 않도록 규정한 변호사시험법은 수단의 적정성은 인정되지 않는다.
④ 법률의 근거 없이 특정 지역 사범대 출신자 또는 복수·부전공 교사자격증 소지자에게 일정한 가산점을 주도록 한 교사 임용시험 시행요강은 사범계 대학 출신자에 대한 가산점 부여는 객관적 타당성을 인정할 수 없고, 복수·부전공 교사자격 소지자가 실제로 복수의 교과목 모두를 충분히 전문성 있게 가르칠 능력을 갖추었는지에 관한 실증적 근거가 지나치게 빈약하고 미임용 교원의 적체 해소에 부정적이며 교사의 전문성이 저하될 수도 있다는 점에서 복수·부전공 가산점을 통해 추구되는 공익적 성과는 그로 인한 부정적 효과와 합리적 비례관계를 이루고 있다고 하기 어려우므로 위와 같은 사범대 가산점 및 복수·부전공 가산점 항목은 헌법 제37조 제2항의 법률유보원칙에 위배되는 외에 실체적으로도 위헌이다.

문 13. 기본권 제한의 형식에 관한 설명으로 가장 적절하지 않은 것은? (다툼이 있는 경우 판례에 의함)

① 우리나라 헌법에는 일반적 헌법유보조항이 없으나, 일반적 법률유보조항은 있다.
② 긴급명령과 긴급재정경제명령은 법률의 근거 없이도 국민의 자유와 권리를 제한할 수 있다.
③ 헌법 및 법률이나 법률적 효력을 가지는 규범에 근거하지 아니하는 명령에 의한 기본권의 제한은 특별한 사정이 있는 경우라면 허용된다.
④ 조약이나 일반적으로 승인된 국제법규로 기본권 제한은 허용된다.

문 14. 다음 헌법재판소의 위헌 또는 헌법불합치결정 중에서 목적의 정당성이 부인된 것은 모두 몇 개인가? (다툼이 있는 경우 판례에 의함)

ㄱ. 유신헌법을 부정·반대·왜곡 또는 비방하거나, 유신헌법의 개정 또는 폐지를 주장·발의·제안 또는 청원하는 일체의 행위, 유언비어를 날조·유포하는 행위 등을 전면적으로 금지하고, 이를 위반하면 비상군법회의에서 재판하여 처벌하도록 한 대통령긴급조치 제1호 및 제2호
ㄴ. 제대군인이 공무원채용시험 등에 응시한 때 과목별 득점에 과목별 만점의 5% 또는 3%를 가산하는 제대군인지원에 관한 법률 및 동법 시행령 조항
ㄷ. 피의자신문에 참여한 변호인인 청구인에게 피의자 후방에 앉으라고 요구한 행위
ㄹ. 혼인을 빙자하여 음행의 상습 없는 부녀를 기망하여 간음한 자를 처벌하는 형법 조항
ㅁ. 동성동본인 혈족 사이에서는 혼인하지 못하는 동성혼 등의 금지에 관한 민법 조항
ㅂ. 변호사시험 성적을 합격자에게 공개하지 않도록 규정한 변호사시험법의 규정
ㅅ. 경비업을 경영하고 있는 자들이나 다른 업종을 경영하면서 새로이 경비업에 진출하고자 하는 자들로 하여금, 경비업을 전문으로 하는 별개의 법인을 설립하지 않는 한 경비업과 그 밖의 업종을 겸영하지 못하도록 한 구 경비업법 조항

① 3개　　② 4개
③ 5개　　④ 6개

문 15. 입법부작위에 관한 설명으로 가장 적절한 것은? (다툼이 있는 경우 판례에 의함)

① 주민등록법이 주민등록번호가 유출된 경우 주민등록 변경에 관해 아무런 규정을 두지 않았으므로 위헌이라는 주장은 진정입법부작위가 위헌이라는 것이다.
② 병역의 종류를 규정한 병역법 제5조 제1항이 양심적 병역거부자에 대한 대체복무제를 규정하고 있지 않음을 이유로 그 위헌확인을 구하는 헌법소원심판청구는 진정입법부작위를 다투는 청구이다.
③ 보건복지부장관에게 장애인이 편리하게 승차할 수 있는 저상버스를 도입할 입법의무는 헌법에서 도출되는 의무이다.
④ '연명치료 중단에 관한 결정권'을 보장하는 방법으로서 '법원의 재판을 통한 규범의 제시'와 '입법' 중 어떤 방법을 선택할 것인지의 문제는 입법부가 결정할 입법정책적 문제이다.

문 16. 입법부작위에 관한 설명으로 가장 적절한 것은? (다툼이 있는 경우 판례에 의함)

① 불완전입법에 대하여 재판상 다툴 경우에는 그 입법규정 자체를 대상으로 하여 그것이 헌법 위반이라는 적극적인 헌법소원을 제기하여야 한다. 이때는 헌법재판소법 제69조 제1항의 청구기간의 적용을 받지 않는다.
② 전직 경찰관이라는 신분으로 인하여 6·25전쟁 당시 인민군에 의해 처형된 자를 국가유공자에 준하여 구제하는 법률을 제정하지 않은 국회의 입법부작위에 대한 헌법소원심판청구는 부적법하다.
③ 외국의 대사관저에 대하여 강제집행을 할 수 없다는 이유로 집달관이 주택임대자들의 강제집행 신청접수를 거부하여 강제집행이 불가능하게 된 경우, 국가가 주택임대자들에게 손실을 보상하는 법률을 제정하여야 할 헌법상의 명시적인 입법 위임은 없다고 하더라도, 그러한 법률을 제정함으로써 주택임대자들의 기본권을 보호하여야 할 국가의 의무가 헌법의 해석상 도출된다.
④ 하위 행정입법의 제정 없이 상위법령의 규정만으로 집행이 이루어질 수 있는 경우라 하더라도 상위법령에서 세부적인 사항을 하위 행정입법에 위임하고 있다면 하위 행정입법을 제정할 헌법적 작위의무가 인정된다.

문 17. 과잉금지원칙에 관한 설명으로 가장 적절한 것은? (다툼이 있는 경우 판례에 의함)

① 과잉금지원칙에서 목적달성을 위한 수단은 목적달성에 적합한 유일무이한 수단일 필요는 없어 여러 가지 수단을 병행해서 목적을 달성하는 것은 허용된다.
② 방법 또는 수단의 적정성은 입법목적을 달성하기 위한 방법 또는 수단으로서 유일하게 효과적이고도 적합한 것을 선택하여야 함을 뜻한다.
③ 입법목적을 달성하기 위하여 가능한 여러 수단들 가운데 구체적으로 어느 것을 선택할 것인가의 문제는 기본적으로 입법재량에 속하지만, 반드시 가장 합리적이며 효율적인 수단을 선택해야 한다.
④ 헌법 제37조 제2항의 규정은 기본권 제한입법의 수권규정이지 기본권 제한입법의 한계규정이라고 할 수 없다.

문 18. 특별권력관계에 관한 설명으로 가장 적절하지 <u>않은</u> 것은? (다툼이 있는 경우 판례에 의함)

① 특별권력관계에서도 위법·부당한 특별권력의 발동으로 인하여 권리를 침해당한 자는 그 위법·부당한 처분의 취소를 구할 수 있다는 대법원판례가 있다.
② 경찰공무원을 비롯한 공무원의 근무관계인 이른바 특별권력관계에 있어서 행정청의 위법한 처분 또는 공권력의 행사·불행사 등으로 인하여 권리 또는 법적이익을 침해당한 자는 행정소송 등에 의하여 그 위법한 처분 등의 취소를 구할 수 없다.
③ 헌법 제27조가 재판청구권을 기본권의 하나로 보장하고 있고 헌법 제37조에 따른 기본권의 제한방식으로서 법률유보를 선언한 법치주의 원리에 비추어 볼 때, 군인에 대한 징계가 재판청구권을 행사하였음을 그 사유로 하는 때에는 그러한 재판청구권의 행사를 제한할 수 있는 법률의 근거가 있어야만 한다.
④ "군인은 복무와 관련된 고충사항을 진정·집단서명 기타 법령이 정하지 아니한 방법을 통하여 군 외부에 그 해결을 요청하여서는 아니 된다."라고 규정하고 있는 군인복무규율 제25조 제4항의 사전건의 절차를 거쳐야 할 의무가 있다고 보기 어려우므로 이를 전제로 원고가 사전건의의무 등을 위반하였음을 징계사유로 삼을 수 없다.

문 19. 국가의 기본권 보호의무에 관한 설명으로 가장 적절한 것은? (다툼이 있는 경우 판례에 의함)

① 대한민국 국적을 가지지 아니한 사람을 위로금 지급대상에서 제외한 '대일항쟁기 강제동원 피해조사 및 국외강제동원 희생자 등 지원에 관한 특별법'은 제3자에 의한 개인의 생명이나 신체의 훼손이 문제되는 사안이 아니므로 국가의 기본권 보호의무를 위반 여부를 심리할 필요가 없다.

② 국가가 국민의 생명 · 신체의 안전을 보호할 의무를 지므로 헌법재판소는 엄격하게 입법자 또는 그로부터 위임받은 집행자에 의한 보호의무의 이행을 심사할 수 있다.

③ 선거운동을 위하여 확성장치의 사용을 허용하면서 확성장치에 의한 소음허용기준을 규정하지 아니한 공직선거법의 위헌 여부는 과소보호금지원칙이 아니라 헌법 제37조 제2항이 심사기준이 되어야 한다.

④ 가축사육시설의 허가 및 등록기준인 구 축산법 시행령은 가축사육시설의 기준이 지나치게 낮고 이러한 시설에서 사육되는 가축들의 건강상태가 악화되고 환경오염이 심화됨으로써 결과적으로 인간의 생명 · 신체의 안전이 침해된다는 것이므로, 과소보호금지원칙에 위배된다.

문 20. 기본권 보호의무에 관한 설명으로 옳지 않은 것을 모두 고른 것은? (다툼이 있는 경우 판례에 의함)

ㄱ. 담배의 제조 및 판매에 대하여 규율하고 있는 담배사업법의 위헌 여부에 대한 심사관점은 생명권, 신체의 자유의 헌법상 중요성을 고려하여 국민의 생명 · 신체의 안전을 최대한 보호하고 있는지를 기준으로 한다.

ㄴ. 선거운동을 위하여 확성장치의 사용을 허용하면서 확성장치에 의한 소음허용기준을 규정하지 아니한 공직선거법이 청구인의 환경권을 침해하였는지 여부에 대해서는 과소보호금지원칙이 아니라 헌법 제37조 제2항의 과잉금지원칙이 심사기준이 되어야 한다.

ㄷ. 구 '태평양전쟁 전후 국외 강제동원희생자 등 지원에 관한 법률' 제6조 제1항 중 "강제동원생환자" 정의에 관한 제2조 제2호가 의료지원금 지급대상의 범위에서 국내 강제동원자를 제외하고 있는 것은 국가의 기본권 보호의무에 위배된다고 할 수 없다.

ㄹ. 산업단지의 지정권자로 하여금 산업단지계획안에 대한 주민의견청취와 동시에 환경영향평가서 초안에 대한 주민의견청취를 진행하도록 한 구 '산업단지 인 · 허가 절차 간소화를 위한 특례법' 제9조 제2항 중 '환경 · 교통 · 재해 등에 관한 영향평가법에 따른 환경영향평가에 관한 부분'이 국가의 기본권 보호의무에 위배된다.

ㅁ. 외국 대사관 관저에 대하여 강제집행을 하지 아니한 경우 보상입법을 해야 할 헌법상 의무가 인정되지 않는다.

① ㄱ, ㄷ ② ㄴ, ㄷ
③ ㄹ, ㅁ ④ ㄱ, ㄴ, ㄹ

# 4회 진도별 모의고사
## (인간의 존엄성 ~ 평등권 ①)

소요시간: ________ / 15분　　　　맞힌 답의 개수: ________ / 20

문 1. 기본권 보호의무 위반 심사에 관한 설명으로 가장 적절한 것은? (다툼이 있는 경우 판례에 의함)

① 기본권 보호의무와 관련해서 입법자가 최대한의 보호 수준에 맞춰 입법했는지를 기준으로 기본권 보호의무 위반 여부를 심리하게 된다.
② 국민의 생명 · 신체 · 안전을 보호하기 위한 조치가 필요한 상황에서 국가의 기본권 보호의무 위반 여부에 대해서는 헌법재판소는 원칙적으로 엄격한 심사를 한다.
③ 국가가 기본권을 제한할 때와 국가가 기본권을 보호할 때의 위헌 여부 심사기준은 동일하다.
④ 국가가 국민의 생명 · 신체의 안전에 대한 보호의무를 다하지 않았는지 여부를 헌법재판소가 심사할 때에는 국가가 이를 보호하기 위하여 적어도 적절하고 효율적인 최소한의 보호조치를 취하였는가를 기준으로 심사한다.

문 2. 자기결정권에 관한 설명으로 가장 적절하지 않은 것은? (다툼이 있는 경우 판례에 의함)

① 배아생성자는 배아에 대해 자신의 유전자정보가 담긴 신체의 일부를 제공하고, 또 배아가 모체에 성공적으로 착상하여 인간으로 출생할 경우 생물학적 부모로서의 지위를 갖게 되므로 배아의 관리 또는 처분에 대한 결정권을 가지며, 이러한 배아생성자의 배아에 대한 결정권은 헌법상 명문으로 규정되어 있지는 아니하지만, 헌법 제10조로부터 도출되는 일반적 인격권의 한 유형으로서 헌법상 권리라 할 것이다.
② 본인의 생전 의사에 관계없이 인수자가 없는 시체를 해부용으로 제공하도록 규정한 시체해부 및 보존에 관한 법률은 자기결정권을 침해한다고 할 수 있다.
③ 게임물 관련사업자에게 게임물 이용자의 회원가입 시 본인인증을 할 수 있는 절차를 마련하도록 하고 있는 것은 청소년들의 일반적 행동의 자유 및 개인정보자기결정권을 침해한다.
④ 헌법 제10조의 개인의 인격권 · 행복추구권에는 개인의 자기운명결정권이 전제되는 것이고 자기운명결정권에는 성행위 여부 및 그 상대방을 결정할 수 있는 성적 자기결정권이 포함되어 있다.

문 3. 헌법상 자기결정권에 관한 설명으로 가장 적절하지 않은 것은? (다툼이 있는 경우 판례에 의함)

① 미군기지의 이전은 평택시의 미군기지가 늘어나면 평택 주민들의 생활에 직접적인 영향을 미치게 되는 것이므로 헌법상 자기결정권의 보호범위에 포함된다.

② 자기낙태죄 조항은 모자보건법에서 정한 사유에 해당하지 않는다면 결정가능기간 중에 다양하고 광범위한 사회적 · 경제적 사유를 이유로 낙태갈등 상황을 겪고 있는 경우까지도 예외 없이 전면적 · 일률적으로 임신의 유지 및 출산을 강제하고, 이를 위반한 경우 형사처벌하는 것은 입법목적을 달성하기 위하여 필요한 최소한의 정도를 넘어 임신한 여성의 자기결정권을 제한하고 있어 침해의 최소성을 갖추지 못하였다.

③ '죽음에 임박한 환자'는 연명치료의 거부 또는 중단을 결정할 수 있다 할 것이고, 위 결정은 헌법상 기본권인 자기결정권의 한 내용으로서 보장된다 할 것이다.

④ 간통죄는 목적은 정당하나 수단의 적절성과 침해최소성을 갖추지 못하고 법익의 균형성도 상실하였으므로, 과잉금지원칙을 위반하여 국민의 성적 자기결정권 및 사생활의 비밀과 자유를 침해한다.

문 4. 연명치료 중단에 대한 헌법재판소의 결정에 관한 설명으로 가장 적절한 것은? (다툼이 있는 경우 판례에 의함)

① 비록 연명치료 중단에 관한 결정 및 그 실행이 환자의 생명단축을 초래한다 하더라도 이를 생명에 대한 임의적 처분으로서 자살이라고 평가할 수 없고, 오히려 이는 생명권의 한 내용으로서 보장된다.

② 연명치료 중인 환자의 자녀들이 제기한 연명치료의 중단에 관한 기준, 절차 및 방법 등에 관한 법률의 입법부작위 위헌확인에 관한 헌법소원심판청구는 자기관련성이 인정된다.

③ 연명치료 중단에 관한 자기결정권은 헌법상 보장된 기본권이지만, 헌법해석상 연명치료 중단 등에 관한 법률을 제정할 국가의 입법의무가 명백하다고 볼 수 없으므로 환자 본인이 그러한 입법부작위의 위헌확인에 관하여 헌법소원심판청구를 제기한 것은 부적법하다.

④ 의학적으로 환자가 의식의 회복가능성이 없고 생명과 관련된 중요한 생체기능의 상실을 회복할 수 없으며 환자의 신체상태에 비추어 짧은 시간 내에 사망에 이를 수 있음이 명백한 경우 환자가 자기결정권을 행사하는 것으로 인정되는 경우에는 특별한 사정이 없는 한 연명치료의 중단이 허용될 수 있고, 이러한 환자의 연명치료 거부 내지 중단에 관한 의사는 명시적인 것이어야 하지, 여러 사정을 종합하여 이를 추정하여서는 아니된다.

문 5. 낙태에 관한 설명으로 가장 적절한 것은? (다툼이 있는 경우 판례에 의함)

① 형법 제269조 제1항은 부녀가 약물 기타 방법으로 낙태한 때에는 1년 이하의 징역 또는 200만원 이하의 벌금에 처하도록 규정하고 있다. 이러한 자기낙태죄 조항의 위헌 여부는 임신한 여성의 자기결정권과 태아의 생명권의 직접적인 충돌이 문제되므로 헌법을 규범조화적으로 해석하여 사안을 해결하여야 한다.

② 태아가 비록 그 생명의 유지를 위하여 모에게 의존해야 하지만, 그 자체로 모와 별개의 생명체이고 특별한 사정이 없는 한 인간으로 성장할 가능성이 크므로 태아에게도 생명권이 인정되어야 하며, 태아가 독자적 생존능력을 갖추었는지 여부를 그에 대한 낙태 허용의 판단기준으로 삼을 수는 없다.

③ 동일한 생명이라 할지라도 법질서가 생명의 발달과정을 일정한 단계들로 구분하고 그 각 단계에 상이한 법적 효과를 부여하는 것이 불가능하지 않으므로, 국가가 생명을 보호하는 입법적 조치를 취함에 있어 인간생명의 발달단계에 따라 그 보호 정도나 보호수단을 달리할 수 있다.

④ 모든 인간은 헌법상 생명권의 주체가 되며, 형성 중의 생명인 태아에게도 생명에 대한 권리가 인정되어야 한다. 따라서 국가는 헌법 제10조 제2문에 따라 태아의 생명을 보호할 의무가 있고, 생명을 보호하는 입법적 조치를 취함에 있어 인간생명의 발달단계에 따라 그 보호 정도나 보호수단을 달리하여서는 아니 된다.

문 6. 행복추구권의 보호영역에 관한 헌법재판소의 결정으로 가장 적절하지 않은 것은? (다툼이 있는 경우 판례에 의함)

① 일반적 행동자유권은 가치 있는 행동만 그 보호영역으로 하는 것은 아니고, 개인의 생활방식과 취미에 관한 사항, 위험한 스포츠를 즐길 권리와 같은 위험한 생활방식으로 살아갈 권리도 포함하므로, 술에 취한 상태로 도로 외의 곳에서 운전하는 것을 금지하고 위반 시 처벌하는 것은 일반적 행동의 자유를 제한한다.

② 행복추구권은 그의 구체적인 표현으로서 일반적인 행동자유권과 개성의 자유로운 발현권을 포함하기 때문에, 기부금품의 모집행위는 행복추구권에 의하여 보호된다.

③ 국가의 간섭을 받지 아니하고 자유로이 기부행위를 할 수 있는 기회의 보장은 헌법상 보장된 재산권의 보호범위에 속한다.

④ 결혼식 등을 축하하러 온 하객들에게 주류와 음식물을 접대하는 행위는 헌법 제10조가 정하고 있는 행복추구권에 포함되는 일반적 행동자유권으로서 보호되어야 한다.

문 7. 행복추구권 제한에 관한 설명으로 가장 적절한 것은? (다툼이 있는 경우 판례에 의함)

① 행복추구권도 국가안전보장, 질서유지 또는 공공복리를 위하여 제한될 수 있는 것이며, 공동체의 이익과 무관하게 무제한의 경제적 이익의 도모를 보장하는 것이라고 할 수 있다.
② 단체의 재정 확보를 위한 모금행위가 단체의 결성이나 결성된 단체의 활동과 유지에 있어서 중요한 의미를 가질 수 있기 때문에 기부금품모집행위의 제한이 행복추구권에 영향을 미칠 수 있다는 것은 인정되나, 행복추구권에 대한 제한은 기부금품모집행위를 규제하는 데서 오는 간접적이고 부수적인 효과일 뿐이고, 기부금품모집행위의 규제에 의하여 제한되는 기본권은 결사의 자유이다.
③ 주세법 제38조의7 등이 규정한 구입명령제도는 소주판매업자에게 자도소주의 구입의무를 부과함으로써, 소주제조업자의 기업의 자유 및 경쟁의 자유를 제한하고, 소비자가 자신의 의사에 따라 자유롭게 상품을 선택하는 것을 제약함으로써 소비자의 행복추구권에서 파생되는 자기결정권도 제한하고 있다.
④ 고졸검정고시 또는 고입검정고시에 합격했던 자가 해당 검정고시에 다시 응시할 수 없게 됨으로써 제한되는 주된 기본권은 자유로운 인격발현권인데, 이러한 응시자격 제한은 검정고시제도 도입 이후 허용되어 온 합격자의 재응시를 경과조치 등 없이 무조건적으로 금지하는 것이어서 과잉금지원칙에 위배된다.

문 8. 인간의 존엄과 가치와 행복추구권에 관한 설명으로 가장 적절한 것은? (다툼이 있는 경우 판례에 의함)

① 이동통신단말장치 유통구조 개선에 관한 법률상 이동통신단말장치 구매지원금 상한 조항은 이동통신단말장치를 구입하고, 이동통신서비스의 이용에 관한 계약을 체결하고자 하는 자의 일반적 행동자유권에서 파생하는 계약의 자유를 침해한다.
② LPG를 연료로 사용할 수 있는 자동차 또는 그 사용자의 범위를 제한하고 있는 액화석유가스의 안전관리 및 사업법 시행규칙 조항은 LPG승용자동차를 소유하고 있거나 운행하려는 자의 일반적 행동자유권을 침해한다.
③ 아동 · 청소년 대상 성범죄자에게 1년마다 정기적으로 새로 촬영한 사진을 제출하도록 하고 정당한 사유 없이 사진제출의무를 위반한 경우 형사처벌을 하도록 한 것은 일반적 행동자유권에 대한 침해이다.
④ 당구장 출입문에 18세 미만자에 대한 출입금지 표시를 하게 하는 규정은 당구장을 이용하는 고객 중 출입이 제지되는 18세 미만 소년의 입장에서는 일반적 행동자유권의 침해가 될 수 있다.

문 9. 인간의 존엄과 가치와 행복추구권에 관한 설명으로 가장 적절하지 않은 것은? (다툼이 있는 경우 판례에 의함)

① 교도소 수용거실에 조명을 켜 둔 행위는 인간의 존엄과 가치를 침해한다.
② 자기운명결정권에는 임신과 출산에 관한 결정, 즉 임신과 출산의 과정에 내재하는 특별한 희생을 강요당하지 않을 자유가 포함되어 있다.
③ 일본군 위안부 피해자에 대한 배상문제를 해결하기 위한 중재에 회부하지 아니한 부작위는 인간의 존엄과 가치 침해이다.
④ 청소년 성매수 범죄자들은 일반인에 비해서 인격권과 사생활의 비밀의 자유를 넓게 제한받을 여지가 있다.

문 10. 헌법 제10조에 관한 설명으로 가장 적절한 것은? (다툼이 있는 경우 판례에 의함)

① 부모가 자녀의 이름을 지어주는 것은 자녀의 양육과 가족생활을 위하여 필수적인 것이고, 가족생활의 핵심적 요소라 할 수 있으므로, '부모가 자녀의 이름을 지을 자유'는 혼인과 가족생활을 보장하는 헌법 제36조 제1항에서 보호되므로 행복추구권을 보장하는 헌법 제10조에 의하여 보호받는 것은 아니다.

② 기부금품허가제는 일반적 행동의 자유를 침해하지 않으나 허가요건을 법률로 정하지 아니하여 헌법상 부여된 기본권적인 권리의 행사 여부에 관한 판단을 행정청의 자유로운 재량에 맡긴다면 일반적 행동의 자유를 침해한다.

③ 학원이나 교습소가 아닌 장소에서 교습비의 유무상 여부 또는 그 액수의 다과를 불문하고 가르치는 행위는 직업의 자유에서 보호되나 헌법 제10조의 행복추구권에 의하여 보호된다고 할 수 없다.

④ 헌법 제31조 제1항은 헌법 제10조의 행복추구권에 대한 특별규정으로서 교육의 영역에서 행복추구권을 실현하고자 하는 것이다.

문 11. 4 · 16 세월호참사 피해구제 및 지원 등을 위한 특별법(이하 '세월호피해지원법'이라 한다)에 대한 헌법재판소 판례에 관한 설명으로 가장 적절하지 않은 것은?

① 심의위원회의 배상금 등 지급결정에 신청인이 동의한 때에는 국가와 신청인 사이에 민사소송법에 따른 재판상 화해가 성립된 것으로 보는 세월호피해지원법 제16조는 신청인이 배상금 등 지급결정에 동의한 경우 재판상 화해와 같은 효력을 부여함으로써 지급절차를 신속히 종결하고 배상금 등을 지급할 수 있도록 한 규정으로, 그 입법목적의 정당성과 수단의 적절성이 인정된다.

② 배상금 등을 지급받으려는 신청인으로 하여금 "4 · 16세월호참사에 관하여 어떠한 방법으로도 일체의 이의를 제기하지 않을 것임을 서약합니다."라는 내용이 기재된 배상금 등 동의 및 청구서를 제출하도록 규정한 세월호피해지원법 시행령은 청구인들의 일반적 행동의 자유를 새롭게 제한하는 효과가 생기는 것은 아니다. 따라서 이의제기금지조항은 청구인들의 기본권을 새로이 침해하는 공권력의 행사에 해당하지 아니한다.

③ 심의위원회의 배상금 등 지급결정에 신청인이 동의한 때에는 국가와 신청인 사이에 민사소송법에 따른 재판상 화해가 성립된 것으로 보는 세월호피해지원법 제16조는 법원에 손해배상청구권 행사를 금지하므로 과잉금지원칙을 위반하여 청구인들의 재판청구권을 침해한다고 할 수 없다.

④ 배상금 등을 지급받으려는 신청인으로 하여금 "4 · 16세월호참사에 관하여 어떠한 방법으로도 일체의 이의를 제기하지 않을 것임을 서약합니다."라는 내용이 기재된 배상금 등 동의 및 청구서를 제출하도록 규정한 세월호피해지원법 시행령은 세월호피해지원법의 근거 없이 대통령령으로 청구인들에게 세월호 참사와 관련된 일체의 이의제기금지의무를 부담시킴으로써 일반적 행동의 자유를 침해한다.

문 12. 수용자와 행복추구권에 관한 설명으로 가장 적절하지 않은 것은? (다툼이 있는 경우 판례에 의함)

① 수용시설 밖으로 나가는 수형자에게 고무신의 착용을 강제하는 것은, 도주의 방지를 위한 불가피한 수단이라고 보기 어렵고 효과적인 도주 방지 수단이 될 수도 없으며, 오히려 수형자의 신분을 일반인에게 노출시켜 모욕감과 수치심을 갖게 할 뿐으로서 이는 행형의 정당한 목적에는 포함되지 아니하므로, 기본권 제한의 한계를 벗어나 수형자의 인격권과 행복추구권을 침해한다.

② 민사재판의 당사자로 출석하는 수형자에 대하여, 사복착용을 허용하는 형집행법 제82조를 준용하지 아니한 것이 수형자의 인격권 및 행복추구권을 침해하는 것은 아니다.

③ 수사 또는 재판을 받을 때에 미결수용자에게 재소자용 의류를 입게 하는 것은 무죄추정의 원칙에 반한다.

④ 수형자라 하더라도 확정되지 않은 별도의 형사재판에서만큼은 미결수용자와 같은 지위에 있으므로, 이러한 수용자로 하여금 형사재판 출석 시 아무런 예외 없이 사복착용을 금지하고 재소자용 의류를 입도록 하는 것은 소송관계자들에게 유죄의 선입견을 줄 수 있어 무죄추정의 원칙에 위배될 소지가 클 뿐만 아니라 공정한 재판을 받을 권리, 인격권, 행복추구권을 침해한다.

문 13. 혼인과 가족생활의 보장에 관한 설명으로 가장 적절하지 않은 것은? (다툼이 있는 경우 판례에 의함)

① 1세대 3주택 이상에 해당하는 양도소득세 중과세를 규정한 구 소득세법은 혼인으로 1세대를 이루는 자를 위하여 상당한 기간 내에 보유주택수를 줄일 수 있는 경과규정을 두고 있지 아니하므로 헌법 제36조 제1항이 정하고 있는 혼인에 따른 차별금지원칙에 위배되고, 혼인의 자유를 침해한다.

② 부부의 자산소득을 합산하여 과세함으로써 누진율에 따른 추가적인 조세부담을 안기는 법률조항은 혼인한 자를 혼인하지 않은 자에 비해 불리하게 차별취급하는 조항으로서 허용되지 아니한다.

③ 배우자로부터 증여를 받은 때에 '300만 원에 결혼년수를 곱하여 계산한 금액에 3천만 원을 합한 금액'을 증여세과세가액에서 공제하도록 규정한 구 상속세법은 제31조 제1항 본문 제1호는 헌법상 혼인과 가족생활 보장 및 양성의 평등원칙에 위반한다.

④ 세대별로 합산하여 종합부동산세를 부담하도록 한 법률조항은 혼인한 자 또는 가족과 함께 세대를 구성한 자를 비례의 원칙에 반하여, 개인별로 과세되는 독신자, 사실혼 관계의 부부, 세대원이 아닌 주택 등의 소유자 등에 비하여 불리하게 차별하여 취급하고 있으므로, 헌법 제36조 제1항에 위반된다.

문 14. 혼인의 자유와 '출생등록될 권리'에 관한 설명으로 옳지 않은 것을 모두 고른 것은? (다툼이 있는 경우 판례에 의함)

ㄱ. 유전학적 연구결과에 의하더라도 8촌 이내 혈족 사이의 혼인이 일률적으로 그 자녀나 후손에게 유전적으로 유해한지에 대한 과학적인 증명이 있었다고 보기 어려우므로, 유전학적 관점은 혼인의 상대방을 선택할 자유를 제한하는 합리적인 이유가 될 수 없다. 따라서 8촌 이내의 혈족 사이에서는 혼인할 수 없도록 하는 민법 제809조은 입법목적 달성에 필요한 범위를 넘는 과도한 제한으로서 과잉금지원칙에 위배하여 혼인의 자유를 침해한다.
ㄴ. 금혼조항을 위반한 혼인을 무효로 하는 민법 제815조 제2호는 과잉금지원칙에 위배하여 혼인의 자유를 침해한다.
ㄷ. '혼인 중 여자와 남편 아닌 남자 사이에서 출생한 자녀에 대한 생부의 출생신고'를 허용하도록 규정하지 아니한 '가족관계의 등록 등에 관한 법률' 제46조 제2항은 민법상 친생추정을 받는 생모와 그 남편의 혼인 외 출생자에 대한 출생신고가 담보될 수 없을 때 민법상 친생추정에 따른 법적 신분관계의 형성을 벗어나지 않는 범위에서 혼인 외 출생자를 보호하기 위해 생부의 출생신고를 허용함으로써 가족생활의 자유를 보장하는 것보다 더 중하다고 볼 수 없으므로 과잉금지원칙을 위배하여 생부인 청구인들의 가족생활의 자유를 침해한다.
ㄹ. '혼인 중 여자와 남편 아닌 남자 사이에서 출생한 자녀에 대한 생부의 출생신고'를 허용하도록 규정하지 아니한 '가족관계의 등록 등에 관한 법률'은 혼인 외 출생자인 청구인들의 태어난 즉시 '출생등록될 권리'를 침해한다.
ㅁ. 입양신고서의 기재사항은 일방당사자의 신분증명서를 가지고 있다면 손쉽게 가족관계증명서를 발급받아 알 수 있어 진정한 입양의 합의가 존재한다는 점을 담보할 수 없다는 점에서 입양신고 시 신고사건 본인이 시·읍·면에 출석하지 아니하는 경우에는 신고사건 본인의 신분증명서를 제시하도록 한 '가족관계의 등록 등에 관한 법률'이 입법형성권의 한계를 넘어서서 입양당사자의 가족생활의 자유를 침해한다.

① ㄱ, ㄴ, ㄷ　② ㄱ, ㄷ, ㅁ
③ ㄴ, ㄷ, ㄹ　④ ㄷ, ㄹ, ㅁ

문 15. 평등권에 관한 설명으로 가장 적절한 것은? (다툼이 있는 경우 판례에 의함)

① 근로자의 날을 관공서의 공휴일에 포함시키지 않은 관공서의 공휴일에 관한 규정 제2조는 일반근로자와 달리 공무원에게 근로자의 날을 유급휴일로 보장하지 않는 것은 더 이상 합리적 이유가 있다고 볼 수 없으므로 청구인들의 평등권을 침해한다.
② 지방의회의원 후원회를 금지한 정치자금법은 평등권을 침해한다고 할 수 없다.
③ 주택재개발조합이 행정심판의 피청구인이 된 경우 그 인용재결에 기속되도록 규정한 행정심판법 제49조 제1항은 평등원칙에 위배된다.
④ 공무원이 지위를 이용하여 범한 공직선거법위반죄의 경우 일반인이 범한 공직선거법위반죄와 달리 공소시효를 10년으로 정한 공직선거법 제268조는 평등원칙에 위배되지 않는다.

문 16. 평등권에 관한 설명으로 가장 적절한 것은? (다툼이 있는 경우 판례에 의함)

① 독립유공자의 손자녀 중 1명에게만 보상금을 지급하도록 하면서, 독립유공자의 선순위 자녀의 자녀에 해당하는 손자녀가 2명 이상인 경우에 나이가 많은 손자녀를 우선하도록 규정한 독립유공자예우에 관한 법률(2008.3.28. 법률 제9083호로 개정된 것) 제12조 제2항은 청구인의 평등권을 침해한다.
② 독립유공자의 유족 중 자녀의 범위에서 사후양자를 제외하는 '독립유공자예우에 관한 법률' 제5조 제3항 본문은 사후양자와 일반양자 모두가 봉제사와 묘소 관리를 통해 독립유공자의 공헌과 희생을 기리고 고인을 추모한다는 점에서는 차이가 없음에도 일반양자와 달리 사후양자를 유족의 범위에서 제외하여 보훈대상에서 전면적으로 배제하는 것은 헌법상 평등원칙에 위반된다.
③ 국공립어린이집, 사회복지법인어린이집, 법인·단체등어린이집 등과 달리 민간어린이집에는 보육교직원 인건비를 지원하지 않는 '2020년도 보육사업 안내'는 합리적 근거 없이 민간어린이집을 운영하는 청구인을 차별하여 청구인의 평등권을 침해하였다고 볼 수 있다.
④ '공익신고자 보호법'상 보상금의 지급을 신청할 수 있는 자의 범위를 '내부 공익신고자'로 한정함으로써 '외부 공익신고자'를 보상금 지급대상에서 배제하도록 정한, '공익신고자 보호법' 제26조 제1항 중 '내부 공익신고자' 부분은 평등원칙에 위배된다.

문 17. 평등의 원칙에 관한 설명으로 가장 적절한 것은? (다툼이 있는 경우 판례에 의함)

① 미결수용자의 배우자의 인터넷화상접견이나 스마트접견을 수형자의 배우자의 후순위로 허용해 주는 등의 방법을 통해 수형자와 미결수용자의 접견교통권을 조화롭게 보장할 수 있는 수단을 마련할 수 있다. 미결수용자의 배우자와 수형자의 배우자 사이의 차별에는 합리적인 이유를 인정하기 어려우므로, 수형자의 배우자에 대해 인터넷화상접견과 스마트접견을 할 수 있도록 하고 미결수용자의 배우자에 대해서는 이를 허용하지 않는 구 '수용관리 및 계호업무 등에 관한 지침'은 청구인의 평등권을 침해한다.
② 공유재산 및 물품 관리법 제81조 제1항은 의무교육 실시와 같은 공익 목적 내지 공적 용도로 공유재산을 무단점유한 경우를 사익추구의 목적으로 무단점유한 경우와 동일하게 변상금을 부과하고 있어 평등원칙에 위반된다.
③ 경유를 연료로 사용하는 자동차의 소유자로부터 환경개선부담금을 부과·징수하도록 정한 환경개선비용 부담법 제9조 제1항이 과잉금지원칙을 위반하여 경유차 소유자의 평등권을 침해한다고 할 수 없다.
④ '개별가구 또는 개인의 여건'에 관한 조건 부과 유예 대상자의 범위를 정함에 있어 '대학원에 재학 중인 사람'을 제외한 국민기초생활 보장법 시행령은 평등권을 침해한다고 할 수 있다.

문 18. 평등권에 관한 설명으로 가장 적절한 것은? (다툼이 있는 경우 판례에 의함)

① 자도소주구입명령제도는 대기업 제조업자의 독과점을 막고 지역소주제조업자를 보호함으로써 독과점 규제와 지역경제육성이라는 헌법상의 경제목표를 구체화하고자 하는 제도이므로 주류판매업자와 다른 상품 판매업자 간에 차별에는 합리적인 이유가 있어 평등원칙에 위배되지 않는다.

② 법관의 정년을 직위에 따라 순차적으로 낮게 차등 설정하고 있는 법원조직법은 법관 업무의 성격과 특수성, 평균수명 등을 고려할 경우 그 차별에 합리적인 이유가 없다고 할 것이므로, 평등권을 침해한 것이다.

③ 지방공사와 지방자치단체, 지방의회의 관계에 비추어 볼 때, 지방의회의원은 지방공사 직원의 직을 겸할 수 없게 하고 국회의원은 지방공사 직원의 직을 겸할 수 있도록 한 것은 불합리한 차별이 아니고 지방의회의원의 평등권을 침해한 것이라고 할 수 없다.

④ 법무부장관이 제1회 및 제2회 변호사시험의 시험장을 서울 소재 4개 대학교로 선정하여 하나의 지역에서 집중실시한 행위는 지방 소재 법학전문대학원 응시자의 평등권을 침해하는 조치이다.

문 19. 평등권에 관한 설명으로 가장 적절하지 않은 것은? (다툼이 있는 경우 판례에 의함)

① 퇴역연금수급자인 퇴직군인이나 장해연금수급자인 퇴직공무원과 달리 상이연금 수급자에 대한 공무원 재직기간 합산방법을 규정하지 않은 구 공무원연금법은 평등원칙에 위배되지 않는다.

② 기초연금 수급액을 '국민기초생활 보장법'상 이전소득에 포함시키도록 하는 구 '국민기초생활 보장법 시행령' 제5조 제1항 제4호 다목 중 기초연금법에 관한 부분이 청구인들과 같이 기초연금을 함께 수급하고 있거나 장차 수급하려는 '국민기초생활 보장법'상 수급자인 노인들의 평등권을 침해하지 않는다.

③ 선거일 이전에 행하여진 선거범죄' 가운데 '선거일 이전에 후보자격을 상실한 자'와 '선거일 이전에 후보자격을 상실하지 아니한 자'는 본질적으로 동일한 집단이라 할 것이므로 선거일 이전에 행하여진 선거범죄의 공소시효 기산점을 '당해 선거일 후'로 규정한 공직선거법으로 차별이 발생한다고 보기 어렵다.

④ 집행유예의 실효요건은 집행유예기간 중 '고의로 범한 죄로' 금고 이상의 실형을 선고받아 그 판결이 확정된 때로 하면서 선고유예는 여전히 선고유예기간 중에 자격정지 이상의 판결이 확정되기만 하면 실효되도록 한 것은 선고유예를 보다 가벼운 제재로 예정한 입법자의 의사 및 우리 법체계와 부합하지 않는 것으로, 평등원칙에 위반된다.

문 20. 평등권 및 평등원칙에 관한 설명으로 가장 적절하지 않은 것은? (다툼이 있는 경우 판례에 의함)

① 가구 내 고용활동은 크게 가사관리와 돌봄으로 구분할 수 있는데 양자의 차이를 고려하지 않고 일률적으로 전부 퇴직급여법의 적용범위에서 배제하는 것은 타당하지 않다. 가사사용인은 고용보험, 산업재해보상보험, 국민건강보험 등 사회보장제도에서 소외되고 있는바, 퇴직급여제도에서까지 배제하는 것은 사회안전망의 사각지대를 발생시키게 된다. 따라서 '가구 내 고용활동'에 대해서는 근로자퇴직급여 보장법을 적용하지 않도록 규정한 근로자퇴직급여 보장법 제3조 단서는 평등원칙에 위배된다.

② 개정 전 공직자윤리법 조항에 따라 이미 재산등록을 한 혼인한 여성 등록의무자에게만 배우자의 직계존·비속의 재산을 등록하도록 예외를 규정한 공직자윤리법 부칙조항은 평등원칙에 위배된다.

③ 보상금의 지급을 신청할 수 있는자의 범위를 '내부 공익신고자'로 한정함으로써 '외부 공익신고자'를 보상금 지급대상에서 배제하도록 정한 공익신고자 보호법 조항 중 '내부 공익신고자' 부분은 평등원칙에 위배되지 않는다.

④ 4·19혁명공로자에게 지급되는 보훈급여의 종류를 보상금이 아닌 수당으로 규정한 국가유공자법 제16조의4 제1항 및 2019년도 공로수당의 지급월액을 31만 1천 원으로 규정한 같은 법 시행령 제27조의4가 각각 보상금으로 월 172만 4천 원을 받는 건국포장 수훈 애국지사에 비하여 4·19혁명공로자를 합리적 이유 없이 차별 취급하여 평등권을 침해한다고 할 수 없다.

# 진도별 모의고사
## (평등권 ② ~ 영장주의)

소요시간: ________ / 15분　　맞힌 답의 개수: ________ / 20

문 1. 평등권 또는 평등원칙에 관한 설명으로 가장 적절하지 않은 것은? (다툼이 있는 경우 판례에 의함)

① 주거침입강제추행죄의 법정형을 주거침입강간죄와 동일하게 규정한 구 성폭력범죄의 처벌 등에 관한 특례법 제3조 제1항 중 "형법 제319조 제1항(주거침입)의 죄를 범한 사람이 같은 법 제298조(강제추행)의 죄를 범한 경우에는 무기징역 또는 5년 이상의 징역에 처한다."는 부분은 비례원칙에 반한다.

② 국내통화를 위조하는 자를 처벌하는 특정범죄 가중처벌법이 형법과 똑같은 범죄구성요건을 규정하면서 법정형 하한을 2년에서 5년으로 올렸다면 평등원칙에 위반된다.

③ 동일한 범죄구성요건을 규정하면서 마약법보다 법정형을 상향조정한 특정범죄가중처벌법은 평등원칙에 위반된다.

④ 흉기·기타 위험한 물건을 휴대한 폭행을 가중 처벌하는 '폭력행위 등 처벌에 관한 법률'은 형법과 똑같은 내용의 구성요건을 규정하고 있으므로 형벌체계상의 균형을 상실하여 평등원칙에 위배된다.

문 2. 평등의 원칙에 관한 설명으로 가장 적절하지 않은 것은? (다툼이 있으면 판례에 의함)

① 정신성적 장애인에 대한 치료감호기간의 상한을 15년으로 정하고 있는 것은 약물·알코올 중독자에 대한 치료감호기간의 상한이 2년임에 비해 과도한 차별에 해당하므로 평등원칙에 위반된다고 할 수 없다.

② 공무원 퇴직연금의 수급요건을 재직기간 20년에서 10년으로 완화한 개정 공무원연금법 제46조 제1항의 적용대상을 법 시행일 당시 재직 중인 공무원으로 한정한 공무원연금법 부칙 제6조 중 제46조 제1항에 관한 부분은 평등권을 침해하지 않는다.

③ '개별가구 또는 개인의 여건'에 관한 조건 부과 유예 대상자의 범위를 정함에 있어 '대학원에 재학 중인 사람'을 제외한 국민기초생활 보장법 시행령 평등권을 침해한다고 할 수 없다.

④ 학교법인인 청구인은 지방자치단체로부터 중학교 의무교육을 위탁받아 이를 수행하기 위하여 공유재산인 이 사건 각 토지를 점유하고 있는데, 청구인이 이로 인한 사적 이득을 취득하는 것이 아니고, 무상교육인 의무교육에 소요되는 비용은 국가와 지방자치단체가 부담하여야 할 것이며, 사용·수익허가나 대부계약 없이 지방자치단체 소유의 공유재산을 사용·수익 또는 점유를 한 자에 대하여 사용료 또는 대부료의 100분의 120에 해당하는 금액을 징수하도록 하면서 학교법인의 공유재산 무단점유에 예외를 인정하지 아니한 것은 평등원칙에 위배된다.

문 3. 공무원시험 가산점 부여에 관한 설명으로 가장 적절하지 않은 것은? (다툼이 있는 경우 판례에 의함)

① 국가유공자의 가족이 공무원채용시험에 응시하는 경우 만점의 10%를 가산하도록 한 것은 일반 응시자들의 공직취임의 기회를 차별하는 것이고, 이러한 차별로 인한 불평등 효과는 입법목적과 그 달성수단 간의 비례성을 현저히 초과하는 것으로서 일반 공직시험 응시자들의 평등권을 침해한다.

② 헌법재판소는 공무원채용시험에 응시한 제대군인에게 과목별 득점에 과목별 만점의 5% 또는 3%를 가산하는 제대군인 가산점제도가 평등원칙에 위반되는지 여부를 심사하면서, 엄격심사기준보다 완화된 심사기준을 적용했다.

③ "국가유공자·상이군경 및 전몰군경의 유가족은 법률이 정하는 바에 의하여 우선적으로 근로의 기회를 부여받는다."라고 규정한 헌법 제32조 제6항의 대상자는 문리해석대로 '국가유공자', '상이군경', 그리고 '전몰군경의 유가족'이라고 보아야 하고, 국가유공자의 가족이 공무원채용시험에 응시하는 경우 만점의 10%를 가산하도록 규정하고 있는 법률조항은 일반 응시자와의 차별의 효과가 지나치므로 헌법에 합치되지 아니한다.

④ 국·공립학교 채용시험에서 국가유공자의 가족에게 10%의 가산점을 부여하는 것은 능력주의를 바탕으로 하여야 하는 공직취임권의 규율에 있어서 중요한 예외를 구성하므로, 관련공익과 일반응시자의 공무담임권의 차별 사이에 엄밀한 법익형량이 이루어져야 한다.

문 4. 평등권에 관한 설명으로 가장 적절한 것은? (다툼이 있는 경우 판례에 의함)

① 영화업자가 영화근로자와 계약을 체결할 때 근로시간을 구체적으로 밝히도록 하고 위반 시 처벌하는 영화 및 비디오물의 진흥에 관한 법률 제3조가 영화제작계약을 일반적인 근로계약과 마찬가지로 취급하는 것으로서 영화업자의 평등권을 침해한다고 할 수 없다.

② 퇴직공제금 수급 자격에 있어 '외국거주 외국인유족'이 '외국인'이라는 사정 또는 '외국에 거주'한다는 사정이 '대한민국 국민인 유족' 혹은 '국내거주 외국인유족'과 달리 취급받을 합리적인 이유가 될 수 없으므로 근로자가 사망할 당시 그 근로자와 생계를 같이 하고 있던 유족 중 '대한민국 국민인 유족' 및 '국내거주 외국인유족'은 퇴직공제금을 지급받을 유족의 범위에 포함하면서 청구인과 같은 '외국거주 외국인유족'을 그 범위에서 제외하는 구 건설근로자의 고용개선 등에 관한 법률 제14조 제2항은 평등원칙에 위반된다고 할 수 없다.

③ 안장 대상자의 사망 후 배우자가 재혼하였다는 이유만으로 그 기여를 전혀 고려하지 않고 일률적으로 국립묘지 합장 대상에서 제외한 '국립묘지의 설치 및 운영에 관한 법률' 제5조 제3항 본문 제1호 단서는 재혼한 배우자를 불합리하게 차별한 것으로서 평등원칙에 위배된다.

④ 가정폭력 가해자에 대해 피해자 또는 가정구성원에 대한 전기통신사업법 제2조 제1호의 전기통신을 이용한 접근금지만 규정하여 우편을 이용한 접근금지를 피해자보호명령에 포함시키지 아니한 구 '가정폭력범죄의 처벌 등에 관한 특례법' 제55조의2 제1항은 전기통신을 이용한 접근금지를 규정하고 있는 것과 달리 우편을 이용한 접근금지에 대하여 규정하지 아니한 것은 합리적 이유 없는 차별로서 평등원칙에 위배된다.

문 5. 신체의 자유보장에 관한 설명으로 가장 적절하지 않은 것은? (다툼이 있는 경우 판례에 의함)

① 전투경찰순경의 인신구금을 그 내용으로 하는 영창처분에 있어서도 헌법상 적법절차원칙이 준수될 것이 요청되나 영장주의는 형사절차가 아닌 징계절차에도 그대로 적용된다고 볼 수 없다.

② 성폭력범죄를 저지른 성도착증 환자로서 재범의 위험성이 인정되는 19세 이상의 사람에 대해 검사가 치료명령을 청구할 수 있도록 한 법률조항은 침해의 최소성과 법익균형성을 인정하기 어려우므로 피치료자의 신체의 자유를 침해한다.

③ 헌법상 명문의 규정은 없지만, 불구속 피의자의 경우에도 변호인의 조력을 받을 권리를 가진다.

④ 변호인의 조력을 받을 권리는 출입국관리법상 보호 또는 강제퇴거의 절차에도 적용된다.

문 6. 신체의 자유에 관한 설명으로 가장 적절하지 않은 것은? (다툼이 있는 경우 판례에 의함)

① 법원이 열람·등사 허용 결정을 하였음에도 검사가 열람·등사를 거부한 행위는 피고인의 신속·공정한 재판을 받을 권리 및 변호인의 조력을 받을 권리를 침해한다.

② 사립학교관계자, 언론인이 외부강의등의 대가로 대통령령을 초과하는 금액을 수령하고도 신고 및 변환하지 않은 경우 과태료를 부과하고 있는데 과태료는 죄형법정주의의 규율대상에 해당한다고 할 수 없다.

③ 별건으로 공소제기 후 확정되어 검사가 보관하고 있는 서류에 대하여 법원의 열람·등사 허용 결정이 있었음에도 검사가 청구인에 대한 형사사건과의 관련성을 부정하면서 해당 서류의 열람·등사를 허용하지 아니한 행위는 청구인의 신속하고 공정한 재판을 받을 권리 및 변호인의 조력을 받을 권리를 침해한다.

④ 단순히 근로계약에 따른 노무의 제공을 거부하는 부작위에 그치지 아니하고 이를 넘어서 사용자에게 압력을 가하여 근로자의 주장을 관철하고자 집단적으로 노무제공을 중단을 위력에 의한 업무방해죄로 처벌하는 것은 명확성원칙에 위배된다.

문 7. 신체의 자유에 관한 설명으로 가장 적절하지 않은 것은? (다툼이 있는 경우 판례에 의함)

① 출정 시 피청구인인 ○○교도소장이 민사법정 내에서 청구인으로 하여금 양손수갑 2개를 앞으로 사용하고 상체승을 한 상태에서 변론을 하도록 한 행위는 민사법정 내 교정사고를 예방하고 법정질서 유지를 위한 것으로 청구인의 인격권과 신체의 자유를 침해하지 아니한다.

② 청구인이 2017.10.17. 대구지방법원에 출정할 때 피청구인이 청구인에게 행정법정 방청석에서 청구인의 변론 순서가 될 때까지 대기하는 동안 수갑 1개를 착용하도록 한 행위는 과잉금지원칙을 위반하여 청구인의 신체의 자유와 인격권을 침해하지 않는다.

③ 식품의약품안전처장이 국민보건을 위하여 필요하면 판매를 목적으로 하는 식품 또는 식품첨가물에 관한 제조·가공·사용·조리·보존 방법에 관한 기준을 고시하도록 하고 이를 위반한 경우 처벌하도록 한 식품위생법은 죄형법정주의의 기본적 요청인 법률주의에 위반된다.

④ 강제퇴거명령을 받은 사람을 즉시 대한민국 밖으로 송환할 수 없으면 송환할 수 있을 때까지 보호시설에 보호할 수 있도록 규정한 출입국관리법 제63조 제1항은 신체의 자유를 침해한다.

문 8. 신체의 자유에 관한 설명으로 가장 적절하지 않은 것은? (다툼이 있는 경우 판례에 의함)

① 피고인이 정식재판을 청구한 사건에 대하여 약식명령의 형보다 '중한 형'을 선고하지 못하도록 하던 구 형사소송법 제457조의2가 '중한 종류의 형'을 선고하지 못하도록 규정하는 형사소송법 제457조의2로 개정되면서, 형종상향금지조항의 시행 전에 정식재판을 청구한 사건에 대해서는 종전의 불이익변경금지조항에 따르도록 규정한 형사소송법 부칙 제2조는 형벌불소급원칙에 위배된다고 할 수 없다.

② '성폭력범죄의 처벌 등에 관한 특례법' 제3조 제1항 중 '형법 제319조 제1항(주거침입)의 죄를 범한 사람이 같은 법 제299조(준강제추행)의 죄를 범한 경우에는 무기징역 또는 5년 이상의 징역에 처한다.'는 부분은 책임과 형벌 간의 비례원칙에 위반된다고 할 수 없다.

③ 주거침입강제추행죄와 주거침입준강제추행죄에 대하여 무기징역 또는 7년 이상의 징역에 처하도록 한 '성폭력범죄의 처벌 등에 관한 특례법'이 제3조 제1항이 책임과 형벌 간의 비례원칙에 위배된다.

④ 야간주거침입절도죄의 미수범이 준강제추행죄를 범한 경우 무기징역 또는 7년 이상의 징역에 처하도록 한 성폭력범죄의 처벌 등에 관한 특례법 제3조 제1항은 지나치게 높은 형벌을 규정하기 때문에, 법관은 범행별로 책임에 상응하는 형벌을 선고할 수 없어 책임과 형벌 사이의 비례원칙에 위배된다.

문 9. 형벌불소급원칙에 관한 설명으로 가장 적절한 것은? (다툼이 있는 경우 판례에 의함)

① 보안처분은 형벌과는 달리 행위자의 장래 재범위험성에 근거하는 것으로서, 행위시의 재범위험성 여부에 대한 판단에 따라 보안처분 선고를 결정하므로 원칙적으로 재판 당시 현행법을 소급적용할 수 없다.

② 형사처벌을 규정하고 있던 행위시법이 사후에 폐지되었음에도, 신법이 아니라 행위시법에 의하여 형사처벌하도록 규정한 것은 헌법 제13조 제1항의 형벌불소급원칙의 보호영역에 포섭된다.

③ 형벌불소급원칙이 적용되는 '처벌'의 범위는 형법이 정한 형벌의 종류에만 한정된다.

④ 노역장유치는 벌금형에 부수적으로 부과되는 환형처분으로서 실질은 신체의 자유를 박탈하여 징역형과 유사한 형벌적 성격을 가지고 있으므로, 범죄행위시의 법률에 따라 유치기간을 정하여 선고하여야 한다.

문 10. 죄형법정주의에 관한 설명으로 가장 적절하지 않은 것은? (다툼이 있는 경우 판례에 의함)

① 형식적 의미의 법률 또는 명령 · 규칙에 의하여 범죄와 형벌을 규정할 수 있다.

② 헌법 제12조 제1항이 정하고 있는 법률주의에서 말하는 '법률'이라 함은 국회에서 제정하는 형식적 의미의 법률과 이와 동등한 효력을 가지는 긴급명령, 긴급재정 · 경제명령 등을 의미한다.

③ 죄형법정주의는 법치주의, 국민주권 및 권력분립의 원리에 입각한 것으로서 일차적으로 무엇이 범죄이며 그에 대한 형벌이 어떠한 것인가는 반드시 국민의 대표로 구성된 입법부가 제정한 성문의 법률로써 정하여야 한다는 원칙인바, 여기서 말하는 '법률'이란 입법부에서 제정한 형식적 의미의 법률을 의미한다.

④ 법률에 의한 처벌법규의 위임 요건과 범위는 보다 엄격하게 제한적으로 적용되어야 한다. 따라서 처벌법규의 위임은 긴급한 필요가 있거나 미리 법률로써 자세히 정할 수 없는 부득이한 사정이 있는 경우에 한정되어야 한다. 이 경우에도 법률에서 범죄의 구성요건은 처벌대상인 행위를 예측할 수 있도록 구체적으로 정해야 하고, 형벌의 종류 및 그 상한과 폭을 명백하게 규정하여야 한다.

문 11. 명확성원칙에 관한 설명으로 가장 적절한 것은? (다툼이 있는 경우 판례에 의함)

① 명령 또는 정관에 위반하는 행위를 함으로써 금고 또는 연합회에 손해를 끼쳤을 때 처벌한다는 새마을금고법 제66조 제1항 제2호는 명확성원칙에 위반된다고 볼 수 없다.

② 농업협동조합의 임원선거에 있어 정관이 정하는 행위 외의 선거운동을 한 경우 이를 형사처벌하도록 한 법률조항은, 조합의 임원선거에 있어 정관이 정하는 것 이외의 일체의 선거운동을 금지한다는 의미로 명확하게 해석된다고 할 것이므로 선거운동의 예외적 허용 사항을 정관에 위임하였더라도 죄형법정주의원칙에 위배된다고 볼 수 없다.

③ 정관이 정하는 기간에는 선거운동을 위하여 호별방문을 금지하는 중소기업협동조합법은 명확성원칙에 위배된다고 할 수 없다.

④ 중소기업중앙회 임원 선거와 관련하여 '정관으로 정하는' 선전 벽보의 부착, 선거 공보와 인쇄물의 배부 및 합동 연설회 또는 공개 토론회 개최 외의 행위를 한 경우 이를 처벌하도록 규정한 중소기업협동조합법은 죄형법정주의의 명확성원칙에 위배된다.

문 12. 다음 중 명확성원칙에 위반되는 경우는 모두 몇 개인가? (다툼이 있는 경우 헌법재판소 판례에 의함)

ㄱ. 폭행 · 협박으로 철도종사자의 직무집행을 방해한 자를 5년 이하의 징역 또는 5천만 원 이하의 벌금으로 처벌하도록 규정한 구 철도안전법
ㄴ. 단체나 다중의 위력으로 상해죄를 범한 경우 가중처벌하는 폭력행위 처벌법
ㄷ. '약국을 관리하는 약사 또는 한약사는 보건복지부령으로 정하는 약국관리에 필요한 사항을 준수하여야 한다'는 약사법 제19조 제4항을 위반한 자를 처벌하는 약사법 제77조 제1호
ㄹ. 허위경력을 공표하는 행위를 금지하는 공직선거법 제250조 제1항에 공직후보자 등에 대한 각종 세금 납부 및 체납실적을 경력으로 보는 것
ㅁ. 공무원에게 직무의 내외를 불문하고 품위유지의무를 부과하고, 품위손상행위를 공무원에 한 징계사유로 규정한 국가공무원법 제63조
ㅂ. 검사에 대한 징계사유로서 "검사로서의 체면이나 위신을 손상하는 행위를 하였을 때"를 규정하고 있는 검사징계법
ㅅ. 공무원의 '공무 외의 일을 위한 집단행위'를 금지하는 국가공무원법 규정

① 1개 ② 2개
③ 3개 ④ 4개

문 13. 일사부재리 내지 이중처벌금지원칙에 관한 설명으로 가장 적절하지 않은 것은? (다툼이 있는 경우 판례에 의함)

① 추징은 몰수에 갈음하여 그 가액의 납부를 명령하는 사법처분이나 부가형의 성질을 가지므로, 주형은 아니지만 부가형으로서의 추징도 일종의 형벌임을 부인할 수는 없으나 일정액수의 추징금을 납부하지 않은 자에게 내리는 출국금지의 행정처분은 형법 제41조 상의 형벌이 아니다.

② 구 건축법 제54조 제1항에 의한 형사처벌의 대상이 되는 범죄의 구성요건은 당국의 허가 없이 건축행위 또는 건축물의 용도변경행위를 한 것이고, 동법 제56조의2 제1항에 의한 과태료는 건축법령에 위반되는 위법건축물에 대한 시정명령을 받고도 건축주 등이 이를 시정하지 아니할 때 과하는 것이므로, 양자는 처벌 내지 제재대상이 되는 기본적 사실관계로서의 행위를 달리하는 것이다.

③ 청소년의 성보호에 관한 법률상 신상공개제도는 이를 공개하는 과정에서 부수적으로 수치심 등이 발생된다고 하여 이것을 기존의 형벌 외에 또 다른 형벌로서 수치형이나 명예형에 해당한다고 볼 수는 없다.

④ 보호감호는 형벌과 집행상 뚜렷한 구분이 되고 보호감호와 형벌은 그 본질, 추구하는 목적과 기능이 전혀 다른 별개의 제도이므로 형벌과 보호감호를 서로 병과하여 선고한다 하여 헌법 제13조 제1항에 정한 이중처벌금지의 원칙에 위반되는 것은 아니다.

문 14. 이중처벌금지원칙에 관한 설명으로 가장 적절한 것은? (다툼이 있는 경우 판례에 의함)

① 법무부령이 정하는 금액 이상의 추징금을 납부하지 아니한 자에게 출국금지조치를 내릴 수 있도록 한 것은 이중처벌금지의 원칙에 위배된다.

② 폭력범죄로 2회 이상의 징역형을 받아 그 집행을 종료하거나 면제를 받은 후 3년 내에 다시 집단적·흉기휴대적 폭력범죄를 범한 경우에 누범가중을 하는 것은 일사부재리의 원칙에 위배된다.

③ 성폭력범죄의 처벌 등에 관한 특례법 위반의 범죄를 범한 사람에 대하여 유죄판결을 선고함과 동시에 성폭력 치료프로그램 이수명령을 병과한 경우, 이러한 이수명령은 형벌과 본질적 차이가 있는 보안처분에 해당한다.

④ 집행유예의 취소시 부활되는 본형은 집행유예의 선고와 함께 선고되었던 것으로 판결이 확정된 동일한 사건에 대하여 다시 심판한 결과 부과되는 것이므로 일사부재리의 원칙이 적용된다.

문 15. 적법절차원칙에 관한 설명으로 가장 적절하지 않은 것은? (다툼이 있는 경우 판례에 의함)

① 1787년 미국 연방헌법이 제정된 이래로 명문화되어 미국 헌법의 기본원리의 하나로 자리잡고 모든 국가작용을 지배하는 일반원리로 해석 · 적용되는 중요한 원칙으로서, 오늘날에는 독일 등 대륙법계의 국가에서도 이에 상응하여 일반적인 법치국가원리 또는 기본권 제한의 법률유보원리로 정립되게 되었다.

② 산업단지의 지정권자로 하여금 산업단지계획안에 대한 주민의견청취와 동시에 환경영향평가서 초안에 대한 주민의견청취를 진행하도록 한 구 산업단지 인 · 허가 절차 간소화를 위한 특례법 규정은 주민의 절차적 참여를 보장해 주고 있으므로, 적법절차원칙에 위배되지 않는다.

③ 보안처분에 적용되어야 할 적법절차의 원리의 적용범위 내지 한계는 각 보안처분의 구체적 자유박탈 내지 제한의 정도를 고려하여 차이가 있는바, 예컨대 처벌 또는 강제노역에 버금가는 심대한 기본권의 제한을 수반하는 보안처분에는 좁은 의미의 적법절차의 원칙이 엄격히 적용되어야 할 것이나, 보안관찰처분과 같이 단순히 피보안관찰자에게 신고의무를 부과하는 자유제한적인 조치에는 보다 완화된 적법절차의 원칙이 적용된다.

④ 범죄의 피의자로 입건된 자가 경찰공무원이나 검사의 신문을 받는 과정에서 자신의 신원을 밝히지 않고 지문채취에 불응하는 경우 벌금, 과료, 구류의 형사처벌에 처하도록 하는 적법절차원칙에 반한다고 할 수 없다.

문 16. 적법절차에 관한 설명으로 가장 적절한 것은? (다툼이 있는 경우 판례에 의함)

① 금고 이상의 형의 선고유예를 받고 그 기간 중에 있는 자를 임용결격사유로 삼고, 위 사유에 해당하는 자가 임용되더라도 이를 당연무효로 하는 구 국가공무원법의 헌법위반여부심사에서 공무담임권의 침해 여부와 적법절차 위배 여부는 별도로 판단해야 한다.

② 적법절차의 원칙에서 도출되는 가장 중요한 절차적 요청은 당사자에게 적절한 고지를 행할 것, 당사자에게 의견 및 자료 제출의 기회를 부여할 것이므로 국민의 기본권을 제한하는 불이익처분의 근거법률에 이러한 요소가 누락되어 있다면 그 법률은 적법절차의 원칙에 위배된다.

③ 수뢰죄를 범하여 금고 이상의 형의 선고유예를 받은 국가공무원의 당연퇴직에서는 별도의 징계절차나 당사자의 진술권이 반드시 보장되어야 하므로 이를 보장하지 아니하면 적법절차의 원칙에 위배된다.

④ 형사사건으로 기소되었다는 사실만을 이유로 해서 임면권자의 일방적인 처분으로 직위해제를 행하게 되어 있다면 징계절차에 있어서와 같은 청문의 기회가 보장되지 아니하여 당해 교원은 자기에게 유리한 사실을 진술하거나 필요한 증거를 제출할 방법조차 없는 것이니 그러한 의미에서 적법절차가 존중되고 있지 않다고 할 것이다.

문 17. 강제퇴거명령을 받은 사람을 보호할 수 있도록 하면서 보호기간의 상한을 마련하지 아니한 출입국관리법에 관한 위헌법률심판에 관한 설명으로 옳지 않은 것을 모두 고른 것은? (다툼이 있는 경우 판례에 의함)

ㄱ. 신체의 자유는 인간의 권리에 해당하고, 국내 체류자격 유무에 따라 그 인정 여부가 달라지는 것이 아니다.
ㄴ. 강제퇴거명령을 받은 사람을 보호할 수 있도록 하면서 보호기간의 상한을 마련하지 아니한 출입국관리법이 신체의 자유를 침해하는지 여부에 대해서는 엄격한 심사기준이 적용되어야 한다.
ㄷ. 보호기간의 상한이 규정될 경우, 그 상한을 초과하면 보호는 해제되어야 하는데, 강제퇴거대상자들이 보호해제된 후 잠적할 경우 강제퇴거명령의 집행이 현저히 어려워질 수 있고, 보호의 일시해제, 이의신청, 행정소송 및 집행정지 등 강제퇴거대상자가 보호에서 해제될 수 있는 다양한 제도가 마련되어 있으므로 심판대상조항은 과잉금지원칙에 위배되어 신체의 자유를 침해하지 아니한다.
ㄹ. 강제퇴거대상자는 행정소송 등을 통해 사법부로부터 보호의 적법 여부를 판단받을 수 있고, 강제퇴거 심사 전 조사, 이의신청이나 행정소송 과정에서 자신의 의견을 진술하거나 자료를 제출할 수 있으므로 심판대상조항은 헌법상 적법절차원칙에 위반된다고 볼 수 없다.

① ㄱ, ㄴ ② ㄱ, ㄹ
③ ㄴ, ㄷ ④ ㄷ, ㄹ

문 18. 적법절차원칙에 관한 설명으로 가장 적절한 것은? (다툼이 있는 경우 판례에 의함)

① 헌법 제12조 제1항의 적법절차원칙은 형사소송절차에 국한되지 않고 모든 국가작용 전반에 대하여 적용된다.
② 보안관찰법상의 보안관찰처분은 헌법 제12조 제1항의 보안처분의 일종으로서 적법절차의 원리가 적용되어야 하므로 보안관찰처분을 개시하기 위해서는 법관의 판단을 필요로 한다.
③ 적법절차의 원칙에서 도출되는 가장 중요한 절차적 요청은 당사자에게 적절한 고지를 행할 것, 당사자에게 의견 및 자료 제출의 기회를 부여할 것이므로, 국민의 기본권을 제한하는 불이익처분의 근거법률에 이러한 요소가 누락되어 있다면 그 법률은 적법절차의 원칙을 위반한 것이므로 위헌이다.
④ 압수물에 대한 소유권포기가 있다면, 사법경찰관이 법에서 정한 압수물폐기의 요건과 상관없이 임의로 압수물을 폐기하였어도, 이것이 적법절차원칙을 위반한 것은 아니다.

문 19. 병(兵)에 대한 징계처분으로 일정기간 부대나 함정(艦艇) 내의 영창, 그 밖의 구금장소에 감금하는 영창처분이 가능하도록 규정한 구 군인사법 제57조 제2항 중 '영창'에 관한 부분에 대해 헌법재판소법 제68조 제2항의 헌법소원이 청구되었다. 이에 관한 설명으로 가장 적절한 것은? (다툼이 있는 경우 판례에 의함)

① 현행 군인사법에 따르면 병과 하사관은 군인이라는 공통점을 제외하고는 그 복무의 내용과 보직, 진급, 전역체계, 보수와 연금 등의 지급에서 상당한 차이가 있으며, 그 징계의 종류도 달리 규율하고 있으므로 병과 하사관은 영창처분의 차별취급을 논할 만한 비교집단이 된다고 보기 어려우므로, 평등원칙 위배 여부는 판단할 필요가 없다.

② 군대 내 지휘명령체계를 확립하고 전투력을 제고한다는 공익은 매우 중요한 공익이므로 과잉금지원칙에 위배된다고 할 수 없다.

③ 심판대상조항에 의한 영창처분은 그 인신구금과 같이 기본권에 중대한 침해를 가져오는 것으로 영장주의 원칙이 적용되므로 법관이 관여하도록 규정되어 있지 않은 채 인신구금이 이루어질 수 있도록 하고 있어 헌법 제12조 제1항·제3항의 영장주의의 본질을 침해하고 있다.

④ 헌법 제12조 제3항의 문언이나 성격상 영장주의는 징계절차에 그대로 적용된다고 볼 수 없으므로 심판대상은 영장주의에 위반되지 않는다.

문 20. 영장주의에 관한 설명으로 옳은 것을 모두 고른 것은? (다툼이 있는 경우 판례에 의함)

ㄱ. 법원에 의하여 구속영장청구가 기각된 피의자에 대하여 구속영장을 재청구하기 위한 요건으로서 절차적 가중요건만 규정할 뿐 실질적 가중요건을 규정하지 아니한 형사소송법 조항은 영장주의에 반한다.
ㄴ. 헌법은 주거에 대한 압수나 수색 또는 통신제한 조치를 할 때에는 검사의 신청에 의하여 법관이 발부한 영장을 제시하도록 명시하고 있다.
ㄷ. 형사재판에 계속 중인 사람에 대하여 법무부장관이 6개월 이내의 기간을 정하여 출국을 금지할 수 있다고 규정한 출입국관리법 조항은 영장주의에 위반되지 아니한다.
ㄹ. 디엔에이감식시료채취영장 발부과정에서 채취대상자에게 자신의 의견을 밝히거나 영장 발부 후 불복할 수 있는 절차 등에 관하여 규정하지 아니한 디엔에이신원확인정보의 이용 및 보호에 관한 법률은 재판청구권을 침해한다.

① ㄱ, ㄴ　　② ㄱ, ㄹ
③ ㄴ, ㄷ　　④ ㄷ, ㄹ

MEMO

# 진도별 모의고사
## (형사피의자 · 피고인의 권리 ~ 양심의 자유)

소요시간: ________ / 15분　　　맞힌 답의 개수: ________ / 20

문 1. 영장주의에 관한 설명으로 가장 적절하지 않은 것은? (다툼이 있는 경우 판례에 의함)

① 수사기관의 피의자에 대한 구속영장청구에 관련된 법률을 제정함에 있어서 입법자는 신체의 자유에 관한 헌법적 특별규정인 헌법 제12조 제3항을 준수하는 범위 내에서 구체적 사정에 따라서 정책적인 선택을 할 수 있는바, 다만 이러한 입법형성권을 남용하거나 그 범위를 현저하게 일탈하여 당사자들의 기본권을 침해하게 된 경우에 이는 자의금지원칙에 위배되어 헌법에 위반된다.

② 체포영장을 집행하는 경우 필요한 때에는 타인의 주거 등에서 피의자 수사를 할 수 있도록 한 형사소송법 제216조 제1항 제1호 중 제200조의2에 관한 부분은 헌법 제16조의 영장주의에 위반되지 않는다.

③ 통신사실 확인자료 제공요청은 수사 또는 내사의 대상이 된 가입자 등의 동의나 승낙을 얻지 않고도 공공기관이 아닌 전기통신사업자를 상대로 이루어지는 것으로 통신비밀보호법이 정한 수사기관의 강제처분이므로 통신사실 확인자료 제공요청에는 헌법상 영장주의가 적용된다.

④ 수형자로 하여금 마약검사를 위해 소변을 받아 제출하도록 한 것은 교도소의 안전과 질서유지를 위한 것으로 수사에 필요한 처분이 아닐 뿐 아니라 검사대상자들의 협력이 필수적이어서 강제처분이라고 할 수 없어 영장주의의 원칙이 적용되지 아니한다.

문 2. 영장주의에 관한 설명으로 가장 적절하지 않은 것은? (다툼이 있는 경우 판례에 의함)

① 형벌에 의한 불이익을 부과함으로써 심리적 · 간접적으로 지문채취를 강요하고 있는 경범죄처벌법에 의한 지문채취의 강요는 영장주의에 의하여야 할 강제처분이라 할 수 없다.

② 수사상 필요에 의하여 수사기관이 직접강제에 의하여 지문을 채취하려 하는 경우에는 반드시 법관이 발부한 영장에 의하여야 한다.

③ 헌법 제12조 제3항이 영장의 발부에 관하여 '검사의 신청'에 의할 것을 규정한 취지는 모든 영장의 발부에 검사의 신청이 필요하다는 데에 있는 것이 아니라 수사단계에서 영장의 발부를 신청할 수 있는 자를 검사로 한정함으로써 검사 아닌 다른 수사기관의 영장신청에서 오는 인권유린의 폐해를 방지하고자 함에 있다.

④ 형사절차가 아니라 하더라도 실질적으로 수사기관에 의한 인신구속과 동일한 효과를 발생시키는 인신구금은 영장주의의 본질상 그 적용대상이 되어야 하며 병(兵)에 대한 징계처분으로 일정기간 부대나 함정 내의 영창, 그 밖의 구금장소에 감금하는 영창처분이 가능하도록 규정한 구 군인사법에 의한 영창처분은 그 내용과 집행의 실질, 효과에 비추어 볼 때, 그 본질이 사실상 형사절차에서 이루어지는 인신구금과 같이 기본권에 중대한 침해를 가져오는 것으로 헌법 제12조 제1항, 제3항의 영장주의 원칙이 적용된다.

문 3. 무죄추정원칙에 관한 설명으로 가장 적절하지 않은 것은? (다툼이 있는 경우 판례에 의함)

① 검사의 공소제기나 법관의 영장발부에 의한 구금상태는 그 후에 계속되는 일련의 형사절차 진행과정의 맨 처음 시작단계에 불과하고, 유죄판결의 선고나 확정은 상당히 오랜 시간이 경과한 후에야 가능한 것임에도, 지방자치단체의 장이 '공소제기된 후 구금상태에 있는 경우' 부단체장이 그 권한을 대행하도록 규정한 지방자치법은 자치단체장이 구금상태에 있고 그에 대하여 공소가 제기되었다는 두 가지 사실이 있기만 하면 유죄판결이나 그 확정을 기다리지 아니한 채 바로 직무를 정지시키고 있으므로 무죄추정의 원칙에 반한다.

② 변호사가 공소제기되어 그 재판의 결과 등록취소에 이르게 될 가능성이 매우 크고, 그대로 두면 장차 의뢰인이나 공공의 이익을 해칠 구체적인 위험성이 있는 경우 법무부변호사징계위원회의 결정을 거쳐 법무부장관이 업무정지를 명할 수 있도록 한 변호사법은 무죄추정의 원칙에 위반되지 아니한다.

③ 법원은 법률에 다른 규정이 없으면 누구든지 증인으로 신문할 수 있도록 하여 경찰도 증인이 될 수 있도록 한 형사소송법 제146조는 무죄추정의 원칙에 반하지 아니한다.

④ 형사사건으로 기소되면 필요적으로 직위해제처분을 하도록 한 국가공무원법 규정은 헌법 제37조 제2항의 비례의 원칙에 위반되어 직업의 자유를 과도하게 침해하고 헌법 제27조 제4항의 무죄추정의 원칙에도 위반된다.

문 4. 변호인의 조력을 받을 권리에 관한 설명으로 가장 적절한 것은? (다툼이 있는 경우에는 판례에 의함)

① 법원의 수사서류 열람·등사 허용 결정에도 불구하고 해당 수사서류의 열람은 허용하고 등사만을 거부한 검사의 행위는 피고인의 변호인의 조력을 받을 권리를 침해한다.

② '변호인이 되려는 자'의 접견교통권은 피체포자 등의 '변호인의 조력을 받을 권리'를 기본권으로 인정한 결과 발생하는 간접적이고 부수적인 효과로서 형사소송법 등 개별 법률을 통하여 구체적으로 형성된 법률상의 권리에 불과하고, '헌법상 보장된 독자적인 기본권'으로 볼 수는 없다.

③ 헌법 제12조 제4항 본문에 규정된 변호인의 조력을 받을 권리는 형사절차에서 피의자 또는 피고인의 방어권을 보장하기 위한 것으로서 출입국관리법상 보호 또는 강제퇴거의 절차에도 적용된다고 보기 어렵다.

④ 헌법 제12조 제4항 "누구든지 체포 또는 구속을 당한 때에는 즉시 변호인의 조력을 받을 권리를 가진다. 다만, 형사피고인이 스스로 변호인을 구할 수 없을 때에는 법률이 정하는 바에 의하여 국가가 변호인을 붙인다."의 단서 규정은 피의자에 대하여 일반적으로 국선변호인의 조력을 받을 권리가 있음을 천명한 것으로 볼 수 있다.

문 5. 변호인의 조력을 받을 권리에 관한 설명으로 가장 적절하지 않은 것은? (다툼이 있는 경우 판례에 의함)

① 헌법 제12조 제4항 본문에 규정된 변호인의 조력을 받을 권리는 행정절차에서 구속을 당한 사람에게도 즉시 보장된다.

② 변호사와 접견하는 경우에도 수용자의 접견은 원칙적으로 접촉차단시설이 설치된 장소에서 하도록 규정하고 있는 형의 집행 및 수용자의 처우에 관한 법률 시행령은 변호인의 조력을 받을 권리를 침해하는 것이다.

③ 구치소장이 변호인접견실에 CCTV를 설치하여 미결수용자와 변호인 간의 접견을 관찰한 행위는 변호인의 조력을 받을 권리를 침해하는 것은 아니다.

④ 청구인이 '변호인이 되려는 자'의 자격으로 피의자 접견 신청을 하였음에도 이를 허용하기 위한 조치를 취하지 않은 검사의 행위는 헌법상 기본권인 청구인의 접견교통권을 침해하였다.

문 6. 다음은 헌법 제12조 제4항의 변호인 조력을 받을 권리 조항이다. 이에 관한 설명으로 가장 적절하지 않은 것은? (다툼이 있는 경우 판례에 의함)

> **헌법 제12조** ④ 누구든지 체포 또는 구속을 당한 때에는 즉시 변호인의 조력을 받을 권리를 가진다. 다만, 형사피고인이 스스로 변호인을 구할 수 없을 때에는 법률이 정하는 바에 의하여 국가가 변호인을 붙인다.

① 헌법 명문으로 불구속 피의자의 경우 변호인의 조력을 받을 권리가 규정되어 있지는 않으나 불구속 피의자의 변호인의 조력을 받을 권리는 당연히 인정된다.
② 헌법 제12조 제4항 본문에 규정된 "구속"은 사전적 의미의 구속 중에서도 특히 사람을 강제로 붙잡아 끌고 가는 구인과 사람을 강제로 일정한 장소에 가두는 구금을 가리키는데, 이는 형사절차뿐 아니라 행정절차에서도 가능하다.
③ 헌법 제12조 제4항 본문에 규정된 변호인의 조력을 받을 권리는 형사절차에서 피의자 또는 피고인의 방어권을 보장하기 위한 것으로서 출입국관리법상 보호 또는 강제퇴거의 절차에는 적용된다고 보기 어렵다.
④ 변호인 조력을 받을 권리는 수사의 개시부터 형사재판의 판결확정시까지 인정되는 권리이다.

문 7. 변호인 조력을 받을 권리에 관한 설명으로 가장 적절한 것은? (다툼이 있는 경우 판례에 의함)

① '변호인이 되려는 자'의 접견교통권은 피체포자 등의 '변호인의 조력을 받을 권리'를 기본권으로 인정한 결과 발생하는 간접적이고 부수적인 효과로서 형사소송법 등 개별 법률을 통하여 구체적으로 형성된 법률상의 권리에 불과하다.
② 민사재판, 행정재판, 헌법재판에서 수용자와 변호사 사이의 접견교통권은 변호인 조력을 받을 권리에서 인정되지 않으나 재판청구권에서 인정되는 기본권이다.
③ 인천공항출입국·외국인청장이 인천국제공항 송환대기실에 수용된 난민에 대한 변호인 접견신청을 거부한 행위는 재판청구권을 침해한다.
④ 형사절차가 종료되어 교정시설에 수용 중인 수형자는 원칙적으로 변호인의 조력을 받을 권리의 주체가 될 수 없으므로 형사재심 절차에서는 변호인의 조력을 받을 권리의 주체가 될 수 없다.

문 8. 청구인 A는 형이 확정된 후 ○○교도소에 수용 중 교도소 측 신체검사의 위헌확인을 구하는 헌법소원(2010헌마775)을 제기하였다. 청구인 A는 헌법소원사건의 국선대리인 변호사와 접견하기에 앞서 교도소의 담당교도관에게 녹음녹화접견실(구 무인접견실)이 아닌 변호인접견실에서의 접견을 요청하였으나, 미결수용자가 아니라는 이유로 받아들여지지 않았고(이하 '이 사건 거부행위'라 한다), 접촉차단시설이 설치된 녹음녹화접견실에서 변호사 접견이 이루어졌다. 이에 A는 접촉차단시설이 설치된 장소에서 접견하도록 한 형집행법 시행령 제58조(이하 '이 사건 접견조항'이라 한다) 및 이 사건 거부행위의 위헌확인을 구하는 이 사건 헌법소원심판을 청구하였다. 이에 관한 설명으로 가장 적절하지 않은 것은? (다툼이 있는 경우 헌법재판소 판례에 의함)

> **형의 집행 및 수용자의 처우에 관한 법률 시행령 제58조 【접견】** ④ 수용자의 접견은 접촉차단시설이 설치된 장소에서 하게 한다. 다만, 미결수용자가 변호인과 접견하는 경우에는 그러하지 아니하다.

① 헌법재판소가 미결수용자의 형사사건 변호인 접견에는 교도관 등이 참여하여 대화 내용을 듣거나 기록하는 것, 변호인과의 서신을 검열하는 것 등이 위헌이라고 선언한 바 있다.
② 이 사건 접견조항인 형의 집행 및 수용자의 처우에 관한 법률 시행령 제58조(접견)에 의하여 헌법상 변호인의 조력을 받을 권리가 제한된다고 볼 수는 있다.
③ 이 사건 접견조항은 교정시설의 기본적 역할인 수용자의 신체적 구속 확보와 교도소 내의 수용질서 및 규율 유지를 위한 목적으로 도입된 것으로서 목적의 정당성 및 수단의 상당성이 인정된다.
④ '수용자가 소송을 위하여 변호사와 접견하는 경우'를 이 사건 접견조항 단서의 적용대상으로 규정하지 아니한 이 사건 접견조항은 헌법에 위반되므로 행정입법자는 이러한 위헌성을 제거하기 위하여 위 조항을 개정하여 수용자가 변호사와 접견하는 경우도 단서의 적용대상이 되도록 추가하여야 할 것이다.

문 9. 진술거부권에 관한 설명으로 가장 적절하지 않은 것은? (다툼이 있는 경우 판례에 의함)

① 진술거부권은 피의자나 피고인으로서 수사 또는 공판절차에 계속 중인 자뿐 아니라 행정절차나 국회에서의 조사절차 등에서도 보장된다.
② 변호사인 변호인에게는 변호사법이 정하는 바에 따라서 이른바 진실의무가 인정되는 것이지만, 변호인이 신체구속을 당한 사람에게 법률적 조언을 하는 것은 그 권리이자 의무이므로 변호인이 적극적으로 피고인 또는 피의자로 하여금 허위진술을 하도록 하는 것이 아니라 단순히 헌법상 권리인 진술거부권이 있음을 알려 주고 그 행사를 권고하는 것을 가리켜 변호사로서의 진실의무에 위배되는 것이라고는 할 수 없다.
③ 법률로써 진술을 강제하는 것은 진술거부권의 침해에 해당되지 아니한다.
④ 피의자나 피고인으로서 수사 또는 공판절차에 계속 중인 사람뿐만 아니라 장차 피의자나 피고인이 될 사람에게도 보장된다.

문 10. 사생활의 비밀과 자유 보호영역과 제한에 관한 설명으로 가장 적절하지 않은 것은? (다툼이 있는 경우 판례에 의함)

① 사생활의 자유란 사회공동체의 일반적인 생활규범의 범위 내에서 사생활을 자유롭게 형성해 나가고 그 설계 및 내용에 대해서 외부로부터의 간섭을 받지 아니할 권리를 말하는바, 흡연을 하는 행위는 이와 같은 사생활의 영역에 포함된다고 할 것이다.
② 탈법방법에 의한 문서 · 도화의 배부 · 게시 등을 금지하고 있는 공직선거법 제93조 제1항은 사생활의 자유나 양심의 자유를 제한한다.
③ 공직자의 자질 · 도덕성 · 청렴성에 관한 사실은 그 내용이 개인적인 사생활에 관한 것이라 할지라도 순수한 사생활의 영역에 있다고 보기 어렵다.
④ 자동차를 도로에서 운전하는 중에 좌석안전띠를 착용할 것인지 여부의 생활관계는 개인의 전체적 인격과 생존에 관계되는 '사생활의 기본조건'이라거나 자기결정의 핵심적 영역 또는 인격적 핵심과 관련된다고 보기 어렵기 때문에, 운전할 때 운전자가 좌석안전띠를 착용하는 문제는 사생활의 비밀과 자유에 의하여 보호되는 범주를 벗어난 것이다.

문 11. 개인정보자기결정권에 관한 설명으로 가장 적절하지 않은 것은? (다툼이 있는 경우 판례에 의함)

① 통신매체이용음란죄로 유죄판결이 확정된 자도 신상정보 등록대상자가 된다고 규정한 '성폭력범죄의 처벌 등에 관한 특례법' 제42조 제1항은 통신매체이용음란죄로 유죄판결이 확정된 자의 개인정보자기결정권을 침해한다.
② 일정한 성범죄를 저지른 자로부터 신상정보를 제출받아 보존 · 관리하는 것은 정당한 목적을 위한 적합한 수단이고, 침해되는 사익은 크지 않은 반면 해당 조항을 통해 달성되는 공익은 매우 중요하므로, 성폭력범죄의 처벌 등에 관한 특례법위반(카메라 등 이용촬영, 카메라 등 이용촬영미수)죄로 유죄판결이 확정된 자는 신상정보 등록대상자가 되도록 규정한 성폭력범죄의 처벌 등에 관한 특례법은 개인정보자기결정권을 침해하지 않는다.
③ 강제추행으로 유죄판결된 자의 신상정보제출의무와 신상정보 반기 1회 등록정보진위확인을 위해 대면확인하도록 한 것은 개인정보자기결정권을 침해한다.
④ 법무부장관이 등록대상자의 재범 위험성이 상존하는 20년 동안 그의 신상정보를 보존 · 관리하는 것은 정당한 목적을 위한 적합한 수단이 아니므로, 모든 등록대상 성범죄자에 대하여 일률적으로 20년의 등록기간을 적용하고 있다면 개인정보자기결정권을 침해한다.

문 12. 개인정보자기결정권에 관한 설명으로 가장 적절하지 않은 것은? (다툼이 있는 경우 판례에 의함)

① 법무부장관이 성범죄로 벌금형을 선고받은 사람의 등록정보를 10년간 보존·관리하도록 규정한 성폭력처벌법 제45조는 개인정보자기결정권을 침해한다고 할 수 없다.
② 관할경찰관서의 장으로 하여금 등록대상자와 연 1회 직접 대면 등의 방법으로 등록정보의 진위와 변경여부를 확인하도록 규정한 성폭력처벌법은 개인정보자기결정권을 침해한다고 할 수 없다.
③ 보호자가 자녀 또는 보호아동의 안전을 확인할 목적으로 CCTV 영상정보 열람을 할 수 있도록 정한 법 제15조의5 제1항 제1호가 어린이집 보육교사의 개인정보자기결정권 등을 침해한다고 할 수 없다.
④ 카메라나 그 밖에 이와 유사한 기능을 갖춘 기계장치를 이용하여 성적 욕망 또는 수치심을 유발할 수 있는 다른 사람의 신체를 그 의사에 반하여 촬영한 범죄로 3년 이하의 징역형을 선고받은 사람의 등록정보를 최초등록일부터 15년 동안 보존·관리하도록 규정한 것은 청구인의 개인정보자기결정권을 침해한다.

문 13. 개인정보자기결정권에 관한 설명으로 가장 적절하지 않은 것은? (다툼이 있는 경우 판례에 의함)

① 개인정보자기결정권은 헌법에 명시된 기본권으로서 헌법적 근거를 굳이 어느 한두 개에 국한시키는 것은 바람직하지 않은 독자적 기본권이다.
② 개인정보자기결정권은 인간의 존엄과 가치, 행복추구권을 규정한 헌법 제10조 제1문의 일반적 인격권 및 헌법 제17조의 사생활의 비밀과 자유에 의하여 도출되고 보장된다.
③ 개인정보자기결정권이란 자신에 관한 정보의 공개와 유통을 스스로 결정하고 통제할 수 있는 권리를 말하며, 이때 '자신에 관한 정보'는 그 자체가 꼭 비밀성이 있는 정보일 필요는 없다.
④ 개인정보자기결정권의 보호대상이 되는 개인정보는 반드시 개인의 내밀한 영역이나 사사의 영역에 속하는 정보뿐만 아니라 공적 생활에서 형성되었거나 이미 공개된 개인정보도 포함한다.

문 14. 직계혈족의 가족관계증명서 교부청구에 관한 설명으로 가장 적절한 것은? (다툼이 있는 경우 판례에 의함)

① 직계혈족이면 가족관계기본증명서 교부를 청구하도록 하여 가정폭력 피해자의 개인정보를 보호하기 위한 구체적 방안을 마련하지 아니한 것은 청구인의 개인정보자기결정권을 침해한다.
② 직계혈족이 자녀의 가족관계증명서와 기본증명서의 교부를 청구하는 것 자체가 위헌이다.
③ 정보주체의 배우자나 직계혈족이 정보주체의 위임 없이도 정보주체의 가족관계 상세증명서의 교부 청구를 할 수 있도록 하는 '가족관계의 등록 등에 관한 법률' 제14조 제1항은 정보주체의 현재의 혼인의 배우자 및 직계혈족의 이익 보호에만 지나치게 치우친 방법이므로, 달성하려는 입법목적과 그로 인해 제한되는 개인정보자기결정권 사이에 적절한 균형을 달성하지 못하였다. 따라서 과잉금지원칙에 위반되어 청구인의 개인정보자기결정권을 침해한다.
④ 직계혈족이면 가족관계증명서 및 기본증명서의 교부를 청구하도록 가족관계의 등록 등에 관한 법률은 목적은 정당하나 목적 달성을 위하여 적합한 수단이 된다고 할 수 없다.

문 15. 거주 · 이전의 자유에 관한 설명으로 가장 적절하지 않은 것은? (다툼이 있는 경우 판례에 의함)

① 공중보건의사가 군사교육에 소집된 기간을 복무기간에 산입하지 않도록 규정한 병역법 제34조에 의해 복무기간에 산입되지 않은 군사교육소집기간 동안 거주 · 이전의 자유가 제한된다고 할 수 없다.

② 법인이 과밀억제권역 내에 본점의 사업용 부동산으로 건축물을 신축하여 이를 취득하는 경우 취득세를 중과세하는 구 지방세법 조항은 인구유입이나 경제력집중의 유발 효과가 없는 신축 또는 증축으로 인한 부동산의 취득의 경우에도 모두 취득세 중과세 대상이 된다고 심판대상조항을 해석하는 것은 그 적용범위를 부당히 확장한 것으로서, 거주 · 이전의 자유와 영업의 자유를 침해한다.

③ 주택 등의 재산권에 대한 수용이 헌법 제23조 제3항이 정하고 있는 정당보상의 원칙에 부합하는 이상, 그러한 수용만으로 거주 · 이전의 자유를 침해한다고는 할 수 없다.

④ 주거환경개선사업 및 주택재개발사업의 시행으로 철거되는 주택의 소유자에 대해서는 임시수용시설의 설치 등을 사업시행자의 의무로 규정한 반면, 도시환경정비사업의 경우에는 이와 같은 규정을 두지 아니한 도시 및 주거환경정비법으로 거주 · 이전의 자유를 제한하거나 침해한다고 볼 수 없다.

문 16. 통신의 자유와 비밀에 관한 설명으로 가장 적절하지 않은 것은? (다툼이 있는 경우 판례에 의함)

① 미결수용자가 교정시설 내에서 규율위반행위를 이유로 금치처분을 받은 경우 금치기간 중 서신수수 · 접견 · 전화통화를 제한하는 것은 통신의 자유를 침해하지 아니한다.

② 수용자가 국가기관에 서신을 발송할 경우에 교도소장의 허가를 받도록 하는 것은 통신비밀의 자유를 침해하지 않는다.

③ 교도소 수용자의 서신에 대한 검열은 국가안전보장 · 질서유지 또는 공공복리라는 정당한 목적을 위하여 부득이할 뿐만 아니라 유효 · 적절한 방법에 의한 최소한의 제한이며 통신비밀의 자유의 본질적 내용을 침해하는 것이 아니어서 헌법에 위반된다고 할 수 없다.

④ 수용자가 밖으로 내보내는 모든 서신을 봉함하지 않은 상태로 교정시설에 제출하도록 한 규정은, 수용자에 대한 자유형의 본질상 외부와의 자유로운 통신에 대한 제한은 불가피하고 수용자의 발송서신에 대하여 우리 법이 취하고 있는 '상대적 검열주의'를 이행하기 위한 효과적 교도행정의 방식일 뿐이어서 수용자의 통신비밀의 자유를 침해한다고 볼 수 없다.

문 17. 통신의 자유에 관한 설명으로 가장 적절한 것은? (다툼이 있는 경우 판례에 의함)

① 검사 또는 사법경찰관은 수사 또는 형의 집행을 위하여 필요한 경우 전기통신사업법에 의한 전기통신사업자에게 통신사실 확인자료의 열람이나 제출을 요청할 수 있다고 규정한 통신비밀보호법은 명확성원칙에 위배되지 않으나 과잉금지원칙에 위배되어 청구인의 개인정보자기결정권과 통신의 자유를 침해한다.

② 전기통신역무제공에 관한 계약을 체결하는 경우 전기통신사업자로 하여금 가입자에게 본인임을 확인할 수 있는 증서 등을 제시하도록 요구하고 부정가입방지시스템 등을 이용하여 본인인지 여부를 확인하도록 한 전기통신사업법으로 통신의 비밀을 제한한다.

③ 통신사실 확인자료제공을 요청하는 경우에는 요청사유, 해당 가입자와의 연관성 및 필요한 자료의 범위를 기록한 서면으로 관할 지방법원 또는 지원의 허가를 받도록 한 통신비밀보호법은 영장주의에 위배된다.

④ 신병훈련소에서 교육훈련을 받는 동안 신병의 전화사용을 통제하는 육군 신병교육지침서는 통신의 자유를 필요한 정도를 넘어 과도하게 제한한 것이다.

문 18. 통신의 자유에 관한 설명으로 가장 적절하지 않은 것은? (다툼이 있는 경우 헌법재판소 판례에 의함)

① 수형자가 밖으로 내보내는 모든 서신을 봉함하지 않은 상태로 교정시설에 제출하도록 규정하고 있는 '형의 집행 및 수용자의 처우에 관한 법률 시행령' 제65조 제1항은 통신비밀의 자유를 침해한다.

② 수용자가 국가기관에 서신을 발송할 경우에 교도소장의 허가를 받도록 하는 것은 통신비밀의 자유를 침해한다.

③ 징역형 등이 확정되어 교정시설에서 수용 중인 수형자도 통신의 자유의 주체가 된다.

④ 표현된 집필문을 외부의 특정한 상대방에게 발송할 수 있는지 여부는 통신의 자유에서 보호되므로 거짓 사실을 포함하고 있거나, 수형자의 교화, 건전한 사회복귀를 해칠 우려가 있는 서신의 반출을 금지한 것은 표현의 자유 제한이 아니라 통신의 자유 제한으로 볼 수 있으나 통신의 자유 침해라고 할 수는 없다.

문 19. 양심의 자유에서 양심의 개념에 관한 설명으로 가장 적절하지 않은 것은? (다툼이 있는 경우 판례에 의함)

① 민·형사재판에서 단순한 사실에 관한 증인의 증언거부와 같은 단순한 사실에 관한 지식이나 기술지식까지도 양심자유에 포함되지 아니한다.
② 세무사가 행하는 성실신고확인은 확인대상사업자의 소득금액에 대하여 심판대상조항 및 관련 법령에 따라 확인하는 것으로 단순한 사실관계의 확인에 불과한 것이어서 헌법 제19조에 의하여 보장되는 양심의 영역에 포함되지 않는다.
③ 음주측정요구와 그 거부는 양심의 자유의 보호영역에 포괄되지 아니하나 운전 중 운전자가 좌석안전띠를 착용 여부는 양심의 자유에서 보호된다.
④ 채무자에게 재산을 명시하여 제출하도록 하는 것은 개인의 인격형성에 관계되는 윤리적 판단이 개입될 수 없는 영역이므로 헌법 제19조의 양심의 자유에서 보호되지 않는다.

문 20. 양심의 자유의 보호영역에 관한 설명으로 옳지 않은 것은 모두 몇 개인가? (다툼이 있는 경우 판례에 의함)

ㄱ. 인터넷언론사의 공개된 게시판, 대화방에서 스스로의 의사에 의하여 정당·후보자에 대한 지지·반대의 글을 게시하는 행위는 양심의 자유나 사생활비밀의 자유에 의하여 보호되는 영역이라고 할 수 없다.
ㄴ. 준법서약서제도는 과거의 사상전향서제도와는 형식적으로 다른 형태로서 국법질서를 준수하겠다는 서약서이지만, 그 실질에 있어서는 오랜 기간 공산주의에 대한 신조를 지닌 국가보안법 위반자 등으로 하여금 그러한 신조를 변경하겠다는 것을 표명하게 하고, 그럼으로써 같은 신조를 지닌 자들과 격리하게 되는 효과를 도모하므로 준법서약서제도는 헌법 제19조의 양심의 자유의 보호영역 내에 포섭되어야 마땅하다.
ㄷ. 법률해석에 관하여 여러 견해가 갈리는 경우처럼 다소의 가치관련성을 가진다고 하더라도 개인의 인격형성과는 관계가 없는 사사로운 사유나 의견 등은 그 보호대상이 아니라 할 것이다.
ㄹ. 개인의 인격형성과 관계없는 공정거래법에 위반했는지 여부는 양심의 자유에서 보호된다고 할 수 없다.
ㅁ. 공직후보자에 대한 의견의 표현행위에 관한 것이면 양심의 자유의 보호영역에 포함된다고 볼 수 없으므로 공직선거에서 투표용지에 후보자들에 대한 '전부 거부' 표시방법을 마련하지 않은 공직선거법은 양심의 자유를 제한한다고 할 수 없다.

① 0개
② 1개
③ 2개
④ 3개

# 7회 진도별 모의고사
## (종교의 자유 ~ 재산권)

소요시간: ________ / 15분　　　맞힌 답의 개수: ________ / 20

문 1. 논산훈련소장은 2019.6.2. 청구인들에 대하여 육군 훈련소 내 종교 시설에서 개최되는 개신교, 불교, 천주교, 원불교 종교행사 중 하나에 참석하도록 하였다. 이에 대한 헌법소원심판에 관한 설명으로 가장 적절하지 않은 것은?

① 우리 헌법 제20조는 제1항의 종교의 자유는 무종교의 자유도 포함하는 것으로, 신앙을 가지지 않고 종교적 행위 및 종교적 집회에 참석하지 아니할 소극적 자유도 함께 보호한다.

② 종교시설에서 개최되는 종교행사에의 참석을 강제한 것만으로 청구인들이 신앙을 가지지 않을 자유와 종교적 집회에 참석하지 않을 자유를 제한하는 것이라고 평가할 수 있다. 따라서 이 사건 종교행사 참석조치는 청구인들의 종교의 자유를 제한한다.

③ 정교분리원칙에 따라 국가는 특정 종교의 특권을 인정하지 않고 종교에 대한 중립을 유지하여야 하는데 국가가 특정한 종교를 장려하는 것은 다른 종교 또는 무종교의 자유에 대한 침해가 될 수 있다.

④ 논산훈련소장은 2019.6.2. 청구인들에 대하여 육군 훈련소 내 종교 시설에서 개최되는 개신교, 불교, 천주교, 원불교 종교행사 참석조치는 그 목적의 정당성을 인정할 수 없다.

문 2. 종교의 자유에 관한 설명으로 가장 적절하지 않은 것은? (다툼이 있는 경우 판례에 의함)

① 헌법이 종교의 자유를 보장하고 종교와 국가기능을 엄격히 분리하고 있는 점에 비추어 종교단체의 조직과 운영은 그 자율성이 최대한 보장되어야 할 것이나 한편으로 종교가 가지는 도덕적 순수성, 국민들의 종교에 대한 신뢰 등을 고려할 때, 교회 안에서 개인이 누리는 지위에 영향을 미칠 각종 결의나 처분이 당연무효라고 판단하는 데는, 종교단체 아닌 일반단체의 결의나 처분을 무효로 돌릴 정도의 하자가 있으면 된다.

② 종교단체가 운영하는 학교 형태 혹은 학원 형태의 교육기관도 예외없이 학교설립인가 혹은 학원설립 등록을 받도록 규정하고 있는 교육법 제85조 제1항 및 학원의 설립·운영에 관한 법률 제6조는 헌법 제20조 제2항이 정한 국교금지 내지 정교분리의 원칙을 위반한 것이라 할 수 없다.

③ 사립대학이 종교교육을 받을 것을 졸업요건으로 하는 학칙을 제정하는 것은 학생들의 신앙을 가지지 않을 자유를 침해한다고 할 수 없다.

④ 종교단체의 징계결의의 효력 유무와 관련하여 종교교리의 해석에 미치지 아니하는 한 법원으로서는 징계의 당부를 판단하여야 한다.

문 3. 종교의 자유에 관한 설명으로 가장 적절하지 않은 것은? (다툼이 있는 경우 판례에 의함)

① 종교의 자유는 그 성질상 사법관계에 직접 적용될 수 있는 기본권이므로 종교의 자유라는 기본권의 침해와 관련한 불법행위의 성립 여부는 종교의 자유를 침해했느냐를 기준으로 판단하면 된다.
② 헌법 제20조 제2항은 국교금지와 정교분리원칙을 규정하고 있는데 종교시설의 건축행위에만 기반시설부담금을 면제한다면 국가가 종교를 지원하여 종교를 승인하거나 우대하는 것으로 비칠 소지가 있어 헌법 제20조 제2항의 국교금지 및 정교분리에 위배될 소지가 있으므로 종교시설의 건축행위에 대하여 기반시설부담금 부과를 제외하거나 감경하지 아니하였더라도, 종교의 자유를 침해하는 것이 아니다.
③ 지방자치단체가 유서 깊은 천주교 성당 일대를 문화관광지로 조성하기 위하여 상급 단체로부터 문화관광지 조성계획을 승인받은 후 사업부지 내 토지 등을 수용재결한 사안에서, 문화관광지 조성계획 승인과 그에 따른 토지 등 수용재결은 헌법의 정교분리원칙이나 평등권에 위배되지 않는다.
④ 종교전파의 자유는 자신의 종교 또는 종교적 확신을 누구에게나 알리고 선전하는 자유를 말하며 포교행위 또는 선교행위가 이에 해당하나, 국민이 선택한 임의의 장소에서 이를 자유롭게 행사할 수 있는 권리까지 보장하지 않아 위난지역에서 여권사용 금지는 거주·이전의 자유 제한이지 종교의 자유 제한은 아니다.

문 4. 대학의 자유에 관한 설명으로 가장 적절하지 않은 것은? (다툼이 있는 경우 판례에 의함)

① 대학의 자율은 연구와 교육의 내용, 그 방법과 대상, 교과 과정의 편성, 학생의 선발과 전형 및 교원의 임면에 관한 사항, 대학시설의 관리·운영은 대학의 자율에 포함된다.
② 국립대학도 국가의 간섭 없이 인사·학사·시설·재정 등 대학과 관련된 사항들을 자주적으로 결정하고 운영할 자유를 가지며, 이러한 대학의 자율성은 원칙적으로 대학 자체의 계속적 존립에까지 미치지 않는다.
③ 대학의 장을 구성원들의 참여에 따라 자율적으로 선출한 이상, 하나의 보직에 불과한 단과대학장의 선출에 다시 한번 대학교수들이 참여할 권리가 대학의 자율에서 당연히 도출된다고 보기 어려워 단과대학장의 선출에 참여할 권리는 대학의 자율에 포함된다고 볼 수 없다.
④ 학문의 자유나 대학의 자율성 내지 대학의 자치를 근거로 사립대학 교수들은 총장선임에 실질적으로 관여할 수 있는 지위에 있다고 보는 것이 대법원의 판례이다.

문 5. 언론 · 출판의 자유에 관한 설명으로 가장 적절하지 않은 것은? (다툼이 있는 경우 판례에 의함)

① 우리 헌법은 제21조 제2항에서 "언론 · 출판에 대한 허가나 검열 … 는 인정되지 아니한다."라고 특별히 규정하여, 언론 · 출판의 자유에 대하여 허가나 검열을 수단으로 한 제한만은 헌법 제37조 제2항의 규정에도 불구하고 어떠한 경우라도 법률로써도 허용되지 아니한다.

② 인터넷신문 등록요건으로 5인 이상 취재 및 편집 인력을 고용하도록 한 신문 등의 진흥에 관한 법률은 헌법 제21조 제2항에 위배된다고 볼 수 없다.

③ 사전허가금지의 대상은 어디까지나 언론 · 출판 자유의 내재적 본질인 표현의 내용을 보장하는 것을 말하는 것이지, 언론 · 출판을 위해 필요한 물적 시설이나 언론기업의 주체인 기업인으로서의 활동까지 포함되는 것으로 볼 수는 없다.

④ 상업광고는 표현의 자유의 보호영역에 속하지만 사상이나 지식에 관한 정치적, 시민적 표현행위와는 차이가 있고, 한편 직업수행의 자유의 보호영역에 속하지만 인격발현과 개성신장에 미치는 효과가 중대한 것은 아니므로 상업광고규제에 대해서는 비례원칙이 적용되지 않고 입법재량의 범위를 현저히 벗어났는지 여부만 심사한다.

문 6. 언론 · 출판의 자유에 관한 설명으로 가장 적절하지 않은 것은? (다툼이 있는 경우 판례에 의함)

① 헌법재판소는 현재 음란표현도 언론 · 출판의 자유에 의하여 보호되는 대상이지만 헌법 제37조 제2항에 따라 국가안전보장, 질서유지 또는 공공복리를 위하여 위 자유가 제한될 수 있다는 입장이다.

② 긴급조치 제1호는 유신헌법을 부정하거나 반대하고 폐지를 주장하는 행위 중 실제로 국가의 안전보장과 공공의 안녕질서에 대한 심각하고 중대한 위협이 명백하고 현존하는 경우 이외에도, 국가긴급권의 발동이 필요한 상황과는 전혀 무관하게 헌법과 관련하여 자신의 견해를 단순하게 표명하는 행위까지 모두 처벌하고 처벌의 대상이 되는 행위를 구체적으로 특정할 수 없으므로 표현의 자유를 침해한다.

③ 건강기능식품의 기능성 광고는 상업광고이지만, 헌법 제21조 제1항의 표현의 자유의 보호대상이 됨과 동시에 같은 조 제2항의 사전검열 금지대상도 된다.

④ '제한상영가' 등급의 영화를 '상영 및 광고 · 선전에 있어서 일정한 제한이 필요한 영화'라고 규정하고 있는 법률규정은, '제한상영가' 등급의 영화란 영화의 내용이 지나치게 선정적 · 폭력적 또는 비윤리적이어서 청소년에게는 물론 일반적인 정서를 가진 성인에게조차 혐오감을 주거나 악영향을 끼치는 영화로 해석될 수 있으므로 명확성원칙에 위반되지 않는다.

문 7. 표현의 자유에 관한 설명으로 가장 적절하지 않은 것은? (다툼이 있는 경우 판례에 의함)

① 헌법 제21조 제1항은 모든 국민은 언론 · 출판의 자유를 가진다고 규정하여 표현의 자유를 보장하고 있는바, 의사표현 · 전파의 자유에 있어서 의사표현 또는 전파의 매개체는 어떠한 형태이건 가능하며, 그 제한이 없다.

② '청소년이용음란물' 역시 의사형성적 작용을 하는 의사의 표현 · 전파의 형식 중 하나임이 분명하므로 언론 · 출판의 자유에 의하여 보호되는 의사표현의 매개체라는 점에는 의문의 여지가 없고, '청소년이용음란물'이 헌법상 표현의 자유에 의한 보호대상이 된다.

③ 집필은 문자를 통한 모든 의사표현의 전제가 되나 전파의 상대방이 없는 집필의 단계는 표현의 자유에서 보호된다고 할 수 없다.

④ 의사표현 · 전파의 자유에는 담화 · 연설 · 토론 · 연극 · 방송 · 음악 · 영화 · 가요 등과 문서 · 소설 · 시가 · 도화 · 사진 · 조각 · 서화와 같은 모든 형상의 의사표현 또는 의사전파의 매개체를 포함한다.

문 8. 표현의 자유에 관한 설명으로 옳지 않은 것을 모두 고른 것은? (다툼이 있는 경우 판례에 의함)

ㄱ. 의사표현 · 전파의 자유에 있어서 의사표현 또는 전파의 매개체는 어떠한 형태이건 가능하며 그 제한이 없다고 하는 것이 헌법재판소의 확립된 견해이다.

ㄴ. 구체적인 전달이나 전파의 상대방이 없는 집필행위도 표현의 자유의 보호영역에 포함된다고 할 수 없다.

ㄷ. 의사의 자유로운 표명과 전파의 자유에는 책임이 따르므로 자신의 신원을 밝히지 아니한 채 익명 또는 가명으로 자신의 사상이나 견해를 표명하고 전파할 익명표현의 자유는 보장되지 않는다.

ㄹ. 헌법 제21조 제4항 전문은 "언론 · 출판은 타인의 명예나 권리 또는 공중도덕이나 사회윤리를 침해하여서는 아니 된다."라고 규정한다. 이는 언론 · 출판의 자유에 따르는 책임과 의무를 강조하는 동시에 언론 · 출판의 자유에 대한 제한의 요건을 명시한 규정이 아니라 헌법상 표현의 자유의 보호영역에 대한 한계를 설정한 것이라고 볼 수는 있으므로 공연한 사실의 적시를 통한 명예훼손적 표현은 표현의 자유의 보호영역에 해당한다고 할 수 없다.

ㅁ. 표현의 자유는 자신의 의사를 표현하고 전파할 적극적 자유, 자신의 의사를 표현하지 아니할 소극적 자유, 국가에게 표현의 자유를 실현할 수 있는 방법을 적극적으로 마련해 줄 것을 요청할 수 있는 자유를 포함한다. 따라서 '국가가 공직후보자들에 대한 유권자의 전부 거부 의사표시를 할 방법을 보장해 줄 것'도 표현의 자유의 보호범위에 포함된다.

① ㄱ, ㄴ, ㄹ　　② ㄱ, ㄷ, ㄹ
③ ㄴ, ㄷ, ㅁ　　④ ㄴ, ㄷ, ㄹ, ㅁ

문 9. 표현의 자유에 관한 설명으로 가장 적절한 것은? (다툼이 있는 경우 판례에 의함)

① 교육공무원에 대하여 일체의 선거운동을 금지함으로써 달성되는 공익은 상대적이고 모호하며 그 범주가 매우 다양한 반면, 그에 따른 선거운동의 자유에 대한 제약은 심대하므로 공직선거 및 교육감선거에서 교육공무원의 선거운동을 금지하는 공직선거법은 표현의 자유를 침해한다.
② 국가공무원법조항 중 '그 밖의 정치단체'에 관한 부분은 불명확한 개념을 사용하여, 수범자에 대한 위축효과와 법 집행 공무원의 자의적 판단 위험을 야기하고 있어 명확성원칙에 위배된다.
③ 선거 당일 선거운동을 금지하면서 선거일에 선거운동을 한 자를 처벌하는 구 공직선거법은 과잉금지원칙을 위반하여 정치적 표현의 자유를 침해한다.
④ 변호사 또는 소비자로부터 금전 · 기타 경제적 대가(알선료, 중개료, 수수료, 회비, 가입비, 광고비 등 명칭과 정기 · 비정기 형식을 불문한다)를 받고 법률상담 또는 사건등을 소개 · 알선 · 유인하기 위하여 변호사등과 소비자를 연결하거나 변호사등을 광고 · 홍보 · 소개하는 행위를 금지한 변호사 광고에 관한 규정 중 '변호사등을 광고 · 홍보 · 소개하는 행위' 부분은 과잉금지원칙에 위반하여 청구인들의 표현의 자유, 직업의 자유를 침해한다고 할 수 없다.

문 10. 알 권리에 관한 설명으로 가장 적절한 것은? (다툼이 있는 경우 판례에 의함)

① 알 권리의 실현은 법률의 제정이 뒤따라 이를 구체화시키는 것이 필요하므로 법률이 제정되어 있지 않은 경우에는 헌법 제21조에 의해 직접 보장될 수 없다.
② 알 권리는 일반 국민 누구나 국가에 대하여 보유 · 관리하고 있는 정보의 공개를 청구할 수 있는 권리를 의미한다.
③ 출판사 및 인쇄소의 등록에 관한 법률 규정 중 '음란한 간행물' 부분은 헌법에 위반되고, '저속한 간행물' 부분은 명확성의 원칙에 반할 뿐만 아니라 출판의 자유와 성인의 알 권리를 침해하는 것으로 헌법에 위반되지 않는다.
④ 정치자금법에 따라 회계보고된 자료의 열람기간을 3월간으로 제한한 정치자금법 제42조 제2항 본문 중 '3월간' 부분이 과잉금지원칙에 위배되어 청구인 신○○의 알 권리를 침해한다고 할 수 없다.

문 11. 집회의 자유에 관한 설명으로 가장 적절한 것은? (다툼이 있는 경우 판례에 의함)

① 공중이 자유롭게 통행할 수 없는 대학 구내에서의 시위라고 하더라도 다수인이 공동목적을 가지고 위력 또는 기세를 보여 불특정 다수인의 의견에 영향을 주거나 제압을 가하는 행위는 집회 및 시위에 관한 법률상의 규제대상이 된다.
② 집회의 자유에는 집회를 방해할 의도로 집회에 참가할 자유도 포함된다.
③ 집회 및 시위에 관한 법률상의 시위는 반드시 일반인이 자유로이 통행할 수 있는 장소에서 이루어져야 하며, 행진 등 장소 이동을 동반해야만 성립하는 것이다.
④ 대학교 구내에서 옥외집회는 집회 및 시위에 관한 법률 제10조의 야간옥외집회금지조항의 적용을 받지 않는다.

문 12. 집회 및 시위에 관한 설명으로 가장 적절한 것은? (다툼이 있는 경우 판례에 의함)

① 옥외집회나 시위가 사전신고한 범위를 뚜렷이 벗어나 질서를 유지할 수 없게 된 경우, 이에 대한 해산명령에 불응하는 자를 형사처벌하는 집회 및 시위에 관한 법률 규정은 집회의 자유를 침해한다.
② 국회의 헌법적 기능을 무력화시키거나 저해할 우려가 있는 집회의 금지는 집회 · 시위의 자유를 침해한다.
③ 집회의 시간과 장소가 중복되는 2개 이상의 신고가 있을 경우 관할 경찰관서장은 먼저 신고된 집회가 다른 집회의 개최를 봉쇄하기 위한 가장집회신고에 해당하는지 여부에 관하여 판단할 권한이 없으므로 뒤에 신고된 집회에 대하여 집회 자체를 금지하는 통고를 하여야 한다.
④ 관할 경찰서장이 이미 접수된 옥외집회신고서를 법률상 근거 없이 반려한 행위는 집회의 자유를 침해한 것이다.

문 13. 집회 신고제에 관한 설명으로 옳지 않은 것은 모두 몇 개인가? (다툼이 있는 경우 판례에 의함)

> ㄱ. 옥외집회를 늦어도 집회가 개최되기 48시간 전까지 사전신고를 하도록 법률로 규정한 것이 과잉금지원칙에 위반하여 집회의 자유를 침해하였다고 볼 수 없다.
> ㄴ. 집회 및 시위에 관한 법률이 미신고 옥외집회 또는 시위를 해산명령의 대상으로 하면서 별도의 해산요건을 정하고 있지 않더라도, 그 옥외집회 또는 시위로 인하여 타인의 법익이나 공공의 안녕질서에 대한 직접적인 위험이 명백하게 초래된 경우에 한하여 위 조항에 기하여 해산을 명할 수 있다. 또 이러한 요건을 갖춘 해산명령에 불응하는 경우에만 집회 및 시위에 관한 법률에 의하여 처벌할 수 있다고 보아야 한다.
> ㄷ. 옥외집회에 대한 사전신고는 행정관청에 집회에 관한 구체적인 정보를 제공함으로써 공공질서의 유지에 협력하도록 하는 데에 그 의의가 있는 것이지 집회의 허가를 구하는 신청으로 변질되어서는 아니 되므로, 신고를 하지 아니하였다는 이유만으로 그 옥외집회 또는 시위를 헌법의 보호범위를 벗어나 개최가 허용되지 않는 집회 내지 시위라고 단정할 수 없다.
> ㄹ. 옥외집회 또는 시위가 그 신고의 범위를 일탈한 경우에는 그 신고 내용과 동일성이 유지되고 있더라도 관할 경찰관서장은 신고를 하지 아니한 옥외집회 또는 시위로 보아 이를 해산하거나 저지할 수 있다.
> ㅁ. 집회나 시위 해산을 위한 살수차 사용은 집회의 자유 및 신체의 자유에 중대한 제한을 초래하므로 그 사용요건이나 기준은 법률에 근거를 두어야 한다.

① 1개 ② 2개
③ 3개 ④ 4개

문 14. 집회 및 시위에 관한 법률에 관한 설명으로 가장 적절한 것은? (다툼이 있는 경우 판례에 의함)

① 집회신고를 받은 관할경찰관서장은 신고서의 기재사항에 미비한 점을 발견하면 집회신고를 반려한다.
② 집회 시위 주최자는 경찰관서의 장으로부터 금지통고를 받은 날로부터 10일 이내에 해당 경찰관서의 바로 위의 상급경찰관서의 장에게 이의를 신청할 수 있다.
③ 집회금지통고에 대한 이의신청을 받은 때부터 재결기관이 24시간 이내 재결서를 송달하지 않으면 금지통고는 그때부터 효력을 상실한다.
④ 옥외집회뿐 아니라 옥내집회 신고제가 적용된다.

문 15. 국회 100미터 이내 옥외집회 전면금지에 관한 설명으로 가장 적절하지 않은 것은? (다툼이 있는 경우 판례에 의함)

① 집회를 통해 반대하고자 하는 대상물이 위치하거나 집회의 계기를 제공한 사건이 발생한 장소 등에서 행해져야 이를 통해 다수의 의견표명이 효과적으로 이루어질 수 있으므로, 집회의 장소를 선택할 자유는 집회의 자유의 한 실질을 형성한다고 할 수 있다.
② 국회의사당 경계지점으로부터 100미터 이내의 장소에서의 옥외집회를 전면적으로 금지하는 것은 국회의 기능을 보호하는 데 기여할 수 있으나 수단의 적합성은 인정되지 않는다.
③ 옥외집회에 의한 국회의 헌법적 기능이 침해될 가능성이 부인되거나 또는 현저히 낮은 경우에는, 그 금지에 대한 예외를 인정하여야 한다.
④ 국회의사당 인근에서의 옥외집회를 금지하는 집시법은 위헌적인 부분과 합헌적인 부분이 공존하고 있다. 이에 대하여 헌법불합치결정을 한다.

문 16. 결사의 자유에 관한 설명으로 가장 적절한 것은? (다툼이 있는 경우 판례에 의함)

① 결사라 함은 다수인이 일정한 공동의 목적을 위하여 계속적인 단체를 결성하는 것인데, 다만 그 공동의 목적이 영리적인 경우에는 헌법상 결사의 자유에 의하여 보호되는 결사가 아니다.
② 법인 등 결사체는 그 조직과 의사형성에 있어서 그리고 업무수행에 있어서 그 자체가 자기결정권을 가진다고 할 수 없으므로 결사의 자유의 주체가 될 수 없다.
③ 상공회의소가 결사의 자유의 주체가 되는 사법인으로 기본적으로는 임의단체라고 하더라도 일반결사에 비하여 여러 규제와 혜택을 법령으로 규정하고 있으므로, 결사의 자유의 제한과 관련하여 순수한 사적인 임의결사의 기본권이 제한되는 경우에 비해서는 완화된 심사기준을 적용할 수 있다.
④ 농협은 기본적으로 사법인의 성격을 지니므로, 농업협동조합법에서 정하는 특정한 국가적 목적을 위하여 설립되는 공공성이 강한 법인으로서 공적인 역할을 수행한다고 하더라도, 농협의 구성원들이 기본권 침해를 주장하여 과잉금지원칙 위배 여부를 판단할 때에는 사적인 임의결사의 기본권이 제한되는 경우와 마찬가지로 엄격한 심사기준이 적용된다.

문 17. 결사의 자유에 관한 설명으로 가장 적절하지 않은 것은? (다툼이 있는 경우 판례에 의함)

① 총사원 4분의 3 이상의 동의가 있으면 사단법인을 해산할 수 있도록 규정한 민법 제78조 전문은 결사의 자유를 침해한다고 할 수 없다.
② 근로자의 단결권이 근로자 단결체로서 사용자와의 관계에서 특별한 보호를 받아야 할 경우에는 헌법 제33조가 우선적으로 적용되므로 노동조합에도 헌법 제21조 제2항의 결사에 대한 허가제금지원칙이 적용된다고 할 수 없다.
③ 노동조합을 설립할 때 행정관청에 설립신고서를 제출하게 하고 그 요건을 충족하지 못하는 경우 설립신고서를 반려하도록 하고 있는 노동조합 및 노동관계조정법은 결사의 자유에 대한 허가제에 해당한다고 할 수 없다.
④ 운송사업자로 구성된 협회로 하여금 연합회에 강제로 가입하게 하고 임의로 탈퇴할 수 없도록 하는 '화물자동차 운수사업법' 제50조 제1항은 과잉금지원칙에 위배되어 결사의 자유를 침해한다고 볼 수 없다.

문 18. 집회 · 결사의 자유에 관한 설명으로 가장 적절하지 않은 것은? (다툼이 있는 경우 판례에 의함)

① 대규모로 확산될 우려가 없는 소규모 옥외집회 · 시위의 경우, '국회의장 공관의 경계 지점으로부터 100미터 이내에 있는 장소'에서 옥외집회 금지조항에 의하여 보호되는 법익에 직접적인 위협을 가할 가능성은 상대적으로 낮다.
② 농업협동조합중앙회회장선거의 관리를 선거관리위원회법에 따른 중앙선거관리위원회에 위탁하도록 한 농업협동조합법 제130조 제8항이 농협중앙회 및 회원조합의 결사의 자유를 침해하거나 평등원칙에 위반된다고 할 수 없다.
③ 대통령 관저 100미터 이내 옥외집회금지한 집회 및 시위에 관한 법률은 입법목적 달성을 위한 적합한 수단으로 볼 수 없다.
④ 폭력 · 불법적이거나 돌발적인 상황이 발생할 위험이 있다는 가정만을 근거로 하여 대통령 관저 인근이라는 특정한 장소에서 열리는 모든 집회를 금지하는 것은 헌법적으로 정당화되기 어렵다.

문 19. 재산권에 관한 설명으로 옳지 않은 것은 모두 몇 개인가? (다툼이 있는 경우 판례에 의함)

ㄱ. 사회부조와 같이 수급자의 자기 기여 없이 국가가 일방적으로 주는 급부를 내용으로 하는 공법상의 권리도 헌법상의 재산권 보장대상이다.
ㄴ. 의료급여수급권은 저소득 국민에 대한 공공부조의 일종으로서 순수하게 사회정책적 목적에서 주어지는 권리이므로 재산권 보호대상에 포함되지 않는다.
ㄷ. 의료보험수급권은 의료보험법상 재산권의 보장을 받는 공법상의 권리이다.
ㄹ. 구 태평양전쟁 전후 국외 강제동원희생자 등 지원에 관한 법률에 규정된 위로금 등의 각종 지원은 태평양전쟁이라는 특수한 상황에서 일제에 의한 강제동원희생자와 그 유족이 입은 고통을 치유하기 위한 시혜적 조치이며, 이러한 시혜적 급부를 받을 권리는 헌법 제23조에 의하여 보장되는 재산권이라고 할 수 없다.
ㅁ. 지뢰피해자 지원에 관한 법률상 위로금과 같이 수급권의 발생요건이 법정되어 있는 경우 법정요건을 갖춘 후 발생하는 위로금수급권은 구체적인 법적 권리로 보장되는 경제적·재산적 가치가 있는 공법상의 권리라 할 것이지만, 그러한 법정요건을 갖추기 전에는 헌법이 보장하는 재산권이라고 할 수 없다.
ㅂ. 지뢰피해자 및 그 유족에 대한 위로금 산정시 사망 또는 상이를 입을 당시의 월평균임금을 기준으로 하고, 그 기준으로 산정한 위로금이 2천만 원에 이르지 아니할 경우 2천만 원을 초과하지 아니하는 범위에서 조정·지급할 수 있도록 한 지뢰피해자 지원에 관한 특별법에 의해 재산권이 제한된다고 볼 수 없다.
ㅅ. 대한민국헌정회원 지원금은 재산권에서 보호된다고 할 수 없다.

① 1개 ② 2개
③ 3개 ④ 4개

문 20. 재산권에 관한 설명으로 가장 적절하지 않은 것은? (다툼이 있는 경우 판례에 의함)

① 헌법 제23조가 보장하고 있는 재산권에는 사법상의 권리도 포함되므로 상가임차인이 권리금에 대해 가지는 권리는 채권적 권리로서 재산권에서 보호된다.
② 협의취득 후 인정되는 환매권도 헌법상 재산권으로 보아야 한다.
③ 청구인이 재단법인의 설립 없이 유골 수를 추가 설치·관리하여 수익을 창출하려 하였던 사정은 재산권의 보호영역에 포함된다고 볼 수 없다.
④ 업종별로 수입금액이 일정 규모 이상인 사업자에게 성실신고확인서를 제출하도록 하고 있는 소득세법으로 인해 세무사가 입는 재산상 손해는 재산권의 내용에 포함된다.

# 8회 진도별 모의고사
## (재산권의 제한 ~ 정당제도)

소요시간: ________ / 15분　　　맞힌 답의 개수: ________ / 20

문 1. 헌법 제23조 제3항에 관한 설명으로 가장 적절하지 않은 것은? (다툼이 있는 경우 판례에 의함)

① 통일부장관이 2010.5.24. 발표한 북한에 대한 신규 투자 불허 및 진행 중인 사업의 투자확대 금지 등을 내용으로 하는 대북조치로 인한 재산상 손실에 대해 헌법 해석상으로 보상입법의 의무가 도출된다.

② 조선철도를 수용한 경우 보상청구권의 실현절차를 규정하는 법률을 제정할 행위의무가 발생하였다고 보아야 한다.

③ 헌법 제23조 제3항은 재산권 수용의 주체를 한정하지 않고 있는바, 수용 등의 주체를 국가 등의 공적 기관에 한정하여 해석할 이유가 없다.

④ 개별공시지가가 아닌 표준지공시지가를 기준으로 보상액을 산정하도록 한 것은 헌법 제23조 제3항이 규정하는 정당보상원칙에 위반된다고 할 수 없다.

문 2. 공무원 연금에 관한 설명으로 가장 적절하지 않은 것은? (다툼이 있는 경우 판례에 의함)

① 공무원의 신분이나 직무와 관련이 없는 과실범의 경우에도 퇴직급여 등을 제한하는 공무원연금법은 공무원범죄를 예방하고 공무원이 재직 중 성실히 근무하도록 유도하는 입법목적을 달성하는 데 적합한 수단으로 보기 어렵다.

② 직무와 관련이 없는 과실로 인한 경우 및 소속 상관의 정당한 직무상 명령에 따르다가 과실로 인한 경우를 제외하고 재직 중의 사유로 금고 이상의 형을 선고받은 경우 퇴직급여 일부를 감액하는 공무원 연금법은 재산권을 침해한다고 할 수 없다.

③ 범죄의 종류와 그 형의 경중을 가리지 않고 재직기간 5년 이상인 공무원에게 금고 이상의 형이 있으면 무조건 퇴직급여의 2분의 1을 감액하도록 규정하고 있는 구 공무원연금법 시행령은 재산권, 인간다운 생활을 할 권리, 평등권을 침해한다.

④ 군인연금법상 퇴역연금 수급권자가 군인연금법 · 공무원연금법 및 사립학교교직원 연금법의 적용을 받는 군인 · 공무원 또는 사립학교교직원으로 임용된 경우 그 재직기간 중 해당 연금 전부의 지급을 정지하도록 하고 있는 구 군인연금법 제21조의2 제1항은 퇴역연금 수급권자의 재산권을 침해한다고 할 수 없다.

문 3. 대통령이 결정한 2016.2.10.경 개성공단의 운영 즉시 전면중단 조치와 통일부장관이 2010.5.24. 발표한 북한에 대한 신규투자 불허 및 진행 중인 사업의 투자확대 금지 등을 내용으로 하는 대북조치관련 보상입법부작위에 대해 헌법소원이 청구되었다. 이에 관한 설명으로 가장 적절하지 않은 것은? (다툼이 있는 경우 판례에 의함)

① 개성공단 전면중단 조치가 과잉금지원칙을 위반하여 청구인들의 영업의 자유와 재산권을 침해하는지 여부는 엄격하게 심사하여야 한다.
② 개성공단 전면중단 조치가 과잉금지원칙을 위반하여 청구인들의 영업의 자유와 재산권을 침해한다고 할 수 없다.
③ 개성공단 전면중단 조치가 신뢰보호원칙을 위반하여 청구인들의 영업의 자유와 재산권을 침해한다고 할 수 없다.
④ 통일부장관이 2010.5.24. 발표한 북한에 대한 신규투자 불허 및 진행 중인 사업의 투자확대 금지 등을 내용으로 하는 대북조치로 인한 토지이용권의 제한은 헌법 제23조 제1항, 제2항에 따라 재산권의 내용과 한계를 정한 것인 동시에 재산권의 사회적 제약을 구체화하는 것으로 볼 수 있다.

문 4. 직업의 자유에 관한 설명으로 가장 적절하지 않은 것은? (다툼이 있는 경우 판례에 의함)

① 청소년 보호법 제28조 제1항 본문 중 제2조 제4호 나목 1)에 의하여 청소년유해물건으로 고시된 '요철식 특수콘돔(GAT-101) 등' 및 '약물주입 콘돔(AMOR LONG LOVE) 등'의 판매에 관한 부분, '청소년유해물건(성기구) 및 청소년 출입 · 고용금지업소 결정 고시'가 과잉금지원칙에 반하여 성기구 판매자의 직업수행의 자유와 청소년의 사생활의 비밀과 자유를 침해한다고 할 수 없다.
② 학원의 설립 · 운영 및 과외교습에 관한 법률에 따라 체육시설을 운영하는 자로서 어린이통학버스에 보호자를 동승하도록 강제하는 도로교통법으로 새로이 동승보호자를 고용함으로 인하여 추가적인 비용 지출이 발생하므로 이 사건 보호자동승조항 시행으로 청구인들의 재산권이 제한된다.
③ 학원의 설립 · 운영 및 과외교습에 관한 법률에 따라 체육시설을 운영하는 자로서 어린이통학버스에 보호자를 동승하도록 강제하는 도로교통법은 과잉금지원칙에 반하여 청구인들의 직업수행의 자유를 침해한다고 볼 수 없다.
④ 측량업의 등록을 한 측량업자가 등록기준에 미달하게 된 경우 측량업의 등록을 필요적으로 취소하도록 규정한 구 측량 · 수로조사 및 지적에 관한 법률 제52조 제1항 단서 제4호 본문이 과잉금지원칙에 위배되지 않는다.

문 5. 직업의 자유에 관한 설명으로 옳은 것은 모두 몇 개인가? (다툼이 있는 경우 판례에 의함)

ㄱ. 교육부장관의 '2019학년도 대학 보건 · 의료계열 학생정원 조정계획' 중 2019학년도 여자대학 약학대학의 정원을 동결한 부분이 약학대 편입을 준비하고 있는 남성의 직업선택의 자유를 침해한다고 할 수 없다.
ㄴ. 입원환자에 대하여 의약분업의 예외를 인정하면서도 의사로 하여금 조제를 직접 담당하도록 한 것은 직업수행의 자유를 침해한다.
ㄷ. 약사 또는 한약사가 아닌 자연인의 약국 개설을 금지하고 위반시 형사처벌하는 약사법 제20조 제1항이 과잉금지원칙에 반하여 직업의 자유를 침해한다.
ㄹ. 약사들로 구성된 법인에 의한 약국의 설립과 운영을 금지한 법률규정은 약사들을 여타 전문직종의 종사자와 차별한 것이다.
ㅁ. 안경사 면허를 가진 자연인에게만 안경업소의 개설 등을 할 수 있도록 하여 안경사들로만 구성된 법인 형태의 안경업소 개설까지 허용하지 않는 구 의료기사 등에 관한 법률은 직업의 자유에 대한 필요 이상의 제한으로 그 침해의 정도도 상당하므로, 심판대상조항은 과잉금지원칙에 반하여 직업수행의 자유를 침해한다.
ㅂ. 시각장애인만이 안마사가 될 수 있도록 한 안마사규칙에 대해 헌법재판소는 위헌이라고 한 바 있었으나, 안마사법에 대해서는 위헌이 아니라고 하였다.
ㅅ. 헌법재판소는 의사 · 치과의사 또는 한의사가 되고자 하는 자는 학사의 자격을 가진 자로서 국가시험에 합격하여야 한다는 규정에 따라, 외국에서 치과대학 · 의과대학을 졸업한 우리 국민이 국내면허시험을 치기 위해서는 기존의 응시요건에 추가하여 새로운 예비시험을 실시하도록 하는 것은 평등권 및 직업선택의 자유를 침해하여 위헌이라고 결정하였다.

① 1개 ② 2개
③ 3개 ④ 4개

문 6. 직업의 자유에 관한 설명으로 가장 적절하지 않은 것은? (다툼이 있는 경우 판례에 의함)

① 이륜자동차를 이용하여 고속도로 등을 통행하여 퀵서비스 배달업을 수행하지 못하게 하는 것은 배달업자인 청구인들이 직업을 수행하는 방식과 수단 및 장소를 제한하는 법적인 불이익을 초래하므로 청구인들의 직업을 수행할 수 있는 자유를 제한하지만 헌법 제37조 제2항에 위배되지 않기 때문에 청구인들의 직업수행의 자유를 침해하지 아니한다.
② 영화상영관 경영자에게 관람객과 가까이 있다는 이유로 부과금 징수 및 납부의무를 부담시킨 것은 관람객의 재산권과 영화관 경영자의 직업수행의 자유를 침해하였다고 볼 수 없다.
③ 누구든지 게임물의 유통질서를 저해하는 행위로서, 게임물의 이용을 통하여 획득한 유 · 무형의 결과물(점수, 경품, 게임 내에서 사용되는 가상의 화폐로서 대통령령이 정하는 게임머니 및 대통령령이 정하는 이와 유사한 것을 말한다)을 환전 또는 환전 알선하거나 재매입을 업으로 하는 행위를 하여서는 아니 된다고 규정한 '게임산업진흥에 관한 법률' 제32조 제1항 제7호가 과잉금지원칙을 위반하여 직업수행의 자유를 침해한다고 할 수 없다.
④ 지역아동센터 시설별 신고정원의 80% 이상을 돌봄취약아동으로 구성하도록 정한 '2019년 지역아동센터 지원 사업안내'는 직업수행의 자유를 침해한다고 할 수 없다.

문 7. 협회의 유권해석에 반하는 내용의 광고를 금지하는 변호사 광고에 관한 규정에 대해 헌법소원심판이 청구되었다. 이에 관한 설명으로 가장 적절하지 않은 것은? (다툼이 있는 경우 판례에 의함)

① 심판대상조항은 청구인 변호사들의 표현의 자유, 직업의 자유를 제한한다.
② 심판대상조항으로 인하여 ㅁㅁ 서비스를 기존과 같이 운영하지 못하는 영업상 어려움으로 경제적인 손해를 입게 된다고 하더라도 이는 사실상의 영향에 지나지 않으므로, 이 사건 심판대상조항이 청구인 회사의 재산권을 제한한다.
③ 심판대상조항의 위헌 여부는 직업의 자유 침해 여부에 대하여 심사하는 것으로 충분하므로 헌법 제119조의 경제질서형성에 개인과 자유창의 존중에 관한 주장 역시 별도로 판단하지 않는다.
④ 협회의 유권해석에 반하는 내용의 광고를 금지하는 변호사 광고에 관한 규정, 협회의 회규, 유권해석에 위반되는 행위를 목적 또는 수단으로 하여 행하는 법률상담 광고를 금지하는 변호사 광고에 관한 규정은 법률유보원칙에 위반된다.

문 8. 직업의 자유에 관한 설명으로 가장 적절하지 않은 것은? (다툼이 있는 경우 판례에 의함)

① 헌법상 보호되는 '직업'이란 생활의 기본적 수요를 충족시키기 위해서 행하는 계속적인 소득활동을 의미하므로 무보수 봉사직인 공립학교 운영위원회 운영위원의 활동은 헌법상 보호되는 직업에 포함되지 않는다.
② 도로에서의 시설물 영업행위도 계속적인 소득활동으로서 헌법상 보장된 직업의 개념에 포섭된다.
③ 직업의 자유에 의한 보호의 대상이 되는 직업은 생활의 기본적 수요를 충족시키기 위한 계속적 소득활동을 의미하며, 그 개념표지가 되는 '계속성'의 해석상 휴가기간 중에 하는 일, 수습직으로서의 활동 등은 이에 포함되지 않는다.
④ 비어업인이 스쿠버장비를 사용하여 수산자원을 포획 채취하는 것은 직업의 자유에서 보호되지 않는다.

문 9. 직업의 자유에 관한 설명으로 가장 적절한 것은? (다툼이 있는 경우 판례에 의함)

① 변호사의 자격이 있는 자에게 더 이상 세무사 자격을 부여하지 않는 구 세무사법은 신뢰보호원칙에 반하여 직업선택의 자유를 침해한다.
② 직업선택의 자유를 제한함에 있어서 주관적 사유에 의한 제한은 객관적 사유에 의한 제한보다 더 중요한 공익을 위하여 명백한 위험을 방지하려는 경우에 정당화된다.
③ 입법자가 설정한 자격요건을 구비하여 자격을 부여받은 자에게 사후적으로 결격사유가 발생했다고 해서 당연히 그 자격을 박탈할 수 있는 것은 아니다.
④ 소송사건의 대리인인 변호사가 수형자를 접견하고자 하는 경우 소송계속 사실을 소명할 수 있는 자료를 제출하도록 규정하고 있는 '형의 집행 및 수용자의 처우에 관한 법률 시행규칙' 제29조의2 제1항은 과잉금지원칙에 위배되어 변호사인 청구인의 직업수행의 자유를 침해한다고 볼 수 없다.

문 10. 직업의 자유에 관한 설명으로 가장 적절하지 않은 것은? (다툼이 있는 경우 판례에 의함)

① 청원경찰이 금고 이상의 형의 선고유예를 받은 경우 당연퇴직되도록 규정한 청원경찰법은 직업의 자유를 침해한다고 볼 수 없다.
② 폐기물처리업자로 하여금 환경부령으로 정하는 바에 따라 폐기물을 허가받은 사업장 내 보관시설이나 승인받은 임시보관시설 등 적정한 장소에 보관하도록 하고, 이를 위반할 경우 형사처벌하도록 한 폐기물관리법이 과잉금지원칙에 위반되어 폐기물처리업자의 직업의 자유를 침해한다고 할 수 없다.
③ 위생안전기준 적합 여부에 대하여 수도법상 인증을 받은, 물에 접촉하는 수도용 제품이 수도법상 정기검사 기준에 적합하지 아니한 경우 환경부장관이 그 인증을 필요적으로 취소하도록 하는 수도법이 과잉금지원칙에 위반되어 수도용 제품 제조업자의 직업수행의 자유를 침해한다고 할 수 없다.
④ 행정사로 하여금 그 사무소 소재지를 관할하는 특별시장 · 광역시장 · 특별자치시장 · 도지사 · 특별자치도지사가 시행하는 연수교육을 받도록 하는 행정사법 제25조 제3항이 청구인의 직업의 자유를 침해한다고 할 수 없다.

문 11. 직업의 자유에 관한 설명으로 가장 적절하지 않은 것은? (다툼이 있는 경우 판례에 의함)

① 변호사시험에 응시하여 합격하여야만 변호사의 자격을 취득할 수 있으므로, 금고 이상의 형의 집행유예를 선고받고 그 유예기간이 지난 후 2년이 지나지 아니한 자의 변호사시험 응시자격을 제한하고 있는 응시 결격조항은 변호사 자격을 취득하고자 하는 청구인의 직업선택의 자유를 제한하는 것이다.

② 금고 이상의 형을 선고받고 그 집행이 종료된 후 5년을 경과하지 아니한 자가 변호사가 될 수 없도록 제한한 것은 변호사의 공공성과 변호사에 대한 국민의 신뢰를 보호하기 위한 것으로 그 목적의 정당성이 인정되고 목적달성에 적절한 수단이다.

③ 변호사시험의 응시기회를 법학전문대학원의 석사학위를 취득한 달의 말일부터 5년 내에 5회로 제한한 변호사시험법 조항은 직업선택의 자유를 침해하지 아니한다.

④ 변호사의 자격이 있는 자에게 더 이상 세무사 자격을 부여하지 않는 구 세무사법은 신뢰보호원칙에 반하여 직업선택의 자유를 침해한다.

문 12. 직업의 자유에 관한 설명으로 가장 적절하지 않은 것은? (다툼이 있는 경우 판례에 의함)

① 누구든지 게임물의 유통질서를 저해하는 행위로서, 게임물의 이용을 통하여 획득한 유·무형의 결과물(점수, 경품, 게임 내에서 사용되는 가상의 화폐로서 대통령령이 정하는 게임머니 및 대통령령이 정하는 이와 유사한 것을 말한다)을 환전 또는 환전 알선하거나 재매입을 업으로 하는 행위를 하여서는 아니 된다고 규정한 '게임산업진흥에 관한 법률' 제32조 제1항 제7호는 과잉금지원칙을 위반하여 직업수행의 자유를 침해한다고 할 수 없다.

② 방치폐기물 처리이행보증보험계약의 갱신명령을 불이행한 건설폐기물 처리업자의 허가를 취소하는 '건설폐기물의 재활용촉진에 관한 법률' 제25조 제1항 제4호의2가 과잉금지원칙에 반하여 직업의 자유를 침해한다고 할 수 없다.

③ 2019.11.29.자 '2020년도 제57회 변리사 국가자격시험 시행계획 공고' 중 영어과목을 대체하는 것으로 인정되는 영어능력검정시험을 제1차 시험 응시원서 접수마감일인 2020.1.17.까지 실시된 시험으로 정한 부분이 청구인의 직업선택의 자유를 침해한다고 할 수 없다.

④ 집단급식소에서의 식단 작성, 검식(檢食) 및 배식관리등을 집단급식소에 근무하는 영양사의 직무를 규정한 조항인 식품위생법 제52조 제2항을 위반한 자를 처벌하는, 식품위생법 제96조는 직무를 수행하지 아니한 행위 일체를 처벌대상으로 하는 것이 아니라 집단급식소의 위생과 안전을 침해할 위험이 있는 행위로 한정하여 처벌대상으로 하고 있다. 그러므로 처벌조항은 과잉금지원칙에 위반되지 않는다.

문 13. 소송사건의 대리인인 변호사가 수형자를 접견하고자 하는 경우 소송계속 사실을 소명할 수 있는 자료를 제출하도록 규정하고 있는 '형의 집행 및 수용자의 처우에 관한 법률 시행규칙'에 대한 헌법소원심판이 청구되었다. 이에 관한 설명으로 가장 적절한 것은? (다툼이 있는 경우 판례에 의함)

① 소송계속 사실 소명자료를 제출하지 못하는 경우 변호사접견이 아니라 일반접견만 가능하도록 규정한 심판대상조항은 변호사인 청구인의 직업수행의 자유를 제한한다.
② 심판대상조항은 직업수행의 자유를 제한하므로 과잉금지원칙이 적용되지 않는다.
③ 심판대상조항은 직업수행의 자유를 제한하므로 그 심사의 강도는 일반적인 경우보다 엄격하게 해야 할 것은 아니다.
④ 변호사의 접견을 제한하는 심판대상은 그 입법목적의 정당성이 인정되지 아니한다.

문 14. 자격취소 또는 등록말소에 관한 설명으로 가장 적절하지 않은 것은? (다툼이 있는 경우 판례에 의함)

① 지입제 경영을 한 운송사업자 면허를 필요적으로 말소하도록 한 여객자동차 운송사업법 제76조 단서는 직업의 자유를 침해한다고 할 수 없다.
② 개인택시운송사업자의 운전면허가 취소된 경우 개인택시운송사업면허를 취소할 수 있도록 규정한 여객자동차 운수사업법은 직업의 자유 침해라고 볼 수 없다.
③ 부가가치세법에 의한 과세기간별로 조세범처벌법 규정에 의한 세금계산서 교부의무 위반 등의 금액이 총주류매출금액 또는 총주류매입금액의 100분의 10 이상인 때 주류판매면허를 취소하도록 한 주세법 조항은 주관적 사유에 의한 직업선택의 자유를 제한하나, 합헌적 제한이므로 침해한다고 볼 수 없다.
④ 국가기술자격증을 다른 자로부터 빌려 건설업의 등록기준을 충족시킨 경우 그 건설업 등록을 필요적으로 말소하도록 한 건설산업기본법 제83조 단서 중 제6호 부분이 건설업자의 직업의 자유를 침해한다고 할 수 없다.

문 15. 정당의 자유에 관한 설명으로 가장 적절하지 않은 것은? (다툼이 있는 경우 판례에 의함)

① 헌법 제8조 제1항의 전단은 정당설립의 자유만을 명시적으로 규정하고 있고 정당설립의 자유는 당연히 정당존속의 자유와 정당활동의 자유를 포함한다.
② 정당의 명칭은 그 정당의 정책과 정치적 신념을 나타내는 대표적인 표지에 해당하므로, 정당설립의 자유는 자신들이 원하는 명칭을 사용하여 정당을 설립하거나 정당활동을 할 자유도 포함한다.
③ 정당설립의 자유는 개인이 정당 일반 또는 특정 정당에 가입하지 아니할 자유, 가입했던 정당으로부터 탈퇴할 자유 등 소극적 자유도 포함한다.
④ 정당은 그 목적·조직과 활동이 민주적이어야 하며, 국민의 정치적 의사형성에 참여하는 데 필요한 조직을 가져야 한다고 규정하고 있는 헌법 제8조 제2항은 정당의 자유의 헌법적 근거규범이다.

문 16. 현행헌법에서 정당에 관한 규정과 일치하는 것은?

① 정당의 목적이나 활동이 민주적 기본질서에 위배될 때에는 대통령은 헌법재판소에 그 해산을 제소할 수 있고, 정당은 헌법재판소의 심판에 의하여 해산된다.
② 정당은 그 목적·조직과 활동이 민주적이어야 하며, 국민의 정치적 의사형성에 참여하는데 필요한 조직을 가져야 한다.
③ 정당의 목적이나 조직이 민주적 기본질서에 위배될 때에는 정부는 헌법재판소에 그 해산을 제소할 수 있다.
④ 정당은 법률이 정하는 바에 의하여 국가의 보호를 받으며, 국가는 법률이 정하는 바에 따라 정당운영에 필요한 자금을 보조하여야 한다.

문 17. 정당에 관한 설명으로 가장 적절한 것은? (다툼이 있는 경우 판례에 의함)

① 정당공천문제는 정당의 자율적 결정권을 인정해야 하므로 사법심사의 대상이 되지 않는다.
② 정당의 등록요건으로서 5개 이상의 시 · 도당 및 각 시 · 도당마다 1,000명 이상의 당원을 갖출 것을 요구하는 것은 정당설립의 자유를 침해하기 때문에 위헌이다.
③ 선거관리위원회는 정당등록을 신청한 단체가 민주적 기본질서에 위반되는 목적을 가지고 있을 때는 정당등록을 거부할 수 있다.
④ 정당공천에서 탈락한 자가 그 공천과정의 비민주성을 이유로 정당공천의 효력을 다투고자 할 때에는 헌법소원심판을 청구할 수 없다.

문 18. 현행헌법의 정당제도에 관한 설명으로 가장 적절한 것은?

① 이른바 정당국가적 민주주의는 치자(治者)와 피치자(被治者) 간 동일성원리에 입각한 신임투표제적 민주주의라고 주장되는데, 우리나라의 경우 1962년 헌법에서 정당국가적 경향이 두드러졌던 것으로 평가된다.
② 1962년 헌법은 정당의 추천 없이 국회의원선거에 출마하는 것을 금지하였을 뿐 아니라 국회의원 임기 중 제명 등으로 당적을 이탈한 경우에 의원자격을 상실하도록 하여 역대 헌법 중 가장 강력한 정당국가적 경향을 보였다고 평가되고 있다.
③ 1972년 헌법에 국회의원이 당적을 이탈하거나 변경할 때에는 국회의원직이 상실되도록 하였다.
④ 1987년 헌법에 정당에 대한 국고보조금조항이 신설되었다.

문 19. 위헌정당 해산사유에 관한 설명으로 가장 적절한 것은? (다툼이 있는 경우 판례에 의함)

① 헌법 제8조 제4항의 명문규정상 요건이 구비된 경우에는 해당 정당의 위헌적 문제성을 해결할 수 있는 다른 대안적 수단이 있는 경우라도 헌법재판소의 해당 정당에 대한 해산결정은 헌법적으로 정당화될 수 있다.
② 정당의 목적이나 활동이 민주적 기본질서에 위배되는 것이 헌법이 정한 정당해산의 요건이므로, 정당해산결정시 비례의 원칙 충족 여부에 대하여 반드시 판단할 필요는 없다.
③ 정당의 목적이나 활동 모두가 민주적 기본질서에 위반되어야 정당해산사유가 될 수 있다.
④ '의심스러울 때에는 자유를 우선시하는(in dubio pro libertate)' 근대 입헌주의의 원칙은 정당해산심판제도에서도 여전히 적용되어야 한다.

문 20. 위헌정당해산결정과 국회의원 의원직 상실에 관한 설명으로 가장 적절한 것은? (다툼이 있는 경우 판례에 의함)

① 헌법재판소의 위헌정당해산결정에 따라 정당이 해산된 경우에 해산정당 소속의원의 의원직 상실 여부에 대하여 견해가 나뉘는데, 정당해산에 초점을 맞추고 국민대표의 자유위임원칙에 따른다면 의원직을 상실하는 것이 마땅하다.
② 어떤 정당이 위헌정당이라는 이유로 해산이 되면 공직선거법이 정한 바에 따라 해당 정당에 소속된 모든 국회의원의 의원직이 상실된다.
③ 헌법재판소의 결정으로 정당이 해산될 경우에 정당의 기속성이 강한 비례대표국회의원은 의원직을 상실하나, 국민이 직접 선출한 지역구 국회의원은 의원직을 상실하지 않는다.
④ 위헌정당의 해산을 명하는 비상상황에서는 국회의원의 국민 대표성은 부득이 희생될 수밖에 없으므로 해산결정된 정당 소속 국회의원의 의원직 상실은 위헌정당해산심판제도의 본질로부터 인정되는 효력이다.

# 9회 진도별 모의고사
## (국민투표권 ~ 범죄피해자구조청구권)

소요시간: ________ / 15분 맞힌 답의 개수: ________ / 20

문 1. 위헌정당해산심판에 관한 설명으로 가장 적절하지 않은 것은? (다툼이 있는 경우 판례에 의함)

① 민주적 기본질서 위배란 단순한 위반이나 저촉을 의미하는 것이 아니라 정당의 목적이나 활동이 민주적 기본질서에 대한 실질적 해악을 끼칠 수 있는 구체적 위험성을 초래하는 경우를 가리키므로 추상적 위험성이나 민주적 기본질서에 대한 단순한 위반이나 저촉만으로는 정당을 해산할 수 없다.

② '정당의 목적이나 활동이 민주적 기본질서에 위배될 때'라는 헌법 제8조 제4항의 정당해산요건이 충족되면, 헌법재판소는 해당 정당의 위헌적 문제성을 해결할 수 있는 다른 대안적 수단이 있는 경우라면 강제적 정당해산결정을 할 수 없다.

③ 정당해산심판은 일반적 기속력과 대세적·법규적 효력을 가지므로 정당해산결정에 대한 재심은 원칙적으로 허용되지 않는다.

④ 독일에는 위헌정당해산결정을 하면 소속국회의원의 의원직은 상실된다는 판례가 있고, 이에 대한 명문의 규정을 독일연방선거법에 규정하였으나 우리나라는 이를 입법적으로 해결하고 있지 않다.

문 2. 국민투표권에 관한 설명으로 가장 적절한 것은? (다툼이 있는 경우 판례에 의함)

① 헌법 제72조의 국민투표권은 대통령이 어떠한 정책을 국민투표에 부의한 경우에 비로소 행사가 가능한 기본권이다.

② 대통령이 정책과 결부하지 않고 단순히 신임 여부만을 묻는 국민투표를 부의하겠다는 국회 시정연설에서 의사를 표시하자 이에 대한 헌법소원심판에서 헌법재판소는 헌법 제72조의 국민투표제를 헌법이 허용하지 않는 방법으로 위헌적으로 사용하는 것이며, 이로 말미암아 국민투표권이 침해된다고 보았다.

③ 헌법 제72조는 대통령에게 국민투표의 실시 여부, 시기, 구체적 부의사항, 설문 내용 등을 결정할 수 있는 임의적인 국민투표발의권을 독점적으로 부여한 것이다. 따라서 대통령이 헌법 제72조에 따라 특정 정책과 결합하여 자신에 대한 신임 여부를 국민투표에 부치는 것도 허용된다.

④ 대통령이 국민투표부의권을 행사한 경우 그 정책에 대한 결정은 국회의원 선거권자 과반수 투표와 투표자 과반수 찬성을 얻어야 한다는 것을 헌법에 명시적으로 밝히고 있다.

문 3. 선거제도에 관한 설명으로 옳은 것을 모두 고른 것은? (다툼이 있는 경우 판례에 의함)

> ㄱ. 선거 당일 문자메시지 등을 이용한 선거운동을 허용하더라도 선거의 불공정성을 초래할 위험이 크다고 보기 어렵고, 오히려 선거일 전일에 제기된 의혹 등에 대처할 수 있게 하여 유권자의 합리적인 선택을 보장할 수 있으므로 선거일에 선거운동을 한 자를 처벌하는 구 공직선거법은 과잉금지원칙을 위반하여 정치적 표현의 자유를 침해한다.
> ㄴ. 점자형 선거공보의 면수를 책자형 선거공보의 면수 이내로 제한한 공직선거법 제65조 제4항 본문 중 '제2항에 따른 책자형 선거공보의 면수 이내로 한정한 공직선거법은 점자형 선거공보의 작성·발송 비용 등은 국가적 차원에서 감당하기 어렵다 할 수 없으므로 과잉금지원칙에 위배되어 청구인 김○○의 선거권을 침해한다.
> ㄷ. 육군훈련소에서 군사교육을 받고 있었던 청구인에 대하여 제19대 대통령선거 대담·토론회의 시청을 금지한 행위는 선거권을 침해한다고 할 수 없다.
> ㄹ. 군의 장의 선거의 예비후보자가 되려는 사람은 그 선거기간개시일 전 60일부터 예비후보자등록신청을 할 수 있다고 규정한 공직선거법 제60조의2 제1항 제4호는 청구인의 선거운동의 자유를 침해하지 않는다.

① ㄱ, ㄴ
② ㄱ, ㄹ
③ ㄴ, ㄷ
④ ㄷ, ㄹ

문 4. 선거제도에 관한 설명으로 가장 적절한 것은? (다툼이 있는 경우 판례에 의함)

① 선거제도는 국가 정체성의 확립과 유지에 관련된 중대한 문제이기 때문에 공직선거법상 외국인에게 선거권이 인정되는 경우는 없다.
② '유기징역 또는 유기금고의 선고를 받고 그 집행유예기간 중인 자'의 선거권을 전면적·획일적으로 제한하는 공직선거법 조항은 선거권 제한이 지나치게 광범위하므로 과잉금지원칙에 반하여 헌법에 위반된다. 다만, '유기징역 또는 유기금고의 선고를 받고 그 집행유예기간 중인 자'에게 선거권을 부여하는 구체적인 방안은 입법자의 형성재량에 속하므로 헌법불합치결정을 선고하는 것이 타당하다.
③ 오늘날 수형자와 국가와의 관계는 더 이상 명령과 복종만이 존재하는 일방적인 관계가 아니며, 자유민주적 헌법질서하에서 수형자도 인간으로서의 존엄과 가치를 가지므로 범죄인의 반사회적 행위에 대한 제재를 위하여 수형자의 자유박탈 이외에 별도의 기본권인 선거권을 제한하는 것은 정당한 입법목적이라고 할 수 없다.
④ 주민등록과 국내거소신고를 기준으로 지역구 국회의원 선거권을 인정하는 것은 해당 국민의 지역적 관련성을 확인하는 합리적인 방법으로, 주민등록이 되어 있지 않고 국내 거소신고도 하지 않은 재외국민의 임기만료 지역구 국회의원 선거권을 인정하지 않은 것은 선거권을 침해한다고 볼 수 없다.

문 5. 선거제도에 관한 설명으로 가장 적절하지 않은 것은? (다툼이 있는 경우 판례에 의함)

① 정당의 대통령선거 후보선출은 자발적인 조직 내부의 의사결정에 지나지 아니하므로, 후보경선과정에서 여론조사 결과를 반영한 것은 헌법소원심판의 대상이 되는 공권력 행사에 해당된다고 할 수 없다.

② 정당이 비례대표국회의원선거 및 비례대표지방의회의원선거에 후보자를 추천하는 때에는 그 후보자 중 100분의 50 이상을 여성으로 추천하되, 그 후보자명부의 순위의 매 홀수에는 여성을 추천하여야 한다.

③ 공직선거법상 후보자등록을 신청하는 자는 등록신청시에 후보자 1명마다 일정 금액의 기탁금을 중앙선거관리위원회의 규칙으로 정하는 바에 따라 관할선거구선거관리위원회에 납부하여야 하는데 특히 대통령선거는 기탁금이 3억원이다.

④ 비례대표국회의원선거의 기탁금조항은 재산권을 제한한다고 할 수 있으나 공무담임권을 제한한다고 할 수 없다.

문 6. 선거운동에 관한 설명으로 가장 적절하지 않은 것은? (다툼이 있는 경우 판례에 의함)

① 누구든지 선거일 전 180일(보궐선거등에서는 그 선거의 실시사유가 확정된 때)부터 선거일까지 선거에 영향을 미치게 하기 위한 벽보 게시, 인쇄물 배부 · 게시를 금지하는 공직선거법 제93조 제1항 본문 중 '벽보 게시, 인쇄물 배부 · 게시'에 관한 부분 및 이에 위반한 경우 처벌하는 공직선거법 제255조 제2항 제5호 중 '제93조 제1항 본문의 벽보 게시, 인쇄물 배부 · 게시'에 관한 부분이 정치적 표현의 자유를 침해한다.

② 일정기간 선거에 영향을 미치게 하기 위한 광고, 문서 · 도화의 첩부 · 게시를 금지하는 공직선거법 제93조 제1항 본문 중 '광고, 문서 · 도화 첩부 · 게시'에 관한 부분 및 이에 위반한 경우 처벌하는 공직선거법 제255조 제2항 제5호 중 '제93조 제1항 본문의 광고, 문서 · 도화 첩부 · 게시'에 관한 부분은 정치적 표현의 자유를 침해한다.

③ 선거일 전 180일부터 선거일까지 선거에 영향을 미치게 하기 위하여 선거에 영향을 미치게 하기 위한 광고물의 설치 · 진열 · 게시나 표시물의 착용을 금지하는 공직선거법 제90조 제1항 제1호는 정치적 표현의 자유를 침해한다.

④ 선거운동기간 중 어깨띠 등 표시물을 사용한 선거운동을 금지한 공직선거법 제68조 제2항 및 이에 위반한 경우 처벌하는 같은 법 제255조 제1항 제5호는 과잉금지원칙에 반하여 정치적 표현의 자유를 침해한다고 할 수 없다.

문 7. 공무담임권에 관한 설명으로 가장 적절하지 않은 것은? (다툼이 있는 경우 판례에 의함)

① 국회의원 당선무효조항에 의한 공무담임권 제한에 대하여는 그에 상응하는 비례의 원칙 심사가 엄격하게 이루어져야 한다.
② 사립대학 교원이 국회의원으로 당선된 경우 임기개시일 전까지 그 직을 사직하도록 하는 것은 사립대학 교원의 직업선택의 자유를 제한하는 것이지 공무담임권을 제한하는 것은 아니다.
③ 교육의원후보자가 되려는 사람은 5년 이상의 교육경력 또는 교육행정경력을 갖추도록 규정하고 있는 제주특별자치도 설치 및 국제자유도시 조성을 위한 특별법은 공무담임권을 침해하는 것이라 볼 수 없다.
④ 검찰총장 퇴임 후 2년 이내에는 모든 공직에의 임명을 금지하는 것은 공무담임권을 침해하는 것이다.

문 8. 공무원에 관한 설명으로 가장 적절하지 않은 것은? (다툼이 있는 경우 판례에 의함)

① 공무원법이 근로3권이 보장되는 공무원의 범위를 사실상 노무에 종사하는 공무원에 한정하고 있는 것은 입법자에게 부여하고 있는 형성적 재량권의 범위를 벗어나서 근로3권을 침해한 것으로 위헌이다.
② 형사사건으로 기소되면 필요적으로 직위해제처분을 하도록 한 국가공무원법규정은 헌법 제37조 제2항의 비례의 원칙에 위반되어 직업의 자유를 과도하게 침해하고 헌법 제27조 제4항의 무죄추정의 원칙에도 위반된다.
③ 금고 이상의 형의 선고유예를 받은 경우에는 공무원직에서 당연히 퇴직하는 것으로 규정한 국가공무원법 제69조 중 제33조 제1항 제5호 부분은 헌법 제25조의 공무담임권을 침해한다.
④ 금고 이상의 형의 선고유예를 받고 그 기간 중에 있는 자를 임용결격사유로 삼고, 위 사유에 해당하는 자가 임용되더라도 이를 당연무효로 하는 구 국가공무원법은 공무담임권을 침해한다고 할 수 없다.

문 9. 공무원 신분보장에 관한 설명으로 가장 적절한 것은? (다툼이 있는 경우 판례에 의함)

① 공무원의 범죄행위가 직무와 직접적 관련이 없고 과실에 의한 경우라도 금고 이상 형의 선고유예 판결을 받은 경우라면 당연퇴직하도록 한 소정의 법률조항은 직업공무원제도와 공무원의 신분보장을 규정한 헌법 제7조 제2항에 반한다는 것이 헌법재판소의 입장이다.
② 임용 당시의 공무원법상의 정년까지 근무할 수 있다는 기대와 신뢰는 절대적인 권리로서 보호되어야만 하는 것은 아니고 행정조직, 직제의 변경 또는 예산의 감소 등 강한 공익상의 정당한 근거에 의하여 좌우될 수 있는 상대적이고 가변적인 것이라 할 것이므로 입법자에게는 제반사정을 고려하여 합리적인 범위 내에서 정년을 조정할 입법형성권이 인정된다.
③ 헌법 제7조 제2항은 공무원이 정당한 이유 없이 해임되지 아니하도록 신분을 보장하여 국민 전체에 대한 봉사자로서 성실히 근무할 수 있도록 하기 위한 것임과 동시에, 공무원의 신분은 무제한 보장되나 공무의 특수성을 고려하여 헌법이 정한 신분보장의 원칙 아래 법률로 그 내용을 정할 수 있도록 한 것으로 봄이 헌법재판소의 입장이다.
④ 직업공무원제도하에서는 직제폐지로 유휴인력이 생기더라도 직권면직을 하여 공무원의 신분이 상실되도록 해서는 안 된다.

문 10. 공무담임권에 관한 설명으로 가장 적절하지 않은 것은? (다툼이 있는 경우 판례에 의함)

① 변호사, 공인회계사, 관세사에 대한 가산비율 5%를 부여하는 구 공무원임용시험령은 공무담임권을 침해한다고 할 수 없다.
② 교육부 및 그 소속기관에서 근무하는 교육연구사 선발에 수석교사가 응시할 수 없도록 응시 자격을 제한한 교육부장관의 '2017년도 교육전문직 선발 계획 공고'가 과잉금지원칙에 위배되어 청구인들의 공무담임권을 침해한다고 할 수 없다.
③ 전년도에 비해 모집인원을 대폭 축소한 관세직 국가공무원의 선발예정인원을 정한 인사혁신처 공고 조항은 청구인의 기본권을 침해할 가능성이 없다.
④ '2021학년도 강원도 공·사립 중등학교 교사 임용후보자 선정경쟁 제1차 시험 합격자 및 제2차 시험 시행계획 공고' 중 코로나바이러스감염증-19(이하 '코로나19'라 한다) 확진자의 응시를 금지한 부분은 공무담임권을 침해한다.

문 11. 공무원제도 및 공무담임권에 관한 설명으로 가장 적절하지 않은 것은? (다툼이 있는 경우 판례에 의함)

① 대법원 판례에 의하면 공무원의 사퇴는 사퇴의 의사표시를 한 때 발생하는 것이 아니라, 임명권자가 면직의 의사표시를 한 때 발생한다.
② 동장의 공직상의 신분을 지방공무원법상 신분보장의 적용을 받지 아니하는 별정직공무원의 범주에 넣었다면 헌법 제7조 제2항의 신분보장정신에 위배된다.
③ 공무원의 집단행위를 금지하고 있는 국가공무원법 제78조 제1항 제1호의 '이 법' 부분 중 제66조 제1항 본문의 '공무 외의 일을 위한 집단 행위' 부분은 명확성원칙에 위반된다고 할 수 없다.
④ 지방공무원법이 '지방자치단체의 직제 개폐에 의하여 폐직된 때'를 공무원에 대한 직권면직의 사유로 정하고 있는 것은 임용권자가 일방적으로 해당 공무원의 신분을 박탈하는 것이지만 공무원 신분을 보장하는 직업공무원제도에 반한다고 할 수 없다.

문 12. 직업공무원제도에 관한 설명으로 가장 적절한 것은? (다툼이 있는 경우 판례에 의함)

① 헌법 제24조는 "모든 국민은 법률이 정하는 바에 의하여 선거권을 가진다."라고 규정하고 있는바, 여기서 선거권이란 국민이 공무원을 선거하는 권리를 말하고, 공무원이란 가장 광의의 공무원으로서 일반직공무원은 물론 대통령·국회의원·지방자치단체장·지방의회의원·법관 등 국가기관과 지방자치단체를 구성하는 모든 자를 말한다.
② 공직선거법 제9조에서 규정하고 있는 '공무원의 선거중립의무'에서의 공무원의 범위는 원칙적으로 모든 공무원, 즉 최광의의 공무원이므로 의미의 직업공무원은 물론이고 적극적인 정치활동을 통하여 국가에 봉사하는 정치적 공무원, 예컨대 대통령, 국무총리, 국무위원, 도지사·시장·군수·구청장 등 지방자치단체의 장, 국회의원과 지방의원을 포함한다.
③ 직업공무원제도에서 말하는 공무원은 국가 또는 공공단체와 근로관계를 맺고 이른바 공법상 특별권력관계 내지 특별행정법관계 내지 공무를 담당하는 것을 직업으로 하는 광의의 공무원을 말하며 정치적 공무원이라든가 임시직공무원을 포함한다.
④ 헌법 제7조 제1항은 "공무원은 국민전체에 대한 봉사자이며, 국민에 대하여 책임을 진다."라고 규정하여 공무원의 공익실현의무를 규정하고 있고, 헌법 제7조 제2항에서는 "공무원의 신분과 정치적 중립성은 법률이 정하는 바에 의하여 보장된다."라고 하여 직업공무원제를 규정하고 있는데, 헌법 제7조 제1항에서 규정한 공무원은 신분이 보장되는 경력직공무원을 의미하고, 헌법 제7조 제2항의 공무원은 선출, 정무직공무원을 포함한 광의의 공무원을 의미한다.

문 13. 청원권에 관한 설명으로 가장 적절하지 않은 것은? (다툼이 있는 경우 판례에 의함)

① 국회에 청원하려면 반드시 국회의원의 소개를 얻어야 한다.
② 청원권의 보호범위에는 청원사항의 처리결과에 심판서나 재결서에 준하는 이유를 명시할 것을 요구하는 권리가 포함된다고 할 수 없다.
③ 국가기관은 수리한 청원대로 구체적 조치를 취할 의무는 없어 청원처리는 재량행위이다.
④ 청원권은 국가기관에 대하여 그 처리결과를 통지할 것을 요구할 수 있는 권리를 포함한다.

문 14. 청구권에 관한 설명으로 가장 적절한 것은? (다툼이 있는 경우 판례에 의함)

① 특수임무수행자 등이 보상금 등의 지급결정에 동의한 때에는 특수임무수행 또는 이와 관련한 교육훈련으로 입은 피해에 대하여 재판상 화해가 성립된 것으로 보는 '특수임무수행자 보상에 관한 법률' 제17조의2 가운데 특수임무수행 또는 이와 관련한 교육훈련으로 입은 피해 중 '정신적 손해'에 관한 부분은 국가배상청구권 또는 재판청구권을 침해한다고 할 수 없다.
② 대학의 자율권의 주체인 국립대학법인이 법원의 재판을 받을 기회를 차단하고 있는 행정심판의 피청구인이 된 경우 그 심판청구를 인용하는 재결에 기속되도록 정한 행정심판법 제49조 제1항은 재판청구권을 침해하여 헌법에 위반된다.
③ 5·18민주화운동과 관련하여 보상금 지급결정에 동의하면 정신적 손해에 관한 부분도 재판상 화해가 성립된 것으로 보는 구 '광주민주화운동 관련자 보상 등에 관한 법률'은 국가배상청구권을 침해한다고 할 수 없다.
④ 특정범죄가중법 조항의 법정형은 2년 이상 20년 이하이므로 명백히 합의부가 심판하여야 할 사항인데, 특정범죄가중법에 해당하는 사건을 합의부의 심판권에서 제외하고 단독 판사가 재판하도록 한 법원조직법 제32조는 피고인의 재판받을 권리와 법관의 양형권을 침해하는 것이다.

문 15. 재판청구권에 관한 설명으로 가장 적절하지 않은 것은? (다툼이 있는 경우 판례에 의함)

① 법원은 국민의 재판청구권에 근거하여 법령에 정한 국민의 정당한 재판청구행위에 대하여만 재판을 할 의무를 부담하고 법령이 규정하지 아니한 재판청구행위에 대하여는 그 의무가 없다.
② 검사의 불기소처분에 대하여 어떤 방법으로 어느 범위에서 제한하여 그 남용을 통제할 것인지 여부는 기본적으로 입법자의 재량에 속하는 입법정책의 문제이다.
③ 재판 당사자가 재판에 참석하는 것은 재판청구권의 기본적 내용이라고 할 것이므로 수형자의 경우 재판청구권이 인정되지 않는다.
④ 국민과 외국인, 사법인과 공법인을 불문하고 재판청구권의 주체가 될 수 있다.

문 16. 재판을 받을 권리에 관한 설명으로 가장 적절한 것은? (다툼이 있는 경우 헌법재판소 판례에 의함)

① "제주특별자치도통합영향평가심의위원회 심의위원 중 위촉위원이 포함되는 것으로 해석하는 한 헌법에 위반된다."는 한정위헌결정에도 불구하고 재심청구를 기각한 대법원 결정은 재판청구권을 침해한다.
② '피고인 등'에 대하여 차폐시설을 설치하고 증인을 신문할 수 있도록 한 부분은 청구인의 공정한 재판을 받을 권리 및 변호인의 조력을 받을 권리를 침해한다.
③ 공공단체인 한국과학기술원의 총장이 교원소청심사위원회의 결정에 대하여 행정소송법으로 정하는 바에 따라 소송을 제기할 수 없도록 하는 구 '교원의 지위 향상 및 교육활동 보호를 위한 특별법' 제10조 제3항 중 '교원, 사립학교법 제2조에 따른 학교법인 또는 사립학교 경영자 등 당사자'에 관한 부분은 교원소청심사결정에 대하여 행정소송을 제기함으로써 법관에 의한 재판을 받을 권리를 합리적 이유 없이 부인하고 있으므로 공공단체인 한국과학기술원의 총장의 재판청구권을 침해한다.
④ 교원징계재심위원회의 재심결정에 대하여 교원에게만 행정소송을 제기할 수 있도록 하고 학교법인에게는 이를 금지한 교원지위향상을 위한 특별법은 학교법인의 재판청구권을 침해한다고 할 수 없다.

문 17. 재판청구권에 관한 설명으로 가장 적절하지 않은 것은? (다툼이 있는 경우 판례에 의함)

① 보호감호를 규정한 사회보호법을 폐지하면서 사회보호법 폐지법률 부칙 제2조가 가출소 · 집행면제 등 보호감호의 관리와 집행에 관한 종전의 사회보호위원회의 권한을 법관이 아닌 치료감호법에 따른 치료감호심의위원회로 하여금 행사하도록 한 것은 법관에 의한 재판을 받을 권리를 침해하지 아니한다.

② 구 특허법상 특허청의 심판절차에 의한 심결이나 결정에 대하여는 법령에 위반된 것을 이유로 하는 경우에 한하여 대법원에 상고할 수 있도록 규정되어 있었는데, 위 특허청의 심결이나 결정은 헌법과 법률이 정한 법관에 의한 재판이라고 볼 수 없다.

③ 통고처분에 대해 별도로 행정소송을 인정하지 않더라도 헌법이 보장하는 법관에 의한 재판을 받을 권리를 침해하는 것은 아니다.

④ 심리불속행제도는 남상고 사건에 대한 신속한 처리를 통해 당사자의 재판을 받을 권리를 충실히 하기 위한 것이므로 위헌이라고 볼 수 없으나, 심리불속행 상고기각 판결시 일체의 이유를 기재하지 않을 수 있도록 하는 것은, 판결의 적정성 여부, 상고인 주장에 대한 판단 누락 등을 살펴볼 기회가 원천적으로 차단되므로, 침해의 최소성에 위반되어 재판청구권을 침해한다.

문 18. 형사보상에 관한 설명으로 가장 적절한 것은? (다툼이 있는 경우 판례에 의함)

① 형사보상은 형사사법절차에 내재하는 불가피한 위험으로 인한 피해에 대한 보상으로서 국가의 위법 · 부당한 행위를 전제로 하는 국가배상과는 그 취지 자체가 상이하나 형사보상절차로서 인과관계 있는 모든 손해를 보상하지 않는다면 부당하다고 할 수 있다.

② 헌법 제28조 형사보상청구권에서의 '정당한 보상'은 구금으로 인한 손해 전부를 완전하게 보상하는 것을 의미한다고 보아야 한다.

③ 무죄판결이 확정된 형사피고인에게 국선변호인의 보수에 준하여 변호사 보수를 보상하여 주도록 규정한 형사소송법이 형사보상청구권을 직접 제한하고 있지는 아니한다.

④ 무죄판결이 확정된 형사피고인에게 국선변호인의 보수에 준하여 변호사 보수를 보상하여 주도록 규정한 형사소송법은 사회권적 기본권의 일종으로서 인간의 존엄에 상응하는 최소한의 물질적인 생활의 유지에 필요한 급부를 요구할 수 있는 권리를 제한한다.

문 19. 국가배상청구권에 관한 설명으로 가장 적절한 것은? (다툼이 있는 경우 판례에 의함)

① 공무원의 불법행위로 국가나 지방자치단체가 배상을 한 경우 공무원에게 고의 또는 과실이 있으면 국가나 지방자치단체는 그 공무원에게 구상할 수 있다.
② 국가배상법에 의하여 공무원에게 고의 또는 중대한 과실이 있으면 공무원의 대외적 배상 책임을 지고 공무원에게 경과실이 있으면 공무원은 배상책임을 지지 아니한다.
③ 공무원의 불법행위로 국가나 지방자치단체가 배상을 한 경우 공무원에게 경과실이 있으면 국가나 지방자치단체는 그 공무원에게 구상할 수 없으나 공무원의 불법행위로 공무원이 배상을 한 경우 공무원에게 경과실이 있으면 국가나 지방자치단체에게 구상할 수 있다.
④ 군인 · 군무원 · 경찰공무원 또는 예비군대원이 전투 · 훈련 등 직무 집행과 관련하여 전사 · 순직하거나 공상을 입은 경우에 본인이나 그 유족이 국가배상법 및 민법에 따른 손해배상을 받을 수 있을 때에는 다른 법령에 따라 재해보상금 · 유족연금 · 상이연금 등의 보상을 청구할 수 없다.

문 20. 범죄피해자구조청구권에 관한 설명으로 가장 적절하지 않은 것은? (다툼이 있는 경우 판례에 의함)

① 범죄피해자 보호법에 의한 범죄피해 구조금 중 유족구조금은 불법행위로 인한 소극적 손해의 배상과 같은 종류의 금원이라고 봄이 타당하다.
② 구조피해자나 유족이 해당 구조대상 범죄피해를 원인으로 하여 국가배상법 제2조 제1항에 따른 손해배상 급여를 받은 경우 구조금에서 그 상당액을 공제한 잔액만을 지급하면 된다.
③ 헌법 제30조에서 6 · 25전쟁 중 본인의 의사에 반하여 북한에 의하여 강제로 납북된 자 및 그 가족에 대한 보상입법의무가 도출된다.
④ 사실상 혼인관계에 있는 배우자의 범죄행위로 피해를 당한 사람에게는 구조금을 지급하지 아니하나 구조금을 받을 범죄피해자에는 사실상의 혼인관계에 있는 배우자도 포함한다.

# 10 진도별 모의고사

## (사회적 기본권 ~ 국민의 기본적 의무)

소요시간: ________ / 15분　　맞힌 답의 개수: ________ / 20

문 1. 범죄피해자구조청구권에 관한 설명으로 가장 적절한 것은? (다툼이 있는 경우 판례에 의함)

① 범죄피해자구조금의 지급신청은 해당 구조대상 범죄피해의 발생을 안 날부터 3년이 지나거나 해당 구조대상 범죄피해가 발생한 날부터 5년이 지나면 할 수 없다.

② 구조금의 지급에 관한 사항을 심의·결정하기 위하여 지방법원에 범죄피해구조심의회를 둔다.

③ 범죄피해구조금을 받을 권리는 그 2분의 1 상당액에 한하여 양도 또는 담보로 제공하거나 압류할 수 있다.

④ 자기 또는 타인의 형사사건의 수사 또는 재판에 있어서 증언과 관련하여 피해자로 된 때에는 가해자가 무자력이 아닌 경우에도 구조금을 지급받을 수 있다.

문 2. 사회적 기본권에 관한 설명으로 가장 적절하지 않은 것은? (다툼이 있는 경우 판례에 의함)

① 국가는 생활능력 없는 국민을 보호할 의무가 있다는 헌법 규정은 모든 국가기관을 기속하지만, 그 기속의 의미는 입법부 또는 행정부의 경우와 헌법재판소의 경우가 동일하지 않다.

② 사회보장수급권은 법률상의 권리로서 헌법의 기본권으로 인정될 수는 없고, 입법자의 재량에 의해서 사회·경제적 여건 등을 종합하여 합리적인 수준에서 결정된다.

③ 사회적 기본권은 입법과정이나 정책결정과정에서 사회적 기본권에 규정된 국가목표의 무조건적인 최우선적 배려가 아니라 단지 적절한 고려를 요청하는 것이다.

④ 국가는 사회적 기본권에 의하여 제시된 국가의 의무와 과제를 국가의 현실적인 재정·경제능력의 범위 내에서 다른 국가과제와의 조화와 우선순위결정을 통하여 이행할 수밖에 없다.

문 3. 사회적 기본권에 관한 설명으로 가장 적절한 것은? (다툼이 있는 경우 판례에 의함)

① 국민연금제도는 자기 기여를 전제로 하지 않고 국가로부터 소득을 보장받는 순수한 사회부조형 사회보장제도이다.

② 공공부조는 수급자의 노력에 의해서 형성되나, 사회보험은 국가가 수급자의 자기 기여에 관계없이 급부를 제공하므로 국가나 지방자치단체의 예산에서 전액 부담한다.

③ 공무원연금법상의 각종 급여는 후불임금으로서의 성격을 띠므로, 그에 관한 입법자의 입법재량은 일반적인 재산권과 유사하게 제한된다.

④ 공무원이 유족 없이 사망하였을 경우, 연금수급자의 범위를 직계존·비속으로만 한정하는 것은 공무원의 형제자매 등 다른 상속권자들의 재산권을 침해한 것으로 볼 수 없다.

문 4. 인간다운 생활을 할 권리에 관한 설명으로 가장 적절하지 않은 것은? (다툼이 있는 경우 판례에 의함)

① 우리 헌법은 제34조 제5항에서 신체장애자의 복지향상을 위하여 노력해야 할 국가의 의무를 규정하고 있으나 이로부터 신체장애자 등을 위하여 국가의 구체적 내용의 의무가 부과되거나 직접 신체장애 등을 가진 국민에게 구체적 기본권이 발생한다고 할 수 없다.
② 국민연금법상 한 사람의 수급권자에게 여러 종류의 수급권이 발생한 경우에는 여러 종류의 수급권이 발생하였다고 하여 반드시 중복하여 지급해야 하는 것은 아니다.
③ 근로능력평가의 기준 등에 관한 고시 중 '평가 대상자의 근로수행능력에 영향을 크게 미치는 2개 이내의 평가대상 질병을 등록하도록 한 것'은 질환유형이 다른 3개 이상의 질병을 가진 청구인은 자신의 질병 중 일부를 평가받을 수 없게 되더라도 인간다운 생활을 할 권리를 침해한다고 할 수 없다.
④ 경과실로 인한 범죄행위에 기인하는 보험사고에 대하여 의료보험급여를 부정하는 국민건강보험은 한정된 재원의 범위내 입법자의 합리적인 재량권 행사로서 헌법에 위반된다고 할 수 없다.

문 5. 교육을 받을 권리에 관한 설명으로 가장 적절하지 않은 것은? (다툼이 있는 경우 판례에 의함)

① 헌법 제31조 제1항의 교육을 받을 권리로부터 국가에게 교육조건의 개선 · 정비와 교육기회의 균등한 보장을 적극적으로 요구할 권리는 인정된다.
② 교육을 받을 권리의 내용과 관련하여 헌법재판소는 실질적인 평등교육을 실현해야 할 국가의 적극적인 의무가 인정된다고 하여 이로부터 국민이 직접 실질적 평등교육을 위한 교육비를 청구할 권리가 도출된다고 볼 수 없다.
③ 교육을 받을 권리는 국민이 국가에 대해 직접 특정한 교육제도나 학교시설을 요구할 수 있음을 뜻한다.
④ 교육을 받을 권리는 국가에 대해 교육을 받을 수 있도록 적극적으로 배려해 줄 것을 요구할 권리와 능력에 따라 균등하게 교육받는 것을 공권력에 의하여 침해받지 않을 권리를 포함한다.

문 6. 교육을 받을 권리에 관한 설명으로 가장 적절하지 않은 것은? (다툼이 있는 경우 판례에 의함)

① 국민의 교육을 받을 권리는 통상 국가에 의한 교육조건의 개선 · 정비와 교육기회의 균등한 보장을 적극적으로 요구할 수 있는 권리로 이해된다.
② 교육을 받을 권리는 국가에 대해 교육을 받을 수 있도록 적극적으로 배려해 줄 것을 요구할 권리와 능력에 따라 균등하게 교육받는 것을 공권력에 의하여 침해받지 않을 권리를 포함한다.
③ 교육을 받을 권리는 국가에 의한 교육조건의 개선 · 정비와 교육기회의 균등한 보장을 적극적으로 요구할 수 있는 권리지만, 사립유치원에 대한 교사인건비, 운영비 및 영양사 인건비를 부담할 국가의 작위의무가 헌법해석상 도출된다.
④ 헌법 제31조 제1항에 의하여 보장되는 교육을 받을 권리에 국민이 국가에 대하여 직접 특정한 교육제도나 교육과정을 요구할 수 있는 권리나, 특정한 교육제도나 교육과정의 배제를 요구할 권리가 포함되는 것은 아니다.

문 7. 자율형 사립고등학교를 후기학교로 정하여 신입생을 일반고와 동시에 선발하도록 한 초 · 중등교육법 시행령에 관한 헌법소원청구에 관한 설명으로 가장 적절한 것은? (다툼이 있는 경우 판례에 의함)

① 자율형 사립고등학교를 후기학교로 정하여 신입생을 일반고와 동시에 선발하도록 한 초 · 중등교육법 시행령은 학교법인의 사학운영의 자유를 침해한다.
② '대통령령'으로 '전기학교 선발'을 보장함으로써 형성된 학교법인의 이러한 신뢰는 헌법상 특별히 보호가치가 있는 신뢰이므로 자사고를 후기선발로 전환하면서 일반고와 동시선발하도록 한 시행령은 신뢰보호원칙에 위배하여 청구인 학교법인의 사학운영의 자유를 침해한다.
③ 이 사건 동시선발조항이 자사고를 후기학교로 규정함으로써 과학고와 달리 취급하고, 일반고와 같이 취급하는 데에는 합리적인 이유가 있으므로 청구인 학교법인의 평등권을 침해하지 아니한다.
④ 자율형 사립고등학교를 후기학교로 정하여 신입생을 일반고와 동시에 선발하도록 하여 일반고와 자사고 중복지원을 금지한 초 · 중등교육법 시행령의 평등원칙 위반 여부는 자의금지원칙에 따라 심사하여야 한다.

문 8. 부모의 자녀교육권에 관한 설명으로 가장 적절한 것은? (다툼이 있는 경우 판례에 의함)

① 부모의 자녀교육권은 다른 기본권과 마찬가지로 기본권의 주체인 부모의 자기결정권이라는 의미에서 보장되는 자유이다.

② 부모의 자녀에 대한 교육권은 비록 헌법에 명문으로 규정되어 있기도 하지만, 혼인과 가족생활을 보장하는 헌법 제36조 제1항, 행복추구권을 보장하는 헌법 제10조 및 헌법 제37조 제1항에서 나오는 중요한 기본권이다.

③ 학부모가 자녀를 교육시킬 학교를 선택할 권리인 학교선택권, 학부모가 자신의 자녀를 위해서 가지는 자녀에 대한 정보청구권, 면접권도 포함된다.

④ 학교교육에 관한 한, 국가의 교육권한이 우위를 차지하나, 학교 밖의 교육영역에서는 원칙적으로 부모의 교육권이 우위를 차지한다.

문 9. 근로의 권리에 관한 설명으로 가장 적절하지 않은 것은? (다툼이 있는 경우 판례에 의함)

① 헌법 제32조 제3항이 그에 관한 모든 문제를 국회가 정하는 법률로 규정할 것을 요구한다고는 볼 수 없으므로 산업재해를 입은 근로자의 보상에 대해 대강의 기준을 국회가 제정하는 법률로 정하고 기타 상세한 사항은 하위법령으로 정하도록 위임하는 것을 전면적으로 금지하고 있는 것은 아니다.

② 고용허가를 받아 국내에 입국한 외국인근로자의 출국만기보험금을 출국 후 14일 이내에 지급하도록 하는 것은 외국인 근로자들의 근로의 권리를 침해한다.

③ 계속근로기간 1년 미만인 근로자를 퇴직급여 지급대상에서 제외하는 근로자퇴직급여 보장법 제4조 제1항 단서는 평등권 침해라 할 수 없다.

④ 헌법 제32조 제1항의 근로의 권리에서 근로자가 퇴직급여를 청구할 수 있는 권리도 헌법상 바로 도출되는 것이 아니라 근로자퇴직급여 보장법 등 관련 법률이 구체적으로 정하는 바에 따라 비로소 인정될 수 있는 것이므로 계속근로기간 1년 미만인 근로자가 퇴직급여를 청구할 수 있는 권리가 헌법 제32조 제1항에 의하여 보장된다고 보기는 어렵다.

문 10. 근로의 권리에 관한 설명으로 가장 적절하지 않은 것은? (다툼이 있는 경우 판례에 의함)

① 헌법 제15조 직업의 자유와 제32조 근로의 권리는 국가에게 단지 사용자의 처분에 따른 직장 상실에 대하여 최소한의 보호를 제공해 줄 의무뿐 아니라, 직장 상실로부터 근로자를 보호하여 줄 것을 청구할 수 있는 권리가 도출되므로 사용자로 하여금 2년을 초과하여 기간제근로자를 사용할 수 없도록 한 사건에서 근로의 권리에 대한 침해 문제가 발생한다.

② 해고예고제도는 근로자의 인간 존엄성을 보장하기 위한 합리적 근로조건에 해당하므로, 해고예고에 관한 권리는 근로자가 향유하는 근로의 권리의 내용에 포함된다.

③ 계속 근무기간 1년 미만인 근로자가 퇴직급여를 청구할 수 있는 권리는 헌법 제32조 제1항의 근로의 권리에 의하여 보장된다고 할 수 없다.

④ 근로의 권리에는 일자리를 청구하거나 생계비 지급을 청구할 권리가 포함되지 않는다.

문 11. 근로의 권리에 관한 설명으로 가장 적절하지 <u>않은</u> 것은? (다툼이 있는 경우 판례에 의함)

① 헌법 제32조 제1항이 규정한 근로의 권리는 국가의 개입·간섭을 받지 않고 자유로이 근로를 할 자유와, 국가에 대하여 근로의 기회를 제공하는 정책을 수립해줄 것을 요구할 수 있는 권리 등을 기본적 내용으로 하고 있으며, 개인인 근로자가 권리의 주체가 되는 것이고, 노동조합은 그 주체가 될 수 없다.

② 헌법재판소는 외국인에게 헌법상의 근로의 권리를 전면적으로 인정하기는 어렵다고 하더라도 일할 환경에 관한 권리는 기본권으로 보장된다고 판시하였다.

③ 자본주의 경제질서하에서 근로자가 기본적 생활수단을 확보하고 인간의 존엄성을 보장받기 위하여 최소한의 근로조건을 요구할 수 있는 권리는 자유권적 기본권의 성격도 아울러 가지므로 이러한 경우 외국인 근로자에게도 그 기본권 주체성을 인정함이 타당하다.

④ 불법체류 중인 외국인근로자라 해도 형사처벌의 대상이 되는 것과는 별개로 근로계약은 유효하므로 산업재해보상법의 적용대상이 되는 사업 또는 사업장에서 근로를 제공하다가 업무상 질병이 걸린 경우에는 이 법상의 요양급여를 지급받을 수 있으며, 나아가 국가에 대하여 근로기회의 제공을 청구할 권리도 국민과 대등하게 인정된다는 것이 대법원의 판례이다.

문 12. 근로의 권리와 근로3권에 관한 설명으로 가장 적절한 것은? (다툼이 있는 경우 판례에 의함)

① 단체행동권을 제한이 불가능한 절대적 기본권으로 인정할 수는 없으나 단체행동권 역시 헌법 제37조 제2항의 일반적 법률유보조항에 따른 기본권 제한의 대상이 되므로, 그 제한의 위헌 여부는 과잉금지원칙을 준수하였는지 여부에 따라 판단되어야 한다.

② 1주간의 소정근로시간이 15시간 미만인 근로자, 즉 이른바 '초단시간근로자'를 퇴직급여제도의 적용대상에서 제외하는 법률조항이 근로조건의 기준은 인간의 존엄성을 보장하도록 법률로 정하도록 한 헌법 제32조 제3항에 위배되는지 여부는 엄격한 비례원칙을 적용한다.

③ 동물의 사육 사업 근로자에 대하여 근로기준법 제4장에서 정한 근로시간 및 휴일 규정의 적용을 제외하도록 한 구 근로기준법은 축산 사업장을 근로기준법 적용 제한의 기준으로 삼고 있어 축산업 근로자들의 근로 환경 개선과 산업의 발전을 저해하고 있다. 따라서 이 조항은 인간의 존엄을 보장하기 위한 최소한의 근로조건 마련에 미흡하여 청구인의 근로의 권리를 침해한다.

④ 1주간의 소정근로시간이 15시간 미만인 근로자, 즉 이른바 '초단시간근로자'를 퇴직급여제도의 적용대상에서 제외하는 법률조항은 인간의 존엄에 상응하는 근로조건에 관한 기준을 갖추지 못한 것으로서 헌법 제32조 제3항에 위배되어 근로의 권리를 침해한다.

문 13. 근로의 권리와 근로3권에 관한 설명으로 가장 적절한 것은? (다툼이 있는 경우 판례에 의함)

① 헌법재판소는 외국인에게 헌법상의 근로의 권리를 전면적으로 인정할 수 있으므로 '일할 환경에 관한 권리'는 기본권으로 보장된다고 판시하였다.
② 교육공무원에게 근로3권을 일체 허용하지 않고 전면적으로 부정하더라도 입법형성권의 범위를 벗어나 헌법에 위반된다고 할 수 없다.
③ 공무원인 근로자 중 법률이 정하는 자 이외의 공무원은 노동3권의 주체되므로 노동3권이 인정됨을 전제로 하여 헌법 제37조 제2항의 과잉금지원칙을 적용할 수 있다.
④ 우리 헌법은 공무원의 근로자 성격을 인정하면서도 노동3권의 제한을 예정하고 있어 국회는 헌법 제33조 제2항에 따라 공무원인 근로자에게 단결권 · 단체교섭권 · 단체행동권을 인정할 것인가의 여부, 어떤 형태의 행위를 어느 범위에서 인정할 것인가 등에 대하여 광범위한 입법형성의 자유를 가진다.

문 14. 근로3권에 관한 설명으로 가장 적절하지 <u>않은</u> 것은? (다툼이 있는 경우 판례에 의함)

① 노동조합을 지배 · 개입하는 행위를 금지하는 노동조합 및 노동관계조정법 제81조 제4호는 죄형법정주의의 명확성원칙에 위배되지 않는다.
② 노조전임자의 급여를 지원하는 행위를 금지하는 노동조합 및 노동관계조정법 제81조는 직업의 자유 중 사용자인 청구인의 기업활동의 자유를 제한하고 있다.
③ 노조전임자의 급여를 지원하는 행위를 금지하는 노동조합 및 노동관계조정법 제81조는 과잉금지원칙에 위배된다고 할 수 없다.
④ 법인의 대표자가 지배개입금지조항과 이 사건 급여지원금지조항을 위반할 경우 법인을 함께 처벌하는 노동조합 및 노동관계조정법 제94조는 책임주의원칙에 위배된다.

문 15. 단결권에 관한 설명으로 가장 적절한 것은? (다툼이 있는 경우 판례에 의함)

① 헌법 제33조 제1항에 의하면 단결권의 주체는 단지 개인인 것처럼 표현되어 있지만, 근로자 개인뿐만이 아니라 단체 자체의 단결권도 보장하고 있는 것으로 보아야 한다.
② 헌법상 보장된 근로자의 단결권은 단결할 자유만을 의미하므로 근로자가 노동조합을 결성하지 아니할 자유는 헌법상 근거를 찾을 수 없다.
③ 근로자에게 보장된 단결권의 내용에는 단결할 자유뿐만 아니라 노동조합을 결성하지 아니할 자유나 노동조합에 가입을 강제당하지 아니할 자유, 그리고 가입한 노동조합을 탈퇴할 자유도 포함된다.
④ 소위 '소극적 단결권'이란 헌법 제33조 제1항의 단결권에 포함되지 아니하므로, 근로자가 노동조합에 가입하지 아니할 권리 내지 이미 가입한 노동조합에서 탈퇴할 권리는 노동조합의 지위를 약화시키려는 정치적 논리일 뿐 헌법상 기본권으로서 보호되는 권리라고 볼 수 없다.

문 16. 환경권의 내용에 관한 설명으로 가장 적절하지 <u>않은</u> 것은? (다툼이 있는 경우 판례에 의함)

① 환경영향평가 대상지역 밖에 거주하는 주민에게는 헌법상의 환경권 또는 환경정책기본법에 근거하여 공유수면매립면허처분과 농지개량사업 시행인가처분의 무효확인을 구할 원고적격은 인정되지 않는다.
② 헌법 제35조 제1항은 환경권을 국민의 기본권의 하나로 승인하고 개개의 국민에게 직접 구체적인 사법상(私法上)의 권리를 부여하고 있으므로, 이를 구체화하는 명문의 법률조항이 없더라도 동 조항을 근거로 환경침해의 배제를 구하는 민사소송을 제기할 수 있다.
③ 헌법 제35조는 환경권과 환경보전의무를 같이 규정하고 있고, 환경보전의무의 주체로서 국민과 국가를 규정하고 있으므로 국가도 환경보전의무의 주체가 된다.
④ 환경권의 주체는 인간이므로 외국인도 그 주체가 되나 환경단체는 주체가 될 수 없다.

문 17. 환경권에 관한 설명으로 가장 적절하지 않은 것은? (다툼이 있는 경우 판례에 의함)

① 우리 헌법은 국가뿐만 아니라 국민에게도 환경보전을 위하여 노력하여야 할 의무를 규정하고 있다.

② 환경보호의 중요성을 인식하여 환경권을 헌법상 기본권으로 명문화하여 보장하고 있는 것은 오늘날 세계 각국의 거의 공통적인 현상이다.

③ "환경권을 행사함에 있어 국민은 국가로부터 건강하고 쾌적한 환경을 향유할 수 있는 자유를 침해당하지 않을 권리를 행사할 수 있고, 일정한 경우 국가에 대하여 건강하고 쾌적한 환경에서 생활할 수 있도록 요구할 수 있는 권리가 인정되기도 하는바, 환경권은 그 자체 종합적 기본권으로서의 성격을 지닌다."라고 우리 헌법재판소가 판시하고 있다.

④ 환경권의 내용과 행사는 법률에 의해 구체적으로 정해지는 것이기는 하나(헌법 제35조 제2항), 이 헌법조항의 취지는 특별히 명문으로 헌법에서 정한 환경권을 입법자가 그 취지에 부합하도록 법률로써 내용을 구체화하도록 한 것이지 환경권이 완전히 무의미하게 되는데도 그에 대한 입법을 전혀 하지 아니하거나, 어떠한 내용이든 법률로써 정하기만 하면 된다는 것은 아니다.

문 18. 국민의 의무에 관한 설명으로 가장 적절한 것은? (다툼이 있는 경우 판례에 의함)

① 교육을 받게 할 의무의 주체는 국가이다.

② 납세의무나 병역의무를 부과하는 법률은 기본권을 제한하는 것이 아니라 의무 부과의 근거이므로 과잉금지원칙이 적용되지 않는다.

③ 국방의 의무는 병역법에 의하여 군복무에 임하는 등의 직접적인 병력형성의무만을 가리키는 것이 아니라, 간접적인 병력형성의무 및 병력형성 이후 군작전명령에 복종하고 협력하여야 할 의무도 포함한다.

④ 헌법 제39조 제2항 "누구든지 병역의무의 이행으로 인하여 불이익한 처우를 받지 아니한다."라는 병역의무이행으로 인한 불이익한 처우를 금지할 뿐 아니라 병역의무 이행으로 인한 적극적 보상을 국가에 강제하므로 병역의무를 이행한 사람에게 보상조치를 취하거나 특혜를 부여할 의무를 국가에게 지우는 것이다.

문 19. 국방의 의무에 관한 설명으로 가장 적절하지 않은 것은? (다툼이 있는 경우 헌법재판소 결정례 및 대법원 판례에 의함)

① 양심에 반한다는 이유로 입영을 거부하는 자에 대하여 병역의무를 면제하거나 혹은 순수한 민간 성격의 복무로 병역의무의 이행에 갈음할 수 있도록 하는 어떠한 예외조항도 두고 있지 아니한 병역법 제88조 제1항 제1호는 시민적 및 정치적 권리에 관한 국제규약 제18조 제3항에서 말하는 양심표명의 자유에 대한 제한 법률에 해당한다. 그러나 양심적 병역거부자에게 병역의무 면제나 대체복무의 기회를 부여하지 아니한 채 병역법 제88조 제1항 위반죄로 처벌하는 것이 위 규약에 반한다고 할 수 없다.

② 군복무로 인한 휴직기간을 법무사시험의 일부 면제에 관한 법무사법 제5조의2 제1항의 공무원 근무경력에 산입하지 아니한 것은 병역의무의 이행으로 인한 불이익처우금지를 규정한 헌법 제39조 제2항을 위반한 것이다.

③ 병역의무는 국민 전체의 인간으로서의 존엄과 가치를 보장하기 위한 것이므로, 양심적 병역거부자의 양심의 자유가 국방의 의무보다 우월한 가치라고 할 수 없다.

④ 병역의무 그 자체를 이행하느라 받는 불이익은 '누구든지 병역의무 이행으로 인하여 불이익한 처우를 받지 아니한다.'고 규정하고 있는 헌법 제39조 제2항과 관련이 없다.

문 20. 심사기준에 관한 설명으로 가장 적절하지 않은 것은? (다툼이 있는 경우 판례에 의함)

① 표현행위자의 특정 견해, 이념, 관점에 근거한 제한은 표현의 내용에 대한 제한 중에서도 가장 심각하고 해로운 제한이다. 헌법상 표현의 자유가 보호하고자 하는 가장 핵심적인 것이 바로 '표현행위가 어떠한 내용을 대상으로 한 것이든 보호를 받아야 한다'는 것이며 정치적 표현의 내용, 그중에서도 표현된 관점을 근거로 한 제한은 과잉금지원칙을 준수하여야 하며, 그 심사 강도는 더욱 엄격하다고 할 것이다.

② 국가배상청구권의 성립요건으로서 공무원의 고의 또는 과실을 규정한 국가배상법 조항은, 법률로 이미 형성된 국가배상청구권의 행사 및 존속을 '제한'하는 것이라기보다는 국가배상청구권의 내용을 '형성'하는 것이므로, 헌법상 국가배상제도의 정신에 부합하게 국가배상청구권을 형성하였는지의 관점에서 심사하여야 한다.

③ 대학의 자율의 구체적인 내용은 법률이 정하는 바에 의하여 보장되며, 국가는 헌법 제31조 제6항에 따라 모든 학교제도의 조직 · 계획 · 운영 · 감독에 관한 포괄적인 권한을 부여받지만, 대학의 자율성 보장은 대학자치의 본질이므로 대학의 자율에 대한 침해 여부를 심사함에 있어서는 엄격한 과잉금지원칙을 적용하여야 한다.

④ 고시 공고일을 기준으로 고등학교에서 퇴학된 날로부터 6월이 지나지 아니한 자를 고등학교 졸업학력 검정고시를 받을 수 있는 자의 범위에서 제외하는 것은, 국민의 교육을 받을 권리 중 그 의사와 능력에 따라 균등하게 교육받을 것을 국가로부터 방해받지 않을 권리, 즉 자유권적 기본권을 제한하는 것이므로, 그 제한에 대하여는 과잉금지원칙에 따른 심사를 하여야 한다.

MEMO

해커스경찰
police.Hackers.com

2024 해커스경찰 황남기 경찰헌법 Season 2 진도별 모의고사

# 진도별 모의고사

## 정답 및 해설

# 1회 진도별 모의고사 정답 및 해설
(헌법총론 ~ 헌법 전문)

## 정답

p.8

| 01 | ③ | 02 | ③ | 03 | ④ | 04 | ④ | 05 | ② |
|---|---|---|---|---|---|---|---|---|---|
| 06 | ① | 07 | ④ | 08 | ④ | 09 | ② | 10 | ④ |
| 11 | ① | 12 | ③ | 13 | ③ | 14 | ④ | 15 | ④ |
| 16 | ④ | 17 | ② | 18 | ② | 19 | ② | 20 | ④ |

## 01

정답 ③

① [×] 형식적 의미의 헌법은 헌법전을 의미한다. 법규정의 내용에 따라 정의한 개념은 실질적 의미의 헌법이다.

② [×] 일반적 법률유보는 헌법의 최고규범성을 약화시킬 수 있다. 오히려 기본권 보장을 위해서는 개별적 법률유보가 바람직하다.

❸ [O] 일반법률의 개정절차에 비하여 엄격한 개정절차를 요구하는 헌법을 경성헌법이라고 하는데, 여기서 '엄격한 개정절차'라 함은 필수적 국민투표절차 요구, 가중된 국회 의결정족수, 공고절차 등이 모두 포함된다. 따라서 경성헌법이라고 하여 반드시 국민투표를 거쳐야 하는 것은 아니다. 예컨대, 우리 헌법은 건국헌법부터 가중된 의결정족수에 의해 헌법을 개정하도록 하여 경성헌법주의를 취하고 있었으나, 제5차 개정헌법에 와서야 비로소 헌법개정절차에서 국민투표를 필수적으로 거치도록 하였다.

④ [×] 우리 헌법의 각 개별규정 가운데 무엇이 헌법제정규정이고 무엇이 헌법개정규정인지를 구분하는 것이 가능하지 아니할 뿐 아니라, 각 개별규정에 그 효력상의 차이를 인정하여야 할 형식적인 이유를 찾을 수 없다. 이러한 점과 현행헌법 및 헌법재판소법의 명문의 규정취지에 비추어, 헌법제정권과 헌법개정권의 구별론이나 헌법개정한계론은 그 자체로서의 이론적 타당성 여부와 상관없이 우리 헌법재판소가 헌법의 개별규정에 대하여 위헌심사를 할 수 있다는 논거로 원용될 수 있는 것이 아니다(헌재 1995.12.28, 95헌바3).

## 02

정답 ③

① [O] 법률 또는 법률의 위 조항은 원칙적으로 가능한 범위 안에서 합헌적으로 해석함이 마땅하나 그 해석은 법의 문구와 목적에 따른 한계가 있다. 즉, 법률의 조항의 문구가 간직하고 있는 말의 뜻을 넘어서 말의 뜻이 완전히 다른 의미로 변질되지 아니하는 범위 내이어야 한다는 문의적 한계와 입법권자가 그 법률의 제정으로써 추구하고자 하는 입법자의 명백한 의지와 입법의 목적을 헛되게 하는 내용으로 해석할 수 없다는 법 목적에 따른 한계가 바로 그것이다. 따라서 당해 법 제5조 제1항은 재범의 위험성을 보호감호의 명문의 요건으로 하지 않는 보호감호를 규정하고 있고, 법 제20조 제1항 다만 이하 부분은 법원에게 법 제5조 제1항 각호의 요건에 해당하는 한 보호감호를 선고하도록 규정하고 있다. 이에 반하여, 법 제5조 제2항은 재범의 위험성을 보호감호의 법정요건으로 명문화하고 있고, 법 제20조 제1항 본문에서는 이유 없다고 인정할 때에는 판결로써 청구기각을 선고하여야 한다고 규정하고 있을 뿐이다. 따라서 법 제5조 제1항의 요건에 해당되는 경우에는 법원으로 하여금 감호청구의 이유 유무, 즉 재범의 위험성의 유무를 불문하고 반드시 감호의 선고를 하도록 강제한 것임이 위 법률의 조항의 문의임은 물론 입법권자의 의지임을 알 수 있으므로 위 조항에 대한 합헌적 해석은 문의의 한계를 벗어난 것이라 할 것이다(헌재 1989.7.14, 88헌가5).

② [O] 임원과 과점주주에게 연대책임을 부과하는 것 자체가 위헌이 아니라 부실경영에 기여한 바가 없는 임원과 과점주주에게도 연대책임을 지도록 하는 것이 위헌이라는 점에서 연대책임을 지는 임원과 과점주주의 범위를 적절하게 제한함으로써 그 위헌성이 제거될 수 있을 뿐만 아니라, 위 상호신용금고법 제37조의3을 단순위헌으로 선언할 경우 임원과 과점주주가 금고의 채무에 대하여 단지 상법상의 책임만을 지는 결과가 발생하고 이로써 예금주인 금고의 채권자의 이익이 충분히 보호될 수 없기 때문에, 가급적이면 위 법규정의 효력을 유지하는 쪽으로 이를 해석하는 것이 바람직하다. 따라서 이 사건 법률조항은 '부실경영의 책임이 없는 임원'과 '금고의 경영에 영향력을 행사하여 부실의 결과를 초래한 자 이외의 과점주주'에 대해서도 연대채무를 부담하게 하는 범위 내에서 헌법에 위반된다(헌재 2002.8.29, 2000헌가5).

❸ [×] 군인사법 제48조 제4항 후단의 '무죄의 선고를 받은 때'의 의미와 관련하여, 형식상 무죄판결뿐 아니라 공소기각재판을 받았다 하더라도 그와 같은 공소기각의 사유가 없었더라면 무죄가 선고될 현저한 사유가 있는 이른바 내용상 무죄재판의 경우도 이에 포함된다고 확대해석함이 법률의 문의적(文義的) 한계 내의 합헌적 법률해석에 부합한다(대판 2004.8.20, 2004다22377).

④ [O] 헌법재판소의 결정이 그 주문에서 당해 법률이나 법률조항의 전부 또는 일부에 대하여 위헌 결정을 선고함으로써 그 효력

을 상실시켜 법률이나 법률조항이 폐지되는 것과 같은 결과를 가져온 것이 아니라 그에 대하여 특정의 해석기준을 제시하면서 그러한 해석에 한하여 위헌임을 선언하는, 이른바 한정위헌결정의 경우에는 헌법재판소의 결정에 불구하고 법률이나 법률조항은 그 문언이 전혀 달라지지 않은 채 그냥 존속하고 있는 것이므로 이와 같이 법률이나 법률조항의 문언이 변경되지 아니한 이상 이러한 한정위헌결정은 법률 또는 법률조항의 의미, 내용과 그 적용범위를 정하는 법률해석이라고 이해하지 않을 수 없다. 그런데 구체적 사건에 있어서 당해 법률 또는 법률조항의 의미·내용과 적용범위가 어떠한 것인지를 정하는 권한 곧 법령의 해석·적용 권한은 바로 사법권의 본질적 내용을 이루는 것으로서, 전적으로 대법원을 최고법원으로 하는 법원에 전속한다. 이러한 법리는 우리 헌법에 규정된 국가권력분립구조의 기본원리와 대법원을 최고법원으로 규정한 헌법의 정신으로부터 당연히 도출되는 이치로서, 만일 법원의 이러한 권한이 훼손된다면 이는 헌법 제101조는 물론이요, 어떤 국가기관으로부터도 간섭받지 않고 오직 헌법과 법률에 의하여 그 양심에 따라 독립하여 심판하도록 사법권 독립을 보장한 헌법 제103조에도 위반되는 결과를 초래한다. 그러므로 한정위헌결정에 표현되어 있는 헌법재판소의 법률해석에 관한 견해는 법률의 의미·내용과 그 적용범위에 관한 헌법재판소의 견해를 일응 표명한 데 불과하여 이와 같이 법원에 전속되어 있는 법령의 해석·적용 권한에 대하여 어떠한 영향을 미치거나 기속력도 가질 수 없다(대판 1996.4.9. 95누11405).

## 03

정답 ④

① [O]

> 법령 등 공포에 관한 법률 제3조【헌법개정안】 헌법개정안 공고문의 전문에는 대통령 또는 국회 재적의원 과반수가 발의한 사실을 적고, 대통령이 서명한 후 대통령인(大統領印)을 찍고 그 공고일을 명기(明記)하여 국무총리와 각 국무위원이 부서(副署)한다.

② [O]

> 국민투표법 제92조【국민투표무효의 소송】 국민투표의 효력에 관하여 이의가 있는 투표인은 투표인 10만인 이상의 찬성을 얻어 중앙선거관리위원회위원장을 피고로 하여 투표일로부터 20일 이내에 대법원에 제소할 수 있다.

③ [O] 긴급조치 제1호, 제2호는 국민의 유신헌법 반대운동을 통제하고 정치적 표현의 자유를 과도하게 침해하는 내용이어서 국가긴급권이 갖는 내재적 한계를 일탈한 것으로서, 이 점에서도 목적의 정당성이나 방법의 적절성을 갖추지 못하였다(헌재 2013.3.21. 2010헌바132).

❹ [×] 성문헌법의 개정은 헌법의 조문이나 문구의 명시적이고 직접적인 변경을 내용으로 하는 헌법개정안의 제출에 의하여야 하고, **하위규범인 법률**의 형식으로, 일반적인 입법절차에 의하여 개정될 수는 없다. 한미무역협정의 경우, 국회의 동의를 필요로 하는 조약의 하나로서 법률적 효력이 인정되므로, 그에 의하여 성문헌법이 개정될 수는 없으며, 따라서 한미무역협정으로 인하여 청구인의 헌법 제130조 제2항에 따른 헌법개정절차에서의 국민투표권이 침해될 가능성은 인정되지 아니한다(헌재 2013.11.28. 2012헌마166).

## 04

정답 ④

① [×] 공고절차는 필수절차이나 제1차 개정헌법은 공고절차를 생략했다.

② [×]

> 헌법 제130조 ① 국회는 헌법개정안이 공고된 날로부터 60일 이내에 의결하여야 하며, 국회의 의결은 재적의원 3분의 2 이상의 찬성을 얻어야 한다.

③ [×]

> 헌법 제130조 ② 헌법개정안은 국회가 의결한 후 30일 이내에 국민투표에 붙여 국회의원선거권자 과반수의 투표와 투표자 과반수의 찬성을 얻어야 한다.

❹ [O]

> 헌법 제89조 다음 사항은 국무회의의 심의를 거쳐야 한다.
> 3. 헌법개정안·국민투표안·조약안·법률안 및 대통령령안

## 05

정답 ②

① [O] 우리나라는 성문헌법을 가진 나라로서 기본적으로 우리 헌법전(憲法典)이 헌법의 법원(法源)이 된다. 그러나 성문헌법이라고 하여도 그 속에 모든 헌법사항을 빠짐없이 완전히 규율하는 것은 불가능하고 또한 헌법은 국가의 기본법으로서 간결성과 함축성을 추구하기 때문에 형식적 헌법전에는 기재되지 아니한 사항이라도 이를 불문헌법(不文憲法) 내지 관습헌법으로 인정할 소지가 있다. 특히 헌법제정 당시 자명(自明)하거나 전제(前提)된 사항 및 보편적 헌법원리와 같은 것은 반드시 명문의 규정을 두지 아니하는 경우도 있다. 그렇다고 해서 헌법사항에 관하여 형성되는 관행 내지 관례가 전부 관습헌법이 되는 것은 아니고 강제력이 있는 헌법규범으로서 인정되려면 엄격한 요건들이 충족되어야만 하며, 이러한 요건이 충족된 관습만이 관습헌법으로서 성문의 헌법과 동일한 법적 효력을 가진다(헌재 2004.10.21. 2004헌마554).

❷ [×] 관습헌법은 주권자인 국민에 의하여 유효한 헌법규범으로 인정되는 동안에만 존속하는 것이며, 관습법의 존속요건의 하나인 국민적 합의성이 소멸되면 관습헌법으로서의 법적 효력도 상실하게 된다. 관습헌법의 요건들은 그 **성립의 요건일 뿐만 아니라 효력 유지의 요건이다**(헌재 2004.10.21. 2004헌마554).

③ [O] 관습헌법은 성문헌법과 동일한 효력을 가지므로 헌법개정에 의해서만 개정될 수 있다. 그러나 관습헌법의 효력상실은 헌법개정뿐만 아니라 국민의 합의의 소멸로도 그 효력은 상실한다(헌재 2004.10.21. 2004헌마554).

④ [O] 헌법 제1조 제2항은 '대한민국의 주권은 국민에게 있고, 모든 권력은 국민으로부터 나온다.'고 규정한다. 이와 같이 국민이 대한민국의 주권자이며, 국민은 최고의 헌법제정권력이기 때문에 성문헌법의 제·개정에 참여할 뿐만 아니라 헌법전에 포함되지 아니한 헌법사항을 필요에 따라 관습의 형태로 직접 형성할 수 있다. 그렇다면 관습헌법도 성문헌법과 마찬가지로 주권자인 국민의 헌법적 결단의 의사의 표현이며 성문헌법과 동등한 효력을 가진다고 보아야 한다. 국민주권주의는 성문이든 관습이든 실정법 전체의 정립에의 국민의 참여를

요구한다고 할 것이며, 국민에 의하여 정립된 관습헌법은 입법권자를 구속하며 헌법으로서의 효력을 가진다(헌재 2004.10.21, 2004헌마554).

## 06

정답 ①

❶ [×] **헌법개정의 한계는 헌법의 핵심적인 원리이거나 기본권이므로 헌법개정으로 할 수 없는 것은 헌법변천으로도 할 수 없다.** 다만, 헌법변천은 헌법의 흠결을 보충하는 의미를 가져야 되므로 헌법에 위반되는 헌법해석을 헌법변천으로 인정하여서는 안 된다.

② [O] 제1차 개정헌법은 양원제를 규정하였음에도 상원선거가 없어서 단원제로 운영되었고, 군법회의는 제2차 개정헌법에서 처음으로 도입되었으나 제헌헌법하에서도 운영되었다. 이를 헌법변천의 사례로 볼 수 있다. 위헌법률심판은 헌법규정에 의해 채택되었으므로 헌법변천의 예로 보기 힘들다.

③ [O] 독일은 위헌법률심판을 헌법에 규정하였으나 미국은 이에 대한 규정을 두지 않았고 1803년에 판례를 통하여 처음으로 위헌법률심판을 처음으로 채택하였다.

④ [O] 영국 같은 불문헌법국가에서 헌법변천을 통해서 새로운 헌법이 성립될 수 있다.

## 07

정답 ④

① [×] 민주적 헌법질서의 전복을 기도하는 민주주의의 적은 관용할 수 없다는 철학에 기초하고 있다.

② [×] 위헌정당해산제도와 민주적 기본질서는 특정한 이념을 전제로 하는 방어적 민주주의 실현과 관련이 있다.

③ [×] 1949년 독일기본법은 1948년 우리 제헌헌법에는 영향을 미치지 않았고, 1960년 제3차 개정헌법부터 영향을 미치기 시작하였으나 기본권 실효제도는 도입되지 않았고, 위헌정당해산제도만 제3차 개정헌법에서 처음 도입되었다.

❹ [O] 제7차 개정헌법은 긴급조치권을, 제8차 개정헌법은 비상조치권을 각각 규정하였다.

## 08

정답 ④

① [O], ② [O] 저항권은 공권력의 행사자가 민주적 기본질서를 침해하거나 파괴하려는 경우 이를 회복하기 위하여 국민이 공권력에 대하여 폭력·비폭력, 적극적·소극적으로 저항할 수 있다는 국민의 권리이자 헌법수호제도를 의미한다. 하지만 저항권은 공권력의 행사에 대한 '실력적' 저항이어서 그 본질상 질서교란의 위험이 수반되므로, 저항권의 행사에는 개별헌법조항에 대한 단순한 위반이 아닌 민주적 기본질서라는 전체적 질서에 대한 중대한 침해가 있거나 이를 파괴하려는 시도가 있어야 하고, 이미 유효한 구제수단이 남아 있지 않아야 한다는 보충성의 요건이 적용된다. 또한 그 행사는 민주적 기본질서의 유지, 회복이라는 소극적인 목적에 그쳐야 하고 정치적, 사회적, 경제적 체제를 개혁하기 위한 수단으로 이용될 수 없다(헌재 2014.12.19, 2013헌다1).

③ [O] 국민, 법인, 정당 그리고 예외적으로 외국인도 될 수 있으나, 국가기관과 지방자치단체는 될 수 없다. 저항권 행사의 주체는 모든 국민이고, 개개인으로서의 국민은 물론 단체나 정당 등도 포함된다. 하지만 국가기관이나 지방자치단체는 그 주체가 되지 못한다.

❹ [×] **통합진보당 해산사유**: 이러한 요건에 따라 피청구인 주도세력의 주장을 살펴보면, 우선적으로 그들은 저항권에 '의한' 집권을 주장하고 있다. 그러나 앞서 본 바와 같이 저항권은 민주적 기본질서의 유지, 회복에 있는 것이지 집권이라는 적극적인 목적을 위해서는 사용될 수 없으므로, 이 부분은 저항권 행사가 폭력수단에 의한 집권을 의미하는 것은 아닌지 의심된다. 물론 이러한 주장을 헌법상 인정될 수 있는 이른바 저항권적 상황에서 저항권의 행사에 의하여 기존의 위헌적인 정권을 물러나게 함으로써 민주적 기본질서를 회복하고 그 이후에 민주적인 방법에 의한 집권을 하겠다는 취지로 해석할 여지가 없지는 않다. 그러나 저항권에 의한 집권을 선거에 의한 집권과 함께 지속적으로 주장하는 것은 민주적 기본질서에 대한 전반적인 침해 내지 파괴에 이르지 못하는 경우에도 저항권의 행사를 염두에 둔 것으로 보인다(헌재 2014.12.19, 2013헌다1).

## 09

정답 ②

① [O] 방어적 민주주의에서 방어하고자 하는 가치가 자유민주적 기본질서이다.

❷ [×] 방어적 민주주의를 적극적으로 적용하면 표현의 자유와 정당의 자유를 침해할 가능성이 크므로 방어적 민주주의는 소극적·방어적으로 행사되어야 하지 적극적 또는 확대하여 적용해서는 안 된다. 방어적 민주주의를 위한 국가의 개입과 제한도 과잉금지의 원칙에 따라 필요 최소한으로 한정되어야 한다.

③ [O] 기본권 실효제도는 도입된 바 없다.

④ [O] 방어적 민주주의란 민주주의의 이름으로 민주주의를 파괴하거나 자유의 이름으로 자유를 파괴하는 민주주의의 적으로부터 민주주의를 방어해야 한다는 것을 말한다. 오늘날 민주주의는 가치상대주의적 관용을 지양하고 자신을 보호하기 위한 방책을 강구하여야 한다는 이론이 제기되었고 이것이 방어적 민주주의론으로 정립된 것이다.

## 10

정답 ④

① [O]

> 1954년 헌법(제2차 개헌) 제55조 대통령과 부통령의 임기는 4년으로 한다. 단, 재선에 의하여 1차 중임할 수 있다. 대통령이 궐위된 때에는 부통령이 대통령이 되고 잔임기간 중 재임한다.

② [O]

> 1962년 헌법(제5차 개헌) 제36조 ③ 국회의원 후보가 되려 하는 자는 소속정당의 추천을 받아야 한다.
>
> 제64조 ③ 대통령후보가 되려 하는 자는 소속정당의 추천을 받아야 한다.

③ [O]

> 1972년 헌법(제7차 개헌) 제40조 ① 통일주체국민회의는 국회의원 정수의 3분의 1에 해당하는 수의 국회의원을 선거한다.
> ② 제1항의 국회의원의 후보자는 대통령이 일괄 추천하며, 후보자 전체에 대한 찬반을 투표에 붙여 재적대의원 과반수의 출석과 출석대의원 과반수의 찬성으로 당선을 결정한다.

❹ [×] 적정임금은 1980년 헌법에 이미 규정되었고, 최저임금은 1987년에 새로 규정되었다.

## 11 정답 ①

❶ [O] 건국헌법에서는 정당에 관한 규정은 없었으나 국회법에서 정당을 인정하였고, 1960년 헌법에서 처음으로 정당에 관한 명문 규정을 두었다.

> 1962년 헌법(제5차 개헌) 제38조 국회의원은 임기 중 당적을 이탈하거나 변경한 때 또는 소속정당이 해산된 때에는 그 자격이 상실된다. 다만, 합당 또는 제명으로 소속이 달라지는 경우에는 예외로 한다.
> 제36조 ③ 국회의원 후보가 되려 하는 자는 소속정당의 추천을 받아야 한다.
> 제64조 ③ 대통령후보가 되려 하는 자는 소속정당의 추천을 받아야 한다.

② [×]

> 1960년 헌법(제3차 개헌) 제83조의3 헌법재판소는 다음 각 호의 사항을 관장한다.
> 1. 법률의 위헌 여부 심사
> 2. 헌법에 관한 최종적 해석
> 3. 국가기관간의 권한쟁의
> 4. 정당의 해산
> 5. 탄핵재판
> 6. 대통령, 대법원장과 대법관의 선거에 관한 소송

③ [×] 1962년 제3공화국 헌법은 정당국가적 경향이 강하였다. 따라서 국회의원의 입후보에 정당추천을 의무화하였을 뿐만 아니라 임기 중 당적을 이탈하거나 변경하면 의원직을 상실하도록 되어 있었다.

④ [×] 헌법재판제도는 제헌헌법에서 규정하였고, 헌법재판소는 1960년(제2공화국) 헌법에서 최초로 규정하였다. 헌법소원은 1987년 제9차 개정헌법에서 최초로 규정하였다.

## 12 정답 ③

ㄱ. [×]

> 1948년 제헌헌법 제47조 탄핵사건을 심판하기 위하여 법률로써 탄핵재판소를 설치한다. 탄핵재판소는 부통령이 재판장의 직무를 행하고 대법관 5인과 국회의원 5인이 심판관이 된다. 단, 대통령과 부통령을 심판할 때에는 대법원장이 재판장의 직무를 행한다. 탄핵판결은 심판관 3분지 2 이상의 찬성이 있어야 한다.

ㄴ. [O]

> 1960년 헌법(제3차 개헌) 제83조의4 헌법재판소의 심판관은 9인으로 한다. 심판관은 대통령, 대법원, 참의원이 각 3인식 선임한다.

ㄷ. [×]

> 1962년 헌법(제5차 개헌) 제69조 ① 대통령의 임기는 4년으로 한다.
> ③ 대통령은 1차에 한하여 중임할 수 있다.
> 1969년 헌법(제6차 개헌) 제69조 ① 대통령의 임기는 4년으로 한다.
> ③ 대통령의 계속 재임은 3기에 한한다.

ㄹ. [×]

> 1972년 헌법(제7차 개헌) 제45조 ① 대통령의 임기가 만료되는 때에는 통일주체국민회의는 늦어도 임기만료 30일 전에 후임자를 선거한다.

ㅁ. [O]

> 1980년 헌법(제8차 개헌) 부칙 제10조 이 헌법에 의한 지방의회는 지방자치단체의 재정자립도를 감안하여 순차적으로 구성하되, 그 구성시기는 법률로 정한다.

## 13 정답 ③

① [×], ❸ [×]

> 국적법 제14조의2 【대한민국 국적의 이탈에 관한 특례】 ① 제12조 제2항 본문 및 제14조 제1항 단서에도 불구하고 다음 각 호의 요건을 모두 충족하는 복수국적자는 병역법 제8조에 따라 병역준비역에 편입된 때부터 3개월 이내에 대한민국 국적을 이탈한다는 뜻을 신고하지 못한 경우 법무부장관에게 대한민국 국적의 이탈 허가를 신청할 수 있다.
> 1. 다음 각 목의 어느 하나에 해당하는 사람일 것
> 가. 외국에서 출생한 사람(직계존속이 외국에서 영주할 목적 없이 체류한 상태에서 출생한 사람은 제외한다)으로서 출생 이후 계속하여 외국에 주된 생활의 근거를 두고 있는 사람
> 나. 6세 미만의 아동일 때 외국으로 이주한 이후 계속하여 외국에 주된 생활의 근거를 두고 있는 사람

② [×]

> 국적법 제14조의2 【대한민국 국적의 이탈에 관한 특례】 ① 제12조 제2항 본문 및 제14조 제1항 단서에도 불구하고 다음 각 호의 요건을 모두 충족하는 복수국적자는 병역법 제8조에 따라 병역준비역에 편입된 때부터 3개월 이내에 대한민국 국적을 이탈한다는 뜻을 신고하지 못한 경우 법무부장관에게 대한민국 국적의 이탈 허가를 신청할 수 있다.
> 2. 제12조 제2항 본문 및 제14조 제1항 단서에 따라 병역준비역에 편입된 때부터 3개월 이내에 국적 이탈을 신고하지 못한 정당한 사유가 있을 것

④ [×]

> 국적법 제22조 【국적심의위원회】 ① 국적에 관한 다음 각 호의 사항을 심의하기 위하여 **법무부장관 소속으로** 국적심의위원회(이하 "위원회"라 한다)를 둔다.
> 1. 제7조 제1항 제3호에 해당하는 특별귀화 허가에 관한 사항
> 2. 제14조의2에 따른 대한민국 국적의 이탈 허가에 관한 사항
> 3. 제14조의4에 따른 대한민국 국적의 상실 결정에 관한 사항
> 4. 그 밖에 국적업무와 관련하여 법무부장관이 심의를 요청하는 사항

## 14

정답 ④

① [×] 허가가 아니라 재취득 신고이다.

> 국적법 제11조 【국적의 재취득】 ① 제10조 제3항에 따라 대한민국 국적을 상실한 자가 그 후 1년 내에 그 외국 국적을 포기하면 법무부장관에게 신고함으로써 대한민국 국적을 재취득할 수 있다.

② [×] 소급하여 국적을 상실하는 게 아니라 기간이 지난 때 상실한다.

> 국적법 제10조 【국적 취득자의 외국 국적 포기 의무】 ① 대한민국 국적을 취득한 외국인으로서 외국 국적을 가지고 있는 자는 대한민국 국적을 취득한 날부터 1년 내에 그 외국 국적을 포기하여야 한다.
> ② 제1항에도 불구하고 다음 각 호의 어느 하나에 해당하는 자는 대한민국 국적을 취득한 날부터 1년 내에 외국 국적을 포기하거나 법무부장관이 정하는 바에 따라 대한민국에서 외국 국적을 행사하지 아니하겠다는 뜻을 법무부장관에게 서약하여야 한다.
> ③ 제1항 또는 제2항을 이행하지 아니한 자는 그 기간이 지난 때에 대한민국 국적을 상실한다.

③ [×]

> 국적법 제15조 【외국 국적 취득에 따른 국적 상실】 ① 대한민국의 국민으로서 자진하여 외국 국적을 취득한 자는 그 외국 국적을 취득한 때에 대한민국 국적을 상실한다.

❹ [O]

> 국적법 제15조 【외국 국적 취득에 따른 국적 상실】 ② 대한민국의 국민으로서 다음 각 호의 어느 하나에 해당하는 자는 그 외국 국적을 취득한 때부터 6개월 내에 법무부장관에게 대한민국 국적을 보유할 의사가 있다는 뜻을 신고하지 아니하면 그 외국 국적을 취득한 때로 소급(遡及)하여 대한민국 국적을 상실한 것으로 본다.
> 1. 외국인과의 혼인으로 그 배우자의 국적을 취득하게 된 자
> 2. 외국인에게 입양되어 그 양부 또는 양모의 국적을 취득하게 된 자
> 3. 외국인인 부 또는 모에게 인지되어 그 부 또는 모의 국적을 취득하게 된 자
> 4. 외국 국적을 취득하여 대한민국 국적을 상실하게 된 자의 배우자나 미성년의 자(子)로서 그 외국의 법률에 따라 함께 그 외국 국적을 취득하게 된 자

## 15

정답 ④

① [O] 개인의 국적선택에 대하여는 나라마다 그들의 국내법에서 많은 제약을 두고 있는 것이 현실이므로, 국적은 아직도 자유롭게 선택할 수 있는 권리에는 이르지 못하였다고 할 것이다. 그러므로 "이중국적자의 국적선택권"이라는 개념은 별론으로 하더라도, 일반적으로 외국인인 개인이 특정한 국가의 국적을 선택할 권리가 자연권으로서 또는 우리 헌법상 당연히 인정된다고는 할 수 없다고 할 것이다(헌재 2006.3.30, 2003헌마806).

② [O] 국적은 국가의 생성과 더불어 발생하고 국가의 소멸은 바로 국적의 상실 사유가 된다. 국적은 성문의 법령을 통해서가 아니라 국가의 생성과 더불어 존재하는 것이다(헌재 2000.8.31, 97헌가12).

③ [O] 국적은 국가의 생성과 더불어 발생하고 국가의 소멸은 바로 국적의 상실 사유가 된다. 국적은 성문의 법령을 통해서가 아니라 국가의 생성과 더불어 존재하는 것이다(헌재 2000.8.31, 97헌가12).

❹ [×] 헌법 제2조(대한민국의 국민이 되는 요건은 법률로 정한다)에 따라 국적 부여기준이 입법자에게 위임되어 있다.

## 16

정답 ④

① [O], ② [O], ③ [O]

> 국적법 제2조 【출생에 의한 국적취득】 ① 다음 각 호의 어느 하나에 해당하는 자는 출생과 동시에 대한민국의 국적을 취득한다.
> 1. 출생한 당시에 부 또는 모가 대한민국의 국민인 자
> 2. 출생하기 전에 부가 사망한 경우에는 그 사망 당시에 부가 대한민국의 국민이었던 자
> 3. 부모가 모두 분명하지 아니한 경우나 국적이 없는 경우에는 대한민국에서 출생한 자

속인주의

❹ [×]

> 국적법 제2조 【출생에 의한 국적취득】 ② 대한민국에서 발견된 기아는 대한민국에서 출생한 것으로 추정한다.

속지주의

## 17

정답 ②

① [×]

> 국적법 제2조【출생에 의한 국적취득】 ① 다음 각 호의 어느 하나에 해당하는 자는 출생과 동시에 대한민국의 국적을 취득한다.
> 3. 부모가 모두 분명하지 아니한 경우나 국적이 없는 경우에는 대한민국에서 출생한 자

❷ [○]

> 국적법 제6조【간이귀화 요건】 ② 배우자가 대한민국의 국민인 외국인으로서 다음 각 호의 어느 하나에 해당하는 사람은 제5조 제1호 및 제1호의2의 요건을 갖추지 아니하여도 귀화허가를 받을 수 있다.
> 1. 그 배우자와 혼인한 상태로 대한민국에 2년 이상 계속하여 주소가 있는 사람
> 2. 그 배우자와 혼인한 후 3년이 지나고 혼인한 상태로 대한민국에 1년 이상 계속하여 주소가 있는 사람

③ [×] 신고를 한 때에 취득한다.

> 국적법 제3조【인지에 의한 국적 취득】 ① 대한민국의 국민이 아닌 자(이하 '외국인'이라 한다)로서 대한민국의 국민인 부 또는 모에 의하여 인지(認知)된 자가 다음 각 호의 요건을 모두 갖추면 법무부장관에게 신고함으로써 대한민국 국적을 취득할 수 있다.
> 1. 대한민국의 민법상 미성년일 것
> 2. 출생 당시에 부 또는 모가 대한민국의 국민이었을 것
> ② 제1항에 따라 신고한 자는 그 신고를 한 때에 대한민국 국적을 취득한다.

④ [×]

> 국적법 제6조【간이귀화 요건】 ① 다음 각 호의 어느 하나에 해당하는 외국인으로서 대한민국에 3년 이상 계속하여 주소가 있는 사람은 제5조 제1호 및 제1호의2의 요건을 갖추지 아니하여도 귀화허가를 받을 수 있다.
> 1. 부 또는 모가 대한민국의 국민이었던 사람

## 18

정답 ②

① [×] 영토조항이 국민의 주관적 권리를 보장하는 것으로 해석하는 견해는 거의 존재하지 않는다. 영토조항만을 근거로 하여 헌법소원을 청구할 수 없으나 국민의 기본권 침해에 대한 권리구제를 위하여 그 전제조건으로서 영토권을 하나의 기본권으로 간주할 수 있다(헌재 2001.3.21. 99헌마139 등).

❷ [○], ③ [×] 우리 헌법이 '대한민국의 영토는 한반도와 그 부속도서로 한다'는 영토조항(제3조)을 두고 있는 이상 대한민국의 헌법은 북한지역을 포함한 한반도 전체에 그 효력이 미치고 따라서 북한지역은 당연히 대한민국의 영토가 되므로, 북한을 법 소정의 '외국'으로, 북한의 주민 또는 법인 등을 '비거주자'로 바로 인정하기는 어렵지만, 개별 법률의 적용 내지 준용에 있어서는 남북한의 특수관계적 성격을 고려하여 북한지역을 외국에 준하는 지역으로, 북한주민 등을 외국인에 준하는 지위에 있는 자로 규정할 수 있다고 할 것이다(헌재 2005.6.30. 2003헌바114).

④ [×] 이 사건 협정조항은 어업에 관한 협정으로서 배타적경제수역을 직접 규정한 것이 아니고, 이러한 점들은 이 사건 협정에서의 이른바 중간수역에 대해서도 동일하다고 할 것이어서 독도가 중간수역에 속해 있다 할지라도 독도의 영유권 문제나 영해 문제와는 직접적인 관련을 가지지 아니하므로, 이 사건 협정조항이 헌법상 영토조항을 위반하였다고 할 수 없다(헌재 2009.2.26. 2007헌바35).

## 19

정답 ②

① [×]

> 헌법 제1조 ① 대한민국은 민주공화국이다.
> ② 대한민국의 주권은 국민에게 있고, 모든 권력은 국민으로부터 나온다.

❷ [○] '헌법 전문에 기재된 3 · 1 정신'은 우리나라 헌법의 연혁적 · 이념적 기초로서 헌법이나 법률해석에서의 해석기준으로 작용한다고 할 수 있지만, 그에 기하여 곧바로 국민의 개별적 기본권성을 도출해낼 수는 없다고 할 것이므로, 헌법소원의 대상인 '헌법상 보장된 기본권'에 해당하지 아니한다.

③ [×] 헌법 전문에 기하여 곧바로 국민의 개별적 기본권성을 도출해낼 수는 없다(헌재 2001.3.21. 99헌마139 등).

④ [×] 헌법은 국가유공자 인정에 관하여 명문 규정을 두고 있지 않다. 그러나 헌법은 전문에서 '3 · 1 운동으로 건립된 대한민국 임시정부의 법통을 계승'한다고 선언하고 있다. 이는 대한민국이 일제에 항거한 독립운동가의 공헌과 희생을 바탕으로 이룩된 것임을 선언한 것이고, 그렇다면 국가는 일제로부터 조국의 자주독립을 위하여 공헌한 독립유공자와 그 유족에 대하여는 응분의 예우를 하여야 할 헌법적 의무를 지닌다고 보아야 할 것이다. 다만, 그러한 의무는 국가가 독립유공자의 인정절차를 합리적으로 마련하고 독립유공자에 대한 기본적 예우를 해주어야 한다는 것을 뜻할 뿐이며, 당사자가 주장하는 특정인을 반드시 독립유공자로 인정하여야 하는 것을 뜻할 수는 없다(헌재 2005.6.30. 2004헌마859).

## 20

정답 ④

① [×] 사할린 지역 강제동원 희생자의 범위를 1990.9.30.까지 사망 또는 행방불명된 사람으로 제한하고, 대한민국 국적을 갖고 있지 않은 유족을 위로금 지급대상에서 제외한 것은 합리적 이유가 있어 입법재량의 범위를 벗어난 것으로 볼 수 없으므로, 심판대상조항이 '정의 · 인도와 동포애로써 민족의 단결을 공고히' 할 것을 규정한 헌법 전문의 정신에 위반된다고 볼 수 없다(헌재 2015.12.23. 2013헌바11).

② [×] 1871년 비스마르크헌법은 헌법제정경위를 전문에 기술하여 법적 효력이 있느냐에 대해서는 거의 논의되지 아니하였다. 그러나 바이마르헌법 전문에 헌법의 원리 등이 포함된 내용을 규정됨으로써 헌법 전문이 법적 효력이 있느냐에 대한 논의가 전개되었다. 법실증주의자들은 헌법에 포함되어 있는 이념적 요소를 무시하고 전문은 단지 선언적인 의미를 가질 뿐이어서 법적 효력이 없다고 하였다. 이에 비해 슈미트는 헌법 전문은 국민의 근본적인 정치적 결단의 표현이며 명령적인

것이므로 법적 효력이 있다고 주장하였고, 스멘트는 헌법 전문은 사회적 통합의 당위적 목표와 방향을 나타낸 것이므로 법적 효력이 있다고 하였다.

③ [×] 헌법의 이념적 · 가치적 요소를 무시하는 법실증주의자들은 헌법 전문은 법적 구속력을 가진 규정이 아니라 단지 선언적인 것에 불과하다고 하나, 칼 슈미트(결단주의)는 헌법의 효력 근거는 헌법제정권자의 실존적인 정치적 의지에 있다고 보기 때문에 헌법제정권력의 소재를 밝히고 있는 헌법 전문의 규범적 효력을 당연히 긍정한다.

❹ [○] 미국 연방대법원은 "헌법 전문은 엄밀하게 말해서 헌법은 아니고, 다만 헌법에 앞서 위치할 뿐이다. 헌법 전문은 이것을 근거로 정부권력의 근거도 될 수 없을 뿐만 아니라 기본권 보장의 근거도 될 수 없다."라고 하여 규범적 효력을 부인한다.

# 2회 진도별 모의고사 정답 및 해설
(국민주권의 원리 ~ 통일의 원칙)

## 정답

p.14

| 01 | ② | 02 | ② | 03 | ② | 04 | ③ | 05 | ② |
|---|---|---|---|---|---|---|---|---|---|
| 06 | ② | 07 | ① | 08 | ① | 09 | ① | 10 | ② |
| 11 | ① | 12 | ② | 13 | ② | 14 | ③ | 15 | ④ |
| 16 | ② | 17 | ④ | 18 | ② | 19 | ② | 20 | ② |

### 01

정답 ②

① [×] 헌법전문으로부터 국민의 주관적 권리와 의무는 도출되지 않으나 헌법전문으로부터 헌법의 원리는 도출되고 국가는 이 원리를 준수하거나 실현할 의무를 지므로 국가의 의무는 도출된다.

❷ [O] 국민주권원리 등은 우리나라 헌법의 연혁적·이념적 기초로서 헌법이나 법률해석에서의 해석기준으로 작용한다고 할 수 있지만 그에 기하여 곧바로 국민의 개별적 기본권성을 도출해내기는 어려우며, 헌법전문에 기재된 대한민국 임시정부의 법통을 계승하는 부분에 위배된다는 점이 청구인들의 법적 지위에 현실적이고 구체적인 영향을 미친다고 볼 수도 없다. 건국60년 기념사업 추진행위에 의해 청구인들이 내심의 동요와 혼란을 겪었을지라도 이로써 헌법상 보호되는 명예권이나 행복추구권의 침해가능성 및 법적 관련성이 인정되지 아니한다(헌재 2008.11.27, 2008헌마517).

③ [×] 헌법의 전문과 일반법령의 공포문과의 비교

| 구분 | 헌법의 전문 | 법령의 공포문 |
|---|---|---|
| 의의 | 제정권자의 근본적인 결단 | 공포기관에서 붙인 것 |
| 본문과의 관계 | 헌법의 일부 | 법령의 일부가 아님 |
| 규범적 효력 | ○ | × |
| 위치 | 표제와 본문 사이 | 법령의 표제 앞 |

④ [×] 헌법전문이 최초 개정된 것은 제5차 개헌이다(4·19 의거와 5·16 혁명의 이념에 입각).

### 02

정답 ②

① [×] 지역농협 임원 선거는, 헌법에 규정된 국민주권 내지 대의민주주의 원리의 구현 및 지방자치제도의 실현이라는 이념과 직접적인 관계를 맺고 있는 공직선거법상 선거와 달리, 자율적인 단체 내부의 조직구성에 관한 것으로서 공익을 위하여 그 선거과정에서 표현의 자유를 상대적으로 폭넓게 제한하는 것이 허용된다(헌재 2013.7.25, 2012헌바112).

❷ [O] 현행헌법은 국회의원의 자유위임의 원칙에 대한 명문규정을 두고 있지 아니하며 헌법재판소는 헌법의 개별조문을 통해 국회의원의 자유위임의 원칙을 도출하고 있다.

**관련판례**

> 자유위임제도를 명문으로 채택하고 있는 헌법하에서는 국회의원은 선거모체인 선거구의 선거인이나 정당의 지령에도 법적으로 구속되지 아니하며, 정당의 이익보다 국가의 이익을 우선한 양심에 따라 그 직무를 집행하여야 하며, 국회의원의 정통성은 정당과 독립된 정통성이다. 헌법 제7조 제1항의 "공무원은 국민 전체에 대한 봉사자이며, 국민에 대해 책임을 진다."라는 규정, 제45조의 "국회의원은 국회에서 직무상 행한 발언과 표결에 관하여 국회 외에서 책임을 지지 아니한다."라는 규정 및 제46조 제2항의 "국회의원은 국가이익을 우선하여 양심에 따라 직무를 행한다."라는 규정들을 종합하여 볼 때, 헌법은 국회의원을 자유위임의 원칙하에 두었다고 할 것이다(헌재 1994.4.28, 92헌마153).

③ [×] 자유위임은 의회 내에서의 정치의사형성에 정당의 협력을 배척하는 것이 아니며, 의원이 정당과 교섭단체의 지시에 기속되는 것을 배제하는 근거가 되는 것도 아니다. 또한 국회의원의 국민대표성을 중시하는 입장에서도 특정 정당에 소속된 국회의원이 정당기속 내지는 교섭단체의 결정에 위반하는 정치활동을 한 이유로 제재를 받는 경우, 국회의원 신분을 상실하게 할 수는 없으나 '정당 내부의 사실상의 강제' 또는 소속 '정당으로부터의 제명'은 가능하다고 보고 있다. 그렇다면, 당론과 다른 견해를 가진 소속 국회의원을 당해 교섭단체의 필요에 따라 다른 **상임위원회로의 전임(사·보임)하는 조치는 특별한 사정이 없는 한 헌법상 용인될 수 있는 '정당 내부의 사실상 강제'의 범위 내에 해당한다고 할 것이다**(헌재 2003.10.30, 2002헌라1).

④ [×] 헌법상 권력분립의 원리는 지방의회와 지방자치단체의 장 사이에서도 상호견제와 균형의 원리로서 실현되고 있다. 다만, **지방자치단체의 장과 지방의회는** 정치적 권력기관이긴 하지만 지방자치제도가 본질적으로 훼손되지 않는다면, 중앙·지방 간 권력의 수직적 분배라고 하는 지방자치제의 권력분립

적 속성상 중앙정부와 국회 사이의 구성 및 관여와는 **다른 방법으로 국민주권 · 민주주의원리가 구현될 수 있다.** 따라서 지방의회와 지방자치단체의 장 사이에서의 권력분립제도에 따른 상호견제와 균형은 현재 우리 사회 내 지방자치의 수준과 특성을 감안하여 국민주권 · 민주주의원리가 최대한 구현될 수 있도록 하는 효율적이고도 발전적인 방식이 되어야 한다(헌재 2014.1.28, 2012헌바216).

## 03

정답 ②

① [×] 장 보댕은 군주주권을 주장했고, 국민주권이론을 체계화한 것은 알투시우스와 루소이다.

❷ [O] 대의제도에 있어서 국민과 국회의원은 명령적 위임관계에 있는 것이 아니라 자유위임관계에 있기 때문에 일단 선출된 후에는 국회의원은 국민의 의사와 관계없이 독자적인 양식과 판단에 따라 정책결정에 임할 수 있다. 그런데 청구인들 주장의 '국회구성권'이란 유권자가 설정한 국회의석분포에 국회의원들을 기속시키고자 하는 것이고, 이러한 내용의 '국회구성권'이라는 것은 오늘날 이해되고 있는 대의제도의 본질에 반하는 것이므로 헌법상 인정될 여지가 없다(헌재 1998.10.29, 96헌마186).

③ [×] 국민주권의 원리는 국민이 국가의사의 형성에 직접적으로 참여하는 특정한 방식으로만 국가권력을 행사할 것을 요구하는 것은 아니며, 우리 헌법은 국민주권의 행사방식으로 대의제를 원칙으로 하면서, 예외적으로 직접민주주의적 요소를 가미하고 있으나 국민이 직접 국민투표를 제안할 권리는 인정하고 있지 않음을 고려할 때 주민발안권의 인정 여부나 구체적 범위가 국민주권의 원리의 한 내용을 이루고 있다고는 볼 수 없다(헌재 2009.7.30, 2007헌바75).

④ [×] 근대국가가 대부분 대의제를 채택하고도 후에 이르러 직접민주제적인 요소를 일부 도입한 역사적인 사정에 비추어 볼 때, 직접민주제는 대의제가 안고 있는 문제점과 한계를 극복하기 위하여 예외적으로 도입된 제도라 할 것이므로, 헌법적인 차원에서 직접민주제를 직접 헌법에 규정하는 것은 별론으로 하더라도 법률에 의하여 직접민주제를 도입하는 경우에는 기본적으로 대의제와 조화를 이루어야 하고, 대의제의 본질적인 요소나 근본적인 취지를 부정하여서는 아니 된다는 내재적인 한계를 지닌다 할 것이다(헌재 2009.3.26, 2007헌마843).

## 04

정답 ③

① [O] 헌법의 기본원칙인 법치국가원리의 본질적 요소는 한 마디로 표현하자면, 국가의 모든 작용은 '헌법'과 국민의 대표로써 구성된 의회의 '법률'에 의해야 한다는 것과 국가의 모든 권력행사는 행정에 대해서는 행정재판, 입법에 대해서는 헌법재판의 형태로써 사법적 통제의 대상이 된다는 것이다(헌재 2004.5.14, 2004헌나1).

② [O] 헌법은 법치주의를 그 기본원리의 하나로 하고 있으며, 법치주의는 행정작용에 국회가 제정한 형식적 법률의 근거가 요청된다는 법률유보를 그 핵심적 내용의 하나로 하고 있다.

❸ [×] 법치국가의 형식적 이해는 민주주의에 대한 형식적 이해와 더불어 나치의 '합법적 불법통치'를 가능하게 하였으며, 이에 대한 비판으로 제2차 세계대전 이후 독일 기본법하에서는 법치국가를 실질적으로 이해하여 국가질서의 내용적 정당성까지도 묻는 **실질적 법치국가론**을 강조하였다.

④ [O] 에드워드 코크(Edward Coke)는 군주의 대권과 의회 제정법에 대한 보통법의 우위성을 주장하고 권리청원을 주도하였다. 보통법이 국왕까지도 구속한다는 사상이 발달되면서 보통법의 지배원리가 발전되었다.

## 05

정답 ②

① [O] 기본권 제한에 관한 법률유보원칙은 '법률에 근거한 규율'을 요청하는 것이고, 심판대상조항은 학교법인의 회계규칙 기타 예산 또는 회계에 관하여 필요한 사항은 교육부장관이 정하도록 한 사립학교법 제33조, 이를 사립학교경영자에게 준용하도록 한 사립학교법 제51조에 근거한 것이므로 법률유보원칙에 위반된다고 볼 수 없다(헌재 2019.7.25, 2017헌마1038 등).

❷ [×] 이 사건 CCTV 설치행위는 교도관의 육안에 의한 시선계호를 CCTV 장비에 의한 시선계호로 대체한 것에 불과하므로, 이 사건 CCTV 설치행위에 대한 특별한 법적 근거가 없더라도 일반적인 계호활동을 허용하는 법률규정에 의하여 허용된다고 보아야 한다. CCTV는 교도관의 시선에 의한 감시를 대신하는 기술적 장비에 불과하므로, 교도관의 시선에 의한 감시가 허용되는 이상 CCTV에 의한 감시 역시 가능하다고 할 것이다(헌재 2008.5.29, 2005헌마137 등).

③ [O] 노동조합 및 노동관계조정법 시행령 제9조 제2항은 법률이 정하고 있지 아니한 사항에 관하여, 법률의 구체적이고 명시적인 위임도 없이 헌법이 보장하는 노동3권에 대한 본질적인 제한을 규정한 것으로서 법률유보원칙에 반한다(대판 전합체 2020.9.3, 2016두32992).

④ [O] 법외노조 통보는 적법하게 설립된 노동조합의 법적 지위를 박탈하는 중대한 침익적 처분으로서 원칙적으로 국민의 대표자인 입법자가 스스로 형식적 법률로써 규정하여야 할 사항이고, 행정입법으로 이를 규정하기 위하여는 반드시 법률의 명시적이고 구체적인 위임이 있어야 한다. 그런데 노동조합 및 노동관계조정법 시행령 제9조 제2항은 법률의 위임 없이 법률이 정하지 아니한 법외노조 통보에 관하여 규정함으로써 헌법상 노동3권을 본질적으로 제한하고 있으므로 그 자체로 무효이다(대판 전합체 2020.9.3, 2016두32992).

## 06

정답 ②

① [×] 심판대상조항은 환경부장관이 특정공산품의 제조 등 금지 또는 제한을 명하기에 앞서 해당 특정공산품 사용이 공공하수도에 유입되는 하수의 오염도를 상당한 정도로 증가시켜 하수처리를 곤란하게 하는 등 공중위생 또는 공공수역의 수질환경에 해를 끼칠 위험성이 있는지를 판단하도록 규율한 것임을 충분히 이해할 수 있다. 그렇다면 심판대상조항은 죄형법정주의의 명확성원칙에 위배되지 않는다(헌재 2021.3.25, 2018헌바375).

❷ [O] 집행명령은 그 모법에 종속하며 그 범위 안에서 모법을 현실적으로 집행하는 데 필요한 세칙을 규정할 수 있을 뿐이므로 위임명령과 달리 새로운 권리, 의무에 관한 사항을 규정할 수 없다(헌재 2001.2.22, 2000헌마604).

③ [X] 헌법 제95조에서는 법률에서 대통령령에 위임하는 경우 구체적 위임을 요구하고 있어 포괄위임은 금지된다. 따라서 법규명령에 위임하는 경우 반드시 구체적 위임을 요구한다.

④ [X] **식품의약품안전처장이 국민보건을 위하여 필요하면 판매를 목적으로 하는 식품 또는 식품첨가물에 관한 제조 · 가공 · 사용 · 조리 · 보존방법에 관한 기준을 고시하도록 하고 이를 위반한 경우 처벌하도록 한 식품위생법:** 형벌의 구성요건 일부에 해당하는 식품의 제조방법기준을 고시에 위임하고 있는데, 식품의 제조방법기준을 정하는 작업에는 전문적 · 기술적 지식이 요구되고 식품산업의 발전에 따른 탄력적 · 기술적 대응과 규율이 필요하므로, 심판대상조항이 이를 식품의약품안전처 고시에 위임하는 것은 불가피하다. 그러므로 심판대상조항이 식품의 제조방법기준을 식품의약품안전처 고시에 위임한 것이 헌법에서 정한 위임입법의 형식을 갖추지 못하여 헌법에 위반된다고 할 수 없다(헌재 2019.11.28, 2017헌바449).

## 07

정답 ①

❶ [O] 일반적으로 기본권침해 관련 영역에서는 급부행정 영역에서보다 위임의 구체성의 요구가 강화된다는 점, 이 사건 응시제한이 검정고시 응시자에게 미치는 영향은 응시자격의 영구적인 박탈인 만큼 중대하다고 할 수 있는 점 등에 비추어 보다 엄격한 기준으로 법률유보원칙의 준수 여부를 심사하여야 할 것인바, 고졸검정고시규칙과 고입검정고시규칙이 '검정고시에 합격한 자'에 대하여만 응시자격 제한을 공고에 위임했다고 볼 근거도 없으므로, 이 사건 응시제한은 위임받은 바 없는 응시자격의 제한을 새로이 설정한 것으로서 기본권 제한의 법률유보원칙에 위배하여 청구인의 교육을 받을 권리 등을 침해한다(헌재 2012.5.31, 2010헌마139).

② [X] 자동차등을 이용한 범죄행위의 모든 유형이 기본권 제한의 본질적인 사항으로서 입법자가 반드시 법률로써 규율하여야 하는 사항이라고 볼 수 없고, 법률에서 운전면허의 필요적 취소사유인 살인, 강간 등 자동차등을 이용한 범죄행위에 대한 예측가능한 기준을 제시한 이상, 심판대상조항은 법률유보원칙에 위배되지 아니한다(헌재 2015.5.28, 2013헌가6).

/ 과잉금지원칙 위반

③ [X] 인구주택총조사의 조사항목은 시의성을 가지고 시대와 상황에 따라 변경될 수 있는 사항이므로, 법률에서 직접 정해야 하는 불변의 본질적인 사항이라고 보기 어렵다. 따라서 인구주택총조사의 모든 조사항목을 입법자가 반드시 법률로 규율하여야 한다고 볼 수 없다. 나아가 심판대상행위는 통계법 제5조의3에 근거하여 이루어졌으므로, 법률유보원칙에 위배되어 청구인의 개인정보자기결정권을 침해하지 않는다(헌재 2017.7.27, 2015헌마1094).

④ [X] 지방의회의원에 대하여 유급 보좌 인력을 두는 것은 지방의회의원의 신분 · 지위 및 그 처우에 관한 현행 법령상의 제도에 중대한 변경을 초래하는 것으로서 국회의 법률로 규정하여야 할 입법사항이다(대판 2017.3.30, 2016추5087).

## 08

정답 ①

❶ [X] 집회 · 시위 현장에서는 무기나 최루탄 등보다 살수차가 집회 등 해산용으로 더 빈번하게 사용되고 있다. 한편, 신체의 자유는 다른 기본권 행사의 전제가 되는 핵심적 기본권이고, 집회의 자유는 인격 발현에 기여하는 기본권이자 표현의 자유와 함께 대의 민주주의 실현의 기본 요소다. 집회나 시위 해산을 위한 살수차 사용은 이처럼 중요한 기본권에 대한 중대한 제한이므로, 살수차 사용요건이나 기준은 법률에 근거를 두어야 한다. … 집회나 시위 해산을 위한 살수차 사용은 집회의 자유 및 신체의 자유에 대한 중대한 제한을 초래하므로 살수차 사용요건이나 기준은 법률에 근거를 두어야 하고, 살수차와 같은 위해성 경찰장비는 본래의 사용방법에 따라 지정된 용도로 사용되어야 하며 다른 용도나 방법으로 사용하기 위해서는 반드시 법령에 근거가 있어야 한다. 혼합살수방법은 법령에 열거되지 않은 새로운 위해성 경찰장비에 해당하고 이 사건 지침에 혼합살수의 근거 규정을 둘 수 있도록 위임하고 있는 법령이 없으므로, 이 사건 지침은 법률유보원칙에 위배되고 이 사건 지침만을 근거로 한 이 사건 혼합살수행위 역시 법률유보원칙에 위배된다. 따라서 이 사건 혼합살수행위는 청구인들의 신체의 자유와 집회의 자유를 침해한다(헌재 2018.5.31, 2015헌마476).

② [O] 헌법재판소는 TV수신료 관련 판례에서 '오늘날 법률유보원칙은 단순히 행정작용이 법률에 근거를 두기만 하면 충분한 것이 아니라, 국가공동체와 그 구성원에게 기본적이고도 중요한 의미를 갖는 영역, 특히 국민의 기본권 실현에 관련된 영역에 있어서는 행정에 맡길 것이 아니라 국민의 대표자인 입법자 스스로 그 본질적 사항에 대하여 결정하여야 한다는 요구까지 내포하는 것으로 이해하여야 한다.'라고 그 의의를 밝혔으며 계속해서 "TV 수신료 금액은 이사회가 심의결정하고, 공사가 공보처 장관의 승인을 얻어 이를 부과 징수 한다"라고 규정한 한국 방송공사법 제36조 제1항은 국민의 재산권 보장 측면에서 기본권 실현에 관련된 영역임에도 불구하고 그 수신료 금액결정에 국회의 관여와 결정을 배제한 채 공사로 하여금 수신료 금액을 결정하기로 하고 있으므로 '법률유보원칙에 반한다'라고 하여 헌법불합치결정을 내렸다.

③ [O] 수신료의 금액은 이사회가 심의 · 결정하고, 공사가 공보처장관의 승인을 얻어 이를 부과 · 징수하도록 한 한국방송공사법 제36조는 수신료의 본질적 사항에 해당하는 수신료 금액에 관하여 국회의 결정 내지 관여를 배제한 채 공사로 하여금 수신료의 금액을 전적으로 결정하도록 한 것은 법률유보원칙에 위반된다.

/ 헌법불합치결정, 잠정적 적용 허용

④ [O] 헌법 제75조는 입법의 위임은 구체적으로 범위를 정하여 해야 한다는 한계를 제시하고 있는바, 적어도 국민의 헌법상 기본권 및 기본의무와 관련된 중요한 사항 내지 본질적인 내용에 대한 정책 형성 기능만큼은 입법부가 담당하여 법률의 형식으로써 수행해야 하지, 행정부나 사법부에 그 기능을 넘겨서는 안 된다. 국회의 입법절차는 국민의 대표로 구성된 다원적 인적 구성의 합의체에서 공개적 토론을 통하여 국민의 다양한 견해와 이익을 인식하고 교량하여 공동체의 중요한 의사결정을 하는 과정이다. 일반국민과 야당의 비판을 허용하고 그들의 참여가능성을 개방하고 있다는 점에서 전문관료들만

에 의하여 이루어지는 행정입법절차와는 달리 공익의 발견과 상충하는 이익 간의 정당한 조정에 보다 적합한 민주적 과정이라 할 수 있다. 그리고 이러한 견지에서, 규율대상이 기본권적 중요성을 가질수록 그리고 그에 관한 공개적 토론의 필요성 내지 상충하는 이익 간 조정의 필요성이 클수록, 그것이 국회의 법률에 의해 직접 규율될 필요성 및 그 규율밀도의 요구 정도는 그만큼 더 증대되는 것으로 보아야 한다(헌재 2004.3.25, 2001헌마882).

## 09

정답 ①

❶ [O] **헌법상 법치주의의 한 내용인 법률유보의 원칙은 국민의 기본권 실현에 관련된 영역에 있어서 국가 행정권의 행사에 관하여 적용되는 것이지, 기본권규범과 관련 없는 경우에까지 준수되도록 요청되는 것은 아니라 할 것인데,** 청원경찰은 근무의 공공성 때문에 일정한 경우에 공무원과 유사한 대우를 받고 있는 등으로 일반 근로자와 공무원의 복합적 성질을 가지고 있지만, 그 임면주체는 국가 행정권이 아니라 청원경찰법상의 청원주로서 그 근로관계의 창설과 존속 등이 본질적으로 사법상 고용계약의 성질을 가지는바, 청원경찰의 징계로 인하여 사적 고용계약상의 문제인 근로관계의 존속에 영향을 받을 수 있다 하더라도 이는 국가 행정주체와 관련되고 기본권의 보호가 문제되는 것이 아니어서 여기에 법률유보의 원칙이 적용될 여지가 없으므로, 그 징계에 관한 사항을 법률에 정하지 않았다고 하여 법률유보의 원칙에 위반된다 할 수 없다(헌재 2010.2.25, 2008헌바160).

② [×] 헌법재판소는 TV수신료 관련 판례에서 "오늘날 법률유보원칙은 단순히 행정작용이 **법률에 근거를 두기만 하면 충분한 것이 아니라,** 국가공동체와 그 구성원에게 기본적이고도 **중요한 의미를 갖는 영역,** 특히 국민의 기본권 실현에 관련된 영역에 있어서는 행정에 맡길 것이 아니라 국민의 대표자인 **입법자 스스로 그 본질적 사항에 대하여 결정하여야 한다**는 요구까지 내포하는 것으로 이해하여야 한다."라고 그 의의를 밝혔으며 계속해서 "TV 수신료 금액은 이사회가 심의결정하고, 공사가 공보처 장관의 승인을 얻어 이를 부과 징수한다."라고 규정한 한국 방송공사법 제36조 제1항은 국민의 재산권 보장 측면에서 기본권 실현에 관련된 영역임에도 불구하고 그 수신료 금액결정에 국회의 관여와 결정을 배제한 채 공사로 하여금 수신료 금액을 결정하기로 하고 있으므로 "법률유보원칙에 반한다."라고 하여 헌법불합치결정을 내렸다.

③ [×] 헌법은 법치주의를 그 기본원리의 하나로 하고 있으며, 법치주의는 행정작용에 국회가 제정한 형식적 법률의 근거가 요청된다는 법률유보를 그 핵심적 내용의 하나로 하고 있다. 그런데 오늘날 법률유보원칙은 단순히 행정작용이 법률에 근거를 두기만 하면 충분한 것이 아니라, 국가공동체와 그 구성원에게 기본적이고도 중요한 의미를 갖는 영역, 특히 국민의 기본권 실현에 관련된 영역에 있어서는 행정에 맡길 것이 아니라 **국민의 대표자인 입법자 스스로 그 본질적 사항에 대하여 결정하여야 한다는 요구까지 내포하는 것으로 이해하여야 한다**(이른바 의회유보원칙)(헌재 1999.5.27, 98헌바70).

④ [×] 특정 사안과 관련하여 법률에서 하위법령에 위임을 한 경우에 모법의 위임범위를 확정하거나 하위법령이 위임의 한계를 준수하고 있는지 여부를 판단할 때에는, **하위법령이 규정한 내용이 입법자가 형식적 법률로 스스로 규율하여야 하는 본질적 사항으로서 의회유보의 원칙이 지켜져야 할 영역인지,** 당해 법률규정의 입법목적과 규정 내용, 규정의 체계, 다른 규정과의 관계 등을 종합적으로 **고려하여야 하고,** 위임규정 자체에서 의미 내용을 정확하게 알 수 있는 용어를 사용하여 위임의 한계를 분명히 하고 있는데도 문언적 의미의 한계를 벗어났는지나, 하위법령의 내용이 모법 자체로부터 위임된 내용의 대강을 예측할 수 있는 범위 내에 속한 것인지, 수권 규정에서 사용하고 있는 용어의 의미를 넘어 범위를 확장하거나 축소하여서 위임 내용을 구체화하는 단계를 벗어나 새로운 입법을 한 것으로 평가할 수 있는지 등을 구체적으로 따져 보아야 한다(대판 2015.8.20, 2012두23808).

## 10

정답 ②

① [×] 이 사건 귀속조항은 진정소급입법에 해당하지만, 진정소급입법이라 할지라도 예외적으로 국민이 소급입법을 예상할 수 있었던 경우와 같이 소급입법이 정당화되는 경우에는 허용될 수 있다. 친일재산의 취득 경위에 내포된 민족배반적 성격, 대한민국임시정부의 법통 계승을 선언한 헌법 전문 등에 비추어 친일반민족행위자 측으로서는 친일재산의 소급적 박탈을 충분히 예상할 수 있었고, 친일재산 환수 문제는 그 시대적 배경에 비추어 역사적으로 매우 이례적인 공동체적 과업이므로 이러한 소급입법의 합헌성을 인정한다고 하더라도 이를 계기로 진정소급입법이 빈번하게 발생할 것이라는 우려는 충분히 불식될 수 있다. 따라서 **이 사건 귀속조항은 진정소급입법에 해당하나 헌법 제13조 제2항에 반하지 않는다**(헌재 2011.3.31, 2008헌바141).

❷ [O] 이 사건 부칙조항은 이미 이행기가 도래하여 청구인들이 퇴직연금을 모두 수령한 부분에까지 사후적으로 소급하여 적용되는 것으로서 **헌법 제13조 제2항에 의하여 원칙적으로 금지되는 이미 완성된 사실 · 법률관계를 규율하는 소급입법에 해당한다.** 헌법재판소의 위 헌법불합치결정에 따라 개선입법이 이루어질 것이 미리 예정되어 있기는 하였으나 그 결정이 내려진 2007.3.29.부터 잠정적용시한인 2008.12.31.까지 상당한 시간적 여유가 있었는데도 국회에서 개선입법이 이루어지지 아니하였다. 그에 따라 청구인들이 2009.1.1.부터 2009.12.31.까지 퇴직연금을 전부 지급받았는데 이는 **전적으로 또는 상당 부분 국회가 개선입법을 하지 않은 것에 기인한 것이다.** 그럼에도 이미 받은 퇴직연금 등을 환수하는 것은 국가기관의 잘못으로 인한 법집행의 책임을 퇴직공무원들에게 전가시키는 것이며, 퇴직급여를 소급적으로 환수당하지 않을 것에 대한 청구인들의 신뢰이익이 적다고 할 수도 없다. 이 사건 부칙조항은 헌법 제13조 제2항에서 금지하는 소급입법에 해당하며 예외적으로 소급입법이 허용되는 경우에도 해당하지 아니하므로, **소급입법금지원칙에 위반하여 청구인들의 재산권을 침해한다**(헌재 2013.8.29, 2011헌바391).

③ [×] 2009.12.31. 개정된 이 사건 감액조항을 2009.1.1.까지 소급하여 적용하도록 규정하여, 공무원이 '직무와 관련 없는 과실로 인한 경우' 및 '소속상관의 정당한 직무상의 명령에 따르다가 과실로 인한 경우'를 제외하고 재직 중의 사유로 금고 이상의

형을 받은 경우, 퇴직급여 등을 감액하도록 한 공무원연금법 부칙 제1조 단서, 제7조 제1항 단서 후단은 소급입법금지원칙에 위배된다(헌재 2013.8.29, 2010헌바354 등).

④ [×] 소급입법 과세금지원칙은 조세법률관계에 있어서 법적 안정성을 보장하고 납세자의 신뢰이익의 보호에 기여한다. 따라서 새로운 입법으로 과거에 소급하여 과세하거나 또는 **이미 납세의무가 존재하는 경우에도** 소급하여 중과세하는 것은 소급입법 과세금지원칙에 위반된다(헌재 2008.5.29, 2006헌바99).

## 11

정답 ①

❶ [O] 부진정소급입법은 원칙적으로 허용된다. 따라서 헌법 제13조 제2항이 금하고 있는 소급입법은 진정소급효를 가지는 법률이다.

② [×] 일본인들이 불법적인 한일병합조약을 통하여 조선 내에서 축적한 재산을 1945.8.9. 상태 그대로 일괄 동결시키고 그 산일과 훼손을 방지하여 향후 수립될 대한민국에 이양한다는 공익은, 한반도 내의 사유재산을 자유롭게 처분하고 일본 본토로 철수하고자 하였던 일본인이나, 일본의 패망 직후 일본인으로부터 재산을 매수한 한국인들에 대한 신뢰보호의 요청보다 훨씬 더 중대하다. 심판대상조항은 소급입법금지원칙에 대한 예외로서 헌법 제13조 제2항에 위반되지 아니한다(헌재 2021.1.28, 2018헌바88).

③ [×] 이 사건 법률조항은 1990년 개정 민법 시행일 이후에 비로소 완성되는 법률관계를 규율대상으로 하는 것일 뿐 1990년 개정 민법 시행 이전에 이미 완성된 법률관계인 계모의 사망에 따른 상속관계를 규율하여 이전의 지위를 박탈하는 것이 아니므로, 헌법 제13조 제2항이 금하는 소급입법에 해당하지 아니한다(헌재 2020.2.27, 2017헌바249).

④ [×] 이 사건 부칙조항에 의하면, 이 사건 처분시한조항은 신법 시행일 이후 공정거래위원회가 최초로 조사를 개시한 사건부터 적용되고, 구법 하에서 법 위반행위를 하고 구법에 따라 조사가 개시된 사건에 대해서는 이 사건 처분시한조항이 아니라 구법에 따른 처분시한이 적용되므로, 이 사건 부칙조항은 이미 종료된 과거의 사실관계 또는 법률관계에 새로운 법률이 소급적으로 적용되어 과거를 법적으로 새로이 평가하는 진정소급입법에 해당하지 아니한다. 따라서 이 사건 부칙조항에 대해서는 소급입법금지원칙은 문제될 여지가 없고 다만 청구인들이 지니고 있는 기존의 법상태에 대한 신뢰를 법치국가적인 관점에서 헌법적으로 보호해 주어야 할 것인지 여부가 문제된다 할 것이다(헌재 2019.11.28, 2016헌바459).

## 12

정답 ②

ㄱ. [O] 입법자가 징병검사의무 등의 상한연령을 규정함으로써 구체적인 징집대상자의 범위를 정하는 입법을 하는 경우, 이를 과거에 시작되거나 완성된 사실관계 등을 규율의 대상으로 하는 법률이라고 보기 어렵다. 우리 헌법상 국방의 의무는 우리 국민의 자격을 유지하고 있는 이상 지속적으로 부담하는 것이고, 입법자는 이러한 국방의무의 내용을 법률로써 구체적으로 형성할 수 있으므로, 입법자가 새로운 입법을 하면서 그 시점 이후의 징집대상자의 범위를 정하는 것은 그 입법당시를 기준으로 하여 국민들 중 군복무에 적합한 사람을 선정하는 것일 뿐이고, 과거에 시작되거나 완성된 사실관계 등을 규율대상으로 하는 것이 아니기 때문이다. 가사, 징병검사의무 등의 상한연령을 규정함으로써 구체적인 징집대상자의 범위를 정하는 방식의 현행 병역법의 체계를 유지하는 이상 징병검사의무 등의 상한연령을 상향하는 법률의 개정은 소급입법적인 성격이 있다는 견해를 취한다고 하더라도, 위와 같이 법률이 개정될 때까지 종전 법률 소정의 징집면제연령인 31세에 달하지 아니하였던 청구인과 같은 사람에 대하여는 이른바 '부진정소급입법'이 될 뿐이다. 따라서 이 사건의 경우 종래의 법적 상태의 존속을 신뢰한 청구인에 대한 신뢰보호의 문제는 별론으로 하고, 헌법상 소급입법의 문제는 발생하지 않는다(헌재 2002.11.28, 2002헌바45 전원재판부).

ㄴ. [×] 보안처분은 형벌과 달리 행위자의 장래 위험성에 근거하는 것으로 행위시가 아닌 재판시의 재범 위험성 여부에 대한 판단에 따라 결정되므로, 원칙적으로 재판 당시 현행법을 소급 적용할 수 있다. 그러나 보안처분의 범주가 넓고 그 모습이 다양한 이상, 보안처분에 속한다는 이유만으로 일률적으로 소급처벌금지원칙이 적용된다거나 그렇지 않다고 단정해서는 안 되고, 보안처분으로 형벌불소급의 원칙이 유명무실하게 되는 것도 허용될 수 없다. 따라서 보안처분이라 하더라도 형벌적 성격이 강하여 신체의 자유를 박탈하거나 박탈에 준하는 정도로 신체의 자유를 제한하는 경우에는 소급처벌금지원칙이 적용된다(헌재 2012.12.27, 2010헌가8).

ㄷ. [O] 이 사건에서 청구인들은 2009.1.1.부터 2009.12.31.까지 공무원 퇴직연금을 아무런 제한 없이 지급받고 있었는데, 이 사건 부칙조항으로 인하여 2009.1.1.까지 소급하여 개정 공무원연금법 제64조 제1항 제1호를 적용받게 되었고, 그에 따라 2009년도에 지급받은 퇴직급여액의 2분의 1에 대한 환수처분을 받았다. 그러므로 이 사건 부칙조항은 이미 이행기가 도래하여 청구인들이 퇴직연금을 모두 수령한 부분(2009년 1월분부터 2009년 12월분까지)에까지 사후적으로 소급하여 적용되는 것으로서 헌법 제13조 제2항에 의하여 원칙적으로 금지되는 이미 완성된 사실·법률관계를 규율하는 소급입법에 해당한다(헌재 2013.8.29, 2010헌바354).

✐ 밑줄 친 헌법 제13조 제2항에 의하여 원칙적으로 금지되는 소급입법은 진정소급입법이다.

ㄹ. [O] 헌법이 제12조 제1항 후문에서 "… 법률과 적법한 절차에 의하지 아니하고는 처벌·보안처분 또는 강제노역을 받지 아니한다"라고 규정하여 처벌과 보안처분을 나란히 열거하고 있는 점을 생각해 보면, 상습범등에 대한 보안처분의 하나로서 신체에 대한 자유의 박탈을 그 내용으로 하는 보호감호처분은 형벌과 같은 차원에서의 적법한 절차와 헌법 제13조 제1항에 정한 죄형법정주의의 원칙에 따라 비로소 과해질 수 있는 것이라 할 수 있고, 따라서 그 요건이 되는 범죄에 관한 한 소급입법에 의한 보호감호처분은 허용될 수 없다고 할 것이다(헌재 1989.7.14, 88헌가5).

## 13

정답 ②

① [O] 국민이 어떤 법률이나 제도가 장래에도 그대로 존속될 것이라는 합리적인 신뢰를 바탕으로 하여 일정한 법적 지위를 형성한 경우, 국가는 그와 같은 법적 지위와 관련된 법규나 제도의 개폐에 있어서 법치국가의 원칙에 따라 국민의 신뢰를 최대한 보호하여 법적 안정성을 도모하여야 한다. 법률의 제정이나 개정시 구법질서에 대한 당사자의 신뢰가 합리적이고 정당하며, 법률의 제정이나 개정으로 야기되는 당사자의 손해가 극심하여 새로운 입법으로 달성하고자 하는 공익적 목적이 그러한 당사자의 신뢰의 파괴를 정당화할 수 없다면, 그러한 새로운 입법은 신뢰보호의 원칙을 위배한다(헌재 2004.12.16, 2003헌마226등).

❷ [X] 과거의 사실관계 또는 법률관계를 규율하기 위한 소급입법의 태양에는 이미 과거에 완성된 사실 또는 법률관계를 규율의 대상으로 하는 이른바 진정소급효의 입법과 이미 과거에 시작하였으나 아직 완성되지 아니하고 진행과정에 있는 사실 또는 법률관계를 규율의 대상으로 하는 이른바 부진정소급효의 입법을 상정할 수 있다고 할 것이다. 전자의 경우에는 입법권자의 입법형성권보다도 당사자가 구법질서에 기대했던 신뢰보호의 견지에서 그리고 법적 안정성을 도모하기 위해 특단의 사정이 없는 한 구법에 의하여 이미 얻은 자격 또는 권리를 새 입법을 하는 마당에 그대로 존중할 의무가 있다고 할 것이나, 후자의 경우에는 구법질서에 대하여 기대했던 당사자의 신뢰보호보다는 광범위한 입법권자의 입법형성권을 경시해서는 안될 일이므로 특단의 사정이 없는 한 새 입법을 하면서 구법관계 내지 구법상의 기대이익을 존중하여야 할 의무가 발생하지는 않는다(헌재 1989.3.17, 88헌마1).

③ [O] 개인의 신뢰이익에 대한 보호가치는 법령에 따른 개인의 행위가 국가에 의하여 일정방향으로 유인된 신뢰의 행사인지, 아니면 단지 법률이 부여한 기회를 활용한 것으로서 원칙적으로 사적 위험부담의 범위에 속하는 것인지 여부에 따라 달라진다. 만일 법률에 따른 개인의 행위가 단지 법률이 반사적으로 부여하는 기회의 활용을 넘어서 국가에 의하여 일정 방향으로 유인된 것이라면 특별히 보호가치가 있는 신뢰이익이 인정될 수 있고, 원칙적으로 개인의 신뢰보호가 국가의 법률개정이익에 우선된다고 볼 여지가 있다(헌재 2002.11.28, 2002헌바45).

④ [O] 수형자가 형법에 규정된 형 집행경과기간 요건을 갖춘 것만으로 가석방을 요구할 권리를 취득하는 것은 아니므로, 10년간 수용되어 있으면 가석방 적격심사 대상자로 선정될 수 있었던 구 형법 제72조 제1항에 대한 청구인의 신뢰를 헌법상 권리로 보호할 필요성이 있다고 할 수 없다. 가석방 제도의 실제 운용에 있어서도 구 형법 제72조 제1항이 정한 10년보다 장기간의 형 집행 이후에 가석방을 해 왔고, 무기징역형을 선고받은 수형자에 대하여 가석방을 한 예가 많지 않으며, 2002년 이후에는 20년 미만의 집행기간을 경과한 무기징역형 수형자가 가석방된 사례가 없으므로, 청구인의 신뢰가 손상된 정도도 크지 아니하다. 그렇다면 죄질이 더 무거운 무기징역형을 선고받은 수형자를 가석방할 수 있는 형 집행 경과기간이 개정 형법 시행 후에 유기징역형을 선고받은 수형자의 경우와 같거나 오히려 더 짧게 되는 불합리한 결과를 방지하고, 사회를 방위하기 위한 이 사건 부칙조항이 신뢰보호원칙에 위배되어 청구인의 신체의 자유를 침해한다고 볼 수 없다(헌재 2013.8.29, 2011헌마408).

## 14

정답 ③

① [O] 사회환경이나 경제여건의 변화에 따른 정책적인 필요에 의하여 공권력행사의 내용은 신축적으로 바뀔 수밖에 없고, 그 바뀐 공권력행사에 의하여 발생된 새로운 법질서와 기존의 법질서와의 사이에는 어느 정도 이해관계의 상충이 불가피하므로 국민들의 국가의 공권력행사에 관하여 가지는 모든 기대 내지 신뢰가 절대적인 권리로서 보호되는 것은 아니라고 할 것이다(헌재 1993.5.13, 92헌가10).

② [O] 심판대상조항이 형사소송법의 공소시효에 관한 조항의 적용을 배제하고 새롭게 규정된 조항을 적용하도록 하였다고 하더라도, 이로 인하여 제한되는 성폭력 가해자의 신뢰이익이 공익에 우선하여 특별히 헌법적으로 보호해야 할 가치나 필요성이 있다고 보기 어렵다. 따라서 심판대상조항은 신뢰보호원칙에 반한다고 할 수 없다(헌재 2021.6.24, 2018헌바457).

❸ [X] 헌법 제13조 제1항에서의 가벌성을 결정하는 범죄구성요건과 형벌의 영역(이에 관한 한 절대적 소급효의 금지)을 제외한다면 소급효력을 갖는 법률이 헌법상 절대적으로 허용되지 않는 것은 아니다. 다만, 소급입법은 법치주의원칙의 중요한 요소인 법적안정성의 요청에 따른 제한을 받을 뿐이다. 헌법재판소의 판례도 형벌규정에 관한 법률 이외의 법률은 부진정소급효를 갖는 경우에는 원칙적으로 허용되고, 단지 소급효를 요구하는 공익상의 사유와 신뢰보호의 요청 사이의 교량과정에서 신뢰보호의 관점이 입법자의 형성권에 제한을 가할 뿐이라는 것이다(헌재 1996.2.16, 96헌가2 등).

④ [X] 이 사건 법령들은 1945.9.25, 1945.12.6. 각 공포되었음에도 이 사건 무효조항은 1945.8.9.을 기준으로 하여 일본인 소유의 재산에 대한 거래를 전부 무효로 하고 있고, 이 사건 귀속조항은 이 사건 무효조항의 적용대상이 되는 일본인 재산을 1945.9.25.로 소급하여 전부 미군정청의 소유가 되도록 정하고 있어서, 진정소급입법으로서의 성격을 갖는다. 일본인들이 불법적인 한일병합조약을 통하여 조선 내에서 축적한 재산을 1945.8.9. 상태 그대로 일괄 동결시키고 그 산일과 훼손을 방지하여 향후 수립될 대한민국에 이양한다는 공익은, 한반도 내의 사유재산을 자유롭게 처분하고 일본 본토로 철수하고자 하였던 일본인이나, 일본의 패망 직후 일본인으로부터 재산을 매수한 한국인들에 대한 신뢰보호의 요청보다 훨씬 더 중대하다. 심판대상조항은 소급입법금지원칙에 대한 예외로서 헌법 제13조 제2항에 위반되지 아니한다(헌재 2021.1.28, 2018헌바88).

## 15

정답 ④

① [X] 사회국가원리는 소득의 재분배의 관점에서 경제적 약자에 대한 보험료의 지원을 허용할 뿐만 아니라, 한걸음 더 나아가 정의로운 사회질서의 실현을 위하여 이를 요청하는 것이다. 따라서 국가가 저소득층 지역가입자를 대상으로 소득수준에 따라 보험료를 차등 지원하는 것은 사회국가원리에 의하여

정당화되는 것이다(헌재 2000.6.29, 99헌마289).

② [×] 사회국가원리의 헌법적 수용

| 구분 | 사회국가조항 | 사회적 기본권 |
| --- | --- | --- |
| 독일 기본법 | ○ | × |
| 바이마르 헌법, 우리나라 현행헌법 | ×<br>(명시적 조항 無) | ○ |

③ [×] 사회국가는 사회적 문제를 해결하는 데 인격의 자유로운 발전과 사회의 자율을 우선하며, 이러한 개인과 사회의 노력이 기능하지 않을 때에만 국가는 부차적으로 도움을 제공하고 배려하며 조정한다는 기본적 사고를 바탕으로 한다는 점에서 넓은 의미에서 보충성의 원리에 기초하고 있다.

❹ [O] 조세나 보험료와 같은 공과금의 부과에 있어서 사회국가원리는 입법자의 결정이 자의적인가를 판단하는 하나의 중요한 기준을 제공하며, 일반적으로 입법자의 결정을 정당화하는 헌법적 근거로서 작용한다. 특히 경제적 약자나 중소기업에 대한 조세감면혜택 등과 같이 사회정책적 고려에 기초한 차별대우가 자의적인가를 판단하는 경우에 사회국가원리는 입법자의 형성권을 정당화하는 하나의 헌법적 가치결정을 의미한다(헌재 2000.6.29, 99헌마289).

## 16 정답 ②

① [O] 우리 헌법은 헌법 제119조 이하의 경제에 관한 장에서 "균형있는 국민경제의 성장과 안정, 적정한 소득의 분배, 시장의 지배와 경제력남용의 방지, 경제주체간의 조화를 통한 경제의 민주화, 균형있는 지역경제의 육성, 중소기업의 보호육성, 소비자보호 등"의 경제영역에서의 국가목표를 명시적으로 규정함으로써 국가가 경제정책을 통하여 달성하여야 할 "공익"을 구체화하고, 동시에 헌법 제37조 제2항의 기본권 제한을 위한 일반법률유보에서의 "공공복리"를 구체화하고 있다. 그러나 경제적 기본권의 제한을 정당화하는 공익이 헌법에 명시적으로 규정된 목표에만 제한되는 것은 아니고, 헌법은 단지 국가가 실현하려고 의도하는 전형적인 경제목표를 예시적으로 구체화하고 있을 뿐이므로 기본권의 침해를 정당화할 수 있는 모든 공익을 아울러 고려하여 법률의 합헌성 여부를 심사하여야 한다(헌재 1996.12.26, 96헌가18).

❷ [×] 위험책임과 무과실책임은 사회국가 원리에 근거한 것이다. 경제적 약자를 보호하기 위하여 사인 간의 약정이자를 제한하는 것에 대해 입법자의 폭넓은 재량이 허용된다.

③ [O] 청구인들은 심판대상조항들이 헌법 제119조 등에 위반된다고 주장한다. 그러나 헌법 제119조는 헌법상 경제질서에 관한 일반조항으로서 국가의 경제정책에 대한 하나의 헌법적 지침일 뿐 그 자체가 기본권의 성질을 가진다거나 독자적인 위헌심사의 기준이 된다고 할 수 없으므로, 청구인들의 이러한 주장에 대하여는 더 나아가 살펴보지 않는다. 그렇다면 이 사건의 쟁점은 심판대상조항들이 과잉금지원칙에 위배되어 청구인들의 직업수행의 자유를 침해하는지 여부이다(헌재 2017.7.27, 2015헌바278).

④ [O] 심판대상조항에 따라 허가받은 지역 밖에서 이송업을 하는 것이 제한되므로 청구인 회사의 직업수행의 자유가 제한된다. 청구인 회사는 영업의 자유와 일반적 행동의 자유도 침해되고 헌법상 경제질서에도 위배된다고 주장하지만, 심판대상조항과 가장 밀접한 관계에 있는 직업수행의 자유 침해 여부를 판단하는 이상 이 부분 주장에 대해서는 별도로 판단하지 아니한다(헌재 2018.2.22, 2016헌바100).

## 17 정답 ④

① [O] 노동조합은 근로의 권리주체는 아니나 근로3권의 주체가 될 수 있다.

② [O] 근로의 권리가 "일할 자리에 관한 권리"만이 아니라 "일할 환경에 관한 권리"도 함께 내포하고 있는바, 후자는 인간의 존엄성에 대한 침해를 방어하기 위한 자유권적 기본권의 성격도 갖고 있어 건강한 작업환경, 일에 대한 정당한 보수, 합리적인 근로조건의 보장 등을 요구할 수 있는 권리 등을 포함한다고 할 것이므로 외국인 근로자라고 하여 이 부분에까지 기본권 주체성을 부인할 수는 없다. 즉, 근로의 권리의 구체적인 내용에 따라, 국가에 대하여 고용증진을 위한 사회적·경제적 정책을 요구할 수 있는 권리는 사회권적 기본권으로서 국민에 대하여만 인정해야 하지만, 자본주의 경제질서하에서 근로자가 기본적 생활수단을 확보하고 인간의 존엄성을 보장받기 위하여 최소한의 근로조건을 요구할 수 있는 권리는 자유권적 기본권의 성격도 아울러 가지므로 이러한 경우 외국인 근로자에게도 그 기본권 주체성을 인정함이 타당하다(헌재 2007.8.30, 2004헌마670).

③ [O] 근로의 권리의 구체적인 내용에 따라, 국가에 대하여 고용증진을 위한 사회적·경제적 정책을 요구할 수 있는 권리는 사회권적 기본권으로서 국민에 대하여만 인정해야 하지만, 자본주의 경제질서하에서 근로자가 기본적 생활수단을 확보하고 인간의 존엄성을 보장받기 위하여 최소한의 근로조건을 요구할 수 있는 권리는 자유권적 기본권의 성격도 아울러 가지므로 이러한 경우 외국인 근로자에게도 그 기본권 주체성을 인정함이 타당하다(헌재 2007.8.30, 2004헌마670).

❹ [×] 산업재해보상보험법상 외국인 근로자에게 그 적용을 배제하는 특별한 규정이 없는 이상 피재자가 외국인이라 할지라도 그가 근로기준법상의 근로자에 해당하는 경우에는 내국인과 마찬가지로 산업재해보상보험법상의 요양급여를 지급받을 수 있다(서울고법 1993.11.26, 93구16774)고 판시한 바 있으나, 국가에 대하여 근로기회의 제공을 청구할 권리도 국민과 대등하게 인정된다고 판시한 바 없다. 헌법재판소는 외국인은 근로의 권리 중 자유권은 인정되나 사회적 기본권 측면인 근로기회 관련 권리는 인정되지 않는다고 한다.

## 18 정답 ②

① [×] 헌법의 기본원리는 헌법의 이념적 기초인 동시에 헌법을 지배하는 지도원리로서 입법이나 정책결정의 방향을 제시하며 공무원을 비롯한 모든 국민·국가기관이 헌법을 존중하고 수호하도록 하는 지침이 되며, **구체적 기본권을 도출하는 근거로 될 수는 없으나** 기본권의 해석 및 기본권제한입법의 합헌성 심사에 있어 해석기준의 하나로서 작용한다(헌재 1996.4.25, 92헌바47).

❷ [O] 입법자가 사인 간의 약정이자를 제한함으로써 경제적 약자를 보호하려는 직접적인 방법을 선택할 것인가 아니면 이를 완화하거나 폐지함으로써 자금시장의 왜곡을 바로잡아 경제를 회복시키고 자유와 창의에 기한 경제발전을 꾀하는 한편 경제적 약자의 보호문제는 민법상의 일반원칙에 맡길 것인가는 입법자의 위와 같은 재량에 속하는 것이라 할 것이다(헌재 2001.1.18, 2000헌바7).

③ [X] 우리 헌법은 헌법 제119조 이하의 경제에 관한 장에서 "균형있는 국민경제의 성장과 안정, 적정한 소득의 분배, 시장의 지배와 경제력남용의 방지, 경제주체간의 조화를 통한 경제의 민주화, 균형 있는 지역경제의 육성, 중소기업의 보호육성, 소비자보호 등"의 경제영역에서의 국가목표를 명시적으로 규정함으로써 국가가 경제정책을 통하여 달성하여야 할 "공익"을 구체화하고, 동시에 헌법 제37조 제2항의 기본권 제한을 위한 일반법률유보에서의 "공공복리"를 구체화하고 있다. 그러나 경제적 기본권의 제한을 정당화하는 공익이 헌법에 명시적으로 규정된 목표에만 제한되는 것은 아니고, 헌법은 단지 국가가 실현하려고 의도하는 전형적인 경제목표를 예시적으로 구체화하고 있을 뿐이므로 기본권의 침해를 정당화할 수 있는 모든 공익을 아울러 고려하여 법률의 합헌성 여부를 심사하여야 한다(헌재 1996.12.26, 96헌가18).

④ [X] 자유시장 경제질서를 기본으로 하면서도 사회국가원리를 수용하고 있는 우리 헌법의 이념에 비추어, 일반 불법행위책임에 관하여는 과실책임의 원리를 기본원칙으로 하면서 이 사건 법률조항과 같은 특수한 불법행위책임에 관하여 위험책임의 원리를 수용하는 것은 입법정책에 관한 사항으로서 입법자의 재량에 속한다고 할 것이므로, 이 사건 법률조항이 위험책임의 원리에 기하여 무과실책임을 지운 것만으로 자유시장 경제질서에 위반된다고 할 수 없다(헌재 1998.5.28, 96헌가4).

## 19

정답 ②

① [X] 오늘날 종교적인 의식 또는 행사가 하나의 사회공동체의 문화적인 현상으로 자리잡고 있으므로, 어떤 의식·행사·유형물 등이 비록 종교적인 의식·행사 또는 상징에서 유래되었다고 하더라도 그것이 이미 우리 사회공동체 구성원들 사이에서 관습화된 문화요소로 인식되고 받아들여질 정도에 이르렀다면, 이는 정교분리원칙이 적용되는 종교의 영역이 아니라 헌법적 보호가치를 지닌 문화의 의미를 갖게 된다. 그러므로 이와 같이 이미 **문화적 가치로 성숙한 종교적인 의식·행사·유형물에 대한 국가 등의 지원은 일정 범위 내에서 전통문화의 계승·발전이라는 문화국가원리에 부합하며 정교분리원칙에 위배되지 않는다**(대판 2009.5.28, 2008두16933).

❷ [O] 단지 **일부 지나친 고액과외교습을 방지하기 위하여 모든 학생으로 하여금 오로지 학원에서만 사적으로 배울 수 있도록 규율한다는 것은 어디에도 그 예를 찾아볼 수 없는 것일 뿐만 아니라 자기결정과 자기책임을 생활의 기본원칙으로 하는 헌법의 인간상이나 개성과 창의성, 다양성을 지향하는 문화국가원리에도 위반**되는 것이다(헌재 2000.4.27, 98헌가16).

③ [X] 오늘날 영화 및 공연을 중심으로 하는 문화산업은 높은 부가가치를 실현하는 첨단산업으로서의 의미를 가지고 있다. 따라서 직업교육이 날로 강조되는 대학교육에 있어서 문화에의 손쉬운 접근가능성은 중요한 기본권으로서의 의미를 갖게 된다. 이 사건 법률조항은 대학생의 자유로운 문화향유에 관한 권리 등 행복추구권을 침해하고 있다. 아동과 청소년은 부모와 국가에 의한 단순한 보호의 대상이 아닌 독자적인 인격체이며, 그의 인격권은 성인과 마찬가지로 인간의 존엄성 및 행복추구권을 보장하는 헌법 제10조에 의하여 보호된다. 따라서 헌법이 보장하는 인간의 존엄성 및 행복추구권은 국가의 교육권한과 부모의 교육권의 범주 내에서 아동에게도 자신의 교육환경에 관하여 스스로 결정할 권리, 그리고 자유롭게 문화를 향유할 권리를 부여한다고 할 것이다. 이 사건 법률조항은 아동·청소년의 문화향유에 관한 권리 등 인격의 자유로운 발현과 형성을 충분히 고려하고 있지 아니하므로 아동·청소년의 자유로운 문화향유에 관한 권리 등 행복추구권을 침해하고 있다(헌재 2004.5.27, 2003헌가1).

④ [X] 각종 개발행위로 인한 무분별한 문화재 발굴로부터 매장문화재를 보호하는 것이어서 **입법목적의 정당성, 방법의 적절성이 인정**되고, 사업시행자가 발굴조사비용을 감당하기 어렵다고 판단하는 경우에는 더 이상 사업시행에 나아가지 아니할 수 있고, 대통령령으로 정하는 경우에는 예외적으로 국가 등이 발굴비용을 부담할 수 있는 완화규정을 두고 있어 **침해최소성원칙, 법익균형성원칙에도 반하지 아니하므로, 과잉금지원칙에 위배되지 아니한다**(헌재 2011.7.28, 2009헌바244).

## 20

정답 ②

① [X] 우리나라는 건국헌법 이래 문화국가의 원리를 헌법의 기본원리로 채택하고 있다(헌재 2004.5.27, 2003헌가1 등).

❷ [O] 국가의 표현영역에 대한 개입 어떤 표현이 가치 없거나 유해하다는 주장만으로 국가에 의한 표현 규제가 정당화되지 않는다. 그 표현의 해악을 시정하는 1차적 기능은 시민사회 내부에 존재하는 사상의 경쟁메커니즘에 맡겨져 있기 때문이다. 그러나 대립되는 다양한 의견과 사상의 경쟁메커니즘에 의하더라도 그 표현의 해악이 처음부터 해소될 수 없는 성질의 것이거나 또는 다른 사상이나 표현을 기다려 해소되기에는 너무나 심대한 해악을 지닌 표현은 언론·출판의 자유에 의한 보장을 받을 수 없고 국가에 의한 내용 규제가 광범위하게 허용된다(헌재 1998.4.30, 95헌가1).

③ [X] 헌법 전문과 헌법 제9조에서 말하는 '전통', '전통문화'란 역사성과 시대성을 띤 개념으로 이해하여야 한다. 과거의 어느 일정 시점에서 역사적으로 존재하였다는 사실만으로 모두 헌법의 보호를 받는 전통이 되는 것은 아니다(헌재 2005.2.3, 2001헌가9 등).

④ [X] 오늘날 문화국가에서의 문화정책은 그 초점이 문화 그 자체에 있는 것이 아니라 문화가 생겨날 수 있는 문화풍토를 조성하는 데 두어야 한다(헌재 2004.5.27, 2003헌가1 등).

# 3회 진도별 모의고사 정답 및 해설
(지방자치제도 ~ 기본권의 침해와 구제)

## 정답

p.22

| 01 | ③ | 02 | ② | 03 | ② | 04 | ④ | 05 | ④ |
|---|---|---|---|---|---|---|---|---|---|
| 06 | ② | 07 | ④ | 08 | ③ | 09 | ④ | 10 | ④ |
| 11 | ③ | 12 | ④ | 13 | ③ | 14 | ② | 15 | ④ |
| 16 | ② | 17 | ① | 18 | ② | 19 | ① | 20 | ④ |

## 01

정답 ③

ㄱ. [O] 헌법 제117조 제1항에서는 법령의 범위 안에서 자치에 관한 규정을 제정할 수 있다고 하였고, 그러한 법령에는 '법규명령으로 기능하는 행정규칙'도 포함된다(헌재 2002.10.31, 2002헌라2).

ㄴ. [X] 헌법 제117조 제1항이 규정하고 있는 법령에는 법률 이외에 대통령령, 총리령 및 부령과 같은 법규명령이 포함되는 것은 물론이지만, 제정형식은 행정규칙이더라도 상위법령의 위임한계를 벗어나지 않는 한 **상위법령과 결합하여 대외적 구속력을 갖는 법규명령으로서 기능하는 행정규칙도 포함된다.** 문제조항에서 말하는 '행정안전부장관이 정하는 범위'라는 것은 '법규명령으로 기능하는 행정규칙에 의하여 정하여지는 범위'를 가리키는 것이고 법규명령이 아닌 단순한 행정규칙에 의하여 정하여지는 것은 이에 포함되지 않는다고 해석되므로 문제조항은 헌법 제117조 제1항에 위반되는 것이 아니다(헌재 2002.10.31, 2001헌라1).

ㄷ. [O] 헌법은 제117조와 제118조에서 '지방자치단체의 자치'를 제도적으로 보장하고 있는바, 그 보장의 본질적 내용은 자치단체의 보장, 자치기능의 보장 및 자치사무의 보장이다(헌재 1994.12.29, 94헌마201).

ㄹ. [X] **지방자치단체는 자치사법권을 가지지 못한다.**

## 02

정답 ②

① [X] 헌법 117조 1항에서 주민의 복리에 관한 사무를 처리하도록 규정하여 자치사무를 처리할 권한을 헌법에서 직접 위임되어 있으나, 단체위임사무 처리권한은 헌법에서 직접 위임하고 있지 않고 지방자치법 제9조에서 규정하고 있다.

> 헌법 제117조 ① 지방자치단체는 주민의 복리에 관한 사무를 처리하고 재산을 관리하며, 법령의 범위 안에서 자치에 관한 규정을 제정할 수 있다.

> 지방자치법 제9조 【지방자치단체의 사무범위】 ① 지방자치단체는 관할 구역의 자치사무와 법령에 따라 지방자치단체에 속하는 사무를 처리한다.
> ② 제1항에 따른 지방자치단체의 사무를 예시하면 다음 각 호와 같다. 다만, 법률에 이와 다른 규정이 있으면 그러하지 아니하다.

❷ [O] 헌법 제118조는 제1항에서 "지방자치단체에 의회를 둔다."는 규정을 두고, 제2항에서 "**지방의회의 … 의원선거 …** 에 관한 사항은 법률로 정한다."라고 함으로써 지방의회 의원선거권이 헌법상의 기본권임을 분명히 하고 있다(헌재 2007.6.28, 2004헌마644).

③ [X]

> 헌법 제117조 ② 지방자치단체의 종류는 법률로 정한다.
> 제118조 ② 지방의회의 조직·권한·의원선거와 지방자치단체의 장의 선임방법 기타 지방자치단체의 조직과 운영에 관한 사항은 법률로 정한다.

④ [X] 지방의회의원에 대해서는 헌법 제118조 제2항에서 "지방의회의 … 의원 '선거' … 에 관한 사항은 법률로 정한다."라고 하여 지방의회의원의 선출은 선거를 통해야 함을 천명하고 그 구체적인 방법이나 내용은 법률에 유보하여, 이러한 선거권이 헌법 제24조가 보장하는 기본권임을 분명히 하고 있다. 반면에 지방자치단체의 장에 대해서는 헌법 제118조 제2항에서 "… 지방자치단체의 장의 '선임방법' … 에 관한 사항은 법률로 정한다."라고만 규정하여 지방의회의원의 '선거'와는 문언상 구별하고 있으므로, 지방자치단체의 장 선거권이 헌법상 보장되는 기본권인지 여부가 문제된다. 지방자치단체의 장 선거권을 지방의회의원 선거권, 나아가 국회의원 선거권 및 대통령 선거권과 구별하여 하나는 법률상의 권리로, 나머지는 헌법상의 권리로 이원화하는 것은 허용될 수 없다. 그러므로 지방자치단체의 장 선거권 역시 다른 선거권과 마찬가지로 헌법 제24조에 의해 보호되는 기본권으로 인정하여야 한다(헌재 2016.10.27, 2014헌마797).

## 03

정답 ②

① [×] 지방자치단체는 그 내용이 주민의 권리의 제한 또는 의무의 부과에 관한 사항이거나 벌칙에 관한 사항이 아닌 한 법률의 위임이 없더라도 조례를 제정할 수 있다 할 것인데 청주시의회에서 의결한 청주시 행정정보공개조례안은 행정에 대한 **주민의 알 권리의 실현**을 그 근본 내용으로 하면서도 이로 인한 개인의 권익침해가능성을 배제하고 있으므로 이를 들어 주민의 권리를 제한하거나 의무를 부과하는 조례라고는 단정할 수 없고 따라서 그 제정에 있어서 반드시 **법률의 개별적 위임이 따로 필요한 것은 아니다**(대판 1992.6.23, 92추17).

❷ [O] 권리실현적 내용, 수익적인 내용일 때는 법률의 위임이 없어도 조례로 바로 규정가능하다. 지방자치법 제28조에 의하면 지방자치단체는 그 내용이 주민의 권리의 제한 또는 의무의 부과에 관한 사항이거나 벌칙에 관한 사항이 아닌 한 법률의 위임이 없더라도 그의 사무에 관하여 조례를 제정할 수 있는 바, 지방자치단체의 세자녀 이상 세대 양육비 등 지원에 관한 조례안은 저출산 문제의 국가적 · 사회적 심각성을 십분 감안하여 향후 지방자치단체의 출산을 적극 장려토록 하여 인구정책을 보다 전향적으로 실효성 있게 추진하고자 세 자녀 이상 세대 중 세 번째 이후 자녀에게 양육비 등을 지원할 수 있도록 하는 것으로서, **위와 같은 사무는 지방자치단체 고유의 자치사무 중 주민의 복지증진에 관한 사무를 규정한 지방자치법 제13조 제2항 제2호 (라)목에서 예시하고 있는 아동 · 청소년 및 부녀의 보호와 복지증진에 해당되는 사무이고, 또한 위 조례안에는 주민의 편의 및 복리증진에 관한 내용을 담고 있어 그 제정에 있어서 반드시 법률의 개별적 위임이 따로 필요한 것은 아니다**(대판 2006.10.12, 2006추38).

③ [×] **조례는 당해 지방자치단체 내**에서만 효력을 가진다.

④ [×] 조례로 형벌을 정하는 것은 죄형법정주의에 위반된다. 다만, 법률의 구체적 위임이 있다면 가능하다.

> **지방자치법 제28조 【조례】** ① 지방자치단체는 법령의 범위에서 그 사무에 관하여 조례를 제정할 수 있다. 다만, 주민의 권리 제한 또는 의무 부과에 관한 사항이나 **벌칙을 정할 때에는 법률의 위임이 있어야 한다.**

## 04

정답 ④

① [×] 변호인과 상담하고 조언을 구할 권리는 변호인의 조력을 받을 권리의 내용 중 구체적인 입법형성이 필요한 다른 절차적 권리의 필수적인 전제요건으로서 변호인의 조력을 받을 권리 그 자체에서 막바로 도출되는 것이다(헌재 2004.9.23, 2000헌마138).

② [×] 외국인이 기본권 주체가 된다는 것은 외국인이 기본권 보유 · 향유능력을 가진다는 의미이다.

③ [×] 이 사건 출국만기보험금은 퇴직금의 성질을 가지고 있어서 그 지급시기에 관한 것은 근로조건의 문제이므로 외국인인 청구인들에게도 기본권 주체성이 인정된다(헌재 2016.3.31, 2014헌마367).

❹ [O] 신체의 자유, 주거의 자유, 변호인의 조력을 받을 권리, **재판청구권** 등은 성질상 인간의 권리에 해당한다고 볼 수 있으므로, 위 기본권들에 관하여는 청구인들의 기본권 주체성이 인정된다. 그러나 **'국가인권위원회의 공정한 조사를 받을 권리'**는 헌법상 인정되는 **기본권이라고 하기 어렵고**, 이 사건 보호 및 강제퇴거가 청구인들의 노동3권을 직접 제한하거나 침해한 바 없음이 명백하므로, 위 기본권들에 대하여는 본안판단에 나아가지 아니한다(헌재 2012.8.23, 2008헌마430).

## 05

정답 ④

① [×] 대통령의 피선거권은 국회의원의 피선거권이 있고 선거일 현재 5년 이상 국내에 거주하고 있는 40세 이상의 국민에게 있고(헌법 제67조 제4항, 공직선거법 제16조 제1항), 국회의원의 피선거권은 18세 이상의 국민에게만 있으며(공직선거법 제16조 제2항), 지방의회의원 및 지방자치단체의 장의 피선거권은 선거일 현재 계속하여 60일 이상 해당 지방자치단체의 관할구역에 주민등록이 되어 있는 주민으로서 18세 이상 국민에게만 있다(공직선거법 제16조 제3항). 그 밖에 공직선거법 제19조 각 호의 하나에 해당하는 결격사유가 있으면 민법상 성년자라도 피선거권이 제한된다.

② [×] 모든 국민이 선거권의 보유능력을 가진다. 다만, 선거권 연령을 18세로 한정한 공직선거법에 따라 기본권 행사능력을 가진다. 따라서 행사능력을 제한하는 것이다.

③ [×] 태아는 형성 중의 인간으로서 생명을 보유하고 있으므로 국가는 태아를 위하여 각종 보호조치들을 마련해야 할 의무가 있다. 하지만 그와 같은 국가의 기본권 보호의무로부터 태아의 출생 전에, 또한 태아가 살아서 출생할 것인가와는 무관하게, 태아를 위하여 민법상 일반적 권리능력까지도 인정하여야 한다는 헌법적 요청이 도출되지는 않는다. 법치국가원리로부터 나오는 법적 안정성의 요청은 인간의 권리능력이 언제부터 시작되는가에 관하여 가능한 한 명확하게 그 시점을 확정할 것을 요구한다. 따라서 인간이라는 생명체의 형성이 출생 이전의 그 어느 시점에서 시작됨을 인정하더라도, 법적으로 사람의 시기를 출생의 시점에서 시작되는 것으로 보는 것이 헌법적으로 금지된다고 할 수 없다(헌재 2008.7.31, 2004헌바81).

❹ [O] 헌법소원심판은 침해된 기본권의 구제를 위하여 청구하는 것이므로 기본권의 주체가 될 수 있는 자, 즉 기본권향유능력이 있으면 누구든지 헌법소원심판을 청구할 수 있다. 기본권향유능력(보유능력)이란 헌법상 보장된 기본권을 향유할 수 있는 능력을 말하는 것으로 민법상 권리능력과 유사하나 권리능력 없는 사단에 대해서도 기본권향유능력을 인정하는 점에서 권리능력과 차이가 있다. 기본권행사능력이란 기본권을 유효하게 행사할 수 있는 능력으로서, 예를 들어 선거권은 18세 이상으로 기본권행사능력이 제한된다. 기본권향유능력만 있으면 헌법소원을 청구할 수 있고, 기본권행사능력까지 갖추어야 하는 것은 아니다.

## 06

정답 ②

① [O] 법인 등 결사체도 그 조직과 의사형성에 있어서, 그리고 업무수행에 있어서 자기결정권을 가지고 있어 결사의 자유의 주

체가 된다고 봄이 상당하므로, 축협중앙회는 그 회원조합들과 별도로 결사의 자유의 주체가 된다[헌재 2000.6.1. 99헌마553(전원)].

❷ [×] 상공회의소는 자주적인 단체로 사법인이라고 할 것이므로 상공회의소와 관련해서도 결사의 자유는 보장된다고 할 것이다(헌재 2006.5.25. 2004헌가1).

③ [O] 법인 등 결사체도 그 조직과 의사형성에 있어서, 그리고 업무수행에 있어서 자기결정권을 가지므로 결사의 자유의 주체가 된다고 봄이 상당하다(헌재 2000.6.1. 99헌마553).

④ [O] 외국인과 법인도 법원에 소를 제기하여 재판을 받을 수 있으므로 외국인과 법인은 재판청구권의 주체가 된다. 재판청구권은 외국인과 법인 모두 향유할 수 있는 기본권이다.

## 07

정답 ④

① [O] **외국인이 대한민국 국적을 취득한 경우 일정 기간 내에 그 외국 국적을 포기하도록 한 국적법 제10조 제1항에 대한 심판청구에 대해 외국인인 청구인들의 참정권, 입국의 자유, 재산권, 행복추구권에 관한 기본권 주체성 또는 기본권침해가능성 요건이 부인된 사례:** 참정권과 입국의 자유에 대한 외국인의 기본권 주체성이 인정되지 않고, 외국인이 대한민국 국적을 취득하면서 자신의 외국 국적을 포기한다 하더라도 이로 인하여 재산권 행사가 직접 제한되지 않으며, 외국인이 복수국적을 누릴 자유가 우리 헌법상 행복추구권에 의하여 보호되는 기본권이라고 보기 어려우므로, 외국인의 기본권 주체성 내지 기본권침해가능성을 인정할 수 없다(헌재 2014.6.26. 2011헌마502).

② [O] 사증발급 거부처분을 다투는 외국인은, 아직 대한민국에 입국하지 않은 상태에서 대한민국에 입국하게 해달라고 주장하는 것으로, 대한민국과의 실질적 관련성 내지 대한민국에서 법적으로 보호가치 있는 이해관계를 형성한 경우는 아니어서, 해당 처분의 취소를 구할 법률상 이익을 인정하여야 할 법정책적 필요성도 크지 않다. 반면, 국적법상 귀화불허가처분이나 출입국관리법상 체류자격변경 불허가처분, 강제퇴거명령 등을 다투는 외국인은 대한민국에 적법하게 입국하여 상당한 기간을 체류한 사람이므로, 이미 대한민국과의 실질적 관련성 내지 대한민국에서 법적으로 보호가치 있는 이해관계를 형성한 경우이어서, 해당 처분의 취소를 구할 법률상 이익이 인정된다고 보아야 한다. 나아가 중화인민공화국 출입경관리법 제36조 등은 외국인이 사증발급 거부 등 출입국 관련 제반 결정에 대하여 불복하지 못하도록 명문의 규정을 두고 있으므로, 국제법의 상호주의원칙상 대한민국이 중국 국적자에게 우리 출입국관리 행정청의 사증발급 거부에 대하여 행정소송 제기를 허용할 책무를 부담한다고 볼 수는 없다. 이와 같은 사증발급의 법적 성질, 출입국관리법의 입법 목적, 사증발급 신청인의 대한민국과의 실질적 관련성, 상호주의원칙 등을 고려하면, 우리 출입국관리법의 해석상 외국인에게는 사증발급 거부처분의 취소를 구할 법률상 이익이 인정되지 않는다고 봄이 타당하다(대판 2018.5.15. 2014두42506).

③ [O] 외국국적의 동포들 사이에 재외동포법의 수혜대상에서 차별하는 것이 평등권 침해라는 것으로서 성질상 위와 같은 제한을 받는 것이 아니고 상호주의가 문제되는 것도 아니므로, 청구인들에게 기본권 주체성을 인정함에 아무런 문제가 없다(헌재 2001.11.29. 99헌마494 전원재판부).

❹ [×] 청구인들이 불법체류 중인 외국인들이라 하더라도, 불법체류라는 것은 관련 법령에 의하여 체류자격이 인정되지 않는다는 것일 뿐이므로, '인간의 권리'로서 외국인에게도 주체성이 인정되는 일정한 기본권에 관하여 **불법체류 여부에 따라 그 인정 여부가 달라지는 것은 아니다.** 청구인들이 침해받았다고 주장하고 있는 **신체의 자유, 주거의 자유, 변호인의 조력을 받을 권리, 재판청구권 등은 성질상 인간의 권리에 해당한다고 볼 수 있으므로,** 위 기본권들에 관하여는 청구인들의 기본권 주체성이 인정된다(헌재 2012.8.23. 2008헌마430).

## 08

정답 ③

① [×] 독일헌법 등 다수 서구헌법들에서는 정치적 '망명권' 및 '난민권'을 중요한 헌법상의 기본권의 하나로 규정하고 있다. 우리나라의 경우에도 '난민의 지위에 관한 1951년 협약' 및 '난민의 지위에 관한 1967년 의정서' 등에 따라 난민의 지위와 처우 등에 관한 사항을 정함을 목적으로 난민법이 제정되어 있으며, 외국인의 **'난민신청권'**을 명시적으로 인정하고 있다.

> 난민법 제5조 【난민인정 신청】 ① 대한민국 안에 있는 외국인으로서 난민인정을 받으려는 사람은 법무부장관에게 난민인정 신청을 할 수 있다. 이 경우 외국인은 난민인정 신청서를 지방출입국 · 외국인관서의 장에게 제출하여야 한다.

② [×] 직장선택의 자유는 인간의 존엄과 가치 및 행복추구권과도 밀접한 관련을 가지는 만큼 단순히 국민의 권리가 아닌 인간의 권리로 보아야 할 것이므로 권리의 성질상 참정권, 사회권적 기본권, 입국의 자유 등과 같이 외국인의 기본권 주체성을 전면적으로 부정할 수는 없고, 외국인도 제한적으로라도 직장선택의 자유를 향유할 수 있다고 보아야 한다(헌재 2000.8.31. 97헌가12).

❸ [O] 직업의 자유 중 이 사건에서 문제되는 직장선택의 자유는 인간의 존엄과 가치 및 행복추구권과도 밀접한 관련을 가지는 만큼 단순히 국민의 권리가 아닌 인간의 권리로 보아야 할 것이므로 권리의 성질상 참정권, 사회권적 기본권, 입국의 자유 등과 같이 외국인의 기본권 주체성을 전면적으로 부정할 수는 없고, 외국인도 제한적으로라도 직장선택의 자유를 향유할 수 있다고 보아야 한다. 한편 기본권 주체성의 인정 문제와 기본권 제한의 정도는 별개의 문제이므로, 외국인에게 직장선택의 자유에 대한 기본권 주체성을 인정한다는 것이 곧바로 이들에게 우리 국민과 동일한 수준의 직장선택의 자유가 보장된다는 것을 의미하는 것은 아니라고 할 것이다(헌재 2011.9.29. 2007헌마1083).

④ [×] 직업의 자유 중 이 사건에서 문제되는 직장선택의 자유는 인간의 존엄과 가치 및 행복추구권과도 밀접한 관련을 가지는 만큼 단순히 국민의 권리가 아닌 인간의 권리로 보아야 할 것이므로 외국인도 제한적으로라도 직장선택의 자유를 향유할 수 있다고 보아야 한다. 청구인들이 이미 적법하게 **고용허가를 받아 적법하게** 우리나라에 입국하여 우리나라에서 일정한 생활관계를 형성 · 유지하는 등 우리 사회에서 정당한 노동인

력으로서의 지위를 부여받은 상황임을 전제로 하는 이상, 이 사건 청구인들에게 직장선택의 자유에 대한 **기본권 주체성을 인정할 수 있다 할 것이다**[헌재 2011.9.29. 2007헌마1083, 2009헌마230 · 352(병합 · 전원)].

## 09

정답 ④

① [O] 청구인은 심판대상조항에 따라 음식점 시설 전체를 금연구역으로 지정하여 운영하여야 할 의무를 부담하게 되었으나, 음식점의 개설 · 영업행위 자체가 금지되는 것은 아니다. 심판대상조항은 청구인이 선택한 직업을 영위하는 방식과 조건을 규율하고 있으므로 청구인의 **직업수행의 자유를 제한한다.** 한편, 심판대상조항은 청구인으로 하여금 음식점 시설과 그 내부 장비 등을 철거하거나 변경하도록 강제하는 내용이 아니므로, 이로 인하여 청구인의 **음식점 시설 등에 대한 권리가 제한되어 재산권이 침해되는 것은 아니다**(헌재 2016.6.30. 2015헌마813).

② [O] 인간의 존엄과 가치 및 행복추구권, 사생활의 비밀과 자유가 침해된다고 주장하나, 위 기본권들은 모두 개인정보자기결정권의 헌법적 근거로 거론되는 것으로서 청구인의 개인정보에 대한 공개와 이용이 문제되는 이 사건에서 개인정보자기결정권 침해 여부를 판단하는 이상 별도로 판단하지 않는다(헌재 2016.6.30. 2015헌마924).

③ [O] 사생활 비밀과 통신비밀이 경합하는 경우 특별한 기본권이 통신비밀의 침해여부를 심사하면 족하므로 사생활 비밀침해 여부를 판단할 필요는 없다(헌재 2010.12.28. 2009헌가30).

❹ [×] 살피건대, 이 사건 법률조항에 의한 표현 및 예술의 자유의 제한은 극장 운영자의 직업의 자유에 대한 제한을 매개로 하여 간접적으로 제약되는 것이라 할 것이고, 입법자의 객관적인 동기 등을 참작하여 볼 때 사안과 가장 밀접한 관계에 있고 또 침해의 정도가 가장 큰 주된 기본권은 직업의 자유라고 할 것이다. 따라서 이하에서는 직업의 자유의 침해 여부를 중심으로 살피는 가운데 표현 · 예술의 자유의 침해 여부에 대하여도 부가적으로 살펴보기로 한다(헌재 2004.5.27. 2003헌가1).

## 10

정답 ④

① [×] 흡연권은 위와 같이 사생활의 자유를 실질적 핵으로 하는 것이고 혐연권은 사생활의 자유뿐만 아니라 생명권에까지 연결되는 것이므로 혐연권이 흡연권보다 상위의 기본권이라 할 수 있다. 이처럼 상하의 위계질서가 있는 기본권끼리 충돌하는 경우에는 상위기본권우선의 원칙에 따라 하위기본권이 제한될 수 있으므로, 결국 흡연권은 혐연권을 침해하지 않는 한에서 인정되어야 한다(헌재 2004.8.26. 2003헌마457).

② [×] 흡연자들의 흡연권이 인정되듯이, 비흡연자들에게도 흡연을 하지 아니할 권리 내지 흡연으로부터 자유로울 권리가 인정된다. 흡연권은 사생활의 자유를 실질적 핵으로 하는 것이고 혐연권은 사생활의 자유뿐만 아니라 생명권에까지 연결되는 것이므로 혐연권이 흡연권보다 상위의 기본권이라 할 수 있다. 이처럼 상하의 위계질서가 있는 기본권끼리 충돌하는 경우에는 상위기본권우선의 원칙에 따라 하위기본권이 제한될 수 있으므로, 결국 흡연권은 혐연권을 침해하지 않는 한에서 인정되어야 한다(헌재 2004.8.26. 2003헌마457).

③ [×] 이 사건 법률조항은 다른 한편으로는 위법하게 취득한 타인 간의 대화내용을 공개하는 자를 처벌함으로써 그 대화내용을 공개하는 자의 표현의 자유를 제한하게 된다. 즉, 위법하게 취득한 타인 간의 대화내용이 민주국가에서 여론의 형성 등 공익을 위해 일반에게 공개할 필요가 있는 것이라 하더라도 이 사건 법률조항이 그 대화내용의 공개를 금지함으로써, 이를 공개하려고 하거나 공개한 자는 표현의 자유를 제한받게 되는 것이다. 따라서 이 사건 법률조항에 의하여 대화자의 통신의 비밀과 공개자의 표현의 자유라는 두 기본권이 충돌하게 된다. 이와 같이 두 기본권이 충돌하는 경우 헌법의 통일성을 유지하기 위하여 상충하는 기본권 모두 최대한으로 그 기능과 효력을 발휘할 수 있도록 **조화로운 방법**이 모색되어야 하므로, 과잉금지원칙에 따라서 이 사건 법률조항의 목적이 정당한 것인가, 그러한 목적을 달성하기 위하여 마련된 수단이 표현의 자유를 제한하는 정도와 대화의 비밀을 보호하는 정도 사이에 적정한 비례를 유지하고 있는가의 관점에서 심사하기로 한다(헌재 2011.8.30. 2009헌바42).

❹ [O] 친양자 입양은 친생부모의 기본권과 친양자가 될 자의 기본권이 서로 대립 · 충돌하는 관계라고 볼 수 있다. 그리고 이들 기본권은 공히 가족생활에 대한 기본권으로서 그 서열이나 법익의 형량을 통하여 어느 한쪽의 기본권을 일방적으로 우선시키고 다른 쪽을 후퇴시키는 것은 부적절하다(헌재 2012.5.31. 2010헌바87).

## 11

정답 ③

① [O] 기본권 갈등(경합과 충돌)은 기본권의 해석, 효력 및 제한에 관한 문제이다.

② [O], ❸ [×] **기본권의 경합과 충돌 비교**

| 구분 | 기본권 경합 | 기본권 충돌 |
|---|---|---|
| 기본권의 주체 | 단수 | 복수 |
| 기본권의 종류 | 다른 기본권, 반드시 상이한 기본권이어야 한다. | 다른 기본권 간에도 발생하나, 동일한 기본권 간에도 발생한다. |
| 기본권 침해주체 | 국가 | 사인 |
| 기본권의 효력 | 대국가적 효력 | 대사인적 효력과 대국가적 효력 |
| 해결방법 | 최강효력설, 최약효력설 | 법익형량, 규범조화적 해석, 규범영역분석이론, 수인한도론 |

④ [O] 청구인은 등록조항이 인간다운 생활을 할 권리를 침해한다고 주장하나, 헌법 제34조 제1항이 보장하는 인간다운 생활을 할 권리는 인간의 존엄에 상응하는 최소한의 물질적인 생활의 유지에 필요한 급부를 요구할 수 있는 권리를 의미하므로(헌재 2004.10.28. 2002헌마328 참조), 등록조항에 의하여 청구인의 인간다운 생활을 할 권리가 침해될 여지는 없다(헌재

2016.3.31, 2014헌마457).

## 12 답 ④

① [O] 심판대상조항의 보호법익은 일부일처제에 기초한 혼인제도이다. 그러나 일단 간통행위가 발생한 이후에는 심판대상조항이 혼인생활 유지에 전혀 도움을 주지 못한다. 간통죄는 친고죄이고, 고소권의 행사는 혼인이 해소되거나 이혼소송을 제기한 후에라야 가능하므로, 고소권의 발동으로 기존의 가정은 파탄을 맞게 된다. 설사 나중에 고소가 취소된다고 하더라도 부부감정이 원상태로 회복되기를 기대하기 어려우므로, 간통죄는 혼인제도 내지 가정질서의 보호에 기여할 수 없다. 더구나 간통죄로 처벌받은 사람이 고소를 한 배우자와 재결합할 가능성은 거의 없으며, 간통에 대한 형사 처벌과정에서 부부갈등이 심화되어 원만한 가정질서를 보호할 수도 없다. 결국, 간통행위를 처벌함으로써 혼인제도를 보호한다는 의미는, 일방 배우자로 하여금, 만일 간통을 하면 형사적으로 처벌된다는 두려움 때문에 간통행위에 이르지 못하게 하여 혼인관계가 유지되게 하는 효과가 있다는 것이다. 그러나 이러한 심리적 사전억제수단에 실효성이 있는지는 의문이다(헌재 2015.2.26, 2009헌바17).

② [O] 심판대상조항은 집행유예자와 수형자에 대하여 전면적 · 획일적으로 선거권을 제한하고 있다. 심판대상조항의 입법목적에 비추어 보더라도, 구체적인 범죄의 종류나 내용 및 불법성의 정도 등과 관계없이 일률적으로 선거권을 제한하여야 할 필요성이 있다고 보기는 어렵다. 범죄자가 저지른 범죄의 경중을 전혀 고려하지 않고 수형자와 집행유예자 모두의 선거권을 제한하는 것은 침해의 최소성원칙에 어긋난다(헌재 2014.1.28, 2012헌마409).

③ [O] 변호사시험 성적의 비공개는 기존 대학의 서열화를 고착시키는 등의 부작용을 낳고 있으므로 **수단의 적절성이 인정되지 않는다.** 또한 법학교육의 정상화나 교육 등을 통한 우수 인재 배출, 대학원 간의 과다경쟁 및 서열화 방지라는 입법목적은 법학전문대학원 내의 충실하고 다양한 교과과정 및 엄정한 학사관리 등과 같이 알 권리를 제한하지 않는 수단을 통해서 달성될 수 있고, 변호사시험 응시자들은 자신의 변호사시험 성적을 알 수 없게 되므로, 심판대상조항은 침해의 최소성 및 법익의 균형성 요건도 갖추지 못하였다(헌재 2015.6.25, 2011헌마769).

❹ [×] 교사 임용시험에 있어서 사범대 가산점과 복수 · 부전공 가산점은 적용대상에서 제외된 자에 대한 공무담임권 제한의 성격이 중대하고 서로 경쟁관계에 놓여 있는 응시자들 중 일부 특정 집단만 우대하는 결과를 가져오는 점에서, 그 가산점들에 관하여는 법률에서 적어도 그 적용대상이나 배점 등 기본적인 사항을 직접 명시적으로 규정하고 있어야 함에도 교육공무원법 제11조 제2항은 단지 "… 공개전형의 실시에 관하여 필요한 사항은 대통령령으로 정한다."라고만 할 뿐, 가산점 항목에 관하여는 아무런 명시적 언급도 하지 않고 있으므로 대전광역시 교육감이 대전광역시 공립중등학교 교사임용후보자 선정경쟁시험에서 대전, 충남 지역 소재 사범계대학 또는 한국교원대학교의 졸업자(졸업예정자) 중 교원경력이 없는 자로서 대전광역시 관내 고등학교를 졸업하고 교육감의 추천을 받아 입학한 자에게 제1차 시험 배점의 5%에 해당하는 가산점을 주도록 한 것과 부전공 교사자격증 소지자 또는 복수전공 교사자격증 소지자에게 제1차 시험 배점의 3 내지 5%에 해당하는 가산점을 주도록 한 것은 아무런 법률적 근거가 없는 것이어서 헌법 제37조 제2항에 반한다(헌재 2004.3.25, 2001헌마882).
**재판관 김영일, 재판관 김효종, 재판관 송인준의 보충의견:** 교육공무원법 등 관련법률에서 사범계대학 출신의 교사자격과 비사범계대학 출신의 교사자격의 차별을 예정하고 있지 않고, 비사범계대학 출신자들의 교사로서의 소명감이나 자질이 사범계대학 출신자의 그것에 훨씬 못 미치는 것으로 단정할 만한 실증적 근거가 없으며, 비사범계대학 출신자에 대해 교사자격 취득을 제도적으로 허용하고 있는 이상, 국가는 비사범대학 출신자들의 임용에 관한 정당한 기대이익도 보호할 책무가 있으므로 사범계 대학 출신자에 대한 가산점 부여는 객관적 타당성을 인정할 수 없고, 복수 · 부전공 교사자격 소지자가 실제로 복수의 교과목 모두를 충분히 전문성 있게 가르칠 능력을 갖추었는지에 관한 실증적 근거가 지나치게 빈약하고 미임용 교원의 적체 해소에 부정적이며 교사의 전문성이 저하될 수도 있다는 점에서 복수 · 부전공 가산점을 통해 추구되는 공익적 성과는 그로 인한 부정적 효과와 합리적 비례관계를 이루고 있다고 하기 어려우므로 위와 같은 사범대 가산점 및 복수 · 부전공 가산점 항목은 헌법 제37조 제2항의 법률유보원칙에 위배되는 외에 실체적으로도 위헌이다.

## 13 정답 ③

① [O] 일반적 법률유보조항은 헌법 제37조 제2항이다. 그러나 일반적 헌법유보조항은 없다.

② [O] 긴급명령과 긴급재정경제명령은 헌법 제76조에 따라 법률의 효력을 가지므로 법률의 수권 없이도 기본권 제한이 가능하다.

❸ [×] 기본권을 제한할 때에는 헌법 및 법률이나 법률적 효력을 가지는 규범에 근거하여야 한다. 따라서 **법률 또는 법률적 효력을 가지는 규범에 근거하지 않는 한 하위명령에 의해서 기본권을 제한할 수 없다.**

④ [O] 법률의 효력을 갖는 조약과 일반적으로 승인된 국제법규는 국내법과 동일한 효력을 가지므로 조약과 국제법규에 의해서도 기본권 제한은 가능하다.

## 14 정답 ②

ㄱ. [부인] '북한의 남침 가능성의 증대'라는 추상적이고 주관적인 상황인식만으로는 긴급조치를 발령할 만한 국가적 위기상황이 존재한다고 보기 부족하고, 주권자이자 헌법개정권력자인 국민이 유신헌법의 문제점을 지적하고 그 개정을 주장하거나 청원하는 활동을 금지하고 처벌하는 긴급조치 제9호는 국민주권주의에 비추어 목적의 정당성을 인정할 수 없다(헌재 2013.3.21, 2010헌바132 등).

ㄴ. [긍정] 인생의 황금기에 해당하는 20대 초 · 중반의 소중한 시간을 사회와 격리된 채 통제된 환경에서 자기개발의 여지없이 군복무 수행에 바침으로써 국가 · 사회에 기여하였고, 그 결과

공무원채용시험 응시 등 취업준비에 있어 제대군인이 아닌 사람에 비하여 상대적으로 불리한 처지에 놓이게 된 제대군인의 사회복귀를 지원한다는 것은 입법정책적으로 얼마든지 가능하고 또 매우 필요하다고 할 수 있으므로 이 입법목적은 정당하다(헌재 1999.12.23, 98헌마363).

ㄷ. [부인] 피의자신문에 참여한 변호인이 피의자 옆에 앉는다고 하여 피의자 뒤에 앉는 경우보다 수사를 방해할 가능성이 높아진다거나 수사기밀을 유출할 가능성이 높아진다고 볼 수 없으므로, 이 사건 후방착석요구행위의 목적의 정당성과 수단의 적절성을 인정할 수 없다. 이 사건 후방착석요구행위로 얻어질 공익보다는 변호인의 피의자신문참여권 제한에 따른 불이익의 정도가 크므로, 법익의 균형성 요건도 충족하지 못한다. 따라서 이 사건 후방착석요구행위는 변호인인 청구인의 변호권을 침해한다(헌재 2017.1.30, 2016헌마50).

ㄹ. [부인] 이 사건 법률조항의 경우 입법목적에 정당성이 인정되지 않는다. 여성이 혼전 성관계를 요구하는 상대방 남자와 성관계를 가질 것인가의 여부를 스스로 결정한 후 자신의 결정이 착오에 의한 것이라고 주장하면서 상대방 남성의 처벌을 요구하는 것은 여성 스스로가 자신의 성적자기결정권을 부인하는 행위이다. 또한 혼인빙자간음죄가 다수의 남성과 성관계를 맺는 여성 일체를 '음행의 상습 있는 부녀'로 낙인찍어 보호의 대상에서 제외시키고 보호대상을 '음행의 상습 없는 부녀'로 한정함으로써 여성에 대한 남성우월적 정조관념에 기초한 가부장적 · 도덕주의적 성 이데올로기를 강요하는 셈이 된다(헌재 2009.11.26, 2008헌바58).

ㅁ. [부인] 현대의 자유민주주의사회에서 동성동본금혼을 규정한 민법 제809조 제1항은 이제 사회적 타당성 내지 합리성을 상실하고 있음과 아울러 '인간으로서의 존엄과 가치 및 행복추구권'을 규정한 헌법이념 및 '개인의 존엄과 양성의 평등'에 기초한 혼인과 가족생활의 성립 · 유지라는 헌법규정에 정면으로 배치될 뿐 아니라 남계혈족에만 한정하여 성별에 의한 차별을 함으로써 헌법상의 평등의 원칙에도 위반된다 할 것이다. 이 사건 법률조항은 헌법 제10조, 제11조 제1항, 제36조 제1항에 위반될 뿐만 아니라 그 입법목적이 이제는 혼인에 관한 국민의 자유와 권리를 제한할 '사회질서'나 '공공복리'에 해당될 수 없다는 점에서 헌법 제37조 제2항에도 위반된다 할 것이다(헌재 1997.7.16, 95헌가6).

ㅂ. [긍정] 시험 성적이 공개될 경우 변호사시험 대비에 치중하게 된다는 우려가 있으나, 좋은 성적을 얻기 위해 노력하는 것은 당연하고 시험성적을 공개하지 않는다고 하여 변호사시험 준비를 소홀히 하는 것도 아니다. 오히려 시험성적을 공개하는 경우 경쟁력 있는 법률가를 양성할 수 있고, 각종 법조직역에 채용과 선발의 객관적 기준을 제공할 수 있다. 따라서 변호사시험 성적의 비공개는 기존 대학의 서열화를 고착시키는 등의 부작용을 낳고 있으므로 수단의 적절성이 인정되지 않는다. 또한 법학교육의 정상화나 교육 등을 통한 우수 인재 배출, 대학원 간의 과다경쟁 및 서열화 방지라는 입법목적은 법학전문대학원 내의 충실하고 다양한 교과과정 및 엄정한 학사관리 등과 같이 알 권리를 제한하지 않는 수단을 통해서 달성될 수 있고, 변호사시험 응시자들은 자신의 변호사시험 성적을 알 수 없게 되므로, 심판대상조항은 침해의 최소성 및 법익의 균형성 요건도 갖추지 못하였다. 따라서 심판대상조항은 과잉금지원칙에 위배하여 청구인들의 알 권리를 침해한다(헌재 2015.6.25, 2011헌마769 등).

ㅅ. [긍정] 비전문적인 영세경비업체의 난립을 막고 전문경비업체를 양성하며, 경비원의 자질을 높이고 무자격자를 차단하여 불법적인 노사분규 개입을 막고자 하는 입법목적 자체는 정당하다고 보여진다(헌재 2002.4.25, 2001헌마614).

## 15

정답 ④

① [×] 청구인들이 주장하는 것은 위 조항들의 내용이 위헌이라는 것이 아니라, 주민등록번호의 잘못된 이용에 대비한 **'주민등록번호 변경'에 대하여 아무런 규정을 두고 있지 않은 것**이 헌법에 위반된다는 것이므로, 이는 주민등록번호 부여제도에 대하여 입법을 하였으나 주민등록번호의 변경에 대하여는 아무런 규정을 두지 아니한 **부진정입법부작위가 위헌이라는 것이다**(헌재 2015.12.23, 2013헌바68등).

② [×] 비군사적 성격을 갖는 복무도 입법자의 형성에 따라 병역의 무의 내용에 포함될 수 있고, 대체복무제는 그 개념상 병역종류조항과 밀접한 관련을 갖는다. 따라서 병역종류조항에 대한 이 사건 심판청구는 입법자가 아무런 입법을 하지 않은 진정입법부작위를 다투는 것이 아니라, 입법자가 병역의 종류에 관하여 입법은 하였으나 그 내용이 양심적 병역거부자를 위한 대체복무제를 포함하지 아니하여 불완전 · 불충분하다는 부진정입법부작위를 다투는 것이라고 봄이 상당하다(헌재 2018.6.28, 2011헌바379).

③ [×] 장애인의 복지를 향상해야 할 국가의 의무가 다른 다양한 국가과제에 대하여 최우선적인 배려를 요청할 수 없을 뿐 아니라, 나아가 헌법의 규범으로부터는 '장애인을 위한 저상버스의 도입'과 같은 구체적인 국가의 행위의무를 도출할 수 없는 것이다. 국가에게 헌법 제34조에 의하여 장애인의 복지를 위하여 노력을 해야 할 의무가 있다는 것은, 장애인도 인간다운 생활을 누릴 수 있는 정의로운 사회질서를 형성해야 할 국가의 일반적인 의무를 뜻하는 것이지, 장애인을 위하여 저상버스를 도입해야 한다는 구체적 내용의 의무가 헌법으로부터 나오는 것은 아니다(헌재 2002.12.18, 2002헌마52).

❹ [○] 연명치료 중단에 관한 자기결정권'을 보장하는 방법으로서 '법원의 재판을 통한 규범의 제시'와 '입법' 중 어느 것이 바람직한가는 입법정책의 문제로서 국회의 재량에 속한다 할 것이다. 그렇다면 헌법해석상 '연명치료 중단 등에 관한 법률'을 제정할 국가의 입법의무가 명백하다고 볼 수 없다. 결국 환자 본인이 제기한 '연명치료 중단 등에 관한 법률'의 입법부작위의 위헌확인에 관한 헌법소원 심판청구는 국가의 입법의무가 없는 사항을 대상으로 한 것으로서 헌법재판소법 제68조 제1항 소정의 '공권력의 불행사'에 대한 것이 아니므로 부적법하다(헌재 2009.11.26, 2008헌마385).

## 16

정답 ②

① [×] 부진정입법부작위의 경우에는 진정입법부작위의 경우와는 달리, 불완전한 법규 자체를 대상으로 그것이 헌법 위반이라는 적극적인 헌법소원을 하여야 하고, 헌법재판소법에서 정한 청구기간도 준수하여야 한다(헌재 1996.6.13, 95헌마115).

❷ [O] 국가유공자에 대한 국가의 우선적 보호이념을 명시하는 헌법 제32조 제6항이 전직 경찰관이라는 신분으로 인하여 인민군에 의해 처형된 자를 국가유공자에 준하여 예우하도록 법률에 위임하고 있다고는 볼 수 없을 뿐만 아니라 그 밖에 우리 헌법 어디에도 그러한 내용의 입법위임을 하는 규정이 없으며, 헌법해석상 그러한 법률을 제정함으로써 전직 경찰관의 신분으로 인하여 사망한 자 및 그 유족인 청구인의 기본권을 보호하여야 하여야 할 입법자의 행위의무 내지 보호의무가 발생하였다고 볼 여지가 없으므로 이 사건은 진정입법부작위 헌법소원을 제기할 수 있는 경우에 해당하지 아니한다(헌재 2003.6.26, 2002헌마624).

③ [×] [1] 강제집행은 채권자의 신청에 의하여 국가의 집행기관이 채권자를 위하여 채무명의에 표시된 사법상의 이행청구권을 국가권력에 의하여 강제적으로 실현하는 법적 절차를 지칭하는 것이다. 강제집행권은 국가가 보유하는 통치권의 한 작용으로서 민사사법권에 속하는 것이고, 채권자인 청구인들은 국가에 대하여 강제집행권의 발동을 구하는 공법상의 권능인 강제집행청구권만을 보유하고 있을 따름으로서 청구인들이 강제집행권을 침해받았다고 주장하는 권리는 헌법 제23조 제3항 소정의 재산권에 해당되지 아니한다.
[2] 외교관계에 관한 비엔나협약 제32조 제1항과 제4항에 의하여 외교관 등을 파견한 국가는 판결의 집행으로부터의 면제의 특권을 포기할 수도 있는 것이므로 위 협약에 가입하는 것이 바로 헌법 제23조 제3항 소정의 '공공필요에 의한 재산권의 제한'에 해당하는 것은 아니다.
[3] 외국의 대사관저에 대하여 강제집행을 할 수 없다는 이유로 집달관이 청구인들의 강제집행의 신청의 접수를 거부하여 강제집행이 불가능하게 된 경우 국가가 청구인들에게 손실을 보상하는 법률을 제정하여야 할 헌법상의 명시적인 입법위임은 인정되지 아니하고, 헌법의 해석으로도 그러한 법률을 제정함으로써 청구인들의 기본권을 보호하여야 할 입법자의 행위의무 내지 보호의무가 발생하였다고 볼 수 없다(헌재 1998.5.28, 96헌마44).

④ [×] 삼권분립의 원칙, 법치행정의 원칙을 당연한 전제로 하고 있는 우리 헌법하에서 행정권의 행정입법 등 법집행의무는 헌법적 의무라고 보아야 할 것이다. 그런데 이는 행정입법의 제정이 법률의 집행에 필수불가결한 경우로서 행정입법을 제정하지 아니하는 것이 곧 행정권에 의한 입법권 침해의 결과를 초래하는 경우를 말하는 것이므로, 만일 하위 **행정입법의 제정 없이 상위법령의 규정만으로도 집행이 이루어질 수 있는 경우라면 하위 행정입법을 하여야 할 헌법적 작위의무는 인정되지 아니한다**(헌재 2013.5.30, 2011헌마198).

## 17

정답 ①

❶ [O] 국가작용에 있어서 취해진 어떠한 조치나 선택된 수단은 그것이 달성하려는 사안의 목적에 적합하여야 함은 당연하지만, 조치나 수단이 목적달성을 위하여 유일무이한 것일 필요는 없는 것이다. 국가가 어떠한 목적을 달성함에 있어 다른 여러 가지의 조치나 수단을 병과하여야 가능하다고 판단하는 경우도 있을 수 있으므로 과잉금지의 원칙이라는 것이 목적달성에 필요한 **유일의 수단선택을 요건으로 하는 것이라고 할 수는 없는 것이다.** 물론 여러 가지의 조치나 수단을 병행하는 경우에도 그 모두가 목적에 적합하고 필요한 정도 내의 것이어야 함은 말할 필요조차 없다(헌재 1989.12.22, 88헌가13).

② [×] **국가작용에 있어서 취해진 어떠한 조치나 선택된 수단은 그것이 달성하려는 사안의 목적에 적합하여야 함은 당연하지만 그 조치나 수단이 목적달성을 위하여 유일무이한 것일 필요는 없는 것이다.** 국가가 어떠한 목적을 달성함에 있어서는 어떠한 조치나 수단 하나만으로서 가능하다고 판단할 경우도 있고 다른 여러 가지의 조치나 수단을 병과하여야 가능하다고 판단하는 경우도 있을 수 있으므로 과잉금지의 원칙이라는 것이 목적달성에 필요한 유일의 수단선택을 요건으로 하는 것이라고 할 수는 없는 것이다(헌재 1989.12.22, 88헌가13).

③ [×] 입법목적을 달성하기 위하여 가능한 여러 수단들 가운데 구체적으로 어느 것을 선택할 것인가의 문제가 기본적으로 입법재량에 속하는 것이기는 하다. 그러나 위 입법재량이라는 것도 자유재량을 말하는 것은 아니므로 입법목적을 달성하기 위한 수단으로서 반드시 **가장 합리적이며 효율적인 수단을 선택하여야 하는 것은 아니라고 할지라도** 적어도 현저하게 불합리하고 불공정한 수단의 선택은 피하여야 할 것이다(헌재 1996.4.25, 92헌바47).

④ [×] 헌법 제37조 제2항의 규정은 기본권 제한입법의 수권규정인 성질과 아울러 기본권 제한입법의 한계규정의 성질을 지니고 있다(헌재 1989.12.22, 88헌가13).

## 18

정답 ②

① [×] 대법원은 구청장의 동장에 대한 면직처분에 대하여 "특별권력관계에서도 위법·부당한 특별권력의 발동으로 인하여 권리를 침해당한 자는 그 위법·부당한 처분의 취소를 구할 수 있다."(대판 1982.7.27, 80누86)라고 판시하여 사법심사를 긍정하였다.

❷ [×] 경찰공무원을 비롯한 공무원의 근무관계인 이른바 특별권력관계에 있어서도 일반행정법관계에 있어서와 마찬가지로 행정청의 위법한 처분 또는 공권력의 행사·불행사 등으로 인하여 권리 또는 법적 이익을 침해당한 자는 행정소송 등에 의하여 그 위법한 처분 등의 취소를 구할 수 있다고 보아야 할 것이다(헌재 1993.12.23, 92헌마247).

③ [O] 헌법 제27조가 재판청구권을 기본권의 하나로 보장하고 있고 헌법 제37조에 따른 기본권의 제한방식으로서 법률유보를 선언한 법치주의 원리에 비추어 볼 때, 군인에 대한 징계가 재판청구권을 행사하였음을 그 사유로 하는 때에는 그러한 재판청구권의 행사를 제한할 수 있는 법률의 근거가 있어야만 한다. 또한 그러한 법률 규정은 군인에 대한 징계처분이 형사

처벌에 못지않은 불이익이 뒤따르는 점을 감안할 때 징계권자의 자의를 방지하고 수범자가 무엇이 금지되는 행위이고 무엇이 허용되는 행위인지를 사전에 예측하여 자신의 행동을 결정할 수 있을 정도의 명확성을 갖추어야 하고, 만일 그렇지 아니함에도 이를 징계의 근거가 되는 의무규범으로 삼는 것은 허용될 수 없다(대판 2018.3.22, 2012두26401).

④ [O] 원심이 사전건의의무의 근거 중의 하나로 삼은 군인복무규율 제25조 제4항은 "군인은 복무와 관련된 고충사항을 진정 · 집단서명 기타 법령이 정하지 아니한 방법을 통하여 군 외부에 그 해결을 요청하여서는 아니 된다."라고 규정하고 있다. 이는 군인으로 하여금 복무와 관련한 불이익한 처분 등 고충사항을 '법령이 정하지 아니한 방법'을 통해 해결하려고 해서는 안 된다는 의무를 부과한 것으로, 이를 반대로 해석하면 복무와 관련된 사항을 '법령에 의한 방법'으로 해결하라는 의미라고 할 수 있다. 그리고 법령에 의한 방법의 대표적인 것이 바로 헌법소원 등 재판청구권의 행사임은 의심할 여지가 없다. 따라서 군인복무규율 제24조와 제25조의 규정만으로는 원고에게 이 사건 헌법소원 청구에 앞서 사전건의 절차를 거쳐야 할 의무가 있다고 보기 어려우므로 이를 전제로 원고가 사전건의의무 등을 위반하였음을 징계사유로 삼을 수 없다(대판 2018.3.22, 2012두26401).

## 19

정답 ①

❶ [O] 청구인은 이 사건 법률조항이 청구인의 인간으로서의 존엄과 가치, 재산권을 침해하고, 국가의 기본권 보호의무를 위반하였다고 주장한다. 그러나 이미 살핀 바와 같이 이 사건 위로금은 국외강제동원 희생자의 유족에게 국가가 인도적 차원에서 지급하는 시혜적인 것이므로 이를 지급받지 못하게 되었다고 하여 인간으로서의 존엄과 가치나 재산권이 제한된다고 볼 수 없다. 또한 국가의 기본권 보호의무란 기본권적 법익을 기본권 주체인 사인에 의한 위법한 침해 또는 침해의 위험으로부터 보호하여야 하는 국가의 의무를 말하며, 주로 사인인 제3자에 의한 개인의 생명이나 신체의 훼손에서 문제되는 것이므로, 제3자에 의한 개인의 생명이나 신체의 훼손이 문제되는 사안이 아닌 이 사건에서는 이에 대해 판단할 필요가 없다(헌재 2015.12.23, 2011헌바139).

② [X] 국가가 국민의 생명 · 신체의 안전을 보호할 의무를 진다 하더라도 국가의 보호의무를 입법자 또는 그로부터 위임받은 집행자가 어떻게 실현하여야 할 것인가 하는 문제는 원칙적으로 권력분립과 민주주의의 원칙에 따라 국민에 의하여 직접 민주적 정당성을 부여받고 자신의 결정에 대하여 정치적 책임을 지는 입법자의 책임범위에 속하므로, 헌법재판소는 단지 제한적으로만 입법자 또는 그로부터 위임받은 집행자에 의한 보호의무의 이행을 심사할 수 있다. 따라서 국가가 국민의 생명 · 신체의 안전에 대한 보호의무를 다하지 않았는지 여부를 헌법재판소가 심사할 때에는 국가가 이를 보호하기 위하여 적어도 적절하고 효율적인 최소한의 보호조치를 취하였는가 하는 이른바 '과소보호금지 원칙'의 위반 여부를 기준으로 삼아, 국민의 생명 · 신체의 안전을 보호하기 위한 조치가 필요한 상황인데도 국가가 아무런 보호조치를 취하지 않았든지 아니면 취한 조치가 법익을 보호하기에 전적으로 부적합하거나 매우 불충분한 것임이 명백한 경우에 한하여 국가의 보호의무의 위반을 확인하여야 한다(헌재 2015.4.30, 2012헌마38).

③ [X] 일정한 경우 국가는 사인인 제3자에 의한 국민의 환경권 침해에 대해서도 적극적으로 기본권 보호조치를 취할 의무를 지나, 헌법재판소가 이를 심사할 때에는 국가가 국민의 기본권적 법익 보호를 위하여 적어도 적절하고 효율적인 최소한의 보호조치를 취했는가 하는 이른바 "과소보호금지원칙"의 위반 여부를 기준으로 삼아야 한다. 이 사건의 경우 청구인의 기본권적 법익이 침해되고 있음이 명백히 드러나지 않고, 공직선거법의 규정을 보더라도 확성장치로 인한 소음을 예방하는 규정이 불충분하다고 단정할 수도 없으며, 기본권보호의무의 인정 여부를 선거운동의 자유와의 비교형량하에서 판단할 때, 확성장치 소음규제기준을 정하지 않았다는 것만으로 청구인의 정온한 환경에서 생활할 권리를 보호하기 위한 입법자의 의무를 과소하게 이행하였다고 평가할 수는 없다(헌재 2008.7.31, 2006헌마711).

**재판관 조대현의 별개의 합헌의견**: 이 사건 법률조항에서 선거운동을 위하여 확성장치의 사용을 허용하면서 확성장치에 의한 소음허용기준을 규정하지 아니한 것이 청구인의 환경권을 침해하였는지 여부에 대해서는 과소보호금지원칙이 아니라 헌법 제37조 제2항이 심사기준이 되어야 한다. 이 사건 법률조항은 청구인의 환경권을 과도하게 침해하였다고 볼 수 없으므로 합헌이다.

④ [X] 심판대상조항은 가축사육업 허가를 받거나 등록을 할 때 갖추어야 하는 가축사육시설기준으로서, 가축사육시설의 환경이 열악해지는 것을 막는 최소한의 기준이라 할 것이고, 그 규제 정도도 점진적으로 강화되고 있다. 따라서 심판대상조항만으로곧바로가축들의 건강상태가 악화되어 결과적으로 청구인들의 생명 · 신체의 안전이 침해되었다고 보기는 어렵다. 또한, 국가는 심판대상조항뿐만 아니라 축산법 기타 많은 관련 법령들에서 가축의 사육 및 도축, 유통에 이르는 전 단계에 걸쳐 가축의 질병 발생과 확산을 방지하고 가축사육시설을 규제함으로써, 국민의 생명 · 신체에 대한 안전이 침해받지 않도록 여러 가지 조치를 취하고 있다. 따라서 심판대상조항이 국민의 생명 · 신체의 안전에 대한 국가의 보호의무에 관한 과소보호금지원칙에 위배되었다고 볼 수는 없다(헌재 2015.9.24, 2013헌마384).

## 20

정답 ④

ㄱ. [X] 이 사건에서는 담배의 제조 및 판매에 대하여 규율하고 있는 담배사업법이 직접흡연으로 인한 폐해라는 위험상황으로부터 소비자인 국민의 생명 · 신체의 안전을 보호하기 위하여 적절하고도 효율적인 **최소한의 보호조치를 취하고 있는지가 문제된다**(헌재 2015.4.30, 2012헌마38).

ㄴ. [X] 일정한 경우 국가는 사인인 제3자에 의한 국민의 환경권 침해에 대해서도 적극적으로 기본권 보호조치를 취할 의무를 지나, 헌법재판소가 이를 심사할 때에는 국가가 국민의 기본권적 법익 보호를 위하여 적어도 적절하고 효율적인 최소한의 보호조치를 취했는가 하는 이른바 "과소보호금지원칙"의 위반 여부를 기준으로 삼아야 한다(헌재 2008.7.31, 2006헌

마711).

ㄷ. [O] 강제동원 피해자들에게 금전적 지원을 해주는 것만이 유일한 기본권 보호의 방법이라고 볼 헌법적 근거는 존재하지 아니한다. 국가가 그동안 잘 알려지지 않았던 국내 강제동원자들을 비롯한 강제동원자들에 대한 진상 파악을 위하여 구 강제동원진상규명법을 제정하여 일정한 절차를 거쳐 신청자들을 강제동원 피해자로 지정하여 그들의 희생을 기리는 조치를 취한 점 등을 종합적으로 고려하여 볼 때, 비록 태평양전쟁 관련 강제동원자들에 대한 국가의 지원이 충분하지 못한 점이 있다하더라도, 국내 강제동원자들을 위하여 국가가 아무런 보호조치를 취하지 아니하였다든지 아니면 국가가 취한 조치가 전적으로 부적합하거나 매우 불충분한 것임이 명백한 경우라고 단정하기는 어렵다. 따라서 이 사건 법률조항이 국민에 대한 국가의 기본권보호의무에 위배된다는 청구인의 주장은 이유 없다(헌재 2011.2.24. 2009헌마94).

ㄹ. [X] 환경상 위해로부터 지역주민을 포함한 국민의 건강을 보호하고 쾌적한 환경을 보전하기 위한 제도적 장치들을 다각적으로 마련하고 있다. 따라서 환경기준참고조항이 산업단지 조성사업 등 환경영향평가 대상사업의 사업계획 등에 대한 승인 및 그 시행으로 인하여 초래될 수 있는 환경상 위해로부터 국민의 생명·신체의 안전을 보호하기 위하여 필요한 최소한의 보호조치를 취하지 아니한 것이라고 보기 어려우므로, 국가의 기본권 보호의무에 위배되었다고 할 수 없다(헌재 2016.12.29. 2015헌바280).

ㅁ. [O] 이 사건에서와 같이 외국의 대사관저에 대하여 강제집행을 할 수 없다는 이유로 집달관이 청구인의 강제집행의 신청의 접수를 거부하여 강제집행의 불가능하게 된 경우 국가가 청구인에게 손실을 보상하는 법률을 제정하여야 할 헌법상의 명시적인 입법위임은 인정되지 아니하고, 헌법의 해석으로도 그러한 법률을 제정함으로써 청구인들의 기본권을 보호하여야 할 입법자의 행위의무 내지 보호의무가 발생하였다고 볼 수 없다(헌재 1998.5.28. 96헌마44).

# 4회 진도별 모의고사 정답 및 해설
(인간의 존엄성 ~ 평등권 ①)

## 정답

p.28

| 01 | ④ | 02 | ③ | 03 | ① | 04 | ③ | 05 | ③ |
|---|---|---|---|---|---|---|---|---|---|
| 06 | ③ | 07 | ③ | 08 | ④ | 09 | ① | 10 | ② |
| 11 | ② | 12 | ① | 13 | ③ | 14 | ② | 15 | ④ |
| 16 | ① | 17 | ③ | 18 | ③ | 19 | ④ | 20 | ① |

### 01

정답 ④

① [×] 헌법재판소는 그 보호의무의 이행의 정도와 관련하여 헌법이 요구하는 최소한의 보호수준을 하회하여서는 아니 된다는 의미에서 과소보호금지의 원칙을 준수하여야 한다.

② [×] 국가가 국민의 생명 · 신체의 안전에 대한 보호의무를 다하지 않았는지 여부를 헌법재판소가 심사할 때에는 국가가 이를 보호하기 위하여 적어도 적절하고 효율적인 최소한의 보호조치를 취하였는가 하는 이른바 '과소보호금지원칙'의 위반 여부를 기준으로 삼아, 국민의 생명 · 신체의 안전을 보호하기 위한 조치가 필요한 상황인데도 국가가 아무런 보호조치를 취하지 않았든지 아니면 취한 조치가 법익을 보호하기에 전적으로 부적합하거나 매우 불충분한 것임이 명백한 경우에 한하여 국가의 보호의무의 위반을 확인하여야 하는 것이다(헌재 2009.2.26, 2005헌마764).

③ [×] 국가가 기본권을 제한할 때 적용되는 대표적 심사기준은 과잉금지원칙 또는 비례원칙이나, 국가가 기본권을 보호했는지 여부를 심사할 때의 심사기준은 과소보호금지원칙이다.

❹ [O] 국가가 국민의 생명 · 신체의 안전에 대한 보호의무를 다하지 않았는지 여부를 헌법재판소가 심사할 때에는 국가가 이를 보호하기 위하여 적어도 적절하고 효율적인 최소한의 보호조치를 취하였는가 하는 이른바 '과소보호금지원칙'의 위반 여부를 기준으로 삼아, 국민의 생명 · 신체의 안전을 보호하기 위한 조치가 필요한 상황인데도 국가가 아무런 보호조치를 취하지 않았든지 아니면 취한 조치가 법익을 보호하기에 전적으로 부적합하거나 매우 불충분한 것임이 명백한 경우에 한하여 국가의 보호의무의 위반을 확인하여야 하는 것이다(헌재 2009.2.26, 2005헌마764).

### 02

정답 ③

① [O] 배아생성자는 배아에 대해 자신의 유전자정보가 담긴 신체의 일부를 제공하고, 또 배아가 모체에 성공적으로 착상하여 인간으로 출생할 경우 생물학적 부모로서의 지위를 갖게 되므로, 배아의 관리 또는 처분에 대한 결정권을 가진다. 이러한 배아생성자의 배아에 대한 결정권은 헌법상 명문으로 규정되어 있지는 아니하지만, 헌법 제10조로부터 도출되는 일반적 인격권의 한 유형으로서의 헌법상 권리라 할 것이다(헌재 2010.5.27, 2005헌마346).

② [O] 이 사건 법률조항이 추구하는 공익이 해부용 시체의 공급을 원활하게 함으로써 국민 보건을 향상시키고 의학의 교육 및 연구에 기여하기 위한 것이라 하더라도, 사후 자신의 시체가 본인의 의사와는 무관하게 해부용으로 제공됨으로써 자기결정권이 침해되는 사익이 그보다 결코 작다고 할 수는 없으므로, 법익 균형성 원칙에도 위반된다(헌재 2015.11.26, 2012헌마940).

❸ [×] 본인인증 조항을 통하여 달성하고자 하는 게임과몰입 및 중독 방지라는 공익은 매우 중대하므로 법익의 균형성도 갖추었다. 따라서 본인인증 조항은 청구인들의 일반적 행동의 자유 및 개인정보자기결정권을 침해하지 아니한다(헌재 2015.3.26, 2013헌마517).

④ [O] 개인의 인격권, 행복추구권에는 개인의 자기운명결정권이 전제되는 것이고, 이 자기운명결정권에는 성행위 여부 및 그 상대방을 결정할 수 있는 성적 자기결정권이 또한 포함되어 있으며, 간통죄의 규정이 개인의 성적 자기결정권을 제한하는 것임은 틀림없다(헌재 1990.9.10, 89헌마82).

### 03

정답 ①

❶ [×] 미군기지의 이전은 공공정책의 결정 내지 시행에 해당하는 것으로서 인근 지역에 거주하는 사람들의 삶을 결정함에 있어서 사회적 영향을 미치게 되나, 개인의 인격이나 운명에 관한 사항은 아니며 각자의 개성에 따른 개인적 선택에 직접적인 제한을 가하는 것이 아니다. 따라서 그와 같은 사항은 헌법상 자기결정권의 보호범위에 포함된다고 볼 수 없다(헌재 2006.2.23, 2005헌마268).

② [O] 자기낙태죄 조항은 모자보건법에서 정한 사유에 해당하지 않는다면 결정가능기간 중에 다양하고 광범위한 사회적 · 경제적 사유를 이유로 낙태갈등 상황을 겪고 있는 경우까지도 예외 없이 전면적 · 일률적으로 임신의 유지 및 출산을 강제하

고, 이를 위반한 경우 형사처벌하고 있다. 따라서, 자기낙태죄 조항은 입법목적을 달성하기 위하여 필요한 최소한의 정도를 넘어 임신한 여성의 자기결정권을 제한하고 있어 침해의 최소성을 갖추지 못하였고, 태아의 생명 보호라는 공익에 대하여만 일방적이고 절대적인 우위를 부여함으로써 법익균형성의 원칙도 위반하였으므로, 과잉금지원칙을 위반하여 임신한 여성의 자기결정권을 침해한다(헌재 2019.4.11, 2017헌바127).

③ [O] '죽음에 임박한 환자'에 대한 연명치료는 의학적인 의미에서 치료의 목적을 상실한 신체침해 행위가 계속적으로 이루어지는 것이라 할 수 있고, 죽음의 과정이 시작되는 것을 막는 것이 아니라 자연적으로는 이미 시작된 죽음의 과정에서의 종기를 인위적으로 연장시키는 것으로 볼 수 있어, 비록 연명치료 중단에 관한 결정 및 그 실행이 환자의 생명단축을 초래한다 하더라도 이를 생명에 대한 임의적 처분으로서 자살이라고 평가할 수 없고, 오히려 인위적인 신체침해 행위에서 벗어나서 자신의 생명을 자연적인 상태에 맡기고자 하는 것으로서 인간의 존엄과 가치에 부합한다 할 것이다. 그렇다면 환자가 장차 죽음에 임박한 상태에 이를 경우에 대비하여 미리 의료인 등에게 연명치료 거부 또는 중단에 관한 의사를 밝히는 등의 방법으로 죽음에 임박한 상태에서 인간으로서의 존엄과 가치를 지키기 위하여 연명치료의 거부 또는 중단을 결정할 수 있다 할 것이고, 위 결정은 헌법상 기본권인 자기결정권의 한 내용으로서 보장된다 할 것이다(헌재 2009.11.26, 2008헌마385).

④ [O] 부부간 정조의무위반행위에 대하여 위와 같은 민사법상 책임 이외에 형사적으로 처벌함으로써 부부간 정조의무가 보호될 수 있는지는 의문이다. 왜냐하면 이러한 정조의무는 개인과 사회의 자율적인 윤리의식, 그리고 배우자의 애정과 신의에 의하여 준수되어야 하지, 형벌로 그 생성과 유지를 강요해 봐야 실효성이 없다. … 선량한 성풍속 및 일부일처제에 기초한 혼인제도를 보호하고 부부간 정조의무를 지키게 하고자 간통행위를 처벌하는 심판대상조항은 그 수단의 적절성과 침해최소성을 갖추지 못하였다고 할 것이다. … 심판대상조항은 수단의 적절성 및 침해최소성을 갖추지 못하였고 법익의 균형성도 상실하였으므로, 과잉금지원칙을 위반하여 국민의 성적 자기결정권 및 사생활의 비밀과 자유를 침해하는 것으로 헌법에 위반된다(헌재 2015.2.26, 2009헌바17).

## 04

정답 ③

① [×] 비록 연명치료 중단에 관한 결정 및 그 실행이 환자의 생명단축을 초래한다 하더라도 이를 생명에 대한 임의적 처분으로서 자살이라고 평가할 수 없고, 오히려 인위적인 신체침해 행위에서 벗어나서 자신의 생명을 자연적인 상태에 맡기고자 하는 것으로서 인간의 존엄과 가치에 부합한다 할 것이다. 그렇다면 환자가 장차 죽음에 임박한 상태에 이를 경우에 대비하여 미리 의료인 등에게 연명치료 거부 또는 중단에 관한 의사를 밝히는 등의 방법으로 죽음에 임박한 상태에서 인간으로서의 존엄과 가치를 지키기 위하여 연명치료의 거부 또는 중단을 결정할 수 있다 할 것이고, 위 결정은 헌법상 기본권인 자기결정권의 한 내용으로서 보장된다 할 것이다(헌재 2009.11.26, 2008헌마385).

② [×] 이 사건 심판대상인 '공권력의 불행사'라는 것은 '연명치료 중단 등에 관한 법률의 입법부작위'인바, 위 입법부작위(또는 입법의무의 이행에 따른 입법행위)의 직접적인 상대방은 연명치료 중단으로 사망에 이르는 환자이고, 그 자녀들은 위 입법부작위로 말미암아 '환자가 무의미한 연명치료로 자연스런 죽음을 뒤로한 채 병상에 누워있는 모습'을 지켜보아야 하는 정신적 고통을 감수하고, 환자의 부양의무자로서 연명치료에 소요되는 의료비 등 경제적 부담을 안을 수 있다는 점에 이해관계를 갖지만, 이와 같은 정신적 고통이나 경제적 부담은 간접적, 사실적 이해관계에 그친다고 보는 것이 타당하므로, 연명치료중인 환자의 자녀들이 제기한 이 사건 입법부작위에 관한 헌법소원은 자신 고유의 기본권의 침해에 관련되지 아니하여 부적법하다(헌재 2009.11.26, 2008헌마385).

❸ [O] 환자 본인이 제기한 '연명치료 중단 등에 관한 법률'의 입법부작위의 위헌확인에 관한 헌법소원 심판청구는 국가의 입법의무가 없는 사항을 대상으로 한 것으로서 헌법재판소법 제68조 제1항 소정의 '공권력의 불행사'에 대한 것이 아니므로 부적법하다(헌재 2009.11.26, 2008헌마385).

④ [×] 환자의 사전의료지시가 없는 상태에서 회복불가능한 사망의 단계에 진입한 경우에는 환자에게 의식의 회복가능성이 없으므로 더 이상 환자 자신이 자기결정권을 행사하여 진료행위의 내용 변경이나 중단을 요구하는 의사를 표시할 것을 기대할 수 없다. 그러나 환자의 평소 가치관이나 신념 등에 비추어 연명치료를 중단하는 것이 객관적으로 환자의 최선의 이익에 부합한다고 인정되어 환자에게 자기결정권을 행사할 수 있는 기회가 주어지더라도 연명치료의 중단을 선택하였을 것이라고 볼 수 있는 경우에는, 그 연명치료 중단에 관한 환자의 의사를 추정할 수 있다고 인정하는 것이 합리적이고 사회상규에 부합된다(대판 2009.5.21, 2009다17417).

## 05

정답 ③

① [×] 이 사안은 국가가 태아의 생명 보호를 위해 확정적으로 만들어 놓은 자기낙태죄 조항이 임신한 여성의 자기결정권을 제한하고 있는 것이 과잉금지원칙에 위배되어 위헌인지 여부에 대한 것이다. **자기낙태죄 조항의 존재와 역할을 간과한 채 임신한 여성의 자기결정권과 태아의 생명권의 직접적인 충돌을 해결해야 하는 사안으로 보는 것은 적절하지 않다.** 이하에서는 모자보건법이 정한 일정한 예외에 해당하지 않는 한 태아의 발달단계 혹은 독자적 생존능력과 무관하게 임신기간 전체를 통틀어 모든 낙태를 전면적·일률적으로 금지함으로써 임신한 여성의 자기결정권을 제한하고 있는 자기낙태죄 조항이 입법목적의 정당성과 그 목적달성을 위한 수단의 적합성, 침해의 최소성, 그리고 그 입법에 의해 보호하려는 공익과 침해되는 사익의 균형성을 모두 갖추었는지 여부를 살펴보기로 한다(헌재 2019.4.11, 2017헌바127).

② [×] 지문은 반대의견인 합헌의견이다. 법정의견은 독자적으로 생존할 수 있는 시점인 임신 22주를 기준으로 낙태 허용을 판단할 수 있다고 한다.

**관련판례**

> [1] **법정의견:** 태아가 모체를 떠난 상태에서 독자적으로 생존할 수 있는 시점인 임신 22주 내외에 도달하기 전이면서 동시에 임신 유지와 출산 여부에 관한 자기결정권을 행사하기에 충분한 시간이 보장되는 시기(이하 착상시부터 이 시기까지를 '결정가능기간'이라 한다)까지의 낙태에 대해서는 국가가 생명 보호의 수단 및 정도를 달리 정할 수 있다고 봄이 타당하다.
> [2] **재판관 조용호, 재판관 이종석의 합헌의견:** 태아와 출생한 사람은 생명의 연속적인 발달과정 아래 놓여 있다고 볼 수 있으므로, 인간의 존엄성의 정도나 생명 보호의 필요성과 관련하여 태아와 출생한 사람 사이에 근본적인 차이가 있다고 보기 어렵다. 따라서 태아 역시 헌법상 생명권의 주체가 된다. 태아의 생명권 보호라는 입법목적은 매우 중대하고, 낙태를 원칙적으로 금지하고 이를 위반할 경우 형사처벌하는 것 외에 임신한 여성의 자기결정권을 보다 덜 제한하면서 태아의 생명 보호라는 공익을 동등하게 효과적으로 보호할 수 있는 다른 수단이 있다고 보기 어렵다(헌재 2019.4.11, 2017헌바127).

❸ [O] 태아는 수정란이 자궁에 착상한 때로부터 낙태죄의 객체로 되는데 착상은 통상 수정 후 7일경에 이루어지므로, 그 이전의 생명에 대해서는 형법상 어떠한 보호도 행하고 있지 않다. 이와 같이 생명의 전체적 과정에 대해 법질서가 언제나 동일한 법적 보호 내지 효과를 부여하고 있는 것은 아니다. 따라서 **국가가 생명을 보호하는 입법적 조치를 취함에 있어 인간 생명의 발달단계에 따라 그 보호 정도나 보호수단을 달리하는 것은 불가능하지 않다**(헌재 2019.4.11, 2017헌바127).

④ [×] 국가가 생명을 보호하는 입법적 조치를 취함에 있어 인간생명의 발달단계에 따라 그 보호 정도나 보호수단을 달리하는 것은 불가능하지 않다. 태아가 모체를 떠난 상태에서 독자적으로 생존할 수 있는 시점인 임신 22주 내외에 도달하기 전이면서 동시에 임신 유지와 출산 여부에 관한 자기결정권을 행사하기에 충분한 시간이 보장되는 시기(이하 착상시부터 이 시기까지를 '결정가능기간'이라 한다)까지의 낙태에 대해서는 **국가가 생명 보호의 수단 및 정도를 달리 정할 수 있다고 봄이 타당하다**(헌재 2019.4.11, 2017헌바127).

## 06

정답 ③

① [O] 일반적 행동자유권의 보호영역에는 개인의 생활방식과 취미에 관한 사항이 포함되며, 여기에는 위험한 스포츠를 즐길 권리와 같은 위험한 생활방식으로 살아갈 권리도 포함된다(헌재 2003.10.30, 2002헌마518). 심판대상조항은 술에 취한 상태로 도로 외의 곳에서 운전하는 것을 금지하고 이에 위반했을 때 처벌하도록 하고 있으므로 일반적 행동의 자유를 제한한다(헌재 2016.2.25, 2015헌가11).

② [O], ❸ [×] 기부를 하고자 하는 자의 재산권보장이란 관점에서 보더라도 기부를 하고자 하는 자에게는 기부금품의 모집행위와 관계없이 자신의 재산을 기부행위를 통하여 자유로이 처분할 수 있는 가능성은 법 제3조에 의한 제한에도 불구하고 변함없이 남아 있으므로, 법 제3조가 기부를 하고자 하는 자의 재산권행사를 제한하지 아니한다. 국가의 간섭을 받지 아니하고 자유로이 기부행위를 할 수 있는 기회의 보장은 헌법상 보장된 재산권의 보호범위에 포함되지 않는다. 그렇다면 법 제3조에 의하여 제한되는 기본권은 행복추구권이다(헌재 1998.5.28, 96헌가5).

④ [O] 헌재 1998.10.15, 98헌마168

## 07

정답 ③

① [×] 헌법이 보장하는 행복추구권이 공동체의 이익과 무관하게 무제한의 경제적 이익의 도모를 보장하는 것이라고 볼 수 없으므로, 위와 같은 경제적 고려와 공동체의 이익을 위한 목적에서 비롯된 국산영화의무상영제가 공연장 경영자의 행복추구권을 침해한 것이라고 보기 어렵다(헌재 1995.7.21, 94헌마125).

② [×] 국가의 간섭을 받지 아니하고 자유로이 기부행위를 할 수 있는 기회의 보장은 헌법상 보장된 재산권의 보호범위에 포함되지 않는다. 그렇다면 법 제3조에 의하여 제한되는 기본권은 행복추구권이다(헌재 1998.5.28, 96헌가5).

❸ [O] 구입명령제도는 소주판매업자의 직업의 자유는 물론 소주제조업자의 경쟁 및 기업의 자유, 즉 직업의 자유와 소비자의 행복추구권에서 파생된 자기결정권을 지나치게 침해하는 위헌적인 규정이다(헌재 1996.12.26, 96헌가18).

④ [×] 청구인들은 검정고시 재응시를 제한하는 것이 평등권을 침해한다는 취지로 주장하나, 그 내용은 바로 '균등하게 교육을 받을 권리'의 제한에 다름 아니므로 교육을 받을 권리의 침해여부에 대한 판단에서 같이 이루어질 문제이고, 그 밖에 행복추구권, 자기결정권 등의 침해에 대하여도 주장하고 있으나, 이 사건과 가장 밀접한 관련을 가지고 핵심적으로 다투어지는 사항은 교육을 받을 권리이므로, 이하에서는 이 사건 응시제한이 교육을 받을 권리를 침해하는지 여부를 판단하기로 한다. '검정고시에 합격한 자'에 대하여만 응시자격 제한을 공고에 위임했다고 볼 근거도 없으므로, 이 사건 응시제한은 위임받은 바 없는 응시자격의 제한을 새로이 설정한 것으로서 기본권 제한의 법률유보원칙에 위배하여 청구인의 교육을 받을 권리 등을 침해한다(헌재 2012.5.31, 2010헌마139 등).

## 08

정답 ④

① [×] 지원금 상한 조항으로 인하여 일부 이용자들이 종전보다 적은 액수의 지원금을 지급받게 될 가능성이 있다고 할지라도, 이러한 불이익에 비해 이동통신 산업의 건전한 발전과 이용자의 권익을 보호한다는 공익이 매우 중대하다고 할 것이므로, 지원금 상한 조항은 법익의 균형성도 갖추었다. 따라서 지원금 상한 조항은 청구인들의 계약의 자유를 침해하지 아니한다(헌재 2017.5.25, 2014헌마844).

② [×] 이 사건 시행규칙조항은 수송용 LPG가 적절한 가격에 안정적으로 수급될 수 있는 환경을 조성하고, 그 사용에 있어 안전관리가 충분히 이루어질 수 있도록 하며, LPG의 가격을 상대적으로 저렴하게 유지하여 공공요금의 안정, 취약계층에 대한 복지혜택 부여, 공공기관 등의 재정 절감 등 국가 정책상

요구되는 공익상 필요에 기여하기 위한 것으로 그 입법목적은 정당하다. 일반인들은 LPG승용자동차 중 경형 승용자동차, 승차정원 7명 이상인 승용자동차, 하이브리드자동차의 경우에는 용도에 관계 없이 자유롭게 운행할 수 있고, 이 사건 시행규칙조항 단서에 따라 국가유공자등이나 장애인 등이 소유·사용하는 LPG승용자동차로서 등록 후 5년이 경과하면 그 운행에 아무런 제한을 받지 않는다. 이 사건 시행규칙조항에 의하여 제한되는 사익은, 일반인들이 LPG승용자동차를 자유롭게 운행할 수 없거나 LPG승용자동차의 소유자들이 자신들의 차량을 처분함에 있어 일정 기간 동안 그 상대방이 제한되는 것으로, 이 사건 시행규칙조항으로 달성하려는 공익에 비하여 크다고 보기 어렵다. 따라서 이 사건 시행규칙조항은 LPG승용자동차를 소유하고 있거나 LPG승용자동차를 운행하려는 청구인들의 일반적 행동자유권 및 재산권을 침해하지 않는다(헌재 2017.12.28. 2015헌마997).

③ [×] 아동·청소년대상 성범죄자의 신상정보를 등록하게 하고, 그 중 사진의 경우에는 1년마다 새로 촬영하여 제출하게 하고 이를 보존하는 것은 신상정보 등록대상자의 재범을 억제하고, 재범한 경우에는 범인을 신속하게 검거하기 위한 것이므로 그 입법목적이 정당하고, 사진이 징표하는 신상정보인 외모는 쉽게 변하고, 그 변경 유무를 객관적으로 판단하기 어려우므로 1년마다 사진제출의무를 부과하는 것은 그러한 입법목적 달성을 위한 적합한 수단이다. 외모라는 신상정보의 특성에 비추어 보면 변경되는 정보의 보관을 위하여 정기적으로 사진을 제출하게 하는 방법 외에는 다른 대체수단을 찾기 어렵고, 등록의무자에게 매년 새로 촬영된 사진을 제출하게 하는 것이 그리 큰 부담은 아닐 뿐만 아니라, 의무위반 시 제재방법은 입법자에게 재량이 있으며 형벌 부과는 입법재량의 범위 내에 있고 또한 명백히 잘못되었다고 할 수는 없으며, 법정형 또한 비교적 경미하므로 침해의 최소성원칙 및 법익균형성원칙에도 위배되지 아니한다. 따라서 이 사건 심판대상조항은 일반적 행동의 자유를 침해하지 아니한다(헌재 2015.7.30. 2014헌바257).

❹ [○] 당구장 출입자의 자숙이나 시설, 환경의 정화로 당구의 실내 스포츠로서의 이미지 개선은 가능한 것으로 사료되며 당구자체에 청소년이 금기시해야 할 요소가 있는 것으로는 보여지지 않기 때문에 당구를 통하여 자신의 소질과 취미를 살리고자 하는 소년에 대하여 당구를 금하는 것은 헌법상 보장된 행복추구권의 한 내용인 일반적인 행동자유권의 침해가 될 수 있을 것이다(헌재 1993.5.13. 92헌마80).

## 09

정답 ①

❶ [×] 교도소 수용거실에 조명을 켜 둔 행위는 교정시설의 안전과 질서유지를 위해서는 수용거실 안에 일정한 수준의 조명을 유지할 필요가 있다. 수용자의 도주나 자해 등을 막기 위해서는 취침시간에도 최소한의 조명은 유지할 수밖에 없다. 조명점등행위는 법무시설 기준규칙이 규정하는 조도 기준의 범위 안에서 이루어지고 있는데, 이보다 더 어두운 조명으로도 교정시설의 안전과 질서유지라는 목적을 같은 정도로 달성할 수 있다고 볼 수 있는 자료가 없다. 또 조명점등행위로 인한 청구인의 권익 침해가 교정시설 안전과 질서유지라는 공익 보호보다 더 크다고 보기도 어렵다. 그렇다면 조명점등행위가 과잉금지원칙에 위배하여 청구인의 기본권을 침해한다고 볼 수 없다(헌재 2018.8.30. 2017헌마440).

② [○] 헌법 제10조는 "모든 국민은 인간으로서의 존엄과 가치를 가지며, 행복을 추구할 권리를 가진다. 국가는 개인이 가지는 불가침의 기본적 인권을 확인하고 이를 보장할 의무를 진다."라고 규정하여 개인의 인격권과 행복추구권을 보장하고 있다. 개인의 인격권·행복추구권에는 개인의 자기운명결정권이 전제되는 것이고, 이 자기운명결정권에는 임신과 출산에 관한 결정, 즉 임신과 출산의 과정에 내재하는 특별한 희생을 강요당하지 않을 자유가 포함되어 있다(헌재 2012.8.23. 2010헌바402).

③ [○] 일본국에 의하여 광범위하게 자행된 반인도적 범죄행위에 대하여 일본군위안부 피해자들이 일본에 대하여 가지는 배상청구권은 헌법상 보장되는 재산권일 뿐만 아니라, 그 배상청구권의 실현은 무자비하고 지속적으로 침해된 인간으로서의 존엄과 가치 및 신체의 자유를 사후적으로 회복한다는 의미를 가지는 것이므로, 그 실현을 가로막는 것은 헌법상 재산권 문제에 국한되지 않고 근원적인 인간으로서의 존엄과 가치의 침해와 직접 관련이 있다. 따라서 침해되는 기본권이 매우 중대하다. 또한, 일본군위안부 피해자는 모두 고령으로서, 더 이상 시간을 지체할 경우 일본군위안부 피해자의 배상청구권을 실현함으로써 역사적 정의를 바로세우고 침해된 인간의 존엄과 가치를 회복하는 것은 영원히 불가능해질 수 있으므로, 기본권 침해 구제의 절박성이 인정되고, 이 사건 협정의 체결 경위 및 그 전후의 상황, 일련의 국내외적인 움직임을 종합해 볼 때 구제가능성이 결코 작다고 할 수 없다. 이상과 같은 점을 종합하면, 결국 이 사건 협정 제3조에 의한 분쟁해결절차로 나아가는 것만이 국가기관의 기본권 기속성에 합당한 재량권 행사라 할 것이고, 피청구인의 부작위로 인하여 청구인들에게 중대한 기본권의 침해를 초래하였다 할 것이므로, 이는 헌법에 위반된다(헌재 2011.8.30. 2006헌마788).

④ [○] 청소년 성매수 범죄자들은 일반인에 비해서 인격권과 사생활의 비밀의 자유를 넓게 제한받을 여지가 있다. 이 사건 법률이 인격권과 사생활의 비밀의 자유 제한정도가 청소년의 성보호라는 공익적 가치보다 크다고 할 수 없으므로 과잉금지원칙에 위반되지 않는다(헌재 2003.6.26. 2002헌가14).

## 10

정답 ②

① [×] 부모가 자녀의 이름을 지어주는 것은 자녀의 양육과 가족생활을 위하여 필수적인 것이고, 가족생활의 핵심적 요소라 할 수 있으므로, '부모가 자녀의 이름을 지을 자유'는 혼인과 가족생활을 보장하는 헌법 제36조 제1항과 행복추구권을 보장하는 헌법 제10조에 의하여 보호받는다(헌재 2016.7.28. 2015헌마964).

❷ [○] 입법자가 법률상 허가요건을 설정함에 있어 판단의 여지가 있는 개념을 사용해서는 안 된다거나, 허가요건에 관한 사항을 구체적이고 예측 가능한 범위에서 위임하는 자체를 금지한다는 것은 아니고, 다만 그 법이 헌법상 부여된 기본권적인 권리의 행사 여부에 관한 판단을 행정청의 자유로운 재량에 맡김으로써, 허가관청이 임의로 국민의 기본권적 권리를 처분

할 수 있도록 해서는 안 되며 헌법이 정하는 기본권 제한의 한계를 넘어서도 안 된다는 것이다(헌재 2010.2.25, 2008헌바83).

③ [×] 법 제3조는 학원이나 교습소가 아닌 장소에서 교습비의 유무상 여부 또는 그 액수의 다과를 불문하고 가르치는 행위를 금지하고 있다. 직업의 자유에 의하여 헌법상 보호되는 생활영역인 '직업'은 그 개념상 '어느 정도 지속적인 소득활동'을 그 요건으로 하므로, 무상 또는 일회적 · 일시적으로 가르치는 행위는 헌법 제15조의 직업의 자유에 의하여 보호되는 생활영역이 아니다. 이러한 성격과 형태의 가르치는 행위는 일반적 행동의 자유에 속하는 것으로서 헌법 제10조의 행복추구권에 의하여 보호된다(헌재 2000.4.27, 98헌가16).

④ [×] 헌법은 제31조 제1항에서 "능력에 따라 균등하게"라고 하여 교육영역에서 평등원칙을 구체화하고 있다. 헌법 제31조 제1항은 헌법 제11조의 일반적 평등조항에 대한 특별규정으로서 교육의 영역에서 평등원칙을 실현하고자 하는 것이다(헌재 2017.12.28, 2016헌마649).

## 11

정답 ②

① [O] 4 · 16 세월호참사 피해구제 및 지원 등을 위한 특별법은 세월호참사로 인하여 피해를 입은 사람의 피해를 신속하게 구제하기 위한 목적으로 제정되었고, 국가가 소송 이외의 간이한 방법으로 피해자에게 배상금 등을 우선 지급한 다음 국가 이외의 다른 책임자들에게 구상권 등을 행사하도록 하는 수단을 마련하였다. 이 사건 법률조항은 신청인이 배상금 등 지급결정에 동의한 경우 재판상 화해와 같은 효력을 부여함으로써 지급절차를 신속히 종결하고 배상금 등을 지급할 수 있도록 한 규정으로, 그 입법목적의 정당성과 수단의 적절성이 인정된다(헌재 2017.6.29, 2015헌마654).

❷ [×] 이 사건 시행령규정으로 인하여 제한되는 청구인들의 일반적 행동의 자유는 재판단계에서 법원이 이 규정을 해석하기 전에 일상생활에서 자신의 의사를 결정하고 그에 따른 행위를 하는 데 대한 자유권이다. 따라서 재판단계에 이르러 이 규정이 아무런 법적 구속력이 없는 것이라고 해석될 가능성이 있다고 하여 청구인들의 자유권을 제한하는 공권력의 행사가 되지 않는다고 할 수는 없다. 청구인들로서는 헌법소원 이외에 이와 같은 자유권 제한을 다툴 수 있는 방법이 없으므로, 이 사건 시행령규정은 헌법소원의 대상이 되는 공권력의 행사로 보아야 한다(헌재 2017.6.29, 2015헌마654).

③ [O] 4 · 16 세월호참사 피해구제 및 지원 등을 위한 특별법(이하 '세월호피해지원법'이라 한다) 제16조는 지급절차를 신속히 종결함으로써 세월호 참사로 인한 피해를 신속하게 구제하기 위한 것이다. 세월호피해지원법 제16조가 지급결정에 재판상 화해의 효력을 인정함으로써 확보되는 배상금 등 지급을 둘러싼 분쟁의 조속한 종결과 이를 통해 확보되는 피해구제의 신속성 등의 공익은 그로 인한 신청인의 불이익에 비하여 작다고 보기는 어려우므로, 법익의 균형성도 갖추고 있다. 따라서 세월호피해지원법 제16조는 청구인들의 재판청구권을 침해하지 않는다(헌재 2017.6.29, 2015헌마654).

④ [O] 4 · 16 세월호참사 피해구제 및 지원 등을 위한 특별법(이하 '세월호피해지원법'이라 한다)은 배상금 등의 지급 이후 효과나 의무에 관한 일반규정을 두거나 이에 관하여 범위를 정하여 하위법규에 위임한 바가 전혀 없다. 따라서 세월호피해지원법 제15조 제2항의 위임에 따라 시행령으로 규정할 수 있는 사항은 지급신청이나 지급에 관한 기술적이고 절차적인 사항일 뿐이다. 신청인에게 지급결정에 대한 동의의 의사표시 전에 숙고의 기회를 보장하고, 그 법적 의미와 효력에 관하여 안내해 줄 필요성이 인정된다 하더라도, 세월호피해지원법 제16조에서 규정하는 동의의 효력범위를 초과하여 세월호 참사 전반에 관한 일체의 이의제기를 금지시킬 수 있는 권한을 부여받았다고 볼 수는 없다. 따라서 이의제기금지조항은 법률유보원칙을 위반하여 법률의 근거 없이 대통령령으로 청구인들에게 세월호 참사와 관련된 일체의 이의제기금지의무를 부담시킴으로써 일반적 행동의 자유를 침해한다(헌재 2017.6.29, 2015헌마654).

## 12

정답 ①

❶ [×] 이 사건 운동화착용불허행위는 시설 바깥으로의 외출이라는 기회를 이용한 도주를 예방하기 위한 것으로서 그 목적이 정당하고, 위와 같은 목적을 달성하기 위한 적합한 수단이라 할 것이다. 또한 신발의 종류를 제한하는 것에 불과하여 법익침해의 최소성과 균형성도 갖추었다 할 것이므로, 이 사건 운동화착용불허행위가 기본권제한에 있어서의 과잉금지원칙에 반하여 청구인의 인격권과 행복추구권을 침해하였다고 볼 수 없다(헌재 2011.2.24, 2009헌마209).

② [O] 민사재판에서 법관이 당사자의 복장에 따라 불리한 심증을 갖거나 불공정한 재판진행을 하게 될 우려가 있다고 볼 수는 없으므로, 심판대상조항이 민사재판에 당사자로 출석하는 수형자의 사복착용을 불허하는 것으로 공정한 재판을 받을 권리가 침해되는 것은 아니다. 수형자가 민사법정에 출석하기까지 교도관이 반드시 동행하므로 수용자의 신분이 드러나게 되어 재소자용 의류로 인해 인격권과 행복추구권이 제한되는 정도는 제한적이고, 형사법정 이외의 법정 출입 방식은 미결수용자와 교도관 전용 통로 및 시설이 존재하는 형사재판과 다르며, 계호의 방식과 정도도 확연히 다르다. 따라서 심판대상조항이 민사재판에 당사자로 출석하는 수형자에 대해 사복착용을 불허하는 것은 청구인의 인격권과 행복추구권을 침해하지 아니한다(헌재 2015.12.23, 2013헌마712).

③ [O] 수사 및 재판단계에서 유죄가 확정되지 아니한 미결수용자에게 재소자용 의류를 입게 하는 것은 미결수용자로 하여금 모욕감이나 수치심을 느끼게 하고, 심리적인 위축으로 방어권을 제대로 행사할 수 없게 하여 실체적 진실의 발견을 저해할 우려가 있으므로, 도주 방지 등 어떠한 이유를 내세우더라도 그 제한은 정당화될 수 없어 헌법 제37조 제2항의 기본권 제한에서의 비례원칙에 위반되는 것으로서, 무죄추정의 원칙에 반하고 인간으로서의 존엄과 가치에서 유래하는 인격권과 행복추구권, 공정한 재판을 받을 권리를 침해하는 것이다(헌재 1999.5.27, 97헌마137).

④ [O] 심판대상조항이 형사재판의 피고인으로 출석하는 수형자에 대하여 사복착용을 허용하지 아니한 것은 청구인의 공정한 재판을 받을 권리, 인격권, 행복추구권을 침해한다(헌재 2015.12.23, 2013헌마712).

## 13 정답 ③

① [O] 혼인으로 새로이 1세대를 이루는 자를 위하여 상당한 기간 내에 보유 주택수를 줄일 수 있도록 하고 그러한 경과규정이 정하는 기간 내에 양도하는 주택에 대해서는 혼인 전의 보유 주택 수에 따라 양도소득세를 정하는 등의 완화규정을 두는 것과 같은 손쉬운 방법이 있음에도 이러한 완화규정을 두지 아니한 것은 최소침해성원칙에 위배된다고 할 것이고, 이 사건 법률조항으로 인하여 침해되는 것은 헌법이 강도 높게 보호하고자 하는 헌법 제36조 제1항에 근거하는 혼인에 따른 차별금지 또는 혼인의 자유라는 헌법적 가치라 할 것이므로 이 사건 법률조항이 달성하고자 하는 공익과 침해되는 사익 사이에 적절한 균형관계를 인정할 수 없어 법익균형성원칙에도 반한다. 결국 이 사건 법률조항은 과잉금지원칙에 반하여 헌법 제36조 제1항이 정하고 있는 혼인에 따른 차별금지원칙에 위배되고, 혼인의 자유를 침해한다(헌재 2011.11.24. 2009헌바146).

/ 다만, 재산권 침해는 아니다.

② [O] 헌법 제36조 제1항의 혼인가족생활의 평등원칙은 적극적으로는 혼인과 가족을 지원하고 제3자에 의한 침해로부터 혼인과 가족을 보호해야 할 국가의 과제를 포함하며 소극적으로는 혼인과 가족을 차별하는 것을 금지해야 할 국가적 의무를 포함한다. 자산소득합세과세의 대상이 되는 혼인한 부부를 혼인하지 않은 부부나 독신자에 비하여 차별취급하는 것은 헌법상 제36조 제1항에 위반된다(헌재 2002.8.29. 2001헌바82).

❸ [×] 위 조항은 부부간 증여의 경우 일정한 혜택을 부여한 규정이고, 남녀를 구별하지 않고 적용되는 규정이므로, 헌법상 혼인과 가족생활 보장 및 양성의 평등원칙에 반하지 않는다(헌재 2012.12.27. 2011헌바132).

④ [O] 이 사건 세대별 합산규정으로 인한 조세부담의 증가라는 불이익은 이를 통하여 달성하고자 하는 조세회피의 방지 등 공익에 비하여 훨씬 크고, 조세회피의 방지와 경제생활 단위별 과세의 실현 및 부동산 가격의 안정이라는 공익은 입법정책상의 법익인데 반해 혼인과 가족생활의 보호는 헌법적 가치라는 것을 고려할 때 법익균형성도 인정하기 어렵다. 따라서 이 사건 세대별 합산규정은 혼인한 자 또는 가족과 함께 세대를 구성한 자를 비례의 원칙에 반하여 개인별로 과세되는 독신자, 사실혼 관계의 부부, 세대원이 아닌 주택 등의 소유자 등에 비하여 불리하게 차별하여 취급하고 있으므로, 헌법 제36조 제1항에 위반된다(헌재 2008.11.13. 2006헌바112).

## 14 정답 ②

ㄱ. [×] 이 사건 금혼조항으로 인하여 법률상의 배우자 선택이 제한되는 범위는 친족관계 내에서도 8촌 이내의 혈족으로, 넓다고 보기 어렵다. 그에 비하여 8촌 이내 혈족 사이의 혼인을 금지함으로써 가족질서를 보호하고 유지한다는 공익은 매우 중요하므로 이 사건 금혼조항은 법익균형성에 위반되지 아니한다. 그렇다면 이 사건 금혼조항은 과잉금지원칙에 위배하여 혼인의 자유를 침해하지 않는다(헌재 2022.10.27. 2018헌바115).

ㄴ. [O] 이 사건 무효조항은 이 사건 금혼조항의 실효성을 보장하기 위한 것으로서 정당한 입법목적 달성을 위한 적합한 수단에 해당한다. 이 사건 무효조항의 입법목적은 근친혼이 가까운 혈족 사이의 신분관계 등에 현저한 혼란을 초래하고 가족제도의 기능을 심각하게 훼손하는 경우에 한정하여 무효로 하더라도 충분히 달성 가능하고, 위와 같은 경우에 해당하는지 여부가 명백하지 않다면 혼인의 취소를 통해 장래를 향하여 혼인을 해소할 수 있도록 규정함으로써 가족의 기능을 보호하는 것이 가능하므로, 이 사건 무효조항은 입법목적 달성에 필요한 범위를 넘는 과도한 제한으로서 침해의 최소성을 충족하지 못한다. 나아가 이 사건 무효조항을 통하여 달성되는 공익은 결코 적지 아니하나, 이 사건 무효조항으로 인하여 제한되는 사익 역시 중대함을 고려하면, 이 사건 무효조항은 법익균형성을 충족하지 못한다. 그렇다면 이 사건 무효조항은 과잉금지원칙에 위배하여 혼인의 자유를 침해한다(헌재 2022.10.27. 2018헌바115).

ㄷ. [×] 심판대상조항들이 혼인 중인 여자와 남편 아닌 남자 사이에서 출생한 자녀의 경우에 혼인 외 출생자의 신고의무를 모에게만 부과하고, 남편 아닌 남자인 생부에게 자신의 혼인 외 자녀에 대해서 출생신고를 할 수 있도록 규정하지 아니한 것은 모는 출산으로 인하여 그 출생자와 혈연관계가 형성되는 반면에, 생부는 그 출생자와의 혈연관계에 대한 확인이 필요할 수도 있고, 그 출생자의 출생사실을 모를 수도 있다는 점에 있으며, 이에 따라 가족관계등록법은 모를 중심으로 출생신고를 규정하고, 모가 혼인 중일 경우에 그 출생자는 모의 남편의 자녀로 추정하도록 한 민법의 체계에 따르도록 규정하고 있는 점에 비추어 합리적인 이유가 있다. 그렇다면, 심판대상조항들은 생부인 청구인들의 평등권을 침해하지 않는다(헌재 2023.3.23. 2021헌마975).

ㄹ. [O] 신고기간 내에 모나 그 남편이 출생신고를 하지 않는 경우 생부가 생래적 혈연관계를 소명하여 인지의 효력이 없는 출생신고를 할 수 있도록 하거나, 출산을 담당한 의료기관 등이 의무적으로 모와 자녀에 관한 정보 등을 포함한 출생신고의 기재사항을 미리 수집하고, 그 정보를 출생신고를 담당하는 기관에 송부하여 출생신고가 이루어지도록 한다면, 민법상 신분관계와 모순되는 내용이 가족관계등록부에 기재되는 것을 방지하면서도 출생신고가 이루어질 수 있다.
따라서 심판대상조항들은 입법형성권의 한계를 넘어서서 실효적으로 출생등록될 권리를 보장하고 있다고 볼 수 없으므로, 혼인 중 여자와 남편 아닌 남자 사이에서 출생한 자녀에 해당하는 혼인 외 출생자인 청구인들의 태어난 즉시 '출생등록될 권리'를 침해한다(헌재 2023.3.23. 2021헌마975).

ㅁ. [×] 이 사건 법률조항은 입양의 당사자가 출석하지 않아도 입양신고를 하여 가족관계를 형성할 수 있는 자유를 보장하면서도, 출석하지 아니한 당사자의 신분증명서를 제시하도록 하여 입양당사자의 신고의사의 진실성을 담보하기 위한 조항이다. 비록 출석하지 아니한 당사자의 신분증명서를 요구하는 것이 허위의 입양을 방지하기 위한 완벽한 조치는 아니라고 하더라도 이 사건 법률조항이 원하지 않는 가족관계의 형성을 방지하기에 전적으로 부적합하거나 매우 부족한 수단이라고 볼 수는 없다. 따라서 이 사건 법률조항이 입양당사자의 가족생활의 자유를 침해한다고 보기 어렵다(헌재 2022.11.24. 2019헌바108).

## 15

정답 ④

① [×] 공무원의 근로조건을 정할 때에는 공무원의 국민전체에 대한 봉사자로서의 지위 및 직무의 공공성을 고려할 필요가 있고, 공무원의 경우 심판대상조항이 정하는 관공서의 공휴일 및 대체공휴일뿐만 아니라 '국가공무원 복무규정' 등에서 토요일도 휴일로 인정되므로, 공무원에게 부여된 휴일은 근로기준법상의 휴일제도의 취지에 부합한다고 볼 수 있다. 따라서 심판대상조항이 근로자의 날을 공무원의 유급휴일로 규정하지 않았다고 하여 일반근로자에 비해 현저하게 부당하거나 합리성이 결여되어 있다고 보기 어려우므로, 청구인들의 평등권을 침해한다고 볼 수 없다(헌재 2022.8.31. 2020헌마1025).

② [×] 지방의회의원의 후원회의 설치 및 운영을 제한하는 것은 경제력을 갖춘 사람만이 지방의회의원이 될 수 있도록 하는 차별적 결과를 야기하거나, 다른 직의 겸직을 통해 소득을 확보할 것을 사실상 강요하는 결과를 초래하여 지방의회의원이 의정활동에 전념하는 것을 불가능하게 한다. 특히 지방자치제도가 확립되어 지방의회는 유능한 신인정치인이 정치무대로 유입되는 통로가 되기도 하는바, 지방의회의원에게 후원회를 지정하여 둘 수 없도록 하는 것은 경제력을 갖추지 못한 사람의 정치입문을 저해할 수 있다. 이와 같은 사정을 종합해 볼 때, 그동안 정치자금법이 여러 차례 개정되어 후원회지정권자의 범위가 지속적으로 확대되어 왔음에도 불구하고, 선거와 무관하게 후원회를 설치 및 운영할 수 있는 자를 중앙당과 국회의원으로 한정하여 국회의원과 지방의회의원을 달리 취급하는 것은, 불합리한 차별에 해당하고 입법재량을 현저히 남용하거나 한계를 일탈한 것이다. 따라서 지방의회의원을 후원회지정권자에서 제외하고 있는 심판대상조항은 청구인들의 평등권을 침해한다.

아울러 종전에 헌법재판소가 이와 견해를 달리하여 심판대상조항과 실질적으로 동일한 내용을 규정하고 있던 개정 전 조항에 대하여 헌법에 위반되지 않는다고 판시한 헌재 2000.6.1. 99헌마576 결정은 이 결정 취지와 저촉되는 범위 안에서 이를 변경한다. 이 결정은 아래 6.과 같은 재판관 이선애, 재판관 이종석의 반대의견이 있는 외에는 관여 재판관들의 의견이 일치되었다(헌재 2022.11.24. 2019헌마528).

③ [×] 이 사건에서 재개발조합인 청구인은 기본권의 주체가 된다고 볼 수 없고, 설령 그렇지 않다 하더라도 심판대상조항은 행정청의 자율적 통제와 국민 권리의 신속한 구제라는 행정심판의 취지에 맞게 행정청으로 하여금 행정심판을 통하여 스스로 내부적 판단을 종결시키고자 하는 것이므로 그 합리성이 인정된다. 따라서 심판대상조항은 평등원칙에 반하지 않는다(헌재 2022.7.21. 2019헌바543).

❹ [○] 공무원이 지위를 이용하여 범한 공직선거법위반죄의 경우 선거의 공정성을 중대하게 저해하고 공권력에 의하여 조직적으로 은폐되어 단기간에 밝혀지기 어려울 수도 있어 단기 공소시효에 의할 경우 처벌규정의 실효성을 확보하지 못할 수 있다. 이러한 취지에서 공무원이 지위를 이용하여 범한 공직선거법위반죄의 경우 해당 선거일 후 10년으로 공소시효를 정한 입법자의 판단은 합리적인 이유가 인정되므로 평등원칙에 위반되지 않는다(헌재 2022.8.31. 2018헌바440).

## 16

정답 ①

❶ [○] 독립유공자의 유족보상금 지급에 있어서는 국가의 재정부담 능력이 허락하는 한도에서 보상금 총액을 일정액으로 제한하되 생활정도에 따라 보상금을 분할해서 지급하는 방법이 가능하며, 보상금 수급권자의 범위를 경제적으로 어려운 자에게 한정하는 방법도 가능함에도 불구하고, 이 사건 심판대상조항이 일률적으로 1명의 손자녀에게만 보상금을 지급하도록 하여 나머지 손자녀들의 생활보호를 외면하는 것은 독립유공자 유족의 생활유지 및 보장을 위한 실질적 보상의 입법취지에 반한다. 수급권자의 경제적 능력은 재산과 소득을 고려해 등급으로 환산될 수 있으므로, 수급권자 수를 오로지 1명으로 한정함에 따른 사무처리의 편의성이 크다거나, 그것이 우월적 공익에 해당한다고 보기도 어렵다. 산업화에 따른 핵가족화, 직업이나 보유재산에 따라 연장자가 경제적으로 형편이 더 나은 경우도 있는 점 등을 고려하면, 이 사건 심판대상조항이 나이를 기준으로 하여 연장자에게 우선하여 보상금을 지급하는 것 역시 보상금 수급권이 갖는 사회보장적 성격에 부합하지 아니한다. 비록 독립유공자를 주로 부양한 자나, 협의에 의해 지정된 자를 보상금 수급권자로 할 수 있도록 하는 일정한 예외조항을 마련해 놓고 있으나, 조부모에 대한 부양가능성이나 나이가 많은 손자녀가 협조하지 않는 경우 등을 고려하면 그 실효성을 인정하기도 어렵다. 비금전적 보훈혜택 역시 유족에 대한 보상금 지급과 동일한 정도로 유족들의 생활보호에 기여한다고 볼 수 없으므로, 이 사건 심판대상조항은 합리적인 이유없이 상대적으로 나이가 적은 손자녀인 청구인을 차별하여 평등권을 침해한다(헌재 2013.10.24. 2011헌마724).

② [×] 사후양자의 경우 양자가 되는 시점에 이미 독립유공자가 사망하였으므로, 독립유공자와 생계를 같이하였거나 부양받는 상황에서 그의 희생으로 인하여 사회·경제적으로 예전보다 불리한 지위에 놓이게 될 여지가 없다. 사후양자와 일반양자는 생활의 안정과 복지의 향상을 도모할 필요성의 면에서 보면 상당한 차이가 있으므로, 본문조항이 서로를 달리 취급하는 것은 헌법상 평등원칙에 위반되지 않는다(헌재 2021.5.27. 2018헌바277).

③ [×] 보건복지부장관이 민간어린이집, 가정어린이집에 대하여 국공립어린이집 등과 같은 기준으로 인건비 지원을 하는 대신 기관보육료를 지원하는 것은 전체 어린이집 수, 어린이집 이용 아동수를 기준으로 할 때 민간어린이집, 가정어린이집의 비율이 여전히 높고 보육예산이 한정되어 있는 상황에서 이들에 대한 지원을 국공립어린이집 등과 같은 수준으로 당장 확대하기 어렵기 때문이다. 이와 같은 어린이집에 대한 이원적 지원 체계는 기존의 민간어린이집을 공적 보육체계에 포섭하면서도 나머지 민간어린이집은 기관보육료를 지원하여 보육의 공공성을 확대하는 방향으로 단계적 개선을 이루어나가고 있다.

이상을 종합하여 보면, 심판대상조항이 합리적 근거 없이 민간어린이집을 운영하는 청구인을 차별하여 청구인의 평등권을 침해하였다고 볼 수 없다(헌재 2022.2.24. 2020헌마177).

④ [×] **공익침해행위의 효율적인 발각과 규명을 위해서는 내부 공익신고가 필수적인데, 내부 공익신고자는 조직 내에서 배신자라는 오명을 쓰기 쉬우며, 공익신고로 인하여 신분상·경제상 불이익을 받을 개연성이 높다. 이 때문에 보상금이라는 경제**

**적 지원조치를 통해 내부 공익신고를 적극적으로 유도할 필요성이 인정된다. 반면, '내부 공익신고자가 아닌 공익신고자'(이하 '외부 공익신고자'라 한다)는 공익신고로 인해 불이익을 입을 개연성이 높지 않기 때문에 공익신고 유도를 위한 보상금 지급이 필수적이라 보기 어렵다.** '공익신고자 보호법' 상 보상금의 의의와 목적을 고려하면, 이와 같이 공익신고 유도 필요성에 있어 차이가 있는 내부 공익신고자와 외부 공익신고자를 달리 취급하는 것에 합리성을 인정할 수 있다(헌재 2021.5.27. 2018헌바127).

## 17

정답 ③

① [×] 미결수용자는 수사나 재판 절차가 진행 중이므로 증거인멸 시도 등 접견 제도를 남용할 위험이 수형자에 비해 상대적으로 크고, 미결수용자의 배우자도 거주지 인근 교정시설을 방문하여 그 곳에 설치된 영상통화 설비를 이용하여 실시하는 화상접견은 할 수 있다. 수형자의 배우자와 미결수용자의 배우자 사이에 차별을 둔 데에는 합리적인 이유가 있으므로, 이 사건 지침조항들은 청구인의 평등권을 침해하지 않는다(헌재 2021.11.25. 2018헌마598).

② [×] 공유재산의 효용 및 공유재산을 점유하기 위한 절차 규정에 비추어 보면, 공유재산을 무단점유하는 자로부터 그 사용료 또는 대부료 상당의 부당이득을 환수하고 이에 덧붙여 추가로 일정한 금액을 징벌적으로 징수하는 것은, 그것이 과도한 금액의 책정이 아닌 한 점유의 목적이나 용도와 관계없이 공유재산을 점유하려는 자를 사전에 적법한 절차에 따라 공유재산에 대한 권원을 취득하도록 유도하여 지방자치단체가 정상적으로 사용료 또는 대부료를 징수하며 공유재산을 적절히 보호·관리하는 데 필요한 적합한 수단이다. 또한 헌법 제31조 제3항의 의무교육 무상의 원칙이 의무교육을 위탁받은 사립학교를 설치·운영하는 학교법인 등과의 관계에서 관련 법령에 의하여 이미 학교법인이 부담하도록 규정되어 있는 경비까지 종국적으로 국가나 지방자치단체의 부담으로 한다는 취지로 볼 수는 없다. 따라서 사립학교를 설치·경영하는 학교법인이 공유재산을 점유하는 목적이 의무교육 실시라는 공공 부문과 연결되어 있다는 점만으로 그 점유자를 변상금 부과대상에서 제외하여야 한다고 할 수 없고, 심판대상조항이 공익 목적 내지 공적 용도로 무단점유한 경우와 사익추구의 목적으로 무단점유한 경우를 달리 취급하지 않았다 하더라도 평등원칙에 위반되지 아니한다(헌재 2017.7.27. 2016헌바374).

❸ [O] 이 사건 법률조항은 경유차 소유자에게는 환경개선부담금을 부과하면서, 휘발유차 소유자에게는 부담금을 부과하지 않고 있다.
경유차는 휘발유차에 비해 미세먼지, 초미세먼지, 질소산화물 등 대기오염물질을 훨씬 더 많이 배출하는 것으로 조사되고 있고, 경유차가 초래하는 환경피해비용 또한 휘발유차에 비해 월등히 높은 것으로 연구되고 있다. 입법자는 이와 같은 과학적 조사·연구결과 등을 토대로 자동차의 운행으로 인한 대기오염물질 및 환경피해비용을 저감하기 위해서는 환경개선부담금의 부과를 통해 휘발유차보다 경유차의 소유·운행을 억제하는 것이 더 효과적이라고 판단한 것으로 보이고, 위와 같은 입법자의 판단은 합리적인 이유가 인정되므로, 이 사건 법률조항은 평등원칙에 위반되지 아니한다(헌재 2022.6.30. 2019헌바440).

④ [×] 이 사건 시행령조항은 '고등교육법 제2조 각 호(제5호는 제외한다)에 따른 학교에 재학 중인 사람'은 조건 부과 유예 대상자로 규정하면서도 '대학원에 재학 중인 사람'은 그 대상자로 규정하지 않음으로써, 이들이 모두 '학교에 재학 중인 사람'이라는 점에서 본질적으로 동일함에도 이들을 차별하고 있다. '대학' 중에는 졸업 후 직업인이 되기 위한 지식이나 기술을 연마하기 위한 곳도 있는데, '대학원'은 대학 졸업생이 고도의 전문지식을 습득하거나 전문적 직업훈련을 받기 위한 과정이다. '대학원에 재학 중인 사람'도 자활사업 참가조건의 이행이 사실상 불가능할 수 있으나, 수급자가 자활에 나아갈 수 있도록 돕는 생계급여제도의 취지에 생계급여에 관한 재원의 한계를 고려할 때 조건 부과 유예 대상자를 제한할 수밖에 없는 점, '대학원에 재학 중인 사람'은 이미 자활에 나아가기 위한 지식이나 기술을 익힌 자라는 점에서 근로조건의 부과를 유예할 필요성이 낮은 점 등을 종합하여 보면, 입법자가 조건 부과 유예의 대상자를 규정함에 있어 '대학원에 재학 중인 사람'을 '고등교육법 제2조 각 호(제5호는 제외한다)에 따른 학교에 재학 중인 사람'과 달리 취급하는 데에는 합리적인 이유가 있다(헌재 2017.11.30. 2016헌마448).

## 18

정답 ③

① [×] 소주시장과 다른 상품시장, 소주판매업자와 다른 상품의 판매업자, 중소소주제조업자와 다른 상품의 중소제조업자 사이의 차별을 정당화할 수 있는 **합리적인 이유를 찾아 볼 수 없으므로** 결국 이 사건 법률조항은 평등원칙에도 위반된다(헌재 1996.12.26. 96헌가18).

② [×] **법관의 정년을 설정함에 있어서,** 입법자는 위와 같은 헌법상 설정된 법관의 성격과 그 업무의 특수성에 합치되어야 하고, 관료제도를 근간으로 하는 계층구조적인 일반 행정공무원과 달리 보아야 함은 당연하므로, 고위법관과 일반법관을 차등하여 정년을 설정함은 일응 문제가 있어 보이나, 사법도 심급제도를 염두에 두고 있다는 점과 위에서 살펴본 몇 가지 이유를 감안하여 볼 때, 일반법관의 정년을 대법원장이나 대법관보다 낮은 63세로, 대법관의 정년을 대법원장보다 낮은 65세로 설정한 것이 **위헌이라고 단정할 만큼 불합리하다고 보기는 어렵다고 할 것이다**(헌재 2002.10.31. 2001헌마557).

❸ [O] 지방공사와 지방자치단체, 지방의회의 관계에 비추어 볼 때, 지방공사 직원의 직을 겸할 수 없도록 함에 있어 지방의회의원과 국회의원은 본질적으로 동일한 비교집단이라고 볼 수 없으므로, 양자를 달리 취급하였다고 할지라도 이것이 지방의회의원인 청구인의 평등권을 침해한 것이라고 할 수는 없다(헌재 2012.4.24. 2010헌마605).

④ [×] 법학전문대학원 정원 2,000명 중 과반수 이상이 서울 권역 법학전문대학원 소속인 점, 지방 권역별 법학전문대학원 소속 응시자들의 접근성 측면에서 볼 때 항공·육상 교통의 중심지인 서울이 다른 지역에 비하여 상대적으로 접근에 더 용이한 점, 다수 응시자의 편의, 시험사고의 위험성, 가용한 인적·물적 자원 등을 전문적으로 판단하여 시험장을 선정하는 시험주관청의 재량 등을 고려할 때, 피청구인이 '변호사시험

이 집중실시될 지역으로 서울을 선택한 것'은 합리적 이유가 있다. 따라서 **이 사건 시험장 선정행위는 합리적 이유 있는 공권력 행사로서 청구인들의 평등권을 침해하지 아니한다**(헌재 2013.9.26. 2011헌마782 등).

## 19

정답 ④

① [O] 공무원연금법과 군인연금법은 구조적인 유사성에도 불구하고 구체적인 급여체계에 상당한 차이가 있다. 상이연금은 장해연금과 달리 장해보상금, 공무상요양비, 국가유공자법에 따른 보상금 등을 중복하여 지급받을 수 있고, 상이연금수급자는 공무원으로 임용된 후 퇴직할 때 공무원연금법에 의하여 지급받을 수 있는 퇴직연금과 지급 정지되었던 상이연금을 함께 받을 수 있다. 두 연금체계의 구조 및 다른 급여제도를 전체적으로 고려할 때 상이연금수급자가 장해연금수급자에 비해 불리하다고 단정하기 어렵고 평등원칙에 위배된다고 볼 수 없다(헌재 2019.12.27. 2017헌바169).

② [O] 공적 노후소득보장에 있어 국민기초생활보장제도와 기초연금제도가 담당하는 역할 및 전체 체계를 고려할 때, 소득 하위 70% 노인에게 기초연금을 지급하여 국민연금의 사각지대 해소 및 노인 전반의 소득 수준 향상을 도모하고, 기초연금 지급 후에도 여전히 기초생활보장법상의 최저생활 기준을 충족시키지 못하는 노인에 한하여 추가적으로 기초생활보상법상의 급여를 제공하도록 한 것이 그 자체로 입법재량을 일탈하였다고 보기는 어려운 점, 기초연금을 기초생활보장법상 이전소득에서 제외할 경우 상당한 재정적 부담이 따를 것으로 보이는 점, 국가는 수급자를 대상으로 개인균등할 주민세 비과세, 에너지바우처 지원 등 다양한 감면제도를 운영하고 있는 점 등을 종합하여 보면, 이 사건 시행령조항이 청구인들과 같이 기초연금 수급으로 인하여 기초생활보장급여 수급액이 감소하거나 수급권을 일부 또는 전부 상실하는 노인을 자의적으로 차별하고 있다고 단정하기 어렵다. 따라서 이 사건 시행령조항은 청구인들의 평등권을 침해하지 않는다(헌재 2019.12.27. 2017헌마1299).

③ [O] 심판대상조항의 의미와 목적 등을 고려할 때 '선거일 이전에 행하여진 선거범죄' 가운데 '선거일 이전에 후보자격을 상실한 자'와 '선거일 이전에 후보자격을 상실하지 아니한 자'는 본질적으로 동일한 집단이라 할 것이다. 따라서 심판대상이 양자의 공소시효 기산점을 '당해 선거일 후'로 같게 적용하더라도, 이는 본질적으로 같은 것을 같게 취급한 것이므로 차별이 발생한다고 보기 어렵다. 심판대상조항은 '선거일 이전에 행하여진 선거범죄'의 공소시효 기산점을 '당해 선거일 후'로 정하여, 공직선거법 제268조 제1항에서 '선거일 후에 행하여진 선거범죄'의 공소시효 기산점을 '그 행위가 있는 날부터'로 정하고, 형사소송법 제252조 제1항에서 '다른 일반범죄'에 관한 공소시효의 기산점을 '범죄행위의 종료한 때로부터'로 정한 것과 달리 취급하고 있다. 그러나 이는 선거로 인한 법적 불안정 상태를 신속히 해소하면서도 선거의 공정성을 보장함과 동시에 선거로 야기된 정국의 불안을 특정한 시기에 일률적으로 종료시키기 위한 입법자의 형사정책적 결단 등에서 비롯된 것이므로, 그 합리성을 인정할 수 있다. 따라서 심판대상조항은 평등원칙에 위반되지 않는다(헌재 2020.3.26. 2019헌바71).

❹ [X] **형의 선고유예를 받은 자가 유예기간 중 자격정지 이상의 형에 처한 판결이 확정되거나 자격정지 이상의 형에 처한 전과가 발견된 때에는 유예한 형을 선고하도록 한 형법 제61조(선고유예의 실효)가 평등원칙에 위반되는지 여부(소극)**: 선고유예는 실효사유가 발생하더라도 검사의 청구와 법원의 결정이 있어야 비로소 실효되는 데 반하여 집행유예는 실효사유가 발생하면 집행유예의 선고가 당연히 실효되고 검사는 유예된 형의 집행을 지휘할 뿐이며, 집행유예는 형의 선고를 전제로 하므로 법률상·사실상 입게 되는 불이익이 적지 않은 반면 선고유예는 범죄전력이 남지 않는 등, 선고유예와 집행유예는 여러 가지 측면에서 근본적으로 차이가 있다. 이와 같이 선고유예의 입법취지, 실효의 효력발생 시기·효과 등을 감안하여 선고유예의 실효사유를 집행유예와 다르게 규정한 것은 자의적인 차별이라고 보기 어렵다(헌재 2019.9.26. 2017헌바265).

## 20

정답 ①

❶ [X] 최근 제정된 '가사근로자의 고용개선 등에 관한 법률'(이하 '가사근로자법'이라 한다)에 의하면 인증받은 가사서비스 제공기관과 근로계약을 체결하고 이용자에게 가사서비스를 제공하는 사람은 가사근로자로서 퇴직급여법의 적용을 받게 된다. 이에 따라 가사사용인은 가사서비스 제공기관을 통하여 가사근로자법과 근로 관계 법령을 적용받을 것인지, 직접 이용자와 고용계약을 맺는 대신 가사근로자법과 근로 관계 법령의 적용을 받지 않을 것인지 선택할 수 있다. 이를 종합하면 심판대상조항이 가사사용인을 일반 근로자와 달리 퇴직급여법의 적용범위에서 배제하고 있다 하더라도 합리적 이유가 있는 차별로서 평등원칙에 위배되지 아니한다(헌재 2022.10.27. 2019헌바454).

② [O] 혼인한 남성 등록의무자와 달리 혼인한 여성 등록의무자의 경우에만 본인이 아닌 배우자의 직계존·비속의 재산을 등록하도록 하는 것은 여성의 사회적 지위에 대한 그릇된 인식을 양산하고, 가족관계에 있어 시가와 친정이라는 이분법적 차별구조를 정착시킬 수 있으며, 이것이 사회적 관계로 확장될 경우에는 남성우위·여성비하의 사회적 풍토를 조성하게 될 우려가 있다. 이는 성별에 의한 차별금지 및 혼인과 가족생활에서의 양성의 평등을 천명하고 있는 헌법에 정면으로 위배되는 것으로 그 목적의 정당성을 인정할 수 없다. 따라서 이 사건 부칙조항은 평등원칙에 위배된다(헌재 2021.9.30. 2019헌가3).

③ [O] 공익침해행위의 효율적인 발각과 규명을 위해서는 내부 공익신고가 필수적인데, 내부 공익신고자는 조직 내에서 배신자라는 오명을 쓰기 쉬우며, 공익신고로 인하여 신분상, 경제상 불이익을 받을 개연성이 높다. 이 때문에 보상금이라는 경제적 지원조치를 통해 내부 공익신고를 적극적으로 유도할 필요성이 인정된다. 반면, '내부 공익신고자가 아닌 공익신고자'(이하 '외부 공익신고자'라 한다)는 공익신고로 인해 불이익을 입을 개연성이 높지 않기 때문에 공익신고 유도를 위한 보상금 지급이 필수적이라 보기 어렵다. '공익신고자 보호법'상 보상금의 의의와 목적을 고려하면, 이와 같이 공익신고 유도 필요성에 있어 차이가 있는 내부 공익신고자와 외부 공익

신고자를 달리 취급하는 것에 합리성을 인정할 수 있다. 또한, 무차별적 신고로 인한 행정력 낭비 등 보상금이 초래한 전문신고자의 부작용 문제를 근본적으로 해소하고 공익신고의 건전성을 제고하고자 보상금 지급대상을 내부 공익신고자로 한정한 입법자의 판단이 충분히 납득할만한 점, 외부 공익신고자도 일정한 요건을 갖추는 경우 포상금, 구조금 등을 지급받을 수 있는 점 등을 아울러 고려할 때, 이 사건 법률조항이 평등원칙에 위배된다고 볼 수 없다(헌재 2021.5.27, 2018헌바127).

④ [O] 국가유공자나 그 가족에 대한 보상은 국가유공자의 희생과 공헌의 정도에 따른다. 4 · 19혁명공로자와 건국포장을 받은 애국지사는 활동기간의 장단(長短), 활동 당시의 시대적 상황, 국권이 침탈되었는지 여부, 인신의 자유 제약 정도, 입은 피해의 정도, 기회비용 면에서 차이가 있다. 이와 같은 점을 고려하면, 입법자가 4 · 19혁명공로자의 희생과 공헌의 정도를 건국포장을 받은 애국지사와 달리 평가하여 이 사건 법률조항에서 4 · 19혁명공로자에 대한 보훈급여의 종류를 수당으로 정하고, 이 사건 시행령조항에서 보훈급여의 지급금액을 애국지사보다 적게 규정한 것이 합리적인 이유 없는 차별이라 할 수 없다(헌재 2022.2.24, 2019헌마883).

# 5회 진도별 모의고사 정답 및 해설
(평등권 ② ~ 영장주의)

## 정답

p.38

| | | | | | | | | | |
|---|---|---|---|---|---|---|---|---|---|
| 01 | ① | 02 | ④ | 03 | ② | 04 | ① | 05 | ② |
| 06 | ④ | 07 | ③ | 08 | ④ | 09 | ④ | 10 | ① |
| 11 | ④ | 12 | ① | 13 | ④ | 14 | ③ | 15 | ① |
| 16 | ④ | 17 | ④ | 18 | ① | 19 | ① | 20 | ④ |

## 01

정답 ①

❶ [×] 강제추행죄의 피해자들은 심각한 정신적 · 정서적 장애를 경험할 수 있고, 그 후유증으로 장기간 사회생활에 큰 지장을 받을 수 있는데, 사생활의 중심으로 개인의 인격과 불가분적으로 연결되어 있어 개인의 생명, 신체, 재산의 안전은 물론 인간 행복의 최소한의 조건이자 개인의 사적 영역으로서 보장되어야 하는 주거에서 강제추행을 당한다면 그로 인한 피해는 보다 심각할 수 있다. 이 사건 법률조항의 법정형은 무기징역 또는 5년 이상의 징역이므로 행위자에게 정상을 참작할 만한 특별한 사정이 있는 때에는 법관은 작량감경을 통하여 얼마든지 집행유예를 선고할 수 있고, 그 불법의 중대성에 비추어 볼 때 법정형에 벌금을 규정하지 않은 것이 불합리하다고 할 수도 없다. 그러므로 이 사건 법률조항은 책임과 형벌 간의 비례원칙에 위반되지 아니한다(헌재 2013.7.25, 2012헌바320).

② [O] 심판대상조항은 이 사건 형법조항과 똑같은 구성요건을 규정하면서 법정형의 상한에 '사형'을 추가하고 하한을 2년에서 5년으로 올려놓았다. 이러한 경우 검사는 심판대상조항을 적용하여 기소하는 것이 특별법 우선의 법리에 부합할 것이나, 이 사건 형법조항을 적용하여 기소할 수도 있으므로 어느 법률조항이 적용되는지에 따라 심각한 형의 불균형이 초래된다. 심판대상조항은 이 사건 형법조항의 구성요건 이외에 별도의 가중적 구성요건 표지 없이 법적용을 오로지 검사의 기소재량에만 맡기고 있어 법집행기관 스스로도 혼란을 겪을 수 있고, 수사과정에서 악용될 소지도 있다. 따라서 심판대상조항은 형벌체계상의 균형을 잃은 것이 명백하므로 평등원칙에 위반된다(헌재 2014.11.27, 2014헌바224).

③ [O] 결국 향정신성의약품 수입행위에 대하여 특별히 형을 가중할 필요가 있다는 사정이 인정된다고 할지라도, 이 사건 마약법 조항과 똑같은 구성요건을 규정하면서 법정형만 상향 조정한 심판대상조항은 형사특별법으로서 갖추어야 할 형벌체계상의 정당성과 균형을 잃은 것이 명백하다. 따라서 심판대상조항은 인간의 존엄성과 가치를 보장하는 헌법의 기본원리에 위배될 뿐만 아니라 그 내용에 있어서도 평등의 원칙에 위반된다(헌재 2014.4.24, 2011헌바2).

④ [O] 형법 제261조(특수폭행), 제284조(특수협박), 제369조(특수손괴)(이하 모두 합하여 '형법조항들'이라 한다)의 '위험한 물건'에는 '흉기'가 포함된다고 보거나, '위험한 물건'과 '흉기'가 동일하다고 보는 것이 일반적인 견해이며, 심판대상조항의 '흉기'도 '위험한 물건'에 포함되는 것으로 해석된다. 그렇다면 심판대상조항의 구성요건인 '흉기 기타 위험한 물건을 휴대하여'와 형법조항들의 구성요건인 '위험한 물건을 휴대하여'는 그 의미가 동일하다. 그런데 심판대상조항은 형법조항들과 똑같은 내용의 구성요건을 규정하면서 징역형의 하한을 1년으로 올리고, 벌금형을 제외하고 있다. **심판대상조항은 형벌체계상의 정당성과 균형을 잃은 것이 명백하므로, 인간의 존엄성과 가치를 보장하는 헌법의 기본원리에 위배될 뿐만 아니라 그 내용에 있어서도 평등원칙에 위배된다**(헌재 2015.9.24, 2014헌바154).

## 02

정답 ④

① [O] 약물 · 알코올 중독자에 대한 치료감호기간의 상한이 2년임에 비하여 치료감호기간 조항이 정신성적 장애인에 대한 치료감호기간의 상한을 15년으로 정하고 있는 것은 마약 · 알코올 중독자와 정신성적 장애인은 그 증상이나 치료방법, 치료에 필요한 기간 등에서 많은 차이가 있기 때문이다. 따라서 치료감호기간 조항이 정신성적 장애인을 약물 · 알코올 중독자와 달리 취급하는 것에는 합리적인 이유가 있으므로, 청구인의 평등권을 침해한다고 볼 수 없다(헌재 2017.4.27, 2016헌바452).

② [O] 2015.6.22. 공무원연금법이 개정되면서 퇴직연금의 수급요건인 재직기간이 20년에서 10년으로 완화되었는바, 이와 같은 개정을 하면서 그 적용대상을 제한하지 아니하고 이미 법률관계가 확정된 자들에게까지 소급한다면 그로 인하여 법적 안정성 문제를 야기하게 되고 상당한 규모의 재정부담도 발생하게 될 것이므로, 일정한 기준을 두어 적용대상을 제한한 것은 충분히 납득할 만한 이유가 있다. 따라서 개정 법률을 그 시행일 전으로 소급적용하는 경과규정을 두지 않았다고 하여 이를 현저히 불합리한 차별이라고 볼 수 없으므로, 심판

대상조항은 청구인의 평등권을 침해하지 아니한다(헌재 2017. 5.25, 2015헌마933).

③ [O] '대학원에 재학 중인 사람'도 자활사업 참가조건의 이행이 사실상 불가능할 수 있으나, 수급자가 자활에 나아갈 수 있도록 돕는 생계급여제도의 취지에 생계급여에 관한 재원의 한계를 고려할 때 조건 부과 유예 대상자를 제한할 수밖에 없는 점, '대학원에 재학 중인 사람'은 이미 자활에 나아가기 위한 지식이나 기술을 익힌 자라는 점에서 근로조건의 부과를 유예할 필요성이 낮은 점 등을 종합하여 보면, 입법자가 조건 부과 유예의 대상자를 규정함에 있어 '대학원에 재학 중인 사람'을 '고등교육법 제2조 각 호(제5호는 제외한다)에 따른 학교에 재학 중인 사람'과 달리 취급하는 데에는 합리적인 이유가 있다(헌재 2017.11.30, 2016헌마448).

❹ [×] 헌법 제31조 제3항의 의무교육 무상의 원칙은 교육을 받을 권리를 보다 실효성 있게 보장하기 위해 의무교육 비용을 학령아동의 보호자 개개인의 직접적 부담에서 공동체 전체의 부담으로 이전하라는 명령일 뿐, 관련 법령에 의하여 이미 학교법인이 부담하도록 규정된 경비까지 종국적으로 지방자치단체 등의 부담으로 한다는 취지를 규정한 것으로 볼 수는 없으므로, 무단점유의 목적이 의무교육 실시라는 공공 부문과 연결되어 있다는 점만으로 변상금 부과대상에서 제외되어야 한다고 할 수 없다. 따라서 심판대상조항이 청구인 주장과 같이 공익적 목적 내지 용도로 무단 점유한 경우와 사익추구의 목적으로 무단점유한 경우를 달리 취급하지 않고 동일하게 변상금을 부과하고 있다고 하여 평등원칙에 위반된다고 볼 수 없다(헌재 2017.7.27, 2016헌바374).

## 03

정답 ②

① [O] 국가유공자의 가족의 공직 취업기회를 위하여 매년 많은 일반 응시자들에게 불합격이라는 심각한 불이익을 입게 하는 것은 정당화될 수 없다. 이 사건 조항의 차별로 인한 불평등 효과는 입법목적과 그 달성수단 간의 비례성을 현저히 초과하는 것이므로, 이 사건 조항은 청구인들과 같은 일반 공직시험 응시자들의 평등권을 침해한다(헌재 2006.2.23, 2004헌마675 등).

❷ [×] 헌법이 스스로 차별의 근거로 삼아서는 아니 되는 기준을 제시하거나 차별을 특히 금지하고 있는 영역을 제시하고 있다면 그러한 기준을 근거로 한 차별이나 그러한 영역에서의 차별에 대하여 엄격하게 심사하는 것이 정당화된다. 다음으로 차별적 취급으로 인하여 관련 기본권에 대한 중대한 제한을 초래하게 된다면 입법형성권은 축소되어 보다 **엄격한 심사척도가 적용되어야 할 것이다.** 헌법 제32조 제4항의 여자 근로의 차별을 금지하고 있는데 **제대군인 가산점제도**는 여성의 근로영역에서의 차별이고 헌법 제25조의 공무담임권의 중대한 제약을 초래하는 것이므로 이 두 경우 모두에 해당한다(헌재 1999.12.23, 98헌마363).

③ [O] **이 사건 조항의 위헌성은 국가유공자 등과 그 가족에 대한 가산점제도가 입법정책상 전혀 허용될 수 없다는 것이 아니고 차별의 효과가 지나치다는 점에 기인하므로** 가산점 수치와 수의 대상자 범위를 조정하는 방법으로 위헌성을 치유할 수 있으므로 헌법불합치결정을 하고 법적용 대상자의 법적 혼란을 방지하기 위하여 헌재 2007년 6월 30일까지 잠정적용을 명한다[헌재 2006.2.23, 2004헌마675 · 981 · 1022(병합 · 전원)].

④ [O] 종전 결정에서는 국가유공자 가족의 가산점제도가 헌법 제32조 제6항에 근거를 두고 있다고 하여 완화된 비례원칙을 적용하였으나 국가유공자 가족의 경우는 헌법 제32조 제6항이 가산점제도의 근거라고 볼 수 없으므로 그러한 완화된 심사는 부적절하다(헌재 2006.2.23, 2004헌마675).

## 04

정답 ①

❶ [O] 심판대상조항은 사용자로 하여금 근로계약을 체결할 때 소정근로시간을 명시하도록 하는 근로기준법 조항이 영화근로자와 계약을 체결하는 영화업자에게도 적용됨을 분명히 한 것으로서, 사용자에 비해 상대적으로 취약한 지위에 있는 근로자를 보호하기 위해서 핵심적인 근로조건에 해당하는 근로시간을 근로계약 체결 당시에 미리 알리도록 할 필요가 있는 것은 영화근로자의 경우에도 마찬가지이다. 영화근로자의 업무가 재량근로 대상 업무에 해당할 수 있다는 사실만으로 달리 볼 수도 없다. 따라서 심판대상조항은 영화업자의 평등권을 침해하지 않는다(헌재 2022.11.24, 2018헌바514).

② [×] 외국거주 외국인유족에게 퇴직공제금을 지급하더라도 국가 및 사업주의 재정에 영향을 미치거나 건설근로자공제회의 재원 확보 및 퇴직공제금 지급 업무에 특별한 어려움이 초래될 일도 없으므로 외국거주 외국인유족을 퇴직공제금을 지급받을 유족의 범위에서 제외할 이유가 없다는 점, '일시금' 지급 방식인 퇴직공제금의 지급에서는 산업재해보상보험법상의 유족보상연금의 지급에서와 같이 수급자격 유지 확인의 어려움과 보험급여 부당지급의 우려가 없으므로 '연금' 지급 방식인 산업재해보상보험법상의 유족보상연금 수급자격자 규정을 '일시금' 지급 방식인 퇴직공제금에 준용하는 것은 불합리하다는 점, 외국거주 외국인유족은 자신이 거주하는 국가에서 발행하는 공신력 있는 문서로서 퇴직공제금을 지급받을 유족의 자격을 충분히 입증할 수 있으므로 그가 '외국인'이라는 사정 또는 '외국에 거주'한다는 사정이 대한민국 국민인 유족 혹은 국내거주 외국인유족과 달리 취급받을 합리적인 이유가 될 수 없다는 점 등을 종합하면, 심판대상조항은 합리적 이유 없이 외국거주 외국인유족을 대한민국 국민인 유족 및 국내거주 외국인유족과 차별하는 것이므로 평등원칙에 위반된다(헌재 2023.3.23, 2020헌바471).

③ [×] 안장 대상자의 사망 후 재혼하지 않은 배우자나 배우자 사망 후 안장 대상자가 재혼한 경우의 종전 배우자는 자신이 사망할 때까지 안장 대상자의 배우자로서의 실체를 유지하였다는 점에서 합장을 허용하는 것이 국가와 사회를 위하여 헌신하고 희생한 안장 대상자의 충의와 위훈의 정신을 기리고자 하는 국립묘지 안장의 취지에 부합하고, 안장 대상자의 사망 후 그 배우자가 재혼을 통하여 새로운 가족관계를 형성한 경우에 그를 안장 대상자와의 합장 대상에서 제외하는 것은 합리적인 이유가 있다. 따라서 심판대상조항은 평등원칙에 위배되지 않는다(헌재 2022.11.24, 2020헌바463).

④ [×] 피해자보호명령제도의 특성, 우편을 이용한 접근행위의 성질과 그 피해의 정도 등을 고려할 때, 입법자가 심판대상조항에서 우편을 이용한 접근금지를 피해자보호명령의 종류로 정하

지 아니하였다고 하더라도 이것이 입법자의 재량을 벗어난 자의적인 입법으로서 평등원칙에 위반된다고 보기 어렵다(헌재 2023.2.23, 2019헌바43).

## 05

정답 ②

① [O] 이 사건 영창조항이 헌법상 영장주의에 위배된다는 주장도 하나, 헌법 제12조 제3항에서 규정하고 있는 영장주의란 형사절차와 관련하여 체포·구속·압수·수색의 강제처분을 할 때 신분이 보장되는 법관이 발부한 영장에 의하지 않으면 안 된다는 원칙으로 형사절차가 아닌 징계절차에도 그대로 적용된다고 볼 수 없다. 따라서 이 사건 영창조항이 헌법상 영장주의에 위반되는지 여부는 더 나아가 판단하지 아니한다. 전투경찰순경의 인신구금을 내용으로 하는 영창처분에 있어서도 적법절차원칙이 준수되어야 한다. 그런데 전투경찰순경에 대한 영창처분은 그 사유가 제한되어 있고, 징계위원회의 심의절차를 거쳐야 하며, 징계 심의 및 집행에 있어 징계대상자의 출석권과 진술권이 보장되고 있다. 또한 소청과 행정소송 등 별도의 불복절차가 마련되어 있고 소청에서 당사자 의견진술 기회 부여를 소청결정의 효력에 영향을 주는 중요한 절차적 요건으로 규정하는바, 이러한 점들을 종합하면 **이 사건 영창조항이 헌법에서 요구하는 수준의 절차적 보장 기준을 충족하지 못했다고 볼 수 없으므로 헌법 제12조 제1항의 적법절차원칙에 위배되지 아니한다**(헌재 2016.3.31, 2013헌바190).

❷ [×] • **검사의 청구 부분**: 심판대상조항들은 성폭력범죄를 저지른 성도착증 환자의 동종 재범을 방지하기 위한 것으로서 그 입법목적이 정당하고, 성충동 약물치료는 성도착증 환자의 성적 환상이 충동 또는 실행으로 옮겨지는 과정의 핵심에 있는 남성호르몬의 생성 및 작용을 억제하는 것으로서 수단의 적절성이 인정된다. 또한 성충동 약물치료는 전문의의 감정을 거쳐 성도착증 환자로 인정되는 사람을 대상으로 청구되고, 한정된 기간 동안 의사의 진단과 처방에 의하여 이루어지며, 부작용 검사 및 치료가 함께 이루어지고, 치료가 불필요한 경우의 가해제제도가 있으며, 치료 중단시 남성호르몬의 생성과 작용의 회복이 가능하다는 점을 고려할 때, 심판대상조항들은 원칙적으로 침해의 최소성 및 법익균형성이 충족된다.

• **법관의 치료명령 선고 부분**: 다만, 장기형이 선고되는 경우 치료명령의 선고시점과 집행시점 사이에 상당한 시간적 간극이 있어 집행시점에서 발생할 수 있는 불필요한 치료와 관련한 부분에 대해서는 침해의 최소성과 법익균형성을 인정하기 어렵다. 따라서 이 사건 청구조항은 과잉금지원칙에 위배되지 아니하나, 이 사건 명령조항은 집행 시점에서 불필요한 치료를 막을 수 있는 절차가 마련되어 있지 않은 점으로 인하여 과잉금지원칙에 위배되어 치료명령 피청구인의 신체의 자유 등 기본권을 침해한다(헌재 2015.12.23, 2013헌가9).

③ [O] 우리 헌법은 변호인의 조력을 받을 권리가 불구속 피의자·피고인 모두에게 포괄적으로 인정되는지 여부에 관하여 명시적으로 규율하고 있지는 않지만, **불구속 피의자의 경우에도 변호인의 조력을 받을 권리는 우리 헌법에 나타난 법치국가원리, 적법절차원칙에서 인정되는 당연한 내용**이고, 헌법 제12조 제4항도 이를 전제로 특히 신체구속을 당한 사람에 대하여 변호인의 조력을 받을 권리의 중요성을 강조하기 위하여 별도로 명시하고 있다(헌재 2004.9.23, 2000헌마138).

④ [O] 종래 이와 견해를 달리하여, 헌법 제12조 제4항 본문에 규정된 변호인의 조력을 받을 권리는 형사절차에서 피의자 또는 피고인의 방어권을 보장하기 위한 것으로서 출입국관리법상 보호 또는 강제퇴거의 절차에도 적용된다고 보기 어렵다고 판시한 우리 재판소 결정(헌재 2012.8.23, 2008헌마430)은, 이 결정 취지와 저촉되는 범위 안에서 변경한다(헌재 2018.5.31, 2014헌마346).

**관련판례**

> **변경된 기존 판례**: 헌법 제12조 제4항 본문은 "누구든지 체포 또는 구속을 당한 때에는 즉시 변호인의 조력을 받을 권리를 가진다."라고 규정하고 있는바, 이와 같은 변호인의 조력을 받을 권리는 형사절차에서 피의자 또는 피고인의 방어권 보장을 위한 것으로서 출입국관리법상 보호 또는 강제퇴거의 절차에도 적용된다고 보기는 어렵다(헌재 2012.8.23, 2008헌마430).

## 06

정답 ④

① [O] 법원이 열람·등사 허용 결정을 하였음에도 검사가 이를 신속하게 이행하지 아니하는 경우에는 해당 증인 및 서류 등을 증거로 신청할 수 없는 불이익을 받는 것에 그치는 것이 아니라, 그러한 검사의 거부행위는 피고인의 열람·등사권을 침해하고, 나아가 피고인의 신속·공정한 재판을 받을 권리 및 변호인의 조력을 받을 권리까지 침해하게 되는 것이므로, 피청구인의 이 사건 거부행위는 청구인의 신속·공정한 재판을 받을 권리 및 변호인의 조력을 받을 권리를 침해한다(헌재 2020.6.30, 2019헌마356).

② [O] 과태료는 행정질서벌에 해당할 뿐 형벌이 아니므로 죄형법정주의의 규율대상에 해당하지 아니한다. 따라서 위임조항이 죄형법정주의에 위반된다는 주장은 더 나아가 살펴볼 필요 없이 받아들일 수 없다[헌재 2016.7.28, 2015헌마236·412·662·673(병합)].

③ [O] 법원이 검사의 열람·등사 거부처분에 정당한 사유가 없다고 판단하고 그러한 거부처분이 피고인의 헌법상 기본권을 침해한다는 취지에서 수사서류의 열람·등사를 허용하도록 명한 이상, 법치국가와 권력분립의 원칙상 검사로서는 당연히 법원의 그러한 결정에 지체 없이 따라야 하며, 이는 별건으로 공소제기되어 확정된 관련 형사사건 기록에 관한 경우에도 마찬가지이다. 그렇다면 피청구인의 이 사건 거부행위는 청구인의 신속·공정한 재판을 받을 권리 및 변호인의 조력을 받을 권리를 침해한다(헌재 2022.6.30, 2019헌마356).

❹ [×] 대법원은 2011.3.17, 2007도482 전원합의체 판결에서 "쟁의행위로서의 파업(노동조합법 제2조 제6호)도, 단순히 근로계약에 따른 노무의 제공을 거부하는 부작위에 그치지 아니하고 이를 넘어서 사용자에게 압력을 가하여 근로자의 주장을 관철하고자 집단적으로 노무제공을 중단하는 실력행사이므로, 업무방해죄에서 말하는 위력에 해당하는 요소를 포함하고 있다."라고 하면서도, 근로자는 헌법상 보장된 기본권으로서 단

체행동권을 가지므로, "쟁의행위로서의 파업이 언제나 업무방해죄에 해당하는 것으로 볼 것은 아니고, 전후 사정과 경위 등에 비추어 사용자가 예측할 수 없는 시기에 전격적으로 이루어져 사용자의 사업운영에 심대한 혼란 내지 막대한 손해를 초래하는 등으로 사용자의 사업계속에 관한 자유의사가 제압·혼란될 수 있다고 평가할 수 있는 경우에 비로소 그 집단적 노무제공의 거부가 위력에 해당하여 업무방해죄가 성립한다고 봄이 상당하다."라고 판시하여 위 헌법재판소 결정 당시보다 위력에 의한 업무방해죄의 성립 범위를 축소하였다. 물론 위와 같은 대법원 전원합의체 판결에도 불구하고 구체적인 사건에 있어 어떤 행위가 법적 구성요건을 충족시키는지에 관하여는 여전히 의문이 있을 수 있다. 그러나 이는 개별 구체적인 사안에서 행위의 특성을 고려하여 '위력'에 해당하는지 여부를 판단하는 것으로서 법원의 통상적인 법률의 해석·적용에 관한 문제이고, 구체적인 사건에 있어서 이처럼 의문이 있을 수 있다는 것은 형법규범의 일반성과 추상성에 비추어 불가피한 것이므로, 그러한 사정만으로 형법규범이 불명확하다고 볼 수는 없다(헌재 2022.5.26. 2012헌바66).

## 07

정답 ③

① [O] 헌재 2018.6.28. 2017헌마181

② [O] 헌재 2018.7.26. 2017헌마1238

❸ [×] 심판대상조항은 위생상 위해방지, 식품영양의 질적 향상과 식품에 관한 올바른 정보 제공이라는 식품위생법 입법목적 달성을 어렵게 할 수 있는 식품의 제조방법기준 위반행위 중 연간 소매가격이 5천만 원 이상이어서 국민보건을 해할 개연성이 상당히 높다고 인정되는 행위를 형벌을 통해 금지하고자 하는 행위의 본질적 내용으로 밝혔다고 볼 수 있으므로 죄형법정주의의 법률주의에 위반되지 아니한다(헌재 2019.11.28. 2017헌바449).

④ [O] 지방출입국·외국인관서의 장은 강제퇴거명령을 받은 사람을 여권 미소지 또는 교통편 미확보 등의 사유로 즉시 대한민국 밖으로 송환할 수 없으면 송환할 수 있을 때까지 그를 보호시설에 보호할 수 있도록 한 출입국관리법은 과잉금지위반이고 적법절차원칙 위반으로 판례변경되었다.

심판대상조항에서 정하고 있는 '강제퇴거명령의 집행을 위한 보호'에 대해서는 보호기간의 상한이 마련되지 아니하여 사실상 강제퇴거대상자에 대한 무기한 보호가 가능하다는 점, 보호의 개시나 연장 단계에서 중립적 기관에 의하여 보호의 적법성을 판단받을 기회가 존재하지 아니한다는 점 등에서 지속적인 비판이 있어 왔다. 이 결정에서 헌법재판소는 심판대상조항에 의한 보호가 강제퇴거대상자의 신체의 자유를 침해하지 아니한다고 결정하였던 헌재 2018.2.22. 2017헌가29 결정을 변경하고, 보호기간의 상한이 존재하지 아니한 것이 과잉금지원칙에 위배되며 보호의 개시나 연장 단계에서 공정하고 중립적인 기관에 의한 통제절차가 없고, 행정상 인신구속을 함에 있어 의견제출의 기회도 전혀 보장하고 있지 아니한 것이 적법절차원칙에 위배되어 피보호자의 신체의 자유를 침해한다(헌재 2023.3.23. 2020헌가1).

## 08

정답 ④

① [O] 심판대상조항은 입법자가 형사소송법상 불이익변경금지조항을 형종상향금지조항으로 변경하면서 그 개정 전후에 이루어진 정식재판청구에 대하여 적용될 규범의 시적 적용범위를 정하고 있다. 여기서 불이익변경금지조항이나 형종상향금지조항은 약식명령을 받은 피고인에 대하여 정식재판청구권의 행사를 절차적으로 보장하면서, 그 남용을 방지하거나 사법자원을 적정하게 분배한다는 등의 정책적인 고려를 통하여 선고형의 상한에 조건을 설정하거나 조정하는 내용의 규정들이다. 이들 조항이 규율하는 내용은 행위의 불법과 행위자의 책임을 기초로 하는 실체적인 가벌성에는 영향을 미치지 아니하므로, 행위자가 범죄행위 당시 예측가능성을 확보하여야 하는 범죄구성요건의 제정이나 형벌의 가중에 해당한다고 볼 수 없다. 형종상향금지조항의 시행 전에 범죄행위를 하고 위 조항의 시행 후에 정식재판을 청구한 피고인이 정식재판절차에서 약식명령의 형보다 중한 형을 선고받을 가능성이 발생하게 되었다 하더라도, 이는 원래의 법정형과 처단형의 범위 내에서 이루어지는 것이므로 가벌성의 신설이나 추가라고 보기도 어렵다. 따라서 심판대상조항은 헌법 제13조 제1항 전단의 형벌불소급원칙에 위배되지 아니한다(헌재 2023.2.23. 2018헌바513).

② [O] 사생활의 중심으로 개인의 인격과 불가분적으로 연결되어 있는 주거 등의 공간에서 준강제추행을 당한다면 피해자의 인식 여부와 상관없이 현실적 또는 잠재적으로 정신적·정서적 장애를 입게 되는 등 그로 인한 피해는 심각할 수 있고, 이러한 보호법익의 중요성, 죄질, 행위자의 책임의 정도, 형사정책적 측면 등 여러 요소를 고려하면 입법자가 이러한 중대한 법익 침해자에 대해 특별형법인 성폭력범죄의 처벌 등에 관한 특례법에 '주거침입준강제추행죄'라는 구성요건을 별도로 신설하여 무기징역 또는 5년 이상의 징역이라는 비교적 중한 법정형을 정한 것에는 합리적인 이유가 있으며, 법관은 작량감경을 통하여 얼마든지 집행유예를 선고할 수 있어 그 불법의 중대성에 비추어 볼 때 법정형에 벌금을 규정하지 않은 것이 불합리하다고 할 수도 없으므로, 심판대상조항은 책임과 형벌 간의 비례원칙에 위반되지 아니한다(헌재 2020.9.24. 2018헌바171).

③ [O] 주거침입강제추행죄의 법정형을 '무기징역 또는 5년 이상의 징역'으로 정한 규정에 대하여 2006.12.28. 2005헌바85 결정부터 2018.4.26. 2017헌바498 결정에 이르기까지 여러 차례 합헌으로 판단하였고, 동일한 법정형을 규정한 주거침입준강제추행죄에 관한 조항에 대해서도 2020.9.24. 2018헌바171 결정에서 합헌으로 판단하였다. 심판대상조항은 법정형의 하한을 '징역 5년'으로 정하였던 2020.5.19. 개정 이전의 구 성폭력처벌법 제3조 제1항과 달리 그 하한을 '징역 7년'으로 정함으로써, 주거침입의 기회에 행해진 강제추행 및 준강제추행의 경우에는 다른 법률상 감경사유가 없는 한 법관이 정상참작감경을 하더라도 집행유예를 선고할 수 없도록 하였다. 이에 따라 주거침입의 기회에 행해진 강제추행 또는 준강제추행의 불법과 책임의 정도가 아무리 경미한 경우라고 하더라도, 다른 법률상 감경사유가 없으면 일률적으로 징역 3년 6월 이상의 중형에 처할 수밖에 없게 되어, 형벌개별화의 가능성이 극도로 제한된다. 심판대상조항은 법정형의 '상한'을 무기

징역으로 높게 규정함으로써 불법과 책임이 중대한 경우에는 그에 상응하는 형을 선고할 수 있도록 하고 있다. 그럼에도 불구하고 법정형의 '하한'을 일률적으로 높게 책정하여 경미한 강제추행 또는 준강제추행의 경우까지 모두 엄하게 처벌하는 것은 책임주의에 반한다. 심판대상조항은 그 법정형이 형벌 본래의 목적과 기능을 달성함에 있어 필요한 정도를 일탈하였고, 각 행위의 개별성에 맞추어 그 책임에 알맞은 형을 선고할 수 없을 정도로 과중하므로, 책임과 형벌 간의 비례원칙에 위배된다(헌재 2023.2.23. 2021헌가9).

❹ [×] 대상조항이 규율하는 야간주거침입절도미수준강제추행죄는 평온과 안전을 보호받아야 하는 사적 공간에 대하여, 특히 평온과 안전이 강하게 요청되는 시간대인 야간에 재물을 절취할 의도로 침입한 사람이 정신적·신체적 사정으로 인하여 자기를 방어할 수 없는 상태에 있는 피해자의 성적 자기결정권을 침해하는 범죄로서, 행위의 불법성이 크고 법익 침해가 중대하다. 따라서 입법자가 이 사건 범죄의 법정형을 무기징역 또는 7년 이상의 징역으로 정한 데에는 합리적인 이유가 있고, 위 법정형이 이 사건 범죄의 죄질이나 행위자의 책임에 비하여 지나치게 가혹하다고 할 수 없다.
야간주거침입절도죄가 성립하기 위해서는 '주거침입'행위가 있을 것을 전제로 하는 동시에 그 주거침입행위가 야간에 이루어져야 하고, 타인의 재물을 절취할 의사가 있어야 한다는 점에서 단순 주거침입죄의 경우보다 범행의 동기와 정황이 제한적이고, 야간에 절도의 의사로 타인의 주거 등에 침입한 기회에 충동적으로 성범죄를 저지르거나 절도의 범행을 은폐하기 위하여 계획적으로 성범죄를 저지르는 등 이 사건 범죄의 불법성이나 범행에 이르게 된 동기의 비난가능성이 현저히 큰 점 등을 고려하면, 이 사건 범죄의 행위 태양의 다양성이나 불법의 경중의 폭은 주거침입준강제추행죄의 그것만큼 넓지 아니하므로, 주거침입준강제추행죄와 달리 이 사건 범죄에 대하여 법관의 정상참작감경만으로는 집행유예를 선고하지 못하도록 한 것이 법관의 양형판단재량권을 침해하는 것이라고 볼 수 없다. 따라서 심판대상조항은 책임과 형벌 간의 비례원칙에 위배되지 않는다(헌재 2023.2.23. 2022헌가2).

## 09

정답 ④

① [×] 보안처분은 형벌과는 달리 행위자의 장래 재범위험성에 근거하는 것으로서, 행위시가 아닌 재판시의 재범위험성 여부에 대한 판단에 따라 보안처분 선고를 결정하므로 원칙적으로 재판 당시 현행법을 소급적용할 수 있다고 보는 것이 타당하고 합리적이다. 그러나 보안처분의 범주가 넓고 그 모습이 다양한 이상, 보안처분에 속한다는 이유만으로 일률적으로 소급입법금지원칙이 적용된다거나 그렇지 않다고 단정해서는 안 되고, 보안처분이라는 우회적인 방법으로 형벌불소급의 원칙을 유명무실하게 하는 것을 허용해서도 안 된다. 따라서 보안처분이라 하더라도 형벌적 성격이 강하여 신체의 자유를 박탈하거나 박탈에 준하는 정도로 신체의 자유를 제한하는 경우에는 소급입법금지원칙을 적용하는 것이 법치주의 및 죄형법정주의에 부합한다(헌재 2014.8.28. 2011헌마28).

② [×] 형벌불소급원칙이란 형벌법규는 시행된 이후의 행위에 대해서만 적용되고 시행 이전의 행위에 대해서는 소급하여 불리하게 적용되어서는 안 된다는 원칙인바, 이 사건 부칙조항은 개정된 법률 이전의 행위를 소급하여 형사처벌하도록 규정하고 있는 것이 아니라 형사처벌을 규정하고 있던 행위시법이 사후 폐지되었음에도 신법이 아닌 행위시법에 의하여 형사처벌하도록 규정한 것으로서, 헌법 제13조 제1항의 형벌불소급원칙 보호영역에 포섭되지 아니한다(헌재 2015.2.26. 2012헌바268).

③ [×] 형벌불소급원칙이 적용되는 '처벌'의 범위를 형법이 정한 형벌의 종류에만 한정되는 것으로 보게 되면, 형법이 정한 형벌 외의 형태로 가해질 수 있는 형사적 제재나 불이익은 소급적용이 허용되는 결과가 되어, 법적 안정성과 예측가능성을 보장하여 자의적 처벌로부터 국민을 보호하고자 하는 형벌불소급원칙의 취지가 몰각될 수 있다. 형벌불소급원칙에서 의미하는 '처벌'은 단지 형법에 규정되어 있는 형식적 의미의 형벌 유형에 국한되지 않는다(헌재 2017.10.26. 2015헌바239, 2016헌바177).

❹ [O] 종전에는 노역장유치와 관련하여 1일 이상 3년 이하의 기간 동안 노역장유치를 할 수 있다는 규정외에 노역장유치기간의 하한이 정해져 있지 않았고, 벌금이 고액이더라도 노역장유치기간이 반드시 그에 비례하여 장기화되는 것은 아니었다. 그런데 노역장유치조항은 "선고하는 벌금이 1억 원 이상 5억 원 미만인 경우에는 300일 이상, 5억 원 이상 50억 원 미만인 경우에는 500일 이상, 50억 원 이상인 경우에는 1,000일 이상의 유치기간을 정하여야 한다."고 규정하여, 1억 원 이상의 벌금형을 선고하는 경우에는 노역장유치기간을 300일 이상 등으로 하한을 정하였다. 그 결과 1억 이상의 벌금을 선고받는 자에 대한 노역장유치기간은 그 하한이 종전보다 장기화되었다. 이 사건에서도 노역장유치조항을 적용받은 청구인들은 이 조항 시행 전에 공소제기된 공범들보다 3배 내지 17배 가까이 장기간의 노역장유치에 처하는 판결을 선고받았다. 따라서 노역장유치조항은 1억 원 이상의 벌금을 선고받은 자에 대하여는 노역장유치기간의 하한이 중하게 변경된 것이므로, 이 조항 시행 전에 행한 범죄행위에 대해서는 **범죄행위 당시에 존재하였던 법률을 적용하여야 한다**(헌재 2017.10.26. 2015헌바239, 2016헌바177).

## 10

정답 ①

❶ [×] 죄형법정주의원칙은 죄와 형을 입법부가 제정한 형식적 의미의 법률로 규정하는 것을 그 핵심적 내용으로 하고, 나아가 형식적 의미의 법률로 규정하더라도 그 법률조항이 처벌하고자 하는 행위가 무엇이며 그에 대한 형벌이 어떠한 것인지를 누구나 예견할 수 있도록 구성요건을 명확하게 규정하여 개인의 법적 안정성을 보호하고, 국가형벌권의 자의적인 행사로부터 개인의 자유와 권리를 보장하려는 법치국가 형법의 기본원칙이다(헌재 1993.3.11. 92헌바33).

② [O] 적법하게 성립한 긴급명령은 형식면에서는 명령이지만 실질적으로는 국회가 제정한 법률과 동일한 효력을 가진다. 따라서 긴급명령으로써 국민의 권리를 제한하거나 의무를 부과할 수 있음은 물론 기존의 법률을 개정하거나 폐지할 수 있고 그 적용을 정지할 수도 있다. 그러나 긴급명령으로 국회를 해산하거나 헌법을 개정할 수 없다. 유효하게 성립한 긴급명령을

폐지·개정 또는 정지시키려면 국회를 통과한 법률 또는 유효하게 성립한 긴급명령에 의해서만 가능하다.

③ [O] "법률이 없으면 범죄도 없고 형벌도 없다."라는 말로 표현되는 **죄형법정주의는 법치주의, 국민주권 및 권력분립의 원리에 입각한 것으로서 일차적으로 무엇이 범죄이며 그에 대한 형벌이 어떠한 것인가는 반드시 국민의 대표로 구성된 입법부가 제정한 성문의 법률로써 정하여야 한다는 원칙**이고, 헌법 제12조 제1항 후단도 "법률과 적법한 절차에 의하지 아니하고는 처벌 … 을 받지 아니한다."라고 규정하여 죄형법정주의를 천명하고 있는바, 여기서 말하는 '법률'이란 입법부에서 제정한 형식적 의미의 법률을 의미하는 것임은 물론이다(헌재 2012.6.27, 2011헌마288).

④ [O] **범죄와 형벌에 관한 사항에 있어서도 위임입법의 근거와 한계에 관한 헌법 제75조는 적용되는 것이고**, 다만 법률에 의한 처벌법규의 위임은, 헌법이 특히 인권을 최대한 보장하기 위하여 죄형법정주의와 적법절차를 규정하고, 법률에 의한 처벌을 강조하고 있는 기본권보장 우위사상에 비추어 바람직하지 못한 일이므로, **그 요건과 범위가 보다 엄격하게 제한적으로 적용되어야 하는바**, 따라서 처벌법규의 위임을 하기 위하여는 첫째, 특히 긴급한 필요가 있거나 미리 법률로써 자세히 정할 수 없는 부득이한 사정이 있는 경우에 한정되어야 하며, 둘째, 이러한 경우에도 법률에서 범죄의 구성요건은 처벌대상행위가 어떠한 것일 것이라고 예측할 수 있을 정도로 구체적으로 정하고, 셋째, 형벌의 종류 및 그 상한과 폭을 명백히 규정하여야 하되, 위임입법의 위와 같은 예측가능성의 유무를 판단함에 있어서는 당해 특정 조항 하나만을 가지고 판단할 것이 아니고 관련 법조항 전체를 유기적·체계적으로 종합하여 판단하여야 한다(헌재 1997.5.29, 94헌바22).

## 11

정답 ④

① [×] 이 규정의 경우는 '이 법과 이 법에 의한 명령'이라고만 되어 있을 뿐 처벌규정에서 범죄구성요건에 해당하는 규정을 특정하지 아니하였을 뿐만 아니라 처벌규정 자체에서도 범죄구성요건을 정하고 있지 아니하여 금지하고자 하는 행위 유형의 실질을 파악할 수 없도록 하고 있으므로 죄형법정주의의 명확성원칙에 위반된다(헌재 2001.1.18, 99헌바112).

② [×] 이 사건 법률조항은, 조합원에 한하지 않고 모든 국민을 수범자로 하는 형벌조항이며, 또 금지되고 허용되는 선거운동이 무엇인지 여부가 형사처벌의 구성요건에 관련되는 주요사항임에도 불구하고, 그에 대한 결정을 입법자인 국회가 스스로 정하지 않고 헌법이 위임입법의 형식으로 예정하고 있지도 않은 특수법인의 정관에 위임하는 것은 사실상 그 정관 작성권자에게 처벌법규의 내용을 형성할 권한을 준 것이나 다름없으므로, 정관에 구성요건을 위임하고 있는 이 사건 법률조항은 범죄와 형벌에 관하여는 입법부가 제정한 형식적 의미의 법률로써 정하여야 한다는 죄형법정주의원칙에 비추어 허용되기 어렵다(헌재 2010.7.29, 2008헌바106).

③ [×] 중소기업협동조합법 및 같은 법 시행령, 같은 법 시행규칙을 모두 살펴보아도 호별방문 등을 금지하는 기간은 물론 임원선거의 선거운동기간에 관하여도 아무런 규율을 하고 있지 않다. 따라서 중앙회는 정관으로 정하기만 하면 아무런 제한 없이 호별방문 등의 금지기간을 설정할 수 있고, 실제로 이 사건 중앙회 정관에서는 호별방문 등의 금지기간을 한정하지 아니하여 호별방문 등을 하는 경우는 선거운동기간과 관계없이 항상 처벌대상이 된다(중소기업중앙회 정관 제53조 제3항). 죄형법정주의에서 말하는 예측가능성은 법률규정만을 보고서 판단할 수 있어야 하는 것이므로, 정관까지 보아야 비로소 예측가능하다면 이는 법률조항 자체의 예측가능성이 없음을 자인하는 셈이다(헌재 2010.7.29, 2008헌바106).

❹ [O] 이 사건 선거운동제한조항만으로는 수범자인 일반 국민이 허용되거나 금지되는 선거운동이 구체적으로 무엇인지를 예측하기 어렵다. 결국 이 사건 선거운동제한조항은 죄형법정주의의 명확성원칙에 위배된다(헌재 2016.11.24, 2015헌가29).

## 12

정답 ①

가. [위반 아님] 심판대상조항 중 "철도종사자"는 철도안전과 보다 직결되는 업무인 '철도차량의 운전업무'에 종사하는 자뿐만 아니라 철도안전과 다소 거리가 있는 업무인 '여객을 상대로 승무 및 역무서비스'를 제공하는 자 등 구 철도안전법상 모든 철도종사자를 의미하는 것으로 해석할 수 있다. 또한, 심판대상조항 중 "직무집행"은 철도종사자로서의 지위를 부여받게 하는 직무로서, 철도종사자가 그 직무를 수행하기 위한 일체의 행위를 의미한다. 따라서 심판대상조항은 죄형법정주의의 명확성원칙에 위반되지 아니한다(헌재 2017.7.27, 2015헌바417).

나. [위반 아님] '단체'와 '다중'은 계속적 조직체로서 통솔체제를 갖추고 있는가 여부에 따라, '다중'과 '집단'은 조직체로서 통솔체제를 갖추고 있는가 여부에 따라, '단체'와 '집단'은 계속적 조직체인지 여부에 따라 구별된다. '2인 이상이 공동하여'는 복수 가담자 상호간에 공범관계가 존재하는 경우에 성립하는 것이고, '단체나 다중의 위력으로써'는 사람의 집결 자체로 상대방을 제압하기에 충분할 정도로 세력을 이루는 경우에 성립하는 것이므로, '단체나 다중'과 '2인 이상이 공동하여'도 그 의미가 분명히 구분된다. 따라서 심판대상조항은 죄형법정주의의 명확성원칙에 위반되지 아니한다(헌재 2017.7.27, 2015헌바450).

다. [위반임] '약국을 관리하는 약사 또는 한약사는 보건복지부령으로 정하는 약국관리에 필요한 사항을 준수하여야 한다'는 약사법 제19조 제4항을 위반한 자를 처벌하는 약사법 제77조 제1호 중 '제19조 제4항 부분'은 '약국관리에 필요한 사항'이라는 처벌법규의 구성요건 부분에 관한 기본사항에 관하여 보다 구체적인 기준이나 범위를 정함이 없이 그 내용을 모두 하위법령인 보건복지부령에 포괄적으로 위임함으로써, 약사로 하여금 광범위한 개념인 '약국관리'와 관련하여 준수하여야 할 사항의 내용이나 범위를 구체적으로 예측할 수 없게 하고, 나아가 헌법이 예방하고자 하는 행정부의 자의적인 행정입법을 초래할 여지가 있으므로, 헌법상 포괄위임입법금지원칙 및 죄형법정주의의 명확성원칙에 위반된다(헌재 2000.7.20, 99헌가15).

라. [위반 아님] 공직후보자 등에 대한 각종 세금 납부 및 체납실적은 공직후보자의 과거의 사적 중 선거인의 투표권 행사에 있어서 공정한 판단에 영향을 미치는 후보자의 이력에 관한 중요한 사항이기 때문에 경력에 포함되는 것으로 보지 않을 수 없

다. 건전한 상식과 통상적인 법감정을 가진 사람의 입장에서는 후보자가 각종 세금을 성실하게 납부하였는지를 판단할 수 있는 체납사실을 공직 후보자의 지금까지의 이력 중 중요한 '경력'으로 보는 것이 당연하다. 따라서 경력의 사전적 의미, 심판대상조항의 취지, 후보자에 대한 과거의 사적 중 각종 세금 납부 및 체납실적은 공보 작성이나 후보자등록을 통하여 유권자들에게 의무적으로 공개하도록 하고 있는 점 등에 비추어 볼 때, '체납실적'은 선거인의 투표권 행사에 있어 공정한 판단에 영향을 미치는 후보자의 이력에 관한 중요한 사항으로서 경력에 포함되는 것이 명백하다. 결국 심판대상조항의 해석이 불명확하여 수범자의 예측가능성을 해하거나 법집행기관의 자의적인 집행을 초래할 정도로 불명확하다고는 할 수 없으므로, 심판대상조항은 죄형법정주의의 명확성원칙에 위반되지 않는다(헌재 2017.7.27, 2015헌바219).

마. **[위반 아님]** 이 사건 법률조항이 공무원 징계사유로 규정한 품위손상행위는 '주권자인 국민으로부터 수임 받은 공무를 수행함에 손색이 없는 인품에 어울리지 않는 행위를 함으로써 공무원 및 공직 전반에 대한 국민의 신뢰를 떨어뜨릴 우려가 있는 경우'를 일컫는 것으로 해석할 수 있고, 그 수범자인 평균적인 공무원은 이를 충분히 예측할 수 있다. 따라서 이 사건 법률조항은 명확성원칙에 위배되지 아니한다(헌재 2016.2.25, 2013헌바435).

바. **[위반 아님]** 구 검사징계법 제2조 제3호의 "검사로서의 체면이나 위신을 손상하는 행위"의 의미는, 공직자로서의 검사의 구체적 언행과 그에 대한 검찰 내부의 평가 및 사회 일반의 여론, 그리고 검사의 언행이 사회에 미친 파장 등을 종합적으로 고려하여 구체적인 상황에 따라 건전한 사회통념에 의하여 판단할 수 있으므로 명확성원칙에 위배되지 아니한다(헌재 2011.12.29, 2009헌바282).

사. **[위반 아님]** 위 규정들은 공무원이 개인적·개별적으로 비공무원이 주도하는 집단적 행위에 참가하는 것은 허용한다고 해석되며, 국가 또는 지방자치단체의 정책에 대한 반대·방해 행위가 일회적이고 우연한 것인지 혹은 계속적이고 계획적인 것인지 등을 묻지 아니하고 금지하는 것으로 해석되므로, 명확성원칙에 위배되지 아니한다(헌재 2012.5.31, 2009헌마705).

## 13

정답 ④

① [O] 추징은 몰수에 갈음하여 그 가액의 납부를 명령하는 사법처분이나 부가형의 성질을 가지므로, 주형은 아니지만 부가형으로서의 추징도 일종의 형벌임을 부인할 수는 없다. 그러나 일정액수의 추징금을 납부하지 않은 자에게 내리는 출국금지의 행정처분은 형법 제41조 상의 형벌이 아니라 형벌의 이행확보를 위하여 출국의 자유를 제한하는 행정조치의 성격을 지니고 있다. 그렇다면 심판대상 법조항에 의한 출국금지처분은 헌법 제13조 제1항 상의 이중처벌금지원칙에 위배된다고 할 수 없다(헌재 2004.10.28, 2003헌가18).

② [O] 구 건축법 제54조 제1항에 의한 형사처벌의 대상이 되는 범죄의 구성요건은 당국의 허가 없이 건축행위 또는 건축물의 용도변경행위를 한 것이고, 동법 제56조의2 제1항에 의한 과태료는 건축법령에 위반되는 위법건축물에 대한 시정명령을 받고도 건축주 등이 이를 시정하지 아니할 때 과하는 것이므로, 양자는 처벌 내지 제재대상이 되는 기본적 사실관계로서의 행위를 달리하는 것이다. 그리고, 전자가 무허가건축행위를 한 건축주 등의 행위 자체를 위법한 것으로 보아 처벌하는 것인 데 대하여, 후자는 위법건축물의 방치를 막고자 행정청이 시정조치를 명하였음에도 건축주 등이 이를 이행하지 아니한 경우에 행정명령의 실효성을 확보하기 위하여 제재를 과하는 것이므로 양자는 그 보호법익과 목적에서도 차이가 있고, 또한 무허가건축행위에 대한 형사처벌시에 위법건축물에 대한 시정명령의 위반행위까지 평가된다고 할 수 없으므로 시정명령위반행위가 무허가건축행위의 불가벌적 사후행위라고 할 수도 없다. … 이러한 점에 비추어 구 건축법 제54조 제1항에 의한 무허가건축행위에 대한 형사처벌과 동법 제56조의2의 제1항에 의한 과태료의 부과는 헌법 제13조 제1항이 금지하는 이중처벌에 해당한다고 할 수 없다(헌재 1994.6.30, 92헌바38).

③ [O] 헌법 제13조 제1항에서 말하는 '처벌'은 원칙적으로 범죄에 대한 국가의 형벌권 실행으로서의 과벌을 의미하는 것이고, 국가가 행하는 일체의 제재나 불이익처분을 모두 그 '처벌'에 포함시킬 수는 없다. 청소년의성보호에관한법률 제20조 제1항은 "청소년의 성을 사는 행위 등의 범죄방지를 위한 계도"가 신상공개제도의 주된 목적임을 명시하고 있는바, 이 제도가 당사자에게 일종의 수치심과 불명예를 줄 수 있다고 하여도, 이는 어디까지나 신상공개제도가 추구하는 입법목적에 부수적인 것이지 주된 것은 아니다. 또한, 공개되는 신상과 범죄사실은 헌법 제109조 본문에 의해 이미 공개된 재판에서 확정된 유죄판결의 일부로서, 개인의 신상 내지 사생활에 관한 새로운 내용이 아니고, 공익목적을 위하여 이를 공개하는 과정에서 부수적으로 수치심 등이 발생된다고 하여 이것을 기존의 형벌 외에 또 다른 형벌로서 수치형이나 명예형에 해당한다고 볼 수는 없다. 그렇다면, 신상공개제도는 헌법 제13조의 이중처벌금지 원칙에 위배되지 않는다(헌재 2003.6.26, 2002헌가14).

❹ [X] 사회보호법 제5조에 정한 보호감호처분은 헌법 제12조 제1항에 근거한 보안처분으로서 형벌과는 그 본질과 추구하는 목적 및 기능이 다른 별개의 독자적 의의를 가진 형사적 제재이다. 보호감호와 형벌은 비록 다같이 신체의 자유를 박탈하는 수용처분이라는 점에서 집행상 뚜렷한 구분이 되지 않는다고 하더라도 그 본질, 추구하는 목적과 기능이 전혀 다른 별개의 제도이므로 형벌과 보호감호를 서로 병과하여 선고한다 하여 헌법 제13조 제1항에 정한 이중처벌금지의 원칙에 위반되는 것은 아니다(헌재 1989.7.14, 88헌가5).

## 14

정답 ③

① [X] 일정액수의 추징금을 납부하지 않은 자에게 내리는 출국금지의 행정처분은 형법 제41조상의 형벌이 아니라 형벌의 이행확보를 위하여 출국의 자유를 제한하는 행정조치의 성격을 지니고 있다. 그렇다면 심판대상 법조항에 의한 출국금지처분은 헌법 제13조 제1항상의 이중처벌금지원칙에 위배된다고 할 수 없다(헌재 2004.10.28, 2003헌가18).

② [X] 누범을 가중처벌하는 것은 전범을 다시 처벌하는 것이 아니라 재차 범죄를 범함으로써 행위의 책임이 가중되어 있기 때

문이므로 이중처벌금지원칙에 위반되지 아니한다(헌재 1995.2.23, 93헌바43).

/ 상습범 가중처벌은 이중처벌이 아니다(헌재 1995.3.23, 93헌바59).

❸ [O] 사회보호법 제5조에 정한 보호감호와 형벌은 비록 다같이 신체의 자유를 박탈하는 수용처분이라는 점에서 집행상 뚜렷한 구분이 되지 않는다고 하더라도 그 본질, 추구하는 목적과 기능이 전혀 다른 별개의 제도이므로 형벌과 보호감호를 서로 병과하여 선고한다 하여 헌법 제13조 제1항에 정한 이중처벌금지의 원칙에 위반되는 것은 아니라 할 것이다[헌재 1989.7.14, 88헌가5 · 8(전원)].

/ 치료감호 + 보호관찰(헌재 2012.12.27, 2011헌마285), 디엔에이 신원확인정보의 수집행위(헌재 2014.8.28, 2001헌마28), 형벌 + 신상공개 및 고지(헌재 2016.12.29, 2015헌바196)

④ [×] 집행유예의 취소시 부활되는 본형은 집행유예의 선고와 함께 선고되었던 것으로 판결이 확정된 동일한 사건에 대하여 다시 심판한 결과 부과되는 것이 아니므로 일사부재리의 원칙과 무관하고, 사회봉사명령 또는 수강명령은 그 성격, 목적, 이행방식 등에서 형벌과 본질적 차이가 있어 이중처벌금지원칙에서 말하는 '처벌'이라 보기 어려우므로, 이 사건 법률조항은 이중처벌금지원칙에 위반되지 아니한다(헌재 2013.6.27, 2012헌바345).

## 15

정답 ①

❶ [×] 현행헌법 제12조 제1항 후문과 제3항 본문은 위에서 본 바와 같이 적법절차의 원칙을 헌법상 명문규정으로 두고 있는데, 이는 개정 전의 헌법 제11조 제1항의 "누구든지 법률에 의하지 아니하고는 체포 · 구금 · 압수 · 수색 · 처벌 · 보안처분 또는 강제노역을 당하지 아니한다."라는 규정을 제9차 개정한 현행헌법에서 처음으로 영미법계의 국가에서 국민의 인권을 보장하기 위한 기본원리의 하나로 발달되어 온 적법절차의 원칙을 도입하여 헌법에 명문화한 것이며, 이 적법절차의 원칙은 역사적으로 볼 때 영국의 마그나카르타(대헌장) 제39조, 1335년의 에드워드 3세 제정법률, 1628년 권리청원 제4조를 거쳐 1791년 미국 수정헌법 제5조 제3문과 1868년 미국 수정헌법 제14조에 명문화되어 미국헌법의 기본원리의 하나로 자리잡고 모든 국가작용을 지배하는 일반원리로 해석 · 적용되는 중요한 원칙으로서, 오늘날에는 독일 등 대륙법계의 국가에서도 이에 상응하여 일반적인 법치국가원리 또는 기본권 제한의 법률유보원리로 정립되게 되었다(헌재 1992.12.24, 92헌가8).

② [O] 구 산업단지 민 · 허가 절차 간소화를 위한 특례법은 지정권자가 환경영향평가 대상지역 주민들에게 환경영향평가서 초안에 대하여 적절한 고지를 하고, 이에 따라 주민 등이 환경영향평가서 초안을 산업단지계획안과 종합적 · 유기적으로 파악하여 그에 대한 의견을 제출할 기회를 부여함으로써 주민의 절차적 참여를 보장해 주고 있으므로, 의견청취동시진행조항이 환경영향평가서 초안에 대한 주민의견청취를 산업단지계획안에 대한 주민의견청취와 동시에 진행하도록 규정하고 있다고 하더라도, 헌법상의 적법절차원칙에 위배된다고 할 수 없다(헌재 2016.12.29, 2015헌바280).

③ [O] 헌법 제12조 제1항이 '처벌, 보안처분 또는 강제노역'을 나란히 열거하고 있는 규정형식에 비추어 보면 처벌 또는 강제노역에 버금가는 심대한 기본권의 제한을 수반하는 보안처분에는 위에서 본 좁은 의미의 적법절차의 원칙이 엄격히 적용되어야 할 것이나, 보안처분의 종류에는 사회보호법상의 보호감호처분이나 구 사회안전법상의 보안감호처분과 같이 피감호자를 일정한 감호시설에 수용하는 전면적인 자유박탈적인 조치부터 이 법상의 보안관찰처분과 같이 단순히 피보안관찰자에게 신고의무를 부과하는 자유 제한적인 조치까지 다양한 형태와 내용의 것이 존재하므로 각 보안처분에 적용되어야 할 적법절차의 원리의 적용범위 내지 한계에도 차이가 있어야 함은 당연하다 할 것이어서, 결국 각 보안처분의 구체적 자유박탈 내지 제한의 정도를 고려하여 그 보안처분의 심의 · 결정에 법관의 판단을 필요로 하는지 여부를 결정하여야 한다고 할 것이다(헌재 1997.11.27, 92헌바28).

④ [O] 이 사건 법률조항은 피의자의 신원확인을 원활하게 하고 수사활동에 지장이 없도록 하기 위한 것으로, 수사상 피의자의 신원확인은 피의자를 특정하고 범죄경력을 조회함으로써 타인의 인적 사항 도용과 범죄 및 전과사실의 은폐 등을 차단하고 형사사법제도를 적정하게 운영하기 위해 필수적이라는 점에서 그 목적은 정당하고, 지문채취는 신원확인을 위한 경제적이고 간편하면서도 확실성이 높은 적절한 방법이다. 또한 이 사건 법률조항은 형벌에 의한 불이익을 부과함으로써 심리적 · 간접적으로 지문채취를 강제하고 그것도 보충적으로만 적용하도록 하고 있어 피의자에 대한 피해를 최소화하기 위한 고려를 하고 있으며, 지문채취 그 자체가 피의자에게 주는 피해는 그리 크지 않은 반면 일단 채취된 지문은 피의자의 신원을 확인하는 효과적인 수단이 될 뿐 아니라 수사절차에서 범인을 검거하는 데에 중요한 역할을 한다. 한편, 이 사건 법률조항에 규정되어 있는 법정형은 형법상의 제재로서는 최소한에 해당되므로 지나치게 가혹하여 범죄에 대한 형벌 본래의 목적과 기능을 달성함에 필요한 정도를 일탈하였다고 볼 수도 없다(헌재 2004.9.23, 2002헌가17 등).

## 16

정답 ④

① [×] 청구인은 이 사건 법률조항에 따라 청구인의 임용을 당연무효라고 보아 공무원신분을 소급적으로 박탈하는 것은 적법절차에 위배된다고 주장하고 있으나, 이 주장은 결국 공무원으로서의 지위를 소급적으로 박탈당하여 공무담임권을 침해당하였다고 하는 내용이므로 이를 별도로 판단하지 아니한다(헌재 2016.7.28, 2014헌바437).

② [×] 적법절차원칙에서 도출할 수 있는 중요한 절차적 요청 중의 하나로, 당사자에게 적절한 고지를 행할 것 및 당사자에게 의견 및 자료 제출의 기회를 부여할 것 등이 있으나, 이 원칙이 구체적으로 어떠한 절차를 어느 정도로 요구하는지 일률적으로 말하기 어렵고, 규율되는 사항의 성질, 관련 당사자의 사익, 절차의 이행으로 제고될 가치, 국가작용의 효율성, 절차에 소요되는 비용, 불복의 기회 등 다양한 요소들을 형량하여 개별적으로 판단할 수밖에 없다(헌재 2008.1.17, 2007헌마700).

③ [×] 범죄행위로 인하여 형사처벌을 받은 공무원에 대하여 신분상

불이익처분을 하는 법률을 제정함에 있어 어느 방법을 선택할 것인가는 원칙적으로 입법자의 재량에 속한다. 일정한 사항이 법정 당연퇴직사유에 해당하는지 여부만이 문제되는 당연퇴직의 성질상 그 절차에서 당사자의 진술권이 반드시 보장되어야 하는 것은 아니고, 심판대상조항이 청구인의 공무담임권 등을 침해하지 아니하는 이상 적법절차원칙에 위반되지 아니한다(헌재 2013.7.25, 2012헌바409).

❹ [O] 이 사건 규정에 의한 직위해제처분은 실질상 징계처분의 일종인 정직(停職)과 비슷한 처분인데도 불구하고 징계절차 또는 기타 이와 유사한 절차에 의하여 교원의 직위해제 여부를 결정하는 것이 아니라, 형사사건으로 기소되었다는 사실만을 이유로 해서 임면권자의 일방적인 처분으로 직위해제를 행하게 되어 있다. 따라서 징계절차에 있어서와 같은 청문의 기회가 보장되지 아니하여 당해 교원은 자기에게 유리한 사실을 진술하거나 필요한 증거를 제출할 방법조차 없는 것이니 그러한 의미에서 적법절차가 존중되고 있지 않다고 할 것이다(헌재 1994.7.29, 93헌가3).

## 17

정답 ④

ㄱ. [O] 헌법 제12조 제1항의 신체의 자유는 인간의 존엄과 가치를 구현하기 위한 가장 기본적인 최소한의 자유이자 모든 기본권 보장의 전제가 되는 것으로서 그 성질상 인간의 권리에 해당하고, 국내 체류자격 유무에 따라 그 인정 여부가 달라지는 것이 아니다(헌재 2023.3.23, 2020헌가1).

ㄴ. [O] 심판대상조항이 신체의 자유를 침해하는지 여부에 대해서는 엄격한 심사기준이 적용되어야 한다(헌재 2023.3.23, 2020헌가1).

ㄷ. [X] 강제퇴거명령의 효율적 집행이라는 행정목적 때문에 기간의 제한이 없는 보호를 가능하게 하는 것은 행정의 편의성과 획일성만을 강조한 것으로 피보호자의 신체의 자유를 과도하게 제한하는 것인 점, 강제퇴거명령을 받은 사람을 보호함에 있어 그 기간의 상한을 두고 있는 국제적 기준이나 외국의 입법례에 비추어 볼 때 보호기간의 상한을 정하는 것이 불가능하다고 볼 수 없는 점, 강제퇴거명령의 집행 확보는 심판대상조항에 의한 보호 외에 주거지 제한이나 보고, 신원보증인의 지정, 적정한 보증금의 납부, 감독관 등을 통한 지속적인 관찰 등 다양한 수단으로도 가능한 점, 현행 보호일시해제제도나 보호명령에 대한 이의신청, 보호기간 연장에 대한 법무부장관의 승인제도만으로는 보호기간의 상한을 두지 않은 문제가 보완된다고 보기 어려운 점 등을 고려하면, 심판대상조항은 침해의 최소성과 법익균형성을 충족하지 못한다. 따라서 심판대상조항은 과잉금지원칙을 위반하여 피보호자의 신체의 자유를 침해한다(헌재 2023.3.23, 2020헌가1).

ㄹ. [X] 행정절차상 강제처분에 의해 신체의 자유가 제한되는 경우 강제처분의 집행기관으로부터 독립된 중립적인 기관이 이를 통제하도록 하는 것은 적법절차원칙의 중요한 내용에 해당한다. 심판대상조항에 의한 보호는 신체의 자유를 제한하는 정도가 박탈에 이르러 형사절차상 '체포 또는 구속'에 준하는 것으로 볼 수 있는 점을 고려하면, 보호의 개시 또는 연장 단계에서 그 집행기관인 출입국관리공무원으로부터 독립되고 중립적인 지위에 있는 기관이 보호의 타당성을 심사하여 이를 통제할 수 있어야 한다. 그러나 현재 출입국관리법상 보호의 개시 또는 연장 단계에서 집행기관으로부터 독립된 중립적 기관에 의한 통제절차가 마련되어 있지 아니하다. 또한 당사자에게 의견 및 자료 제출의 기회를 부여하는 것은 적법절차원칙에서 도출되는 중요한 절차적 요청이므로, 심판대상조항에 따라 보호를 하는 경우에도 피보호자에게 위와 같은 기회가 보장되어야 하나, 심판대상조항에 따른 보호명령을 발령하기 전에 당사자에게 의견을 제출할 수 있는 절차적 기회가 마련되어 있지 아니하다. 따라서 심판대상조항은 적법절차원칙에 위배되어 피보호자의 신체의 자유를 침해한다(헌재 2023.3.23, 2020헌가1).

## 18

정답 ①

❶ [O] 우리 현행헌법에서는 제12조 제1항의 처벌, 보안처분, 강제노역 등 및 제12조 제3항의 영장주의와 관련하여 각각 적법절차의 원칙을 규정하고 있지만 이는 그 대상을 한정적으로 열거하고 있는 것이 아니라 그 적용대상을 예시한 것에 불과하다고 해석하는 것이 우리의 통설적 견해이다(헌재 1992.12.24, 92헌가8).

② [X] 적법절차의 원칙에 의하여 그 성질상 보안처분의 범주에 드는 모든 처분의 개시 내지 결정에 법관의 판단을 필요로 한다고 단정할 수 없고, 보안처분의 개시에 있어 그 결정기간 내지 절차와 당해 보안처분으로 인한 자유침해의 정도와의 사이에 비례의 원칙을 충족하면 적법절차의 원칙은 준수된다고 보아야 할 것이다(헌재 1997.11.27, 92헌바28).

③ [X] 적법절차원칙에서 도출할 수 있는 중요한 절차적 요청 중의 하나로, 당사자에게 적절한 고지를 행할 것 및 당사자에게 의견 및 자료 제출의 기회를 부여할 것 등이 있으나, 이 원칙이 구체적으로 어떠한 절차를 어느 정도로 요구하는지 일률적으로 말하기 어렵고, 규율되는 사항의 성질, 관련 당사자의 사익, 절차의 이행으로 제고될 가치, 국가작용의 효율성, 절차에 소요되는 비용, 불복의 기회 등 다양한 요소들을 형량하여 개별적으로 판단할 수밖에 없다(헌재 2008.1.17, 2007헌마700).

④ [X] 압수물은 검사의 이익을 위해서뿐만 아니라 이에 대한 증거신청을 통하여 무죄를 입증하고자 하는 피고인의 이익을 위해서도 존재하므로 사건종결 시까지 이를 그대로 보존할 필요성이 있다. 따라서 사건종결 전 일반적 압수물의 폐기를 규정하고 있는 형사소송법 제130조 제2항은 엄격히 해석할 필요가 있으므로, 위 법률조항에서 말하는 '위험발생의 염려가 있는 압수물'이란 사람의 생명, 신체, 건강, 재산에 위해를 줄 수 있는 물건으로서 보관 자체가 대단히 위험하여 종국판결이 선고될 때까지 보관하기 매우 곤란한 압수물을 의미하는 것으로 보아야 하고, 이러한 사유에 해당하지 아니하는 압수물에 대하여는 설사 피압수자의 소유권포기가 있다 하더라도 폐기가 허용되지 아니한다고 해석하여야 한다. 피청구인은 이 사건 압수물을 보관하는 것 자체가 위험하다고 볼 수 없을 뿐만 아니라 이를 보관하는 데 아무런 불편이 없는 물건임이 명백함에도 압수물에 대하여 소유권포기가 있다는 이유로 이를 사건종결 전에 폐기하였는바, 위와 같은 피청구인의 행위는 적법절차의 원칙을 위반하고, 청구인의 공정한 재판을 받을 권리를 침해한 것이다(헌재 2012.12.27, 2011헌마351).

## 19

정답 ①

❶ [O] 현행 군인사법에 따르면 병과 하사관은 군인이라는 공통점을 제외하고는 그 복무의 내용과 보직, 진급, 전역체계, 보수와 연금 등의 지급에서 상당한 차이가 있으며, 그 징계의 종류도 달리 규율하고 있다. 따라서 병과 하사관은 영창처분의 차별취급을 논할 만한 비교집단이 된다고 보기 어려우므로, 평등원칙 위배 여부는 더 나아가 살피지 아니한다[헌재 2020.9.24, 2017헌바157(전원)].

② [X] 군대 내 지휘명령체계를 확립하고 전투력을 제고한다는 공익은 매우 중요한 공익이나, 심판대상조항으로 과도하게 제한되는 병의 신체의 자유가 위 공익에 비하여 결코 가볍다고 볼 수 없어, 심판대상조항은 법익의 균형성 요건도 충족하지 못한다. 이와 같은 점을 종합할 때, 심판대상조항은 과잉금지원칙에 위배된다[헌재 2020.9.24, 2017헌바157(전원)].

③ [X] 보충의견에 관한 내용이다. 헌법재판소의 법정의견은 영장주의에 대한 의견이 없다[헌재 2020.9.24, 2017헌바157(전원)].

④ [X] 반대의견에 관한 내용이다. 헌법재판소의 법정의견은 영장주의에 대한 의견이 없다. 다만, 전경에 대한 징계 사건에서 영장주의가 영창에 적용되지 않는다는 것이 헌법재판소 법정의견이었다[헌재 2020.9.24, 2017헌바157(전원)].

## 20

정답 ④

ㄱ. [X] 피의자의 재구속 등에 관련하여 '실질적 가중요건'을 규정할 것인지 아니면 '절차적 가중요건'을 규정할 것인지 여부와 같이 법률의 구체적 내용을 정하는 문제는 원칙적으로 입법자가 제반 사정을 고려하여 결정할 사항이라는 점 등 여러 사정에 비추어 볼 때, 입법자가 동일한 입법목적을 구현하기 위하여 이 사건 법률조항에 근거한 구속영장 재청구에 관련하여 '절차적 가중요건'만을 규정하는 정책적 선택을 하였다는 사정만으로 입법형성권을 자의적으로 행사하였다고 보기는 어렵다(헌재 2003.12.18, 2002헌마593).

ㄴ. [X] 헌법 제16조에 의하면 모든 국민은 주거의 자유를 침해받지 아니하고 주거에 대한 압수나 수색을 할 때에는 검사의 신청에 의하여 법관이 발부한 영장을 제시하여야 한다고 규정하고 있다. 그러나 헌법 제18조에 의하면 모든 국민은 통신의 비밀을 침해받지 아니한다고 규정하고 있을 뿐이다. 통신제한조치에 대해서는 헌법이 아닌 통신비밀보호법에서 규정하고 있다.

ㄷ. [O] 법무부장관의 출국금지결정은 형사재판에 계속 중인 국민의 출국의 자유를 제한하는 행정처분일 뿐이고, 영장주의가 적용되는 신체에 대하여 직접적으로 물리적 강제력을 수반하는 강제처분이라고 할 수는 없다. 따라서 심판대상조항이 헌법 제12조 제3항의 영장주의에 위배된다고 볼 수 없다(헌재 2015.9.24, 2012헌바302).

ㄹ. [O] 이 사건 영장절차조항에 의한 디엔에이감식시료채취영장청구 시에는 판사가 채취대상자의 의견을 직접 청취하거나 적어도 서면으로 채취대상자의 의견을 확인하는 절차가 명문화되어 있지 않다. 또한 디엔에이감식시료채취영장이 발부된 경우에는 불복할 수 있는 규정이 마련되어 있지 않다. 이 사건 영장절차조항이 디엔에이감식시료채취영장 발부과정에서 자신의 의견을 진술할 기회를 절차적으로 보장하고 있지 않을 뿐만 아니라, 발부 후 그 영장 발부에 대하여 불복할 수 있는 기회를 주거나 채취행위의 위법성확인을 청구할 수 있도록 하는 구제절차를 마련하고 있지 않음으로써, 채취대상자의 재판청구권은 형해화되고 채취대상자는 범죄수사 내지 예방의 객체로만 취급받게 된다. 따라서 이 사건 영장절차조항은 과잉금지원칙을 위반하여 청구인들의 재판청구권을 침해한다(헌재 2018.8.30, 2016헌마344).

# 6회 진도별 모의고사 정답 및 해설
(형사피의자 · 피고인의 권리 ~ 양심의 자유)

## 정답

p.48

| 01 | ② | 02 | ④ | 03 | ① | 04 | ① | 05 | ② |
|---|---|---|---|---|---|---|---|---|---|
| 06 | ③ | 07 | ② | 08 | ② | 09 | ③ | 10 | ② |
| 11 | ③ | 12 | ④ | 13 | ① | 14 | ① | 15 | ② |
| 16 | ④ | 17 | ① | 18 | ② | 19 | ③ | 20 | ② |

### 01

정답 ②

① [O] 수사기관의 피의자에 대한 강제처분에 관한 법률을 제정함에 있어서 입법자는 헌법적 특별규정인 헌법 제12조 제3항을 준수하는 범위 내에서 우리 사회의 법현실, 수사관행, 수사기관과 국민의 법의식수준 등을 종합적으로 검토한 다음 구체적 사정에 따라서 다양한 정책적인 선택을 할 수 있고, 다만 이러한 입법형성권을 남용하거나 그 범위를 현저하게 일탈하여 당사자들의 기본권을 침해하게 된 경우에는 관련 법률들이 '자의금지원칙(恣意禁止原則)'에 위배되어 헌법에 위반된다고 보아야 한다(헌재 2003.12.18. 2002헌마593).

❷ [×] 심판대상조항은 체포영장을 발부받아 피의자를 체포하는 경우에 필요한 때에는 영장 없이 타인의 주거 등 내에서 피의자 수사를 할 수 있다고 규정함으로써, 앞서 본 바와 같이 별도로 영장을 발부받기 어려운 긴급한 사정이 있는지 여부를 구별하지 아니하고 피의자가 소재할 개연성만 소명되면 영장 없이 타인의 주거 등을 수색할 수 있도록 허용하고 있다. 이는 체포영장이 발부된 피의자가 타인의 주거 등에 소재할 개연성은 소명되나, 수색에 앞서 영장을 발부받기 어려운 긴급한 사정이 인정되지 않는 경우에도 영장 없이 피의자 수색을 할 수 있다는 것이므로, 헌법 제16조의 영장주의 예외요건을 벗어나는 것으로서 영장주의에 위반된다(헌재 2018.4.26. 2015헌바370 · 2016헌가7).

③ [O] 통신사실 확인자료 제공요청은 수사 또는 내사의 대상이 된 가입자 등의 동의나 승낙을 얻지 아니하고도 공공기관이 아닌 전기통신사업자를 상대로 이루어지는 것으로 통신비밀보호법이 정한 수사기관의 강제처분이다. 이러한 통신사실 확인자료 제공요청과 관련된 수사기관의 권한남용 및 그로 인한 정보주체의 기본권 침해를 방지하기 위해서는 법원의 통제를 받을 필요가 있으므로, 통신사실 확인자료 제공요청에는 헌법상 영장주의가 적용된다[헌재 2018.6.28. 2012헌마191 · 550, 2014헌마357(병합)].

④ [O] 헌재 2006.7.27. 2005헌마277

### 02

정답 ④

① [O] 경범죄처벌법 제1조 제42호는 수사기관이 직접 물리적 강제력을 행사하여 피의자에게 강제로 지문을 찍도록 하는 것을 허용하는 규정이 아니며 형벌에 의한 불이익을 부과함으로써 심리적 · 간접적으로 지문채취를 강요하고 있으므로 피의자가 본인의 판단에 따라 수용 여부를 결정한다는 점에서 궁극적으로 당사자의 자발적 협조가 필수적임을 전제로 하므로 물리력을 동원하여 강제로 이루어지는 경우와는 질적으로 차이가 있다. 따라서 이 사건 법률조항에 의한 지문채취의 강요는 영장주의에 의하여야 할 강제처분이라 할 수 없다. 또한 수사상 필요에 의하여 수사기관이 직접강제에 의하여 지문을 채취하려 하는 경우에는 반드시 법관이 발부한 영장에 의하여야 하므로 영장주의원칙은 여전히 유지되고 있다고 할 수 있다(헌재 2004.9.23. 2002헌가17).

② [O] 경범죄처벌법 제1조 제42호는 수사기관이 직접 물리적 강제력을 행사하여 피의자에게 강제로 지문을 찍도록 하는 것을 허용하는 규정이 아니며 형벌에 의한 불이익을 부과함으로써 심리적 · 간접적으로 지문채취를 강요하고 있으므로 피의자가 본인의 판단에 따라 수용여부를 결정한다는 점에서 궁극적으로 당사자의 자발적 협조가 필수적임을 전제로 하므로 물리력을 동원하여 강제로 이루어지는 경우와는 질적으로 차이가 있다. 따라서 이 사건 법률조항에 의한 지문채취의 강요는 영장주의에 의하여야 할 강제처분이라 할 수 없다. 또한 수사상 필요에 의하여 수사기관이 직접강제에 의하여 지문을 채취하려 하는 경우에는 반드시 법관이 발부한 영장에 의하여야 하므로 영장주의원칙은 여전히 유지되고 있다고 할 수 있다(헌재 2004.9.23. 2002헌가17).

③ [O] 헌법 제12조 제3항이 영장의 발부에 관하여 "검사의 신청"에 의할 것을 규정한 취지는 모든 영장의 발부에 검사의 신청이 필요하다는 데에 있는 것이 아니라 수사단계에서 영장의 발부를 신청할 수 있는 자를 검사로 한정함으로써 검사 아닌 다른 수사기관의 영장신청에서 오는 인권유린의 폐해를 방지하고자 함에 있으므로, 공판단계에서 법원이 직권에 의하여 구속영장을 발부할 수 있음을 규정한 구 형사소송법(1995.12.29. 법률 제5054호로 개정되기 전의 것) 제70조 제1항 및 제73조

중 "피고인을 … 구인 또는 구금함에는 구속영장을 발부하여야 한다." 부분은 헌법 제12조 제3항에 위반되지 아니한다(헌재 1997.3.27. 96헌바28).

❹ [×] 영장주의가 적용된다는 것은 법정의견이 아니라 보충의견이다.
**병(兵)에 대한 징계처분으로 일정기간 부대나 함정(艦艇) 내의 영창, 그 밖의 구금장소에 감금하는 영창처분이 가능하도록 규정한 구 군인사법 제57조 제2항 중 '영창'에 관한 부분(헌재 2020.9.24. 2017헌바157)**
**법정의견:** 심판대상조항에 의한 영창처분은 징계처분임에도 불구하고 신분상 불이익 외에 신체의 자유를 박탈하는 것까지 그 내용으로 삼고 있어 징계의 한계를 초과한 점, 심판대상조항에 의한 영창처분은 그 실질이 구류형의 집행과 유사하게 운영되므로 극히 제한된 범위에서 형사상 절차에 준하는 방식으로 이루어져야 하는데, 영창처분이 가능한 징계사유는 지나치게 포괄적이고 기준이 불명확하여 영창처분의 보충성이 담보되고 있지 아니한 점, … 등에 비추어 심판대상조항은 침해의 최소성원칙에 어긋난다. 이와 같은 점을 종합할 때, 심판대상조항은 과잉금지원칙에 위배된다.
**재판관 이석태, 재판관 김기영, 재판관 문형배, 재판관 이미선의 법정의견에 대한 보충의견:** 헌법상 신체의 자유는 헌법 제12조 제1항의 문언과 자연권적 속성에 비추어 볼 때 형사절차에 한정하여 보호되는 기본권이 아니다. 헌법 제12조 제3항의 영장주의가 수사기관에 의한 체포·구속을 전제하여 규정된 것은 형사절차의 경우 법관에 의한 사전적 통제의 필요성이 강하게 요청되기 때문이지, 형사절차 이외의 국가권력작용에 대해 영장주의를 배제하는 것이 아니고, 오히려 그 본질은 인신구속과 같이 중대한 기본권 침해를 야기할 때는 법관이 구체적 판단을 거쳐 발부한 영장에 의하여야 한다는 것이다. 따라서 형사절차가 아니라 하더라도 실질적으로 수사기관에 의한 인신구속과 동일한 효과를 발생시키는 인신구금은 영장주의의 본질상 그 적용대상이 되어야 한다. 심판대상조항에 의한 영창처분은 그 내용과 집행의 실질, 효과에 비추어 볼 때, 그 본질이 사실상 형사절차에서 이루어지는 인신구금과 같이 기본권에 중대한 침해를 가져오는 것으로 헌법 제12조 제1항, 제3항의 영장주의 원칙이 적용된다. 그런데 심판대상조항에 의한 영창처분은 그 과정 어디에도 중립성과 독립성이 보장되는 제3자인 법관이 관여하도록 규정되어 있지 않은 채 인신구금이 이루어질 수 있도록 하고 있어 헌법 제12조 제1항, 제3항의 영장주의의 본질을 침해하고 있다. 따라서 심판대상조항은 헌법 제12조 제1항, 제3항의 영장주의에 위배된다.
**재판관 이은애, 재판관 이종석의 반대의견:** 헌법 제12조 제3항의 문언이나 성격상 영장주의는 징계절차에 그대로 적용된다고 볼 수 없다. 다만, 영장주의의 이념을 고려하여 심판대상조항이 적법절차원칙에 위배되는지 여부는 보다 엄격하게 심사하여야 한다.

## 03

정답 ①

❶ [×] 위 조항은 공소제기된 자로서 구금되었다는 사실 자체에 사회적 비난의 의미를 부여한다거나 그 유죄의 개연성에 근거하여 직무를 정지시키는 것이 아니라, 구속되어 있는 자치단체장의 물리적 부재상태로 말미암아 자치단체행정의 원활하고 계속적인 운영에 위험이 발생할 것이 명백하여 이를 방지하기 위하여 직무를 정지시키는 것이므로, '범죄사실의 인정 또는 유죄의 인정에서 비롯되는 불이익'이라거나 '유죄를 근거로 하는 사회윤리적 비난'이라고 볼 수 없다. 따라서 무죄추정의 원칙에 위반되지 않는다(헌재 2011.4.28. 2010헌마474).
**재판관 이강국의 반대의견:** 검사의 공소제기나 법관의 영장발부에 의한 구금상태는 그 후에 계속되는 일련의 형사절차 진행과정의 맨 처음 시작단계에 불과하고, 유죄판결의 선고나 확정은 상당히 오랜 시간이 경과한 후에야 가능한 것임에도, 위 조항은 자치단체장이 구금상태에 있고 그에 대하여 공소가 제기되었다는 두 가지 사실이 있기만 하면 유죄판결이나 그 확정을 기다리지 아니한 채 바로 직무를 정지시키고 있으므로 무죄추정의 원칙에 반한다.

② [O] 이 사건 법률조항은 공소제기된 변호사에 대하여 유죄의 개연성을 전제로 업무정지라는 불이익을 부과할 수 있도록 하고 있으나, 이 사건 법률조항에 의한 업무정지명령은 의뢰인의 이익과 법적 절차의 공정성·신속성 및 그에 대한 국민의 신뢰라는 중대한 공익을 보호하기 위한 잠정적이고 가처분적 성격을 가지는 것으로, 법무부장관의 청구에 따라 법무부징계위원회라는 합의제 기관의 의결을 거쳐 업무정지명령을 발할 수 있도록 하는 한편, 해당 변호사에게 청문의 기회를 부여하고, 그 기간 또한 원칙적으로 6개월로 정하도록 함으로써, 그러한 불이익이 필요최소한에 그치도록 엄격한 요건 및 절차를 규정하고 있다. 따라서 이 사건 법률조항은 무죄추정의 원칙에 위반되지 아니한다(헌재 2014.4.24. 2012헌바45).

③ [O] 형사소송에 있어서 경찰 공무원은 당해 피고인에 대한 수사를 담당하였는지의 여부에 관계없이 그 피고인에 대한 공판과정에서는 제3자라고 할 수 있어 수사 담당 경찰 공무원이라 하더라도 증인의 지위에 있을 수 있음을 부정할 수 없고, 이러한 증인신문 역시 공소사실과 관련된 실체적 진실을 발견하기 위한 것이지 피고인을 유죄로 추정하기 때문이라고 인정할 만한 아무런 근거도 없다는 점에서, 이 사건 법률조항은 무죄추정의 원칙에 반하지 아니한다(헌재 2001.11.29. 2001헌바41 전원재판부).

④ [O] 형사사건으로 기소되기만 하면 그가 국가공무원법 제33조 제1항 제3호 내지 제6호에 해당하는 유죄판결을 받을 고도의 개연성이 있는가의 여부에 무관하게 경우에 따라서는 벌금형이나 무죄가 선고될 가능성이 큰 사건인 경우에 대해서까지도 당해 공무원에게 일률적으로 직위해제처분을 하지 않을 수 없도록 한 이 사건 규정은 헌법 제37조 제2항의 비례의 원칙에 위반되어 직업의 자유를 과도하게 침해하고 헌법 제27조 제4항의 무죄추정의 원칙에도 위반된다(헌재 1998.5.28. 96헌가12 전원재판부).

## 04

정답 ①

❶ [O] 법원의 열람·등사 허용 결정에도 불구하고 검사가 이를 신속하게 이행하지 아니하는 경우에는 해당 증인 및 서류 등을 증거로 신청할 수 없는 불이익을 받는 것에 그치는 것이 아니라, 그러한 검사의 거부행위는 피고인의 열람·등사권을 침해하고, 나아가 피고인의 신속·공정한 재판을 받을 권리 및 변호인의 조력을 받을 권리까지 침해하게 되는 것이다(헌재 2010.6.24, 2009헌마257).

② [×] 이와 같이 아직 변호인을 선임하지 않은 피의자 등의 변호인 조력을 받을 권리는 변호인 선임을 통하여 구체화되는데, 피의자 등의 변호인선임권은 변호인의 조력을 받을 권리의 출발점이자 가장 기초적인 구성부분으로서 법률로써도 제한할 수 없는 권리이다. 따라서 변호인 선임을 위하여 피의자 등이 가지는 '변호인이 되려는 자'와의 접견교통권 역시 헌법상 기본권으로 보호되어야 한다(헌재 2019.2.28, 2015헌마1204).

③ [×] 지문은 헌재 2012.8.23, 2008헌마430 내용 그대로이나 헌법재판소는 헌재 2018.5.31, 2014헌마346에서 판례를 변경하였다.

종래 이와 견해를 달리하여, 헌법 제12조 제4항 본문에 규정된 변호인의 조력을 받을 권리는 형사절차에서 피의자 또는 피고인의 방어권을 보장하기 위한 것으로서 출입국관리법상 보호 또는 강제퇴거의 절차에도 적용된다고 보기 어렵다고 판시한 우리 재판소 결정(헌재 2012.8.23, 2008헌마430)은, 이 결정 취지와 저촉되는 범위 안에서 변경한다(헌재 2018.5.31, 2014헌마346).

**관련판례**

> **변경된 기존 판례:** 헌법 제12조 제4항 본문은 "누구든지 체포 또는 구속을 당한 때에는 즉시 변호인의 조력을 받을 권리를 가진다."라고 규정하고 있는바, 이와 같은 변호인의 조력을 받을 권리는 형사절차에서 피의자 또는 피고인의 방어권 보장을 위한 것으로서 출입국관리법상 보호 또는 강제퇴거의 절차에도 적용된다고 보기는 어렵다(헌재 2012.8.23, 2008헌마430).

④ [×] 헌법 제12조 제4항의 "누구든지 체포 또는 구속을 당한 때에는 즉시 변호인의 조력을 받을 권리를 가진다. 다만, 형사피고인이 스스로 변호인을 구할 수 없을 때에는 법률이 정하는 바에 의하여 국가가 변호인을 붙인다."는 단서 규정(밑줄 친 부분)은, 일반적으로 형사사건에 있어 변호인의 조력을 받을 권리는 피의자나 피고인을 불문하고 보장되나, 그중 특히 국선변호인의 조력을 받을 권리는 피고인에게만 인정되는 것으로 해석함이 상당하다(헌재 2008.9.25, 2007헌마1126).

## 05

정답 ②

① [O] 헌법 제12조 제4항 본문의 문언 및 헌법 제12조의 조문 체계, 변호인 조력권의 속성, 헌법이 신체의 자유를 보장하는 취지를 종합하여 보면 헌법 제12조 제4항 본문에 규정된 "구속"은 사법절차에서 이루어진 구속뿐 아니라, 행정절차에서 이루어진 구속까지 포함하는 개념이다. 따라서 헌법 제12조 제4항 본문에 규정된 변호인의 조력을 받을 권리는 행정절차에서 구속을 당한 사람에게도 즉시 보장된다(헌재 2018.5.31, 2014헌마346).

❷ [×] 변호사 직무의 공공성, 윤리성 및 사회적 책임성은 변호사 접견권을 이용한 증거인멸, 도주 및 마약 등 금지물품 반입 시도 등의 우려를 최소화시킬 수 있으며, 변호사접견이라 하더라도 교정시설의 질서 등을 해할 우려가 있는 특별한 사정이 있는 경우에는 예외를 두도록 한다면 악용될 가능성도 방지할 수 있다. 따라서 이 사건 접견조항은 과잉금지원칙에 위배하여 청구인의 재판청구권을 지나치게 제한하고 있으므로, 헌법에 위반된다(헌재 2013.8.29, 2011헌마122).

③ [O] CCTV 관찰행위로 침해되는 법익은 변호인접견 내용의 비밀이 폭로될 수 있다는 막연한 추측과 감시받고 있다는 심리적인 불안 내지 위축으로 법익의 침해가 현실적이고 구체화되어 있다고 보기 어려운 반면, 이를 통하여 구치소 내의 수용질서 및 규율을 유지하고 교정사고를 방지하고자 하는 것은 교정시설의 운영에 꼭 필요하고 중요한 공익이므로, 법익의 균형성도 갖추었다. 따라서 이 사건 CCTV 관찰행위가 청구인의 변호인의 조력을 받을 권리를 침해한다고 할 수 없다(헌재 2016.4.28, 2015헌마243).

④ [O] 이 사건 접견시간 조항은 검사 또는 사법경찰관이 그 허가 여부를 결정하는 피의자신문 중 변호인 등의 접견신청의 경우에는 적용되지 않으므로, 위 조항을 근거로 변호인 등의 접견신청을 불허하거나 제한할 수는 없는 점 등을 종합해 볼 때, 청구인의 피의자 윤○현에 대한 접견신청은 '변호인이 되려는 자'에게 보장된 접견교통권의 행사 범위 내에서 이루어진 것이고, 또한 이 사건 검사의 접견불허행위는 헌법이나 법률의 근거 없이 이를 제한한 것이므로 청구인의 접견교통권을 침해하였다고 할 것이다(헌재 2019.2.28, 2015헌마1204).

## 06

정답 ③

① [O] 우리 헌법은 변호인의 조력을 받을 권리가 불구속 피의자·피고인 모두에게 포괄적으로 인정되는지 여부에 관하여 명시적으로 규율하고 있지는 않지만, 불구속 피의자의 경우에도 변호인의 조력을 받을 권리는 우리 헌법에 나타난 법치국가원리, 적법절차원칙에서 인정되는 당연한 내용이고, 헌법 제12조 제4항도 이를 전제로 특히 신체구속을 당한 사람에 대하여 변호인의 조력을 받을 권리의 중요성을 강조하기 위하여 별도로 명시하고 있다(헌재 2004.9.23, 2000헌마138).

② [O] "누구든지 체포 또는 구속을 당한 때에는 즉시 변호인의 조력을 받을 권리를 가진다."라는 내용의 헌법 제12조 제4항 본문이 형사절차에만 적용되는지에 관하여 본다. 먼저, 헌법 제12조 제4항 본문에 규정된 "구속을 당한 때"가 그 문언상 형사절차상 구속만을 의미하는 것이 분명한지 살펴본다. 사전적 의미로 '구속'이란 행동이나 의사의 자유를 제한함을 의미할 뿐 그 주체에는 특별한 제한이 없다. 헌법 제12조 제4항 본문에 규정된 "구속"은 사전적 의미의 구속 중에서도 특히 사람을 강제로 붙잡아 끌고 가는 구인과 사람을 강제로 일정한 장소에 가두는 구금을 가리키는데, 이는 **형사절차뿐 아니라 행정절차에서도 가능하다.** 우리 헌법은 제헌 헌법 이래 신체의 자유를 보장하는 규정을 두었는데, 원래 "구금"이라는 용어를 사용해 오다가 현행헌법 개정시에 이를 "구속"이라는 용어로

바꾸었다. '국민의 신체와 생명에 대한 보호를 강화'하는 것이 현행헌법의 주요 개정이유임을 고려하면, **현행헌법이 종래의 "구금"을 "구속"으로 바꾼 것은 헌법 제12조에 규정된 신체의 자유의 보장 범위를 구금된 사람뿐 아니라 구인된 사람에게까지 넓히기 위한 것으로 해석하는 것이 타당하다**(헌재 2018.5.31. 2014헌마346).

❸ [×] 헌법 제12조 제4항 본문의 문언 및 헌법 제12조의 조문 체계, 변호인 조력권의 속성, 헌법이 신체의 자유를 보장하는 취지를 종합하여 보면 헌법 제12조 제4항 본문에 규정된 "구속"은 사법절차에서 이루어진 구속뿐 아니라, 행정절차에서 이루어진 구속까지 포함하는 개념이다. 따라서 헌법 제12조 제4항 본문에 규정된 변호인의 조력을 받을 권리는 행정절차에서 구속을 당한 사람에게도 즉시 보장된다. 종래 이와 견해를 달리하여 헌법 제12조 제4항 본문에 규정된 변호인의 조력을 받을 권리는 형사절차에서 피의자 또는 피고인의 방어권을 보장하기 위한 것으로서 **출입국관리법상 보호 또는 강제퇴거의 절차에도 적용된다고 보기 어렵다고 판시한 우리 재판소 결정**(헌재 2012.8.23. 2008헌마430)**은, 이 결정 취지와 저촉되는 범위 안에서 변경한다**(헌재 2018.5.31. 2014헌마346).

④ [O] 변호인조력권은 수사나 형사재판을 받을 자가 법전문가로부터 조력을 받을 권리이므로 형사절차 전반에 걸쳐 인정된다.

## 07

정답 ②

① [×] '변호인이 되려는 자'의 접견교통권은 피의자 등을 조력하기 위한 핵심적인 부분으로서, 피의자 등이 가지는 헌법상의 기본권인 '변호인이 되려는 자'와의 접견교통권과 표리의 관계에 있다. 따라서 피의자 등이 가지는 '변호인이 되려는 자'의 조력을 받을 권리가 실질적으로 확보되기 위해서는 '변호인이 되려는 자'의 접견교통권 역시 헌법상 기본권으로서 보장되어야 한다(이하 '변호인'과 '변호인이 되려는 자'를 합하여 '변호인 등'이라 한다)(헌재 2019.2.28. 2015헌마1204).

❷ [O] 헌법 제27조는 재판청구권을 보장하고 있고 이때 재판을 받을 권리에는 민사재판, 형사재판, 행정재판뿐 아니라 헌법재판도 포함되며, 현대 사회의 복잡다단한 소송에서의 법률전문가의 증대되는 역할, 민사법상 무기 대등의 원칙 실현, 헌법소송의 변호사강제주의 적용 등을 감안할 때 교정시설 내 수용자와 변호사 사이의 접견교통권의 보장은 헌법상 보장되는 재판청구권의 한 내용 또는 그로부터 파생되는 권리로 볼 수 있다(헌재 2013.8.29. 2011헌마122).

③ [×] 강제퇴거절차에는 변호인 조력이 아니라 재판청구권의 문제는 보는 별개의견은 재판청구권을 침해라고 보았으나 헌재의 법정의견은 변호인의 조력을 받을 권리침해로 보았다.

④ [×] 형사절차가 종료되어 교정시설에 수용 중인 수형자는 원칙적으로 변호인의 조력을 받을 권리의 주체가 될 수 없다. 다만, 수형자의 경우에도 재심절차 등에는 변호인 선임을 위한 일반적인 교통 · 통신이 보장될 수도 있다(헌재 1998.8.27. 96헌마398).

## 08

정답 ②

① [O] 헌법재판소가 미결수용자의 형사사건 변호인 접견에는 교도관 등이 참여하여 대화 내용을 듣거나 기록하는 것, 변호인과의 서신을 검열하는 것 등이 위헌이라고 선언함에 따라, 형집행법은 미결수용자가 형사사건 변호인을 접견할 때 교도관의 참여 금지, 청취 또는 녹취 금지, 접견 시간과 횟수 제한 금지, 서신 검열 금지, 징벌집행 중인 경우의 보장 등을 규정하고 있고(제84조, 제85조), 이는 형사사건으로 수사 또는 재판을 받고 있는 수형자에게도 준용되어 변호인과의 접견교통권 등이 보장된다(헌재 2013.8.29. 2011헌마122).

❷ [×] 다음으로 변호인의 조력을 받을 권리에 대한 헌법과 법률의 규정 및 취지에 비추어 보면, '형사사건에서 변호인의 조력을 받을 권리'를 의미한다고 보아야 할 것이므로 형사절차가 종료되어 교정시설에 수용 중인 수형자나 미결수용자가 형사사건의 변호인이 아닌 민사재판, 행정재판, 헌법재판 등에서 변호사와 접견할 경우에는 원칙적으로 헌법상 변호인의 조력을 받을 권리의 주체가 될 수 없다. 따라서 이 사건 접견조항에 의하여 헌법상 변호인의 조력을 받을 권리가 제한된다고 볼 수는 없다. 헌법 제27조는 "모든 국민은 헌법과 법률이 정한 법관에 의하여 법률에 의한 재판을 받을 권리를 가진다."고 규정하여 재판청구권을 보장하고 있고 이때 재판을 받을 권리에는 민사재판, 형사재판, 행정재판뿐 아니라 헌법재판도 포함된다. 헌법 제27조 제1항이 규정하는 '법률에 의한' 재판청구권을 보장하기 위해서는 입법자에 의한 재판청구권의 구체적인 형성이 필요하지만, 이는 상당한 정도로 권리구제의 실효성이 보장되도록 하는 것이어야 한다. 따라서 현대 사회의 복잡다단한 소송에서의 법률전문가의 증대되는 역할, 민사법상 무기 대등의 원칙 실현, 헌법소송의 변호사강제주의 적용 등을 감안할 때 교정시설 내 수용자와 변호사 사이의 접견교통권의 보장은 헌법상 보장되는 재판청구권의 한 내용 또는 그로부터 파생되는 권리로 볼 수 있다. 결국 이 사건 접견조항에 따라 접촉차단시설에서 수용자와 변호사가 접견하도록 하는 것은 재판청구권의 한 내용으로서 법률전문가인 변호사의 도움을 받을 권리에 대한 제한이라고 할 것이다(헌재 2013.8.29. 2011헌마122).

③ [O] 교정시설은 다수의 수용자를 집단으로 관리하는 시설로서 구금의 목적을 달성하기 위해서는 수용자의 신체적 구속을 확보하여야 하고 교도소 내의 수용질서 및 규율을 유지하여야 할 필요가 있다. 특히 수형자의 경우에는 교화 · 갱생을 위하여 접견을 허용하는 것이 필요하더라도, 접견의 자유에는 교정시설의 목적과 특성에 비추어 내재적 한계가 있다고 하지 않을 수 없다.미결수용자의 형사사건에서 변호인 접견권 보장이라는 예외를 제외하고는 일반 수용자를 원칙적으로 접촉차단시설이 설치된 장소에서 접견하도록 하는 이 사건 접견조항은 교정시설의 기본적 역할인 수용자의 신체적 구속 확보와 교도소 내의 수용질서 및 규율 유지를 위한 목적으로 도입된 것으로서 목적의 정당성 및 수단의 상당성이 인정된다(헌재 2013.8.29. 2011헌마122).

④ [O] 이 사건 접견조항은 재판청구권의 한 내용인 변호사의 도움을 받을 권리를 과도하게 제한하여 헌법에 위반되므로 원칙적으로 위헌결정을 하여야 할 것이나 위 조항의 위헌성은 조항 자체에 있는 것이 아니라, 그 조항이 '수용자가 소송을 위

하여 변호사와 접견하는 경우'를 단서의 적용대상으로 규정하지 아니한 불충분한 행정입법(부진정입법부작위)에 있다. 따라서 행정입법자는 이러한 위헌성을 제거하기 위하여 위 조항을 개정하여 수용자가 변호사와 접견하는 경우도 단서의 적용대상이 되도록 추가하여야 할 것이다. 그런데 그런 경우에도 단서의 형식, 추가되는 내용의 범위, 다시 이에 대한 예외를 둘 것인지, 그 범위는 어떠한지 등에 관하여는 일정한 입법적 재량이 인정된다. 한편, 위헌결정으로 위 조항의 효력을 즉시 상실시키거나 그 적용을 중지할 경우에는 수용자 일반을 접촉차단시설이 설치된 장소에서 접견하게 하는 장소 제한의 일반적 근거조항 및 미결수용자가 변호인을 접견하는 경우의 예외 근거조항마저 없어지게 되어 법적 안정성의 관점에서 문제가 될 수 있다. 따라서 행정입법자가 합헌적인 내용으로 위 조항을 개정할 때까지 위 조항을 계속 존속하게 하여 적용되도록 할 필요가 있다. 행정입법자는 이 결정에서 밝힌 위헌이유에 맞추어 늦어도 2014.7.31.까지 개선입법을 하여야 하며, 그때까지 개선입법이 이루어지지 않으면 위 시행령 조항은 2014.8.1.부터 그 효력을 상실한다. 다만, 이 사건 접견조항의 개정 이전이더라도 민사재판, 행정재판, 헌법재판 등 재판청구권의 행사와 관련하여 변호사와 접견할 경우, 교정시설의 규율 및 질서 유지를 해하는 결과를 발생시킬 우려가 있다고 인정하여야 할 특별한 사정이 있는 경우 등 접촉차단시설이 있는 장소에서 접견하도록 할 특별한 사정이 없는 한 헌법불합치의 취지에 맞게 접촉차단시설 없는 장소에서의 접견이 시행되어야 할 것이다(헌재 2013.8.29, 2011헌마122).

## 09

정답 ③

① [O] 진술거부권은 형사절차에서만 보장되는 것은 아니고 행정절차나 국회에서의 질문 등 어디에서나 그 진술이 자기에게 형사상 불리한 경우에는 묵비권을 가지고 이를 강요받지 아니할 기본권이다. 따라서 국회에서의 증인이나 감정인도 진술거부권을 가진다.

② [O] 변호사인 변호인에게는 변호사법이 정하는 바에 따라서 이른바 진실의무가 인정되는 것이지만, 변호인이 신체구속을 당한 사람에게 법률적 조언을 하는 것은 그 권리이자 의무이므로 변호인이 적극적으로 피고인 또는 피의자로 하여금 허위진술을 하도록 하는 것이 아니라 단순히 헌법상 권리인 진술거부권이 있음을 알려 주고 그 행사를 권고하는 것을 가리켜 변호사로서의 진실의무에 위배되는 것이라고는 할 수 없다. 나아가, 신체구속을 당한 피의자 또는 피고인이 범한 것으로 의심받고 있는 범죄행위에 해당 변호인이 관련되어 있다는 등의 사유에 기하여 그 변호인의 변호활동을 광범위하게 규제하는 변호인의 제척(除斥)과 같은 제도를 두고 있지 아니한 우리 법제 아래에서는, 변호인의 접견교통의 상대방인 신체구속을 당한 사람이 그 변호인을 자신의 범죄행위에 공범으로 가담시키려고 하였다는 등의 사정만으로 그 변호인의 신체구속을 당한 사람과의 접견교통을 금지하는 것이 정당화될 수는 없다(대결 2007.1.31, 2006모656).

❸ [×] 이와 같은 의미를 지닌 진술거부권은 형사절차뿐만 아니라 행정절차나 국회에서의 조사절차 등에서도 보장되며, 현재 피의자나 피고인으로서 수사 또는 공판절차에 계속 중인 자뿐만 아니라 장차 피의자나 피고인이 될 자에게도 보장된다. 또한 진술거부권은 고문 등 폭행에 의한 강요는 물론 법률로써도 진술을 강요당하지 아니함을 의미한다(헌재 2005.12.22, 2004헌바25).

④ [O] 현재 피의자나 피고인으로서 수사 또는 공판절차에 계속 중인 자뿐만 아니라 장차 피의자나 피고인이 될 자에게도 보장된다. 또한 진술거부권은 고문 등 폭행에 의한 강요는 물론 법률로써도 진술을 강요당하지 아니함을 의미한다(헌재 1997.3.27, 96헌가11 ; 헌재 2005.12.22, 2004헌바25).

## 10

정답 ②

① [O] 사생활의 자유란 사회공동체의 일반적인 생활규범의 범위 내에서 사생활을 자유롭게 형성해 나가고 그 설계 및 내용에 대해서 외부로부터의 간섭을 받지 아니할 권리를 말하는바, 흡연을 하는 행위는 이와 같은 사생활의 영역에 포함된다고 할 것이므로, 흡연권은 헌법 제17조에서 그 헌법적 근거를 찾을 수 있다(헌재 2004.8.26, 2003헌마457).

❷ [×] 자신의 인격권이나 명예권을 보호하기 위하여 대외적으로 해명을 하는 행위는 표현의 자유에 속하는 영역일 뿐 이미 사생활의 자유에 의하여 보호되는 범주를 벗어난 행위이고, 또한 자신의 태도나 입장을 외부에 설명하거나 해명하는 행위는 진지한 윤리적 결정에 관계된 행위라기보다는 단순한 생각이나 의견, 사상이나 확신 등의 표현행위라고 볼 수 있어, 그 행위가 선거에 영향을 미치게 하기 위한 것이라는 이유로 이를 하지 못하게 된다 하더라도 내면적으로 구축된 인간의 양심이 왜곡 굴절된다고는 할 수 없다는 점에서 양심의 자유의 보호영역에 포괄되지 아니하므로, 위 제93조 제1항은 사생활의 자유나 양심의 자유를 침해하지 아니한다(헌재 2001.8.30, 99헌바92 등).

③ [O] 공직자의 공무집행과 직접적인 관련이 없는 개인적인 사생활에 관한 사실이라도 일정한 경우 공적인 관심 사안에 해당할 수 있다. 공직자의 자질·도덕성·청렴성에 관한 사실은 그 내용이 개인적인 사생활에 관한 것이라 할지라도 순수한 사생활의 영역에 있다고 보기 어렵다. 이러한 사실은 공직자 등의 사회적 활동에 대한 비판 내지 평가의 한 자료가 될 수 있고, 업무집행의 내용에 따라서는 업무와 관련이 있을 수도 있으므로, 이에 대한 문제 제기 내지 비판은 허용되어야 한다(헌재 2013.12.26, 2009헌마747).

④ [O] 일반 교통에 사용되고 있는 도로는 국가와 지방자치단체가 그 관리책임을 맡고 있는 영역이며, 수많은 다른 운전자 및 보행자 등의 법익 또는 공동체의 이익과 관련된 영역으로, 그 위에서 자동차를 운전하는 행위는 더 이상 개인적인 내밀한 영역에서의 행위가 아니며, 자동차를 도로에서 운전하는 중에 좌석안전띠를 착용할 것인가 여부의 생활관계가 개인의 전체적 인격과 생존에 관계되는 '사생활의 기본조건'이라거나 자기결정의 핵심적 영역 또는 인격적 핵심과 관련된다고 보기 어려워 더 이상 사생활영역의 문제가 아니므로, 운전할 때 운전자가 좌석안전띠를 착용할 의무는 청구인의 사생활의 비밀과 자유를 침해하는 것이라 할 수 없다(헌재 2003.10.30, 2002헌마518).

## 11 정답 ③

① [O] 심판대상조항으로 인하여 비교적 불법성이 경미한 통신매체 이용음란죄를 저지르고 재범의 위험성이 인정되지 않는 이들에 대하여는 달성되는 공익과 침해되는 사익 사이에 불균형이 발생할 수 있다는 점에서 법익의 균형성도 인정하기 어렵다(헌재 2016.3.31. 2015헌마688).

② [O] 신상정보 등록대상자가 된다고 하여 그 자체로 사회복귀가 저해되거나 전과자라는 사회적 낙인이 찍히는 것은 아니므로 침해되는 사익은 크지 않은 반면 이 사건 등록조항을 통해 달성되는 공익은 매우 중요하다. 따라서 **이 사건 등록조항은 개인정보자기결정권을 침해하지 않는다**(헌재 2015.7.30. 2014헌마340).

❸ [×] • **정보제출**: 제출조항으로 인하여 청구인은 일정한 신상정보를 제출해야 하는 불이익을 받게 되나, 이에 비하여 제출조항이 달성하려는 공익이 크다고 보이므로 법익의 균형성도 인정된다. 따라서 제출조항은 청구인의 개인정보자기결정권을 침해하지 않는다.

• **반기 1회 등록정보진위확인**: 신상정보의 최신성을 확보하는 데 한계가 있고, 등록대상자가 대면확인을 거부하더라도 처벌받지 않으므로 등록대상자는 국가의 신상정보 등록제도 운영에 협력하는 정도의 부담만을 지게 되는 것이어서 그로 인하여 등록대상자가 입는 불이익이 크다고 할 수 없다. 따라서 대면확인조항은 청구인의 일반적 행동자유권 및 개인정보자기결정권을 침해하지 않는다(헌재 2016.3.31. 2014헌마457).

④ [O] 이 사건 관리조항이 추구하는 공익이 중요하더라도, 모든 등록대상자에게 20년 동안 신상정보를 등록하게 하고 위 기간 동안 각종 의무를 부과하는 것은 비교적 경미한 등록대상 성범죄를 저지르고 재범의 위험성도 많지 않은 자들에 대해서는 달성되는 공익과 침해되는 사익 사이의 불균형이 발생할 수 있으므로 **이 사건 관리조항은 개인정보자기결정권을 침해한다**(헌재 2015.7.30. 2014헌마340).

## 12 정답 ④

① [O] 관리조항은 그 관리기간이 형사책임의 경중에 따라 세분화되어 있고 일정한 경우 그 기간을 단축할 수 있도록 하고 있으며, 그 자체로 등록대상자의 생활에 장애를 주는 것은 아니다(헌재 2019.11.28. 2017헌마399).

② [O] 대면확인조항은 정보의 최신성과 정확성을 확보를 위하여 필요하고, 등록대상자에게 책임에 상응하는 부담만을 부과하고 있으므로 등록대상자에게 과중한 부담을 주는 것이라고 보기 어렵다(헌재 2019.11.28. 2017헌마399).

③ [O] 보호자와 어린이집 사이의 신뢰회복 및 어린이집 아동학대 근절이라는 공익의 중대함에 반하여, 제한되는 사익이 크다고 보기 어렵다. 따라서 법 제15조의5 제1항 제1호는 과잉금지원칙을 위반하여 어린이집 보육교사 등의 개인정보자기결정권 및 어린이집 원장의 직업수행의 자유를 침해하지 아니한다(헌재 2017.12.28. 2015헌마994).

❹ [×] 심판대상조항은 성범죄의 재범을 억제하고 재범이 현실적으로 이루어진 경우 수사의 효율성과 신속성을 높이기 위하여, 법무부장관이 이 사건 범죄로 3년 이하의 징역형을 선고받은 사람의 등록정보를 최초등록일부터 15년 동안 보존 · 관리하도록 규정한 것으로, 입법목적의 정당성 및 수단의 적합성이 인정된다. 헌재 2015.7.30. 2014헌마340등 헌법불합치결정에 따라 개정된 성폭력처벌법 제45조 제1항은 선고형에 따라 등록기간을 10년부터 30년까지 달리하여 형사책임의 경중 및 재범의 위험성에 따라 등록기간을 차등화하였다. 이 사건 범죄로 3년 이하의 징역형을 선고받은 사람은 재범의 위험성이 상당히 인정되는 사람이므로, 심판대상조항이 등록기간을 보다 세분화하거나 법관의 판단을 받을 수 있는 별도의 절차를 두지 않았더라도 불필요한 제한을 부과한 것이라 보기 어렵고, 다. 성폭력처벌법은 신상정보 등록 면제제도를 도입하여, 재범의 위험성이 낮아진 경우 신상정보의 등록을 면할 수 있는 수단도 마련되어 있으므로 침해의 최소성이 인정된다. 심판대상조항으로 인하여 침해되는 사익보다 성범죄자의 재범방지 및 사회 방위의 공익이 우월하므로, 법익의 균형성도 인정된다. 그렇다면, 심판대상조항은 청구인의 개인정보자기결정권을 침해하지 않는다(헌재 2018.3.29. 2017헌마396).

✎ 도촬로 유죄판결을 받은 자에 대한 신상정보 일률적 20년 보존은 헌법불합치결정된 바 있다.

## 13 정답 ①

❶ [×], ② [O] 개인정보자기결정권의 … 헌법적 근거를 굳이 어느 한두 개에 국한시키는 것은 바람직하지 않은 것으로 보이고, 오히려 개인정보자기결정권은 이들(사생활의 비밀과 자유, 일반적 인격권, 자유민주적 기본질서규정, 국민주권원리와 민주주의원리)을 이념적 기초로 하는 독자적 기본권으로서 헌법에 명시되지 아니한 기본권이라고 보아야 할 것이다(헌재 2005.5.26. 99헌마513).

③ [O], ④ [O] 개인정보자기결정권의 보호대상이 되는 개인정보는 개인의 신체, 신념, 사회적 지위, 신분 등과 같이 개인의 인격주체성을 특징짓는 사항으로서 그 개인의 동일성을 식별할 수 있게 하는 일체의 정보라고 할 수 있고, 반드시 개인의 내밀한 영역이나 사사(私事)의 영역에 속하는 정보에 국한되지 않고 공적 생활에서 형성되었거나 이미 공개된 개인정보까지 포함한다(헌재 2005.7.21. 2003헌마282 등).

## 14 정답 ①

❶ [O] 이 사건 법률조항은 가정폭력 가해자에 대한 별도의 제한 없이 직계혈족이기만 하면 사실상 자유롭게 그 자녀의 가족관계증명서와 기본증명서의 교부를 청구하여 발급받을 수 있도록 함으로써, 그로 인하여 가정폭력 피해자인 청구인의 개인정보가 가정폭력 가해자인 전 배우자에게 무단으로 유출될 수 있는 가능성을 열어놓고 있다. 이 사건 법률조항에 대하여 단순위헌결정을 하여 당장 그 효력을 상실시킬 경우 가정폭력 가해자가 아닌 직계혈족까지 자녀의 가족관계증명서와 기본증명서의 교부를 청구할 수 있는 근거규정이 없어지게 되어 법적 공백의 상태가 발생한다. 이는 직계혈족이 자녀의 가족관계증명서와 기본증명서의 교부를 청구하는 것 자체를 위

헌으로 판단한 것이 아닌데도 이를 위헌으로 판단한 경우와 동일한 결과를 나타내게 된다. 이러한 이유로 이 사건 법률조항에 대하여 단순위헌결정을 하는 대신 헌법불합치결정을 선고하되, 2021년 12월 31일을 시한으로 입법자가 이 사건 법률조항의 위헌성을 제거하고 합리적인 내용으로 법률을 개정할 때까지 이를 계속 적용하도록 할 필요가 있다(헌재 2020.8.28, 2018헌마927).

② [×] 이는 직계혈족이 자녀의 가족관계증명서와 기본증명서의 교부를 청구하는 것 자체를 위헌으로 판단한 것이 아닌데도 이를 위헌으로 판단한 경우와 동일한 결과를 나타내게 된다. 이러한 이유로 이 사건 법률조항에 대하여 단순위헌결정을 하는 대신 헌법불합치결정을 선고하되, 2021년 12월 31일을 시한으로 입법자가 이 사건 법률조항의 위헌성을 제거하고 합리적인 내용으로 법률을 개정할 때까지 이를 계속 적용하도록 할 필요가 있다(헌재 2020.8.28, 2018헌마927).

③ [×] 심판대상조항은 정보주체의 배우자나 직계혈족이 스스로의 정당한 법적 이익을 지키기 위하여 정보주체 본인의 위임 없이도 가족관계 상세증명서를 간편하게 발급받을 수 있게 해 주는 것이므로, 상세증명서 추가 기재 자녀의 입장에서 보아도 자신의 개인정보가 공개되는 것을 중대한 불이익이라고 평가하기는 어렵다. 나아가 가족관계 관련 법령은 가족관계증명서 발급 청구에 관한 부당한 목적을 파악하기 위하여 '청구사유기재'라는 나름의 소명절차를 규정하는 점 등을 아울러 고려하면 심판대상조항은 그 입법목적과 그로 인해 제한되는 개인정보자기결정권 사이에 적절한 균형을 달성한 것으로 평가할 수 있다. 심판대상조항은 과잉금지원칙에 위배되어 청구인의 개인정보자기결정권을 침해하지 아니한다(헌재 2022.11.24, 2021헌마130).

④ [×] 이 사건 법률조항은 가족 간의 신뢰와 유대에 기초하여 직계혈족이 자신이나 그 자녀의 친족 · 상속 등과 관련된 권리의무관계를 증명하기 위한 기초자료로서 자녀 본인 및 부모 등의 신분정보가 기재되어 있는 가족관계증명서 및 기본증명서를 쉽고 편리하게 발급받을 수 있도록 하기 위한 것이다. 이처럼 직계혈족과 자녀 등의 편익 증진을 위해 직계혈족에게 가족관계증명서 및 기본증명서의 교부청구권을 부여하고 있는 이 사건 법률조항의 입법목적은 정당하다. 또한, 이 사건 법률조항이 특별한 제한 없이 직계혈족에게 가족관계등록법상 가족관계증명서 및 기본증명서의 교부청구권을 부여하는 것은 그 목적 달성을 위하여 적합한 수단이 된다.
이 사건 법률조항은 직계혈족이기만 하면 가정폭력 가해자인지 여부를 불문하고 개인정보주체의 동의나 제한 없이 가족관계증명서 및 기본증명서의 교부를 청구하여 발급받을 수 있도록 하여, 그 결과 오히려 가정폭력 가해자인 직계혈족이 그 자녀의 가족관계증명서 및 기본증명서에 기재된 가정폭력 피해자인 (전) 배우자의 개인정보를 이용하여 이들에게 추가 가해를 끼칠 수 있는 상황을 방치하고 있다. 물론 가정폭력 가해자라고 하더라도 범죄 등과 같은 부당한 목적이 아닌 자녀의 이익이나 정당한 알권리의 충족 등을 이유로 그 자녀 명의의 가족관계증명서와 기본증명서가 필요할 수도 있다. 그러나 이러한 문제는 자녀 본인의 사전 동의를 얻으면 가족관계증명서와 기본증명서의 발급을 허용하거나, 가정폭력 가해자인 직계혈족이 그 자녀의 가족관계증명서와 기본증명서를 청구할 때 가정폭력 피해자에 대하여 추가가해를 행사하려는 등의 부당한 목적이 없음을 구체적으로 소명한 경우에만 발급하도록 하고 그러한 경우에도 가정폭력 피해자의 개인정보를 삭제하도록 하는 등의 대안적 조치를 마련함으로써 그 해결이 충분히 가능하다. 이 사건 법률조항이 **가정폭력 가해자인 직계혈족에 대하여 아무런 제한 없이 그 자녀의 가족관계증명서 및 기본증명서의 발급을 청구할 수 있도록 하여, 결과적으로 가정폭력 피해자인 청구인의 개인정보**가 무단으로 가정폭력 가해자에게 유출될 수 있도록 한 것은 입법목적을 달성하기 위하여 필요한 범위를 넘어선 것이므로 침해의 최소성에 위배된다(헌재 2020.8.28, 2018헌마927).

## 15 정답 ②

① [O] 청구인들은 복무기간에 산입되지 않은 군사교육소집기간 동안 거주 · 이전의 자유를 침해받았다는 취지로도 주장하나, 이는 심판대상조항이 아니라 공중보건의사의 직장 이탈 금지의무를 규정한 농어촌의료법 제8조 제1항에 따른 제한이므로, 더 나아가 판단하지 않는다(헌재 2020.9.24, 2019헌마472).

❷ [×] 위 조항은 수도권에 인구 및 경제 · 산업시설이 밀집되어 발생하는 문제를 해결하고 국토의 균형 있는 발전을 도모하기 위하여 법인이 과밀억제권역 내에 본점의 사업용 부동산으로 건축물을 신축 · 증축하여 이를 취득하는 경우 취득세를 중과세하는 조항으로, 구법과 달리 인구유입과 경제력 집중의 효과가 뚜렷한 건물의 신축 · 증축 그리고 부속토지의 취득만을 그 적용대상으로 한정하여 부당하게 중과세할 소지를 제거하였으며, 최근 대법원 판결도 구체적인 사건에서 인구유입이나 경제력집중 효과에 관한 판단을 전적으로 배제한 것으로는 보기 어려우므로, 위 조항은 거주 · 이전의 자유와 영업의 자유를 침해하지 아니한다(헌재 2014.7.24, 2012헌바408).

③ [O] **주택 등의 재산권에 대한 수용이 헌법 제23조 제3항이 정하고 있는 정당보상의 원칙에 부합하는 이상 그러한 수용만으로 주거 · 이전의 자유를 침해한다고는 할 수 없고,** … (헌재 2011.11.24, 2010헌바231).

④ [O] 헌법 제14조가 규정하고 있는 거주이전의 자유는 공권력의 간섭 없이 자유롭게 일시적으로 머물 체류지와 생활의 근거되는 거주지를 정하고, 체류지와 거주지를 변경할 목적으로 자유롭게 이동할 수 있는 자유를 내용으로 하는바, 청구인은 관리처분계획의 고시가 있은 때에는 종전의 토지 또는 건축물의 소유자는 종전의 토지 또는 건축물을 사용하거나 수익할 수 없다고 규정한 도시정비법 제49조 제6항에 따라 이 사건 관리처분계획의 고시로 인하여 거주지를 이전하여야 했던 것이지, 이 사건 법률조항이 도시환경정비사업의 시행으로 철거되는 주택의 소유자에 대해서는 임시수용시설의 설치 등을 사업시행자의 의무로 규정하지 않았기 때문에 거주지를 이전하여야 했던 것이 아니다. 더욱이 청구인은 이 사건 정비사업과 관련하여 스스로 공동주택의 분양신청을 하였으므로, 당연히 일시적인 주거지의 변화를 예측할 수 있고 또 감수하여야 하는 상황이라는 점을 고려하면, 이 사건 법률조항이 거주이전의 자유를 제한하거나 침해한다고 볼 수 없다(헌재 2014.3.27, 2011헌바396).

## 16
정답 ④

① [O] 금치처분을 받은 자는 수용시설의 안전과 질서유지에 위반되는 행위, 그중에서도 가장 중하다고 평가된 행위를 한 자이므로 이에 대하여 금치기간 중 일률적으로 전화통화를 금지한다 하더라도 과도하다고 보기 어렵다. 따라서 이 사건 서신수수·접견·전화통화 제한조항은 청구인의 통신의 자유를 침해하지 아니한다(헌재 2016.4.28. 2012헌마549 등).

② [O] 국가기관과 사인에 대한 서신을 따로 분리하여 사인에 대한 서신의 경우에만 검열을 실시하고, 국가기관에 대한 서신의 경우에는 검열을 하지 않는다면 사인에게 보낼 서신을 국가기관의 명의를 빌려 검열 없이 보낼 수 있게 됨으로써 검열을 거치지 않고 사인에게 서신을 발송하는 탈법수단으로 이용될 수 있게 되므로 수용자의 서신에 대한 검열은 국가안전보장·질서유지 또는 공공복리라는 정당한 목적을 위하여 부득이할 뿐만 아니라 유효 적절한 방법에 의한 최소한의 제한이며, 통신비밀의 자유의 본질적 내용을 침해하는 것이 아니어서 헌법에 위반된다고 할 수 없다(헌재 2001.11.29. 99헌마713).

③ [O] 현행법령과 제도하에서 수형자가 수발하는 서신에 대한 검열로 인하여 수형자의 통신의 비밀이 일부 제한되는 것은 국가안전보장·질서유지 또는 공공복리라는 정당한 목적을 위하여 부득이할 뿐만 아니라 유효 적절한 방법에 의한 최소한의 제한이며 통신의 자유의 본질적 내용을 침해하는 것이 아니다(헌재 1998.8.27. 96헌마398).

❹ [×] 지문은 1인 재판관의 한정위헌의견이다.
시행령 조항이 수용자가 보내려는 모든 서신에 대해 무봉함 상태의 제출을 강제함으로써 수용자의 발송 서신 모두를 사실상 검열 가능한 상태에 놓이도록 하는 것은 기본권 제한의 최소침해성 요건을 위반하여 수용자인 청구인의 통신비밀의 자유를 침해하는 것이다(헌재 2012.2.23. 2009헌마333).

## 17
정답 ①

❶ [O] 이 사건 요청조항의 '수사를 위하여 필요한 경우'란 '위치정보 추적자료가 범인의 발견이나 범죄사실의 입증에 기여할 개연성이 충분히 소명된다는 전제하에, 범인을 발견·확보하며 증거를 수집·보전하는 수사기관의 활동을 위하여 그 목적을 달성할 수 있는 범위 안에서 관련 있는 자에 대한 위치정보 추적자료 제공요청이 필요한 경우'를 의미한다고 해석할 수 있다. 그렇다면 이 사건 요청조항은 건전한 상식과 통상적인 법감정을 가진 사람이라면 그 취지를 예측할 수 있을 정도의 내용으로 확정되어 있어 불명확하다고 할 수 없으므로, 명확성원칙에 위배되지 아니한다. 그러나 이 사건 요청조항은 침해의 최소성과 법익의 균형성이 인정되지 아니한다. 따라서 이 사건 요청조항은 과잉금지원칙에 반하여 청구인의 개인정보자기결정권과 통신의 자유를 침해한다(헌재 2018.6.28. 2012헌마538).

② [×] 헌법 제18조로 보장되는 기본권인 통신의 자유란 통신수단을 자유로이 이용하여 의사소통할 권리이다. '통신수단의 자유로운 이용'에는 자신의 인적 사항을 누구에게도 밝히지 않는 상태로 통신수단을 이용할 자유, 즉 통신수단의 익명성 보장도 포함된다. 심판대상조항은 휴대전화를 통한 문자·전화·모바일 인터넷 등 통신기능을 사용하고자 하는 자에게 반드시 사전에 본인확인 절차를 거치는 데 동의해야만 이를 사용할 수 있도록 하므로, 익명으로 통신하고자 하는 청구인들의 통신의 자유를 제한한다(헌재 2019.9.26. 2017헌마1209).

③ [×] 통신비밀보호법이 정한 기지국수사는 강제처분에 해당되므로 헌법상 영장주의가 적용된다. 헌법상 영장주의의 본질은 강제처분을 함에 있어 중립적인 법관이 구체적 판단을 거쳐야 한다는 점에 있다. 이 사건 허가조항은 수사기관이 전기통신사업자에게 통신사실 확인자료 제공을 요청함에 있어 관할 지방법원 또는 지원의 허가를 받도록 규정하고 있다. 따라서 이 사건 허가조항은 헌법상 영장주의에 위배되지 아니한다(헌재 2018.6.28. 2012헌마538).

④ [×] 이 사건 지침은 신병교육훈련을 받고 있는 군인의 통신의 자유를 제한하고 있으나, 신병들을 군인으로 육성하고 교육훈련과 병영생활에 조속히 적응시키기 위하여 신병교육기간에 한하여 신병의 외부 전화통화를 통제한 것이다. 또한 신병훈련기간이 5주의 기간으로서 상대적으로 단기의 기간이라는 점, 긴급한 전화통화의 경우는 지휘관의 통제하에 허용될 수 있다는 점, 신병들이 부모 및 가족에 대한 편지를 작성하여 우편으로 송부하도록 하고 있는 점 등을 종합하여 고려하여 보면, 이 사건 지침에서 신병교육훈련기간 동안 전화사용을 하지 못하도록 정하고 있는 규율이 청구인을 포함한 신병교육훈련생들의 통신의 자유 등 기본권을 필요한 정도를 넘어 과도하게 제한하는 것이라고 보기 어렵다(헌재 2010.10.28. 2007헌마890).

## 18
정답 ②

① [O] 봉함된 상태로 제출된 서신을 X-ray 검색기 등으로 확인한 후 의심이 있는 경우에만 개봉하여 확인하는 방법, 서신에 대한 검열이 허용되는 경우에만 무봉함 상태로 제출하도록 하는 방법 등으로도 얼마든지 달성할 수 있다고 할 것인바, 위 시행령 조항이 수용자가 보내려는 모든 서신에 대해 무봉함 상태의 제출을 강제함으로써 수용자의 발송 서신 모두를 사실상 검열 가능한 상태에 놓이도록 하는 것은 기본권 제한의 최소 침해성 요건을 위반하여 수용자인 청구인의 통신비밀의 자유를 침해하는 것이다(헌재 2012.2.23. 2009헌마333).

❷ [×] 국가기관과 사인에 대한 서신을 따로 분리하여 사인에 대한 서신의 경우에만 검열을 실시하고, 국가기관에 대한 서신의 경우에는 검열을 하지 않는다면 사인에게 보낼 서신을 국가기관의 명의를 빌려 검열 없이 보낼 수 있게 됨으로써 검열을 거치지 않고 사인에게 서신을 발송하는 탈법수단으로 이용될 수 있게 되므로 수용자의 서신에 대한 검열은 국가안전보장·질서유지 또는 공공복리라는 정당한 목적을 위하여 부득이할 뿐만 아니라 유효 적절한 방법에 의한 최소한의 제한이며, 통신비밀의 자유의 본질적 내용을 침해하는 것이 아니어서 헌법에 위반된다고 할 수 없다(헌재 2001.11.29. 99헌마713).

③ [O] 징역형 등이 확정되어 교정시설에서 수용 중인 수형자도 통신의 자유의 주체가 된다(헌재 1998.8.27. 96헌마398).

④ [O] 청구인은 심판대상에 의해 표현의 자유, 예술의 자유가 제한된다고 주장하나 표현된 집필문을 외부의 특정 상대방에게 발송 여부를 규율하는 것은 통신의 자유 제한이다.

관련판례

> 심판대상조항은 수용자의 처우 또는 교정시설의 운영에 관하여 명백하게 거짓 사실을 포함하고 있거나, 타인의 사생활의 비밀이나 자유를 침해하거나 교정시설의 안전과 질서를 해치고 수형자의 교정교화와 건전한 사회복귀를 저해할 우려가 있는 내용을 포함하는 집필문의 반출로 인해 야기될 사회적 혼란과 위험을 사전에 예방하고, 교정시설 내의 규율과 수용질서를 유지하고 수용자의 교화와 사회복귀를 원활하게 하려는 것으로 그 입법목적의 정당성이 인정된다. 이러한 사유에 해당하는 집필문의 외부 반출을 금하는 것은 입법목적을 달성하기 위한 적절한 수단에 해당한다. 수용자라는 지위의 본질적 한계와 특수성을 감안한다면 심판대상조항으로 인해 청구인의 통신의 자유가 제한되는 정도는 그리 크지 않다. 반면, 교정시설의 대내외적인 안전·질서의 교란을 야기하는 집필문의 외부 반출이 금지됨으로 인해 수용자의 교화와 건전한 사회복귀를 돕고, 교정시설의 규율과 수용질서가 유지될 수 있으며, 교도소 내의 일정한 사실이 왜곡되어 외부에 전파되거나 집필문의 내용으로 인해 외부인의 사생활을 침해하는 등의 사회적 위험을 예방하는 공익적 효과는 훨씬 크다고 할 것이므로 법익의 균형성도 갖추었다(헌재 2016.5.26, 2013헌바98).

## 19

정답 ③

① [O] 민·형사재판에서 단순한 사실에 관한 증인의 증언거부와 같은 단순한 사실에 관한 지식이나 기술지식까지도 양심자유에 포함되지 아니한다(헌재 2002.4.25, 98헌마425).

② [O] **업종별로 수입금액이 일정 규모 이상인 사업자에게 성실신고확인서를 제출하도록 하고 있는 소득세법**: 한편, 청구인은 심판대상조항이 세무사의 양심의 자유를 침해한다고 주장하나 헌법 제19조의 양심의 자유는 옳고 그른 것에 대한 판단을 추구하는 가치적·도덕적 마음가짐으로 인간의 윤리적 내심영역인바, 세무사가 행하는 성실신고확인은 확인대상사업자의 소득금액에 대하여 심판대상조항 및 관련 법령에 따라 확인하는 것으로 단순한 사실관계의 확인에 불과한 것이어서 헌법 제19조에 의하여 보장되는 양심의 영역에 포함되지 않는다(헌재 2019.7.25, 2016헌바392).

❸ [×] 관련판례 1

> 제재를 받지 않기 위하여 어쩔 수 없이 좌석안전띠를 매었다 하여 청구인이 내면적으로 구축한 인간양심이 왜곡·굴절되고 청구인의 인격적 존재가치가 허물어진다고 할 수는 없어, 운전 중 운전자가 좌석안전띠를 착용할 의무는 청구인의 양심의 자유를 침해하는 것이라 할 수 없다(헌재 2003.10.30, 2002헌마518).

관련판례 2

> 음주측정요구와 그 거부는 양심의 자유의 보호영역에 포괄되지 아니하므로 이 사건 법률조항을 두고 헌법 제19조에서 보장하는 양심의 자유를 침해하는 것이라고 할 수 없다(헌재 1997.3.27, 96헌가11).

④ [O] **이 사건에서 채무자가 부담하는 행위의무**는 강제집행의 대상이 되는 재산관계를 명시한 재산목록을 제출하고 그 재산목록의 진실함을 법관 앞에서 선서하는 것으로서, 개인의 인격형성에 관계되는 내심의 가치적·윤리적 판단이 개입될 여지가 없는 단순한 사실관계의 확인에 불과한 것이므로, 헌법 제19조에 의하여 보장되는 양심의 영역에 포함되지 않는다. 따라서 심판대상조항은 청구인의 양심의 자유를 침해하지 아니한다(헌재 2014.9.25, 2013헌마11).

## 20

정답 ②

ㄱ. [O] 인터넷언론사의 공개된 게시판·대화방에서 스스로의 의사에 의하여 정당·후보자에 대한 지지·반대의 글을 게시하는 행위는 정당·후보자에 대한 단순한 의견 등의 표현행위에 불과하여 양심의 자유나 사생활 비밀의 자유에 의하여 보호되는 영역이라고 할 수 없다(헌재 2010.2.25, 2008헌마324).

ㄴ. [×] 이 사건 준법서약은 어떤 구체적이거나 적극적인 내용을 담지 않은 채 단순한 헌법적 의무의 확인·서약에 불과하다 할 것이어서 양심의 영역을 건드리는 것이 아니다(헌재 2002.4.25, 98헌마425).

ㄷ. [O] 헌법 제19조는 "모든 국민은 양심의 자유를 가진다."라고 하여 양심의 자유를 기본권의 하나로 보장하고 있다. 보호되어야 할 양심에는 세계관·인생관·주의·신조 등은 물론, 이에 이르지 아니하여도 보다 널리 개인의 인격형성에 관계되는 내심에 있어서의 가치적·윤리적 판단도 포함될 수 있다. 그러나 단순한 사실관계의 확인과 같이 가치적·윤리적 판단이 개입될 여지가 없는 경우는 물론, 법률해석에 관하여 여러 견해가 갈리는 경우처럼 다소의 가치관련성을 가진다고 하더라도 개인의 인격형성과는 관계가 없는 사사로운 사유나 의견 등은 그 보호대상이 아니라고 할 것이다(헌재 2002.1.31, 2001헌바43).

ㄹ. [O] 단순한 사실관계의 확인과 같이 가치적·윤리적 판단이 개입될 여지가 없는 경우는 물론, 법률해석에 관하여 여러 견해가 갈리는 경우처럼 다소의 가치관련성을 가진다고 하더라도 개인의 인격형성과는 관계가 없는 사사로운 사유나 의견 등은 그 보호대상이 아니라고 할 것이다. 이 사건의 경우와 같이 경제규제법적 성격을 가진 공정거래법에 위반하였는지 여부에 있어서도 각 개인의 소신에 따라 어느 정도의 가치판단이 개입될 수 있는 소지가 있고 그 한도에서 다소의 윤리적 도덕적 관련성을 가질 수도 있겠으나, 이러한 법률판단의 문제는 개인의 인격형성과는 무관하며, 대화와 토론을 통하여 가장 합리적인 것으로 그 내용이 동화되거나 수렴될 수 있는 포용성을 가지는 분야에 속한다고 할 것이므로 헌법 제19조에 의하여 보장되는 양심의 영역에 포함되지 아니한다고 봄이 상당하다(헌재 2002.1.31, 2001헌바43).

ㅁ. [O] 청구인들은 이 사건 조항이 양심의 자유를 침해한다고 주장하나, '전부 불신'의 표출방법을 보장하지 않아 청구인들이 투표를 하거나 기권할 수밖에 없다고 하더라도, 이는 양심의 자유에서 말하는 인격적 존재가치로서의 '양심'과 무관하다. 그러한 행위는 진지한 윤리적 결정에 관계된 것이라기보다는 공직후보자에 대한 의견의 표현행위에 관한 것이며 양심의 자유의 보호영역에 포함된다고 볼 수 없다. 따라서 이 사건 조항은 양심의 자유를 제한하지 않는다(헌재 2007.8.30. 2005헌마975).

# 7회 진도별 모의고사 정답 및 해설
(종교의 자유 ~ 재산권)

## 정답

p.56

| 01 | ④ | 02 | ① | 03 | ① | 04 | ④ | 05 | ④ |
|---|---|---|---|---|---|---|---|---|---|
| 06 | ④ | 07 | ③ | 08 | ④ | 09 | ② | 10 | ② |
| 11 | ① | 12 | ④ | 13 | ① | 14 | ② | 15 | ② |
| 16 | ③ | 17 | ② | 18 | ③ | 19 | ① | 20 | ④ |

## 01

정답 ④

① [O] 우리 헌법 제20조는 제1항에서 모든 국민은 종교의 자유를 가진다고 규정하고 제2항에서 국교는 인정되지 아니하며 종교와 정치는 분리된다고 규정하여 종교의 자유와 정교분리원칙을 선언하고 있다. 종교의 자유는 일반적으로 신앙의 자유, 종교적 행위의 자유 및 종교적 집회 · 결사의 자유의 3요소를 내용으로 한다. 종교의 자유는 무종교의 자유도 포함하는 것으로, 신앙을 가지지 않고 종교적 행위 및 종교적 집회에 참석하지 아니할 소극적 자유도 함께 보호한다(헌재 2022.11.24, 2019헌마941).

② [O] 헌재 2022.11.24, 2019헌마941

③ [O] 헌법 제20조 제2항에서 정하고 있는 정교분리원칙은 종교와 정치가 분리되어 상호간의 간섭이나 영향력을 행사하지 않는 것으로 국가의 종교에 대한 중립을 의미한다. 정교분리원칙에 따라 국가는 특정 종교의 특권을 인정하지 않고 종교에 대한 중립을 유지하여야 한다. 국가의 종교적 중립성은 종교의 자유를 온전히 실현하기 위하여도 필요한데, 국가가 특정한 종교를 장려하는 것은 다른 종교 또는 무종교의 자유에 대한 침해가 될 수 있다(헌재 2022.11.24, 2019헌마941).

❹ [X] 피청구인이 이 사건 종교행사 참석조치를 통하여 궁극적으로는 군인의 정신적 전력을 강화하고자 하였다고 볼 수 있는바, 일응 그 목적의 정당성을 인정할 여지가 있다. 그러나 개인이 자율적으로 형성한 종교적 신념이나 자발적인 종교행사 참석의 긍정적인 측면을 인정하고 적극적으로 수용한 것에 그치지 않고 더 나아가 종교를 가지지 않은 자로 하여금 종교행사에 참석하도록 강제하는 것은, 군에서 필요한 정신전력을 강화하는 데 기여하기보다 오히려 해당 종교와 군 생활에 대한 반감이나 불쾌감을 유발하여 역효과를 일으킬 소지가 크다. 따라서 청구인들의 의사에 반하여 개신교, 불교, 천주교, 원불교 종교행사에 참석하도록 하는 방법으로 군인의 정신전력을 제고하려는 이 사건 종교행사 참석조치는 그 수단의 적합성을 인정할 수 없다. 따라서 이 사건 종교행사 참석조치는 정교분리원칙과 과잉금지원칙을 위반하여 청구인들의 종교의 자유를 침해한다(헌재 2022.11.24, 2019헌마941).

## 02

정답 ①

❶ [X] 우리 헌법이 종교의 자유를 보장하고 종교와 국가기능을 엄격히 분리하고 있는 점에 비추어 종교단체의 조직과 운영은 그 자율성이 최대한 보장되어야 할 것이므로, 교회 안에서 개인이 누리는 지위에 영향을 미칠 각종 결의나 처분이 당연무효라고 판단하려면, 그저 일반적인 종교단체 아닌 일반단체의 결의나 처분을 무효로 돌릴 정도의 절차상 하자가 있는 것으로는 부족하고, 그러한 하자가 매우 중대하여 이를 그대로 둘 경우 현저히 정의 관념에 반하는 경우라야 한다(대판 2006.2.10, 2003다63104).

② [O] 학교나 학원설립에 인가나 등록주의를 취했다고 하여 감독청의 지도 · 감독하에서만 성직자와 종교지도자를 양성하라고 하는 것이 되거나, 정부가 성직자양성을 직접 관장하는 것이 된다고 할 수 없고, 또 특정 종교를 우대하는 것도 아니므로 이는 더 나아가 살펴볼 필요없이 헌법 제20조 제2항이 정한 국교금지 내지 정교분리의 원칙을 위반한 것이라 할 수 없다(헌재 2000.3.30, 99헌바14).

③ [O] 사립대학은 종교교육 내지 종교선전을 위하여 학생들의 신앙을 가지지 않을 자유를 침해하지 않는 범위 내에서 학생들로 하여금 일정한 내용의 종교교육을 받을 것을 졸업요건으로 하는 학칙을 제정할 수 있다(대판 1998.11.10, 96다37268).

④ [O] 종교단체의 징계결의는 종교단체 내부의 규제로서 헌법이 보장하고 있는 종교자유의 영역에 속하므로 교인 개인의 특정한 권리의무에 관계되는 법률관계를 규율하는 것이 아니라면 원칙적으로 법원으로서는 그 효력의 유무를 판단할 수 없다고 할 것이지만, 그 효력의 유무와 관련하여 구체적인 권리 또는 법률관계를 둘러싼 분쟁이 존재하고 또한 그 청구의 당부를 판단하기에 앞서 위 징계의 당부를 판단할 필요가 있는 경우에는 그 판단의 내용이 종교 교리의 해석에 미치지 아니하는 한 법원으로서는 위 징계의 당부를 판단하여야 한다(대판 2012.8.30, 2010다52072).

## 03

정답 ①

❶ [×] 헌법상의 기본권은 제1차적으로 개인의 자유로운 영역을 공권력의 침해로부터 보호하기 위한 방어적 권리이지만 다른 한편으로 헌법의 기본적인 결단인 객관적인 가치질서를 구체화한 것으로서, 사법을 포함한 모든 법 영역에 그 영향을 미치는 것이므로 사인 간의 사적인 법률관계도 헌법상의 기본권 규정에 적합하게 규율되어야 한다. 다만, 기본권 규정은 그 성질상 사법관계에 직접 적용될 수 있는 예외적인 것을 제외하고는 사법상의 일반원칙을 규정한 민법 제2조, 제103조, 제750조, 제751조 등의 내용을 형성하고 그 해석 기준이 되어 간접적으로 사법관계에 효력을 미치게 된다. 종교의 자유라는 기본권의 침해와 관련한 불법행위의 성립 여부도 위와 같은 일반규정을 통하여 사법상으로 보호되는 종교에 관한 인격적 법익침해 등의 형태로 구체화되어 논하여져야 한다(대판 2010.4.22. 2008다38288).

② [O] 종교의 자유에서 종교에 대한 적극적인 우대조치를 요구할 권리가 직접 도출되거나 우대할 국가의 의무가 발생하지 아니한다. **종교시설의 건축행위에만 기반시설부담금을 면제한다면 국가가 종교를 지원하여 종교를 승인하거나 우대하는 것으로 비칠 소지가 있어** 헌법 제20조 제2항의 국교금지 · 정교분리에 위배될 수도 있다고 할 것이므로 종교시설의 건축행위에 대하여 기반시설부담금 부과를 제외하거나 감경하지 아니하였더라도, 종교의 자유를 침해하는 것이 아니다(헌재 2010.2.25. 2007헌바131).

③ [O] 지방자치단체가 유서 깊은 천주교 성당 일대를 문화관광지로 조성하기 위하여 상급 단체로부터 문화관광지 조성계획을 승인받은 후 사업부지 내 토지 등을 수용재결한 사안에서, 위 성당을 문화재로 보호할 가치가 충분하고 위 문화관광지 조성계획은 지방자치단체가 지역경제의 활성화를 도모하기 위하여 추진한 것으로 보이며 특정 종교를 우대 · 조장하거나 배타적 특권을 부여하는 것으로 볼 수 없어, 그 계획의 승인과 그에 따른 토지 등 수용재결이 헌법의 정교분리원칙이나 평등권에 위배되지 않는다(대판 2009.5.28. 2008두16933).

④ [O] 종교전파의 자유는 누구에게나 자신의 종교 또는 종교적 확신을 알리고 선전하는 자유를 말하며, 포교행위 또는 선교행위가 이에 해당한다. 그러나 이러한 종교전파의 자유는 국민에게 그가 선택한 임의의 장소에서 자유롭게 행사할 수 있는 권리까지 보장한다고 할 수 없으며, 그 임의의 장소가 대한민국의 주권이 미치지 아니하는 지역 나아가 국가에 의한 국민의 생명 · 신체 및 재산의 보호가 강력히 요구되는 해외 위난지역인 경우에는 더욱 그러하다(헌재 2008.6.26. 2007헌마1366).

## 04

정답 ④

① [O] **교육의 자주성이나 대학의 자율성은 헌법 제22조 제1항이 보장하고 있는 학문의 자유의 확실한 보장수단으로 꼭 필요한 것으로서 이는 대학에게 부여된 헌법상의 기본권이다. 여기서 대학의 자율은 대학시설의 관리 · 운영만이 아니라 전반적인 것이라야 하므로 연구와 교육의 내용, 그 방법과 대상, 교과과정의 편성, 학생의 선발과 전형 및 특히 교원의 임면에 관한 사항도 자율의 범위에 속한다**(헌재 1998.7.16. 96헌바33).

② [O] 대학의 자율성이란 대학의 운영에 관한 모든 사항을 외부의 간섭 없이 자율적으로 결정할 수 있는 자유를 말한다. 국립대학인 세무대학은 공법인으로서 사립대학과 마찬가지로 대학의 자율권이라는 기본권의 보호를 받으므로, **세무대학은 국가의 간섭 없이 인사 · 학사 · 시설 · 재정 등 대학과 관련된 사항들을 자주적으로 결정하고 운영할 자유를 갖는다. 그러나 대학의 자율성은 그 보호영역이 원칙적으로 당해 대학 자체의 계속적 존립에까지 미치는 것은 아니다**(헌재 2001.2.22. 99헌마613).

③ [O] 단과대학은 대학을 구성하는 하나의 조직 · 기관일 뿐이고, 단과대학장은 그 지위와 권한 및 중요도에서 대학의 장과 구별된다. 또한 대학의 장을 구성원들의 참여에 따라 자율적으로 선출한 이상, 하나의 보직에 불과한 단과대학장의 선출에 다시 한 번 대학교수들이 참여할 권리가 대학의 자율에서 당연히 도출된다고 보기 어렵다. 따라서 단과대학장의 선출에 참여할 권리는 대학의 자율에 포함된다고 볼 수 없어, **이 사건 심판대상조항에 의해 대학의 자율성이 침해될 가능성이 인정되지 아니한다**(헌재 2014.1.28. 2011헌마239).

❹ [×] 총장선임권은 사립학교법 제53조 제1항의 규정에 의하여 학교법인에게 부여되어 있는 것이고 달리 법률 또는 당해 법인 정관의 규정에 의하여 교수들에게 총장선임권 또는 그 참여권을 인정하지 않고 있는 이상, **헌법상의 학문의 자유나 대학의 자율성 내지 대학의 자치만을 근거로 교수들이 사립대학의 총장선임에 실질적으로 관여할 수 있는 지위에 있다거나 학교법인의 총장선임행위를 다툴 확인의 이익을 가진다고 볼 수 없다**(대판 1996.5.31. 95다26971).

## 05

정답 ④

① [O] 언론 · 출판의 자유가 기본권으로 보장된다고 하여 무제한적으로 보장되는 것은 아니다. 우리 헌법은 제21조 제2항에서 "언론 · 출판에 대한 허가나 검열 … 는 인정되지 아니한다." 라고 특별히 규정하여, 언론 · 출판의 자유에 대하여 허가나 검열을 수단으로 한 제한만은 헌법 제37조 제2항의 규정에도 불구하고 어떠한 경우라도 법률로써도 허용되지 아니한다(헌재 1998.2.27. 96헌바2 전원재판부).

② [O] 등록조항은 인터넷신문의 명칭, 발행인과 편집인의 인적사항, 발행소 소재지, 발행목적과 발행내용, 발행 구분(무가 또는 유가) 등 인터넷신문의 외형적이고 객관적 사항을 제한적으로 등록하도록 하고 있다. 한편, 고용조항은 5인 이상 취재 및 편집 인력을 고용하도록 하고 있고, 확인조항은 취재 및 편집 담당자의 국민연금 등 가입사실 확인서류를 제출하도록 하고 있다. 이런 조항들은 인터넷신문에 대한 인적 요건의 규제 및 확인에 관한 것으로 인터넷신문의 내용을 심사 · 선별하여 사전에 통제하기 위한 규정이 아님이 명백하다. 따라서 등록조항이 헌법 제21조 제2항에 위배된다고 볼 수 없다(헌재 2016.10.27. 2015헌마1206).

/ 과잉금지원칙 위반으로 언론의 자유 침해이다.

③ [O] 여기에서 사전허가금지의 대상은 어디까지나 언론 · 출판 자유의 내재적 본질인 표현의 내용을 보장하는 것을 말하는 것이지, 언론 · 출판을 위해 필요한 물적 시설이나 언론기업의

주체인 기업인으로서의 활동까지 포함되는 것으로 볼 수는 없다. 즉, 언론 · 출판에 대한 허가 · 검열금지의 취지는 정부가 표현의 내용에 관한 가치판단에 입각해서 특정 표현의 자유로운 공개와 유통을 사전 봉쇄하는 것을 금지하는 데 있으므로, 내용 규제 그 자체가 아니거나 내용 규제 효과를 초래하는 것이 아니라면 헌법이 금지하는 "허가"에는 해당되지 않는다(헌재 1992.6.26, 90헌가23).

❹ [×] 상업광고는 표현의 자유의 보호영역에 속하지만 사상이나 지식에 관한 정치적, 시민적 표현행위와는 차이가 있고, 한편 직업수행의 자유의 보호영역에 속하지만 인격발현과 개성신장에 미치는 효과가 중대한 것은 아니다. 그러므로 상업광고 규제에 관한 비례의 원칙 심사에 있어서 '피해의 최소성' 원칙은 같은 목적을 달성하기 위하여 달리 덜 제약적인 수단이 없을 것인지 혹은 입법목적을 달성하기 위하여 필요한 최소한의 제한인지를 심사하기보다는 '입법목적을 달성하기 위하여 필요한 범위 내의 것인지'를 심사하는 정도로 완화되는 것이 상당하다(헌재 2005.10.27, 2003헌가3).

## 06

정답 ④

① [O] 음란표현이 언론 · 출판의 자유의 보호영역에 해당하지 아니한다고 해석할 경우 음란표현에 대하여는 언론 · 출판의 자유의 제한에 대한 헌법상의 기본원칙, 예컨대 명확성의 원칙, 검열금지의 원칙 등에 입각한 합헌성심사를 하지 못하게 될 뿐만 아니라, 기본권 제한에 대한 헌법상의 기본원칙, 예컨대 법률에 의한 제한, 본질적 내용의 침해금지원칙 등도 적용하기 어렵게 되는 결과, 모든 음란표현에 대하여 사전검열을 받도록 하고 이를 받지 않은 경우 형사처벌을 하거나, 유통목적이 없는 음란물의 단순소지를 금지하거나, 법률에 의하지 아니하고 음란물출판에 대한 불이익을 부과하는 행위 등에 대한 합헌성 심사도 하지 못하게 됨으로써, 결국 음란표현에 대한 최소한의 헌법상 보호마저도 부인하게 될 위험성이 농후하게 된다는 점을 간과할 수 없다(헌재 2009.5.28, 2006헌바109 등).

② [O] 긴급조치 제1호 · 제2호는 국가긴급권의 발동이 필요한 상황과는 전혀 무관하게 헌법과 관련하여 자신의 견해를 단순하게 표명하는 모든 행위까지 처벌하고, 처벌의 대상이 되는 행위를 전혀 구체적으로 특정할 수 없으므로, 표현의 자유 제한의 한계를 일탈하여 국가형벌권을 자의적으로 행사하였고, 죄형법정주의의 명확성원칙에 위배되며, 국민의 헌법개정권력의 행사와 관련한 참정권, 국민투표권, 영장주의 및 신체의 자유, 법관에 의한 재판을 받을 권리 등을 침해한다(헌재 2013.3.21, 2010헌바132 등).

③ [O] 건강기능식품의 기능성 광고는 인체의 구조 및 기능에 대하여 보건용도에 유용한 효과를 준다는 기능성 등에 관한 정보를 널리 알려 해당 건강기능식품의 소비를 촉진시키기 위한 상업광고이지만, 헌법 제21조 제1항의 표현의 자유의 보호대상이 됨과 동시에 같은 조 제2항의 사전검열 금지대상도 된다(헌재 2018.6.28, 2016헌가8).

**❹ [×] 문제의 선지는 반대의견인 합헌의견에서 나온 것이다.**

**관련판례**

> [1] 영화진흥법(이하 '영진법'이라 한다) 제21조 제3항 제5호는 '제한상영가' 등급의 영화를 '상영 및 광고 · 선전에 있어서 일정한 제한이 필요한 영화'라고 규정하고 있는데, 이 규정은 제한상영가 등급의 영화가 어떤 영화인지를 말해주기보다는 제한상영가 등급을 받은 영화가 사후에 어떠한 법률적 제한을 받는지를 기술하고 있는바, 이것으로는 제한상영가 영화가 어떤 영화인지를 알 수가 없고, 따라서 영진법 제21조 제3항 제5호는 명확성원칙에 위배된다.
>
> [2] **재판관 이공현, 재판관 김희옥의 합헌의견:** 영화에 있어 제한상영가제도를 두는 것은 성인들에게는 볼거리를 보장하면서, 동시에 청소년들을 지나치게 폭력적이고 선정적인 영화로부터 보호하기 위한 것인바, 그렇다면 제한상영가 등급의 영화란 영화의 내용이 지나치게 선정적 또는 폭력적 · 비윤리적이어서 청소년에게는 물론 일반적인 정서를 가진 성인에게조차 혐오감을 주거나 악영향을 끼치는 영화로 상영장소나, 광고, 선전에 제한이 필요한 영화라고 할 수 있으므로 영진법 제21조 제3항 제5호는 명확성원칙에 위반되지 않는다(헌재 2008.7.31, 2007헌가4).

## 07

정답 ③

① [O] 언론 · 출판의 자유의 내용 중 의사표현 · 전파의 자유에 있어서 의사표현 또는 전파의 매개체는 어떠한 형태이건 가능하며 그 제한이 없다. 즉, 담화 · 연설 · 토론 · 연극 · 방송 · 음악 · 영화 · 가요 등과 문서 · 소설 · 시가 · 도화 · 사진 · 조각 · 서화 등 모든 형상의 의사표현 또는 의사전파의 매개체를 포함한다(헌재 1993.5.13, 91헌바17).

② [O] '청소년이용음란물' 역시 의사형성적 작용을 하는 의사의 표현 · 전파의 형식 중 하나임이 분명하므로 언론 · 출판의 자유에 의하여 보호되는 의사표현의 매개체라는 점에는 의문의 여지가 없고, '청소년이용음란물'이 헌법상 표현의 자유에 의한 보호대상이 된다(헌재 2002.4.25, 2001헌가27).

❸ [×] 일반적으로 표현의 자유는 정보의 전달 또는 전파와 관련지어 생각되므로 구체적인 전달이나 전파의 상대방이 없는 집필의 단계를 표현의 자유의 보호영역에 포함시킬 것인지 의문이 있을 수 있으나, 집필은 문자를 통한 모든 의사표현의 기본전제가 된다는 점에서 당연히 표현의 자유의 보호영역에 속해 있다고 보아야 한다(헌재 2005.2.24, 2003헌마289).

④ [O] 일반적으로 헌법상의 이 언론 · 출판의 자유의 내용으로서는, 의사표현 · 전파의 자유, 정보의 자유, 신문의 자유 및 방송 · 방영의 자유 등을 들고 있다. 이러한 언론 · 출판의 자유의 내용 중 의사표현 · 전파의 자유에 있어서 의사표현 또는 전파의 매개체는 어떠한 형태이건 가능하며 그 제한이 없다. 즉, 담화 · 연설 · 토론 · 연극 · 방송 · 음악 · 영화 · 가요 등과 문서 · 소설 · 시가 · 도화 · 사진 · 조각 · 서화 등 모든 형상의 의사표현 또는 의사전파의 매개체를 포함한다. 그러므로 음반 및 비디오물도 의사형성적 작용을 하는 한 의사의 표현 · 전파의 형식의 하나로 인정되며, 이러한 작용을 하는 음반 및

비디오물의 제작은 언론 · 출판의 자유에 의해서도 보호된다고 할 것이다(헌재 1993.5.13. 91헌바17).

## 08 정답 ④

ㄱ. [O] 언론 · 출판의 자유의 내용 중 의사표현 · 전파의 자유에 있어서 의사표현 또는 전파의 매개체는 어떠한 형태이건 가능하며 그 제한이 없다(헌재 1993.5.13. 91헌바17).

ㄴ. [×] 일반적으로 표현의 자유는 정보의 전달 또는 전파와 관련지어 생각되므로 구체적인 전달이나 전파의 상대방이 없는 집필의 단계를 표현의 자유의 보호영역에 포함시킬 것인지 의문이 있을 수 있으나, 집필은 문자를 통한 모든 의사표현의 기본 전제가 된다는 점에서 당연히 표현의 자유의 보호영역에 속해 있다고 보아야 한다(헌재 2005.2.24. 2003헌마289).

ㄷ. [×] '자유로운' 표명과 전파의 자유에는 자신의 신원을 누구에게도 밝히지 아니한 채 익명 또는 가명으로 자신의 사상이나 견해를 표명하고 전파할 익명표현의 자유도 그 보호영역에 포함된다고 할 것이다(헌재 2010.2.25. 2008헌마324).

ㄹ. [×] 헌법 제21조 제4항 전문은 "언론 · 출판은 타인의 명예나 권리 또는 공중도덕이나 사회윤리를 침해하여서는 아니 된다."라고 규정한다. 이는 언론 · 출판의 자유에 따르는 책임과 의무를 강조하는 동시에 언론 · 출판의 자유에 대한 제한의 요건을 명시한 규정일 뿐, 헌법상 표현의 자유의 보호영역에 대한 한계를 설정한 것이라고 볼 수는 없으므로 공연한 사실의 적시를 통한 명예훼손적 표현 역시 표현의 자유의 보호영역에 해당한다(헌재 2021.2.25. 2017헌마1113).

ㅁ. [×] 이 사건 조항이 선거권자로 하여금 '전부 거부' 방식에 의한 정치적 의사표시를 제공하지 않고 있는 것은, 선거권자인 청구인들의 그러한 의사표현을 금지하거나 제한하고자 하는 것이 아니라 국가가 선거제도에서 투표방식을 일정하게 규정한 결과일 뿐이다. 이 사건의 경우 표현의 자유의 보호범위에 "국가가 공직후보자들에 대한 유권자의 '전부 거부' 의사표시를 할 방법을 보장해 줄 것"까지 포함된다고 볼 수 없으므로 이 사건 조항이 표현의 자유를 제한하는 것이라 할 수 없다(헌재 2007.8.30. 2005헌마975).

## 09 정답 ②

① [×] 교육공무원 선거운동 금지조항은 공무원의 정치적 중립성, 교육의 정치적 중립성을 확보하기 위한 것으로 입법목적의 정당성 및 수단의 적합성이 인정된다. 교육의 정치적 중립성 확보라는 공익은 선거운동의 자유에 비해 높은 가치를 지니고 있으므로 법익의 균형성도 충족한다(헌재 2019.11.28. 2018헌마222).

❷ [O] 국가공무원법조항 중 '그 밖의 정치단체'에 관한 부분은 어떤 단체에 가입하는가에 관한 집단적 형태의 '표현의 내용'에 근거한 규제이므로, 더욱 규제되는 표현의 개념을 명확하게 규정할 것이 요구된다. 그럼에도 위 조항은 '그 밖의 정치단체'라는 불명확한 개념을 사용하여, 수범자에 대한 위축효과와 법 집행 공무원의 자의적 판단 위험을 야기하고 있다. 위 조항이 명확성원칙에 위배된다(헌재 2020.4.23. 2018헌마551).

③ [×] 선거운동방법의 다양화로 포괄적인 규제조항을 두는 것이 불가피한 측면이 있다. 선거운동이 금지되는 기간은 선거일 0시부터 투표마감시각 전까지로 하루도 채 되지 않고, 선거일 전일까지 선거운동기간 동안 선거운동이 보장되는 등 사정을 고려하면, 이 사건 처벌조항으로 인해 제한되는 정치적 표현의 자유가 선거운동의 과열을 방지하고 유권자의 올바른 의사형성에 대한 방해를 방지하는 공익에 비해 더 크다고 보기 어렵다. 따라서 이 사건 처벌조항이 과잉금지원칙을 위반하여 정치적 표현의 자유를 침해한다고 할 수 없다(헌재 2021.12.23. 2018헌바152).

④ [×] 이 사건 대가수수 광고금지규정으로 인하여 청구인 변호사들은 광고업자에게 유상으로 광고를 의뢰하는 것이 사실상 금지되어 표현의 자유, 직업의 자유에 중대한 제한을 받게 되고, 청구인 회사로서도 변호사들로부터 광고를 수주하지 못하게 되어 영업에 중대한 제한을 받게 된다. 따라서 위 규정은 법익의 균형성도 갖추지 못하였다. 그러므로 이 사건 대가수수 광고금지규정은 과잉금지원칙을 위반하여 청구인들의 표현의 자유, 직업의 자유를 침해한다(헌재 2022.5.26. 2021헌마619).

## 10 정답 ②

① [×] '알 권리'의 실현은 법률의 제정이 뒤따라 이를 구체화시키는 것이 충실하고도 바람직하지만, 그러한 법률이 제정되어 있지 않다고 하더라도 불가능한 것은 아니고 헌법 제21조에 의해 직접 보장될 수 있다고 하는 것이 헌법재판소의 확립된 판례인 것이다(헌재 1991.5.13. 90헌마133).

❷ [O] 국민의 알권리는 국민 누구나가 일반적으로 접근할 수 있는 모든 정보원으로부터 정보를 수집할 수 있는 권리로서 정보수집의 수단에는 제한이 없는 권리이다(헌재 2002.12.18. 2000헌마764).

③ [×] 이 사건 법률조항의 "음란" 개념은 그것이 애매모호하여 명확성의 원칙에 반한다고 할 수 없다. … 음란출판의 금지 및 유통억제의 필요성과 공익은 현저히 크다고 볼 수밖에 없어 과잉금지의 원칙에 위반되지 아니한다. "저속"의 개념은 폭력성이나 잔인성 및 천한 정도도 그 하한이 모두 열려 있기 때문에 출판을 하고자 하는 자는 어느 정도로 자신의 표현내용을 조절해야 되는지를 도저히 알 수 없도록 되어 있어 명확성의 원칙 및 과도한 광범성의 원칙에 반한다. 또한 청소년보호라는 명목으로 성인이 볼 수 있는 것까지 전면 금지시킨다면 이는 성인의 알권리의 수준을 청소년의 수준으로 맞출 것을 국가가 강요하는 것이어서 성인의 알 권리까지 침해하게 된다(헌재 1998.4.30. 95헌가16).

④ [×] 짧은 열람기간으로 인해 청구인 신○○는 회계보고된 자료를 충분히 살펴 분석하거나, 문제를 발견할 실질적 기회를 갖지 못하게 되는바, 달성되는 공익과 비교할 때 이러한 사익의 제한은 정치자금의 투명한 공개가 민주주의 발전에 가지는 의미에 비추어 중대하다. 그렇다면 이 사건 열람기간제한 조항은 과잉금지원칙에 위배되어 청구인 신○○의 알 권리를 침해한다(헌재 2021.5.27. 2018헌마1168).

## 11

정답 ①

❶ [O], ④ [×] 집회 및 시위에 관한 법률(이하 '집시법'이라 한다) 제2조 제2호의 '시위'는, 그 문리와 위 개정연혁에 비추어, 다수인이 공동목적을 가지고 ⓐ 도로·광장·공원 등 공중이 자유로이 통행할 수 있는 장소를 진행함으로써 불특정 다수인의 의견에 영향을 주거나 제압을 가하는 행위와 ⓑ 위력 또는 기세를 보여 불특정 다수인의 의견에 영향을 주거나 제압을 가하는 행위를 말한다고 풀이해야 할 것이다. 따라서 위 ⓑ의 경우에는 위력 또는 기세를 보인 장소가 공중이 자유로이 통행할 수 있는 장소이든 아니든 상관없이 그러한 행위가 있고 그로 인하여 불특정 다수인의 의견에 영향을 주거나 제압을 가할 개연성이 있으면 집시법상의 '시위'에 해당하는 것이고, 이 경우에는 '공중이 자유로이 통행할 수 있는 장소'라는 장소적 제한 개념은 '시위'라는 개념의 요소라고 볼 수 없다. 즉, 위의 장소적 제한 개념은 모든 시위에 적용되는 '시위' 개념의 필요불가결한 요소는 아님을 알 수 있다. 그러므로 공중이 자유로이 통행할 수 없는 장소인 대학 구내에서의 시위도 그것이 위 ⓑ의 요건에 해당하면 바로 집시법상의 시위로서 집시법의 규제대상이 되는 것이다(헌재 1994.4.28, 91헌바14).

② [×] 집회의 자유는 집회의 시간, 장소, 방법과 목적을 스스로 결정할 권리를 보장한다. 집회의 자유에 의하여 구체적으로 보호되는 주요행위는 집회의 준비 및 조직, 지휘, 참가, 집회장소·시간의 선택이다. 그러나 집회를 방해할 의도로 집회에 참가하는 것은 보호되지 않는다(헌재 2003.10.30, 2000헌바67 등).

③ [×] 헌법재판소는 옥외집회나 시위가 반드시 도로나 공원과 같은 공공장소에서 행해질 것을 요구하는 것은 아니라고 한다. 즉, 공공장소가 아닌 공중이 자유로이 통행할 수 없는 대학 구내에서도 옥외집회나 시위에 해당해 집회 및 시위에 관한 법률의 규제대상이 된다(헌재 1992.1.28, 89헌가8).

## 12

정답 ④

① [×] 집회 및 시위에 관한 법률은 옥외집회나 시위가 사전신고한 범위를 뚜렷이 벗어나 신고제도의 목적달성을 심히 곤란하게 하고, 그로 인하여 질서를 유지할 수 없게 된 경우에 공공의 안녕질서 유지 및 회복을 위해 해산명령을 할 수 있도록 하고 있다. 심판대상조항은 이러한 해산명령제도의 실효성 확보를 위해 해산명령에 불응하는 자를 형사처벌하도록 한 것으로서 입법목적의 정당성과 수단의 적절성이 인정된다. 또한 심판대상조항이 달성하려는 공공의 안녕질서 유지 및 회복이라는 공익과 심판대상조항으로 인하여 제한되는 청구인들의 집회의 자유 사이의 균형을 상실하였다고 보기 어려우므로, 심판대상조항은 과잉금지원칙을 위반하여 집회의 자유를 침해한다고 볼 수 없다(헌재 2016.9.29, 2015헌바309).

② [×] **국회의 헌법적 기능을 무력화시키거나 저해할 우려가 있는 집회를 금지하는 것은 집회의 자유를 침해하는 것은 아니나** 옥외집회에 의한 국회의 헌법적 기능이 침해될 가능성이 부인되거나 또는 현저히 낮은 집회까지 금지하는 것이 집회의 자유를 침해한다는 것이 판례의 태도이다.

**관련판례**

> **누구든지 국회의사당의 경계지점으로부터 100미터 이내의 장소에서 옥외집회 또는 시위를 할 경우 형사처벌한다고 규정한 '집회 및 시위에 관한 법률'**: '국회의 활동을 대상으로 한 집회가 아니거나 부차적으로 국회에 영향을 미치고자 하는 의도가 내포되어 있는 집회'처럼 옥외집회에 의한 국회의 헌법적 기능이 침해될 가능성이 부인되거나 또는 현저히 낮은 경우에는, 입법자로서는 심판대상조항으로 인하여 발생하는 집회의 자유에 대한 과도한 제한 가능성이 완화될 수 있도록 그 금지에 대한 예외를 인정하여 집회가 허용되어야 한다. 국회의 헌법적 기능을 무력화시키거나 저해할 우려가 있는 집회를 금지하는 데 머무르지 않고, 그 밖의 평화적이고 정당한 집회까지 전면적으로 제한함으로써 구체적인 상황을 고려하여 상충하는 법익 간의 조화를 이루려는 노력을 전혀 기울이지 않고 있다. 심판대상조항으로 달성하려는 공익이 제한되는 집회의 자유 정도보다 크다고 단정할 수는 없다고 할 것이므로 심판대상조항은 법익의 균형성원칙에도 위배된다. 심판대상조항은 과잉금지원칙을 위반하여 집회의 자유를 침해한다(헌재 2018.5.31, 2013헌바322).

③ [×] 집회의 신고가 경합할 경우 특별한 사정이 없는 한 관할 경찰관서장은 집회 및 시위에 관한 법률(이하 '집시법'이라 한다) 제8조 제2항의 규정에 의하여 신고 순서에 따라 뒤에 신고된 집회에 대하여 금지통고를 할 수 있을 것이지만, 먼저 신고된 집회의 참여예정인원, 집회의 목적, 집회개최장소 및 시간, 집회 신고인이 기존에 신고한 집회 건수와 실제로 집회를 개최한 비율 등 **먼저 신고된 집회의 실제 개최 가능성 여부와 양 집회의 상반 또는 방해가능성 등 제반 사정을 확인하여 먼저 신고된 집회가 다른 집회의 개최를 봉쇄하기 위한 허위 또는 가장 집회신고에 해당함이 객관적으로 분명해 보이는 경우에는**, 뒤에 신고된 집회에 다른 집회금지 사유가 있는 경우가 아닌 한, **관할 경찰관서장이 단지 먼저 신고가 있었다는 이유만으로 뒤에 신고된 집회에 대하여 집회 자체를 금지하는 통고를 하여서는 아니 되고**, 설령 이러한 금지통고에 위반하여 집회를 개최하였다고 하더라도 그러한 행위를 집시법상 금지통고에 위반한 집회개최행위에 해당한다고 보아서는 아니 될 것이다(대판 2014.12.11, 2011도13299).

❹ [O] 이 사건 피청구인은 청구인 ○○합섬HK지회와 ○○생명인사지원실이 제출한 옥외집회신고서를 폭력사태 발생이 우려된다는 이유로 동시에 접수하였고, 이후 상호 충돌을 피한다는 이유로 두 개의 집회신고를 모두 반려하였는바, 법률의 근거 없이 청구인들의 집회의 자유를 침해한 것으로서 헌법상 법률유보원칙에 위반된다고 할 것이다(헌재 2008.5.29, 2007헌마712).

## 13

정답 ①

ㄱ. [O] 심판대상조항의 신고사항은 여러 옥외집회, 시위가 경합하지 않도록 하기 위해 필요한 사항이고 질서유지 등 필요한 조치를 할 수 있도록 하는 중요한 정보이다. 옥외집회, 시위에 대

한 사전신고 이후 기재사항의 보완, 금지통고 및 이의절차 등이 원활하게 진행되기 위하여 늦어도 집회가 개최되기 48시간 전까지 사전신고를 하도록 규정한 것이 지나치다고 볼 수 없다(헌재 2014.1.28. 2011헌바174 등).

ㄴ. [O] 집회 및 시위에 관한 법률(이하 '집시법'이라 한다) 제20조 제1항 제2호가 미신고 옥외집회 또는 시위를 해산명령의 대상으로 하면서 별도의 해산 요건을 정하고 있지 않더라도, 그 옥외집회 또는 시위로 인하여 타인의 법익이나 공공의 안녕질서에 대한 직접적인 위험이 명백하게 초래된 경우에 한하여 위 조항에 기하여 해산을 명할 수 있고, 이러한 요건을 갖춘 해산명령에 불응하는 경우에만 집시법 제24조 제5호에 의하여 처벌할 수 있다고 보아야 한다. 이와 달리 미신고라는 사유만으로 그 옥외집회 또는 시위를 해산할 수 있는 것으로 해석한다면, 이는 사실상 집회의 사전신고제를 허가제처럼 운용하는 것이나 다름없어 집회의 자유를 침해하게 되므로 부당하다. 집시법 제20조 제1항 제2호를 위와 같이 제한하여 해석하더라도, 사전신고제의 규범력은 집시법 제22조 제2항에 의하여 신고의무를 이행하지 아니한 옥외집회 또는 시위의 주최자를 처벌하는 것만으로도 충분히 확보할 수 있다(대판 2012.4.26. 2011도6294).

ㄷ. [O], ㄹ. [X] 구 집회 및 시위에 관한 법률의 관련 조항 등에 의하면, 신고된 집회와 동일성이 유지되었다면 옥외집회 또는 시위를 신고한 주최자가 그 주도 아래 행사를 진행하는 과정에서 신고한 목적 · 일시 · 장소 · 방법 등의 범위를 현저히 일탈하는 행위에 이르렀다고 하더라도, 이를 신고 없이 옥외집회 또는 시위를 주최한 행위로 볼 수는 없다(대판 2008.7.10. 2006도9471).

ㅁ. [O] 집회나 시위 해산을 위한 살수차 사용은 집회의 자유 및 신체의 자유에 대한 중대한 제한을 초래하므로 살수차 사용요건이나 기준은 법률에 근거를 두어야 하고, 살수차와 같은 위해성 경찰장비는 본래의 사용방법에 따라 지정된 용도로 사용되어야 하며 다른 용도나 방법으로 사용하기 위해서는 반드시 법령에 근거가 있어야 한다(헌재 2018.5.31. 2015헌마476).

## 14

정답 ②

① [X]

> 집회 및 시위에 관한 법률 제7조 【신고서의 보완 등】 ① 관할경찰관서장은 제6조 제1항에 따른 신고서의 기재 사항에 미비한 점을 발견하면 접수증을 교부한 때부터 12시간 이내에 주최자에게 24시간을 기한으로 그 기재 사항을 보완할 것을 통고할 수 있다.

❷ [O], ③ [X]

> 집회 및 시위에 관한 법률 제9조 【집회 및 시위의 금지 통고에 대한 이의 신청 등】 집회 또는 시위의 주최자는 제8조에 따른 금지 통고를 받은 날부터 10일 이내에 해당 경찰관서의 바로 위의 상급경찰관서의 장에게 이의를 신청할 수 있다. 이의 신청을 받은 경찰관서의 장은 접수한 때부터 24시간 이내에 재결을 하여야 한다. 이 경우 접수한 때부터 24시간 이내에 재결서를 발송하지 아니하면 관할경찰관서장의 금지통고는 소급하여 그 효력을 잃는다.

④ [X] 옥외집회와 시위에 신고제가 적용된다. 옥내집회는 신고제가 적용되지 않는다.

## 15

정답 ②

① [O] 집회의 장소는 일반적으로 집회의 목적 · 내용과 밀접한 내적 연관관계를 가질 수 있다. 집회는 특별한 상징적 의미 또는 집회와 특별한 연관성을 가지는 장소, 예를 들면, 집회를 통해 반대하고자 하는 대상물이 위치하거나 집회의 계기를 제공한 사건이 발생한 장소 등에서 행해져야 이를 통해 다수의 의견표명이 효과적으로 이루어질 수 있으므로, 집회의 장소에 대한 선택은 집회의 성과를 결정짓는 주요 요인이 될 수 있다. 따라서 집회의 장소를 선택할 자유는 집회의 자유의 한 실질을 형성한다고 할 수 있다(헌재 2018.5.31. 2013헌바322).

❷ [X] 심판대상조항은 국회의원과 국회에서 근무하는 직원, 국회에 출석하여 진술하고자 하는 일반 국민이나 공무원 등이 어떠한 압력이나 위력에 구애됨이 없이 자유롭게 국회의사당에 출입하여 업무를 수행하며, 국회의사당을 비롯한 국회 시설의 안전이 보장될 수 있도록 하기 위한 목적에서 입법된 것으로 그 목적은 정당하고, 국회의사당 경계지점으로부터 100미터 이내의 장소에서의 옥외집회를 전면적으로 금지하는 것은 국회의 기능을 보호하는 데 기여할 수 있으므로 수단의 적합성도 인정된다(헌재 2018.5.31. 2013헌바322).

③ [O] 한편 국회의사당 인근에서의 집회가 심판대상조항에 의하여 보호되는 법익에 대한 직접적인 위협을 초래한다는 일반적 추정이 구체적인 상황에 의하여 부인될 수 있는 경우라면, 입법자로서는 예외적으로 옥외집회가 가능할 수 있도록 심판대상조항을 규정하여야 한다. 예를 들어, 국회의 기능을 직접 저해할 가능성이 거의 없는 '소규모 집회', 국회의 업무가 없는 '공휴일이나 휴회기 등에 행하여지는 집회', '국회의 활동을 대상으로 한 집회가 아니거나 부차적으로 국회에 영향을 미치고자 하는 의도가 내포되어 있는 집회'처럼 옥외집회에 의한 국회의 헌법적 기능이 침해될 가능성이 부인되거나 또는 현저히 낮은 경우에는, 입법자로서는 심판대상조항으로 인하여 발생하는 집회의 자유에 대한 과도한 제한 가능성이 완화될 수 있도록 그 금지에 대한 예외를 인정하여야 한다. 물론 국회의사당 인근에서 폭력적이고 불법적인 대규모 집회가 행하여지는 경우 국회의 헌법적 기능이 훼손될 가능성이 커지는 것은 사실이다. 그러나 '집회 및 시위에 관한 법률'은 이러한 상황에 대처할 수 있도록 다양한 규제수단들을 규정하고 있고, 집회 과정에서의 폭력행위나 업무방해행위 등은 형사법상의 범죄행위로서 처벌된다. 이처럼, 심판대상조항은 입법목적을 달성하는 데 필요한 최소한도의 범위를 넘어, 규제가 불필요하거나 또는 예외적으로 허용하는 것이 가능한 집회까지도 이를 일률적 · 전면적으로 금지하고 있으므로 침해의 최소성원칙에 위배된다(헌재 2018.5.31. 2013헌바322).

④ [O] 심판대상조항이 국회의사당 인근에서의 옥외집회를 금지하는 것에는 위헌적인 부분과 합헌적인 부분이 공존하고 있다. 따라서 심판대상조항에 대하여 헌법불합치결정을 선고하되, 입법자는 2019.12.31.까지 개선입법을 하여야 한다(헌재 2018.5.31. 2013헌바322).

## 16

정답 ③

① [×] 결사의 자유에서 말하는 '결사'란 자연인 또는 법인의 다수가 상당한 기간 동안 공동목적을 위하여 자유의사에 기하여 결합하고 조직화된 의사형성이 가능한 단체를 말하는 것으로서, 영리단체도 헌법상 결사의 자유에 의하여 보호된다. 따라서 약사가 아니면 약국을 개설할 수 없도록 한 약사법 제16조 제1항은 결국 법인을 설립하여 약국을 경영하려는 약사 개인들과 이러한 법인의 결사의 자유를 제한하는바, 그러한 제한에 합리적 이유가 없으므로 위헌이다(헌재 2002.9.19, 2000헌바84).

② [×] 법인 등 결사체도 그 조직과 의사형성에 있어서, 그리고 업무수행에 있어서 자기결정권을 가지므로 결사의 자유의 주체가 된다고 봄이 상당하다(헌재 2000.6.1, 99헌마553).

❸ [O] 상공회의소는 상공업자들의 사적인 단체이기는 하나, 설립·회원·기관·의결방법·예산편성과 결산 등이 상공회의소법에 의하여 규율되고, 단체결성·가입·탈퇴에 상당한 제한이 있는 조직이며 다른 결사와 달리 일정한 공적인 역무를 수행하면서 지방자치단체의 행정지원과 자금지원 등의 혜택을 받고 있는 법인이므로, 이 사건 법률조항에 의한 결사의 자유 제한이 과잉금지원칙에 위배되는지 판단할 때에는, 순수한 사적인 임의결사에 비해서 완화된 기준을 적용할 수 있다(헌재 2006.5.25, 2004헌가1).

④ [×] 농협은 기본적으로 사법인의 성격을 지니지만, 농협법에서 정하는 특정한 국가적 목적을 위하여 설립되는 공공성이 강한 법인으로, 그 수행하는 사업 내지 업무가 국민경제에서 상당한 비중을 차지하고 국민경제 및 국가 전체의 경제와 관련된 경제적 기능에 있어서 금융기관에 준하는 공공성을 가진다. … 공적인 역할을 수행하는 결사 또는 그 구성원들이 기본권의 침해를 주장하는 경우에 과잉금지원칙 위배 여부를 판단할 때에는, 순수한 사적인 임의결사의 기본권이 제한되는 경우의 심사에 비해서는 완화된 기준을 적용할 수 있다(헌재 2012.12.27, 2011헌마562).

## 17

정답 ②

① [O] 심판대상조항이 추구하는 사단법인의 자율성과 존속 보장이라는 공익은 심판대상조항으로 인하여 사단법인의 해산에 반대하는 소수의 사원이 입게 되는 불이익에 비하여 훨씬 중대하다. 따라서 심판대상조항은 과잉금지원칙을 위반하여 결사의 자유를 침해하지 아니한다(헌재 2017.5.25, 2015헌바260).

❷ [×] 노동조합은 헌법 제33조에서 일차적으로 보호되나, 헌법 제33조에서는 허가제금지가 규정되어 있지 않으므로 일반법조항인 헌법 제21조 제2항의 허가제금지원칙이 적용된다.

③ [O] 이 사건 법률조항은 노동조합 설립에 있어 노동조합법상의 요건 충족 여부를 사전에 심사하도록 하는 구조를 취하고 있으나, 이 경우 노동조합법상 요구되는 요건만 충족되면 그 설립이 자유롭다는 점에서 일반적인 금지를 특정한 경우에 해제하는 허가와는 개념적으로 구분되고, 더욱이 행정관청의 설립신고서 수리 여부에 대한 결정은 재량 사항이 아니라 의무사항으로 그 요건 충족이 확인되면 설립신고서를 수리하고 그 신고증을 교부하여야 한다는 점에서 단체의 설립 여부 자체를 사전에 심사하여 특정한 경우에 한해서만 그 설립을 허용하는 '허가'와는 다르다. 따라서 이 사건 법률조항의 노동조합 설립신고서 반려제도가 헌법 제21조 제2항 후단에서 금지하는 결사에 대한 허가제라고 볼 수 없다(헌재 2012.3.29, 2011헌바53).

④ [O] 연합회는 법령에 따라 다양한 공익적 기능을 수행하는바, 전국적인 단일 조직을 갖추지 못한다면 업무 수행의 효율성과 신속성 등이 저해될 우려가 있다. 국가나 지방자치단체가 공익적 기능을 직접 수행하거나 별개의 단체를 설립하는 방안은 연합회에의 가입강제 내지 임의탈퇴 불가와 같거나 유사한 효과를 가진다고 보기 어렵다. 따라서 심판대상조항이 과잉금지원칙에 위배되어 결사의 자유를 침해한다고 볼 수 없다(헌재 2022.2.24, 2018헌가8).

합헌결정

## 18

정답 ③

① [O] 심판대상조항이 집회 금지 장소로 설정한 '국회의장 공관의 경계 지점으로부터 100미터 이내에 있는 장소'에는, 해당 장소에서 옥외집회·시위가 개최되더라도 국회의장에게 물리적 위해를 가하거나 국회의장 공관으로의 출입 내지 안전에 위협을 가할 우려가 없는 장소까지 포함되어 있다. 또한 대규모로 확산될 우려가 없는 소규모 옥외집회·시위의 경우, 심판대상조항에 의하여 보호되는 법익에 직접적인 위협을 가할 가능성은 상대적으로 낮다. 국회의장 공관 인근에서 예외적으로 옥외집회·시위를 허용한다고 하더라도 국회의장 공관의 기능과 안녕은 충분히 보장될 수 있다. 그럼에도 심판대상조항은 국회의장 공관 인근 일대를 광범위하게 전면적인 집회 금지 장소로 설정함으로써 입법목적 달성에 필요한 범위를 넘어 집회의 자유를 과도하게 제한하고 있는바, 심판대상조항은 피해의 최소성에 반하여 집회의 자유를 침해한다(헌재 2023.3.23, 2021헌가1).

② [O] 의무위탁조항에 따라 반드시 회장 선출에 대한 선거관리를 중앙선관위에 위탁해야 하는 농협중앙회와 달리, 중소기업협동조합법은 중소기업중앙회장 선출에 대한 선거관리를 중앙선관위에 임의로 위탁할 수 있도록 규정하고 있으므로, 농협중앙회와 중소기업중앙회 간에 차별취급이 존재한다. 그러나 이는 입법자가 각 조합 및 중앙회 선거가 진행되어 온 역사적 경험을 비롯해 사회 제반 여건 등을 종합적으로 고려하여 농협중앙회장선거와 중소기업중앙회장선거를 달리 규율한 것으로 볼 수 있으므로, 위와 같은 차별에는 합리적인 이유가 있다고 볼 수 있다. 그러므로 의무위탁조항은 평등원칙에 위반되지 않는다(헌재 2023.5.25, 2021헌바136).

❸ [×] 심판대상조항은 대통령과 그 가족의 신변 안전 및 주거 평온을 확보하고, 대통령과 그 가족, 대통령 관저 직원과 관계자 등이 자유롭게 대통령 관저에 출입할 수 있도록 하며, 경우에 따라서는 대통령의 원활한 직무수행을 보장함으로써, 궁극적으로는 대통령의 헌법적 기능 보호를 목적으로 한다. 이러한 심판대상조항의 입법목적은 정당하고, 대통령 관저 인근에 옥외집회 및 시위(이하 '옥외집회 및 시위'를 통틀어 '집회'라 한다) 금지장소를 설정하는 것은 입법목적 달성을 위한 적합한 수단이다(헌재 2022.12.22, 2018헌바48).

최소성원칙 위반이다.

④ [O] 대통령 관저 인근에서의 일부 집회를 예외적으로 허용한다고 하더라도 위와 같은 수단들을 통하여 심판대상조항이 달성하려는 대통령의 헌법적 기능은 충분히 보호될 수 있다. 따라서 개별적인 경우에 구체적인 위험 상황이 발생하였는지를 고려하지 않고, 막연히 폭력 · 불법적이거나 돌발적인 상황이 발생할 위험이 있다는 가정만을 근거로 하여 대통령 관저 인근이라는 특정한 장소에서 열리는 모든 집회를 금지하는 것은 헌법적으로 정당화되기 어렵다.
이러한 사정들을 종합하여 볼 때, 심판대상조항은 그 입법목적을 달성하는 데 필요한 최소한도의 범위를 넘어, 규제가 불필요하거나 또는 예외적으로 허용하는 것이 가능한 집회까지도 이를 일률적 · 절대적으로 금지하고 있으므로, 침해의 최소성에 위배된다(헌재 2022.12.22. 2018헌바48).

## 19

정답 ①

ㄱ. [×] 사회부조와 같이 국가의 일방적인 급부에 대한 권리는 재산권의 보호대상에서 제외되고, 단지 사회법상의 지위가 자신의 급부에 대한 등가물에 해당하는 경우에 한하여 사법상의 재산권과 유사한 정도로 보호받아야 할 공법상의 권리가 인정된다. 청구인들이 침해되었다고 주장하는 의료급여수급권은 공공부조의 일종으로 순수하게 사회정책적 목적에서 주어지는 권리이다. 그렇다면, 이는 개인의 노력과 금전적 기여를 통하여 취득되는 재산권의 보호대상에 포함된다고 보기 어렵고, 따라서 본인부담금제 및 선택병의원제를 규정한 이 사건 시행령 및 시행규칙규정들로 인해 청구인들의 재산권이 침해된다고 할 수 없다(헌재 2009.9.24. 2007헌마1092).

ㄴ. [O] 의료급여수급권은 공공부조의 일종으로서 순수하게 사회정책적 목적에서 주어지는 권리이므로 개인의 노력과 금전적 기여를 통하여 취득되는 재산권의 보호대상에 포함된다고 보기 어렵다(헌재 2009.9.24. 2007헌마1092).

ㄷ. [O] 의료보험수급권은 의료보험법상 재산권의 보장을 받는 공법상의 권리이다(헌재 2000.6.29. 99헌마289).

ㄹ. [O] 헌법재판소는 태평양전쟁 전후 국외 강제동원희생자 등 지원에 관한 법률에 규정된 위로금 등의 각종 지원이 태평양전쟁이라는 특수한 상황에서 일제에 의한 강제동원 희생자와 그 유족이 입은 고통을 치유하기 위한 시혜적 조치라고 판단한 바 있고, 태평양전쟁 전후 국외 강제동원희생자 등 지원에 관한 법률은 이 사건 미수금 지원금이 강제동원희생자와 그 유족 등에게 인도적 차원에서 지급하는 위로금임을 명시적으로 밝히고 있으며, 위 지원금을 받게 될 '유족'의 범위를 강제동원으로 인한 고통과 슬픔을 함께한 '친족'으로 한정하고 있으므로, 위 지원금은 인도적 차원의 시혜적인 금전 급부에 해당한다. 인도적 차원의 시혜적 급부를 받을 권리는 헌법 제23조에 의하여 보장된 재산권이라고 할 수 없으나, 이 지원금 산정방식은 입법자가 자의적으로 결정해서는 안 되고 미수금의 가치를 합리적으로 반영하는 것이어야 한다는 입법적 한계를 가진다(헌재 2015.12.23. 2009헌바317 등).

ㅁ. [O] 청구인들은 심판대상조항이 재산권을 침해한다고 주장한다. 헌법 제23조 제1항이 보장하고 있는 재산권은 사적 유용성 및 그에 대한 원칙적 처분권을 내포하는 재산가치 있는 구체적 권리이므로, 구체적인 권리가 아닌 단순한 이익이나 재화의 획득에 관한 기회 등은 재산권 보장의 대상으로 볼 수 없다. 지뢰피해자 지원에 관한 특별법상 위로금과 같이 수급권의 발생요건이 법정되어 있는 경우 법정요건을 갖춘 후 발생하는 위로금수급권은 구체적인 법적 권리로 보장되는 경제적 · 재산적 가치가 있는 공법상의 권리라 할 것이지만, 그러한 법정요건을 갖추기 전에는 헌법이 보장하는 재산권이라고 할 수 없다. 지뢰사고로 인한 피해자 또는 그 유족의 위로금수급권에 관한 지위는 수급권 발생에 필요한 법정요건을 갖춘 후에 비로소 재산권인 위로금수급권을 취득할 수 있다는 기대이익을 갖는 것에 불과하므로 심판대상조항에 의하여 청구인들의 재산권이 제한된다고 볼 수 없다(헌재 2019.12.27. 2018헌바236 등).

ㅂ. [O] 지뢰사고로 인한 피해자 또는 그 유족의 위로금수급권에 관한 지위는 수급권 발생에 필요한 법정요건을 갖춘 후에 비로소 재산권인 위로금수급권을 취득할 수 있다는 기대이익을 갖는 것에 불과하므로 심판대상조항에 의하여 청구인들의 재산권이 제한된다고 볼 수 없다(헌재 2019.12.27. 2018헌바236 등).

ㅅ. [O] 대한민국헌정회의 연로회원지원금은 수급자의 상당한 자기기여에 기반한 급여라고 볼 수 없어 헌법상 재산권에 해당하지 아니하므로, 심판대상조항이 청구인등의 재산권을 제한한다고 볼 수 없다(헌재 2015.4.30. 2013헌마666).

## 20

정답 ④

① [O] 헌법 제23조가 보장하고 있는 재산권은 경제적 가치가 있는 모든 공법 · 사법상의 권리를 뜻하며, 사적 유용성 및 그에 대한 원칙적인 처분권을 내포하는 재산가치 있는 구체적 권리를 의미한다. 상가임차인이 권리금에 대해 가지는 권리는 채권적 권리이다(헌재 2020.7.16. 2018헌바242 · 508).

② [O] 협의취득의 경우에도 수용에 의한 강제취득방법이 사실상 후속조치로 남아있어 공용수용과 비슷한 공법적 기능을 수행하므로, 협의취득 후 인정되는 환매권도 헌법상 재산권으로 보아야 한다(헌재 2020.11.26. 2019헌바131).

③ [O] 청구인이 심판대상조항의 적용을 받지 않고 재단법인의 설립 없이 유골 수를 추가 설치 · 관리함으로써 수익을 창출하려고 하였던 사정은 법적 여건에 따른 영리획득의 기회를 활용하려던 것에 불과하므로 재산권의 보호영역에 포함된다고 볼 수 없다(헌재 2021.8.31. 2019헌바453).

❹ [×] 청구인은 심판대상조항이 재산권도 제한한다고 주장한다. 그런데 심판대상조항으로 인하여 확인대상사업자가 세무사 등으로부터 그 확인서를 받기 위해 비용을 지출한다 하더라도 이는 성실신고확인서 제출의무에 따른 간접적이고 반사적인 경제적 불이익에 불과하고, 세무사가 납세자와 사이에 세무대리계약 체결을 거절하여 재산상의 손해를 입는다 하더라도 이 역시 간접적이고 사실적인 불이익에 불과하여 재산권의 내용에 포함된다고 보기 어렵다(헌재 2019.7.25. 2016헌바392).

# 8회 진도별 모의고사 정답 및 해설
(재산권의 제한 ~ 정당제도)

## 정답

p.64

| 01 | ① | 02 | ③ | 03 | ① | 04 | ② | 05 | ③ |
|---|---|---|---|---|---|---|---|---|---|
| 06 | ① | 07 | ② | 08 | ③ | 09 | ③ | 10 | ① |
| 11 | ④ | 12 | ④ | 13 | ① | 14 | ① | 15 | ④ |
| 16 | ② | 17 | ④ | 18 | ① | 19 | ④ | 20 | ④ |

### 01

정답 ①

❶ [×] 경제협력사업에 참여하는 기업이나 개인으로서는 남북관계의 개선과 평화적 통일의 기틀을 마련하는 데 기여한 측면이 있고, 헌법 전문과 제4조 등에서 평화통일에 관한 내용을 규정하고 있으며, 경제협력사업이 평화적 통일을 위한 기반 조성의 일환으로 이루어진 것이라 하더라도, 재산상 손실의 위험성이 이미 예상된 상황에서 발생한 재산상 손실에 대해 헌법 해석상으로 어떠한 보상입법의 의무가 도출된다고까지 보기는 어렵다(헌재 2022.5.26, 2016헌마95).

② [O] 폐지법률이 시행된 이후에는 대한민국에 사설철도회사의 재산수용으로 인한 손실보상청구권이 확정된 자의 군정법령상 구체화되었던 재산권을 보호하기 위하여 군정법령에서 인정하였던 보상의 기준과 내용에 따라 보상청구권의 실현절차를 규정하는 법률을 제정할 행위의무가 발생하였다고 보아야 한다. 그럼에도 불구하고 폐지법률이 시행된 지 30년이 지나도록 입법자가 전혀 아무런 입법조치를 취하지 않고 있는 것은 입법재량의 한계를 넘는 입법의무불이행으로서 위 보상청구권이 확정된 자의 헌법상 보장된 재산권을 침해하는 것이므로 위헌이다(헌재 1994.12.29, 89헌마2).

③ [O] 헌법 제23조 제3항은 재산권 수용의 주체를 한정하지 않고 있는바, 위 헌법조항의 핵심은 당해 수용이 공공필요에 부합하는가, 정당한 보상이 지급되고 있는가 여부 등에 있는 것이지, 그 수용의 주체가 국가인지 민간기업인지 여부에 달려 있다고 볼 수 없다. 또한 국가 등의 공적 기관이 직접 수용의 주체가 되는 경우와, 그러한 공적 기관의 최종적인 허부판단과 승인결정하에 민간기업이 수용의 주체가 되는 경우 사이에 공공필요에 대한 판단과 수용의 범위에 있어서 본질적인 차이를 가져올 것으로 보이지 않는다. 따라서 수용 등의 주체를 국가 등의 공적 기관에 한정하여 해석할 이유가 없다(헌재 2009.9.24, 2007헌바114).

④ [O] 개별공시지가가 아닌 표준지공시지가를 기준으로 보상액을 산정하도록 한 것은 개발이익이 배제된 수용 당시 피수용 재산의 객관적인 재산가치를 가장 정당하게 보상하는 것이라고 할 것이므로 헌법 제23조 제3항이 규정하는 정당보상원칙에 위반된다고 할 수 없다(헌재 2011.8.30, 2009헌바245).

### 02

정답 ③

① [O] 공무원의 신분이나 직무상 의무와 관련이 없는 범죄의 경우에도 퇴직급여 등을 제한하는 것은, 공무원범죄를 예방하고 공무원이 재직중 성실히 근무하도록 유도하는 입법목적을 달성하는 데 적합한 수단이라고 볼 수 없다. 그리고 특히 과실범의 경우에는 공무원이기 때문에 더 강한 주의의무 내지 결과발생에 대한 가중된 비난가능성이 있다고 보기 어려우므로, 퇴직급여 등의 제한이 공무원으로서의 직무상 의무를 위반하지 않도록 유도 또는 강제하는 수단으로서 작용한다고 보기 어렵다(헌재 2007.3.29, 2005헌바33).

② [O] 이 사건 감액조항은 퇴직급여 등의 감액사유에서 '직무와 관련 없는 과실로 인하여 범죄를 저지른 경우' 및 '소속 상관의 정당한 직무상의 명령에 따르다가 과실로 인하여 범죄를 저지른 경우'를 제외하고, 이러한 범죄행위로 인하여 그 결과 '금고 이상의 형을 받은 경우'로 한정한 점, 감액의 범위도 국가 또는 지방자치단체의 부담 부분을 넘지 않도록 한 점 등을 고려하면 침해의 최소성도 인정된다. 청구인들은 퇴직급여의 일부가 감액되는 사익의 침해를 받지만, 이는 공무원 자신이 저지른 범죄에서 비롯된 것인 점, 공무원 개개인이나 공직에 대한 국민의 신뢰를 유지하고자 하는 공익이 결코 적지 않은 점, 특히 이 사건 감액조항은 구법조항보다 감액사유를 더욱 한정하여 침해되는 사익을 최소화하고자 하였다는 점에서 법익의 균형성도 인정된다. 따라서 이 사건 감액조항은 청구인들의 재산권과 인간다운 생활을 할 권리를 침해하지 아니한다(헌재 2013.8.29, 2012헌바48).

❸ [×] 이 사건 시행령조항이 공무원에게 금고 이상의 형이 있는 경우 재직기간 5년을 기준으로 퇴직급여 감액의 정도를 달리한 것은, 퇴직급여 산정방법상 재직기간이 짧을수록 급여액 중 본인의 기여금이 차지하는 비율이 상대적으로 높은 것을 감안하여 재직기간이 짧은 사람의 경우에는 감액의 수준을 낮게 하고 재직기간이 긴 사람은 감액의 수준을 높게 하여 감액의 정도를 실질화한 것이고, 퇴직급여를 감액하는 경우에도 이미 낸 기여금 및 그에 대한 이자의 합산액 이하로는 감액할 수 없다고 하여 공무원의 퇴직급여를 보호하는 장치도 마련하고 있는바, 재직 중의 사유로 금고 이상의 형을 받은 경우

재직기간이 5년 이상인 공무원에 대하여 그 퇴직급여를 2분의 1 감액하도록 한 것은 입법재량의 한계를 넘은 것이라고 보기 어려우므로, 이 사건 시행령조항은 재산권, 인간다운 생활을 할 권리, 평등권을 침해하지 아니한다[헌재 2019.2.28. 2017헌마403, 2017헌바372(병합)].

④ [O] **군인연금 · 공무원연금과 사립학교교직원연금**은 보험의 대상이 서로 달라 각각 독립하여 운영되고 있을 뿐 동일한 사회적 위험에 대비하기 위한 **하나의 통일적인 제도**이므로 퇴직한 군인으로서 퇴역연금 수급자가 직역연금법 적용기관에 재취업한 경우에는 퇴역연금 지급사유가 발생하지 않은 것으로 볼 수 있다. 또한 이 사건 법률조항으로 인해 퇴직수당 등 다른 급여의 지급이 정지되는 것은 아니고, 수급자의 선택에 따라 종전 재직기간을 연금 계산의 기초가 되는 재직기간에 합산할 수 있다. 특히, 군인연금의 경우 퇴직연금 지급개시연령을 두지 않고 있어 연금 수급을 위한 최소가입기간 요건만 충족하면 퇴직 후 바로 연금이 지급되고, 계급별 조기정년제로 인해 연금 혜택이 다른 직역연금에 비해 높은 점 등을 더하여 보면, 이 사건 법률조항은 퇴역연금 수급권자의 재산권을 침해하지 아니한다(헌재 2015.7.30. 2014헌바371).

## 03

정답 ①

❶ [×] 이러한 정치적 판단에 있어서 어떠한 정책이 국가안보에 도움이 되고 궁극적으로 국익과 국제평화에 기여하는지는 국민으로부터 직접 선출되고 국민에게 책임을 지는 대의기관이 정치적 책임하에 결정하여야 할 사안이므로, 정치적 대의기관인 대통령에게 광범위한 판단 재량이 인정되는 것으로 보아야 한다. 따라서 그러한 정치적 결정이 국민의 기본권 침해와 직접 관련이 되어 사법심사의 대상이 되는 경우라도 이에 대한 사법심사는 정책판단이 명백하게 재량의 한계를 유월(逾越)하거나 선택된 정책이 현저히 합리성을 결여한 것인지를 살피는 데 한정되어야 하고, 그 한계 내의 것이라면 국가 계속성 보장의 책무와 조국의 평화적 통일을 위한 성실한 의무를 지는 대통령이 헌법이 부여한 권한 범위 내에서 정치적 책임을 지고 한 판단과 선택으로서 존중되어야 한다.

② [O] 북한의 핵개발에 맞서 개성공단의 운영 중단을 통해 대한민국의 존립과 안전 등을 보장할 필요가 있다는 피청구인 대통령의 결정은 헌법이 대통령에게 부여한 권한 범위 내에서 정치적 책임을 지고 한 판단과 선택이며, 그 판단이 현저히 합리성을 결여한 것이거나 명백히 잘못된 것이라고 평가하기 어렵다. 따라서 개성공단 전면중단조치는 과잉금지원칙을 위반하여 개성공단 투자기업인 청구인들의 영업의 자유와 재산권을 침해하지 아니한다.

③ [O] 불안정한 남북관계의 영향으로 과거 개성공단 가동이 중단되었던 사례가 있음에 비추어 볼 때 북한의 핵실험 등으로 안보위기가 고조되는 경우 개성공단이 다시 중단될 가능성을 충분히 예상할 수 있었다. 따라서 위 합의서가 청구인들에 대하여 직접적으로 그 효력과 존속에 대한 신뢰를 부여하였다고 인정하기 어렵고, 이 사건 중단조치가 청구인들의 신뢰이익을 침해하는 정도는 비교적 낮은 수준에 불과하며, 이 사건 중단조치를 통해 달성하려는 공익은 그와 같은 신뢰의 손상을 충분히 정당화할 수 있다. 그러므로 이 사건 중단조치는 신뢰보호원칙을 위반하여 청구인들의 영업의 자유와 재산권을 침해하지 아니한다.

④ [O] 공익목적을 위해 이미 형성된 구체적 재산권을 개별적, 구체적으로 제한하는 헌법 제23조 제3항 소정의 공용 제한과는 구별된다. 그렇다면 2010.5.24.자 대북조치로 인한 토지이용권의 제한은 헌법 제23조 제1항, 제2항에 따라 재산권의 내용과 한계를 정한 것인 동시에 재산권의 사회적 제약을 구체화하는 것으로 볼 수 있다(헌재 2022.5.26. 2016헌마95).

## 04

정답 ②

① [O] 개별 청소년의 신체적 · 정신적 성숙도의 차이, 콘돔의 세부적인 형태나 종류를 고려하지 않고 청소년에 대한 판매를 전면적으로 금지하는 것이 과도한 제한이라 볼 수 없다. 심판대상조항은 과잉금지원칙을 위반하여 성기구 판매자의 직업수행의 자유 및 청소년의 사생활의 비밀과 자유를 침해하지 않는다(헌재 2021.6.24. 2017헌마408).

❷ [×] 이 사건 보호자동승조항은 어린이통학버스를 운영함에 있어서 반드시 보호자를 동승하도록 함으로써 학원 등의 영업방식에 제한을 가하고 있으므로 청구인들의 직업수행의 자유를 제한한다. 한편, 청구인들은 이 사건 보호자동승조항으로 인하여 재산권도 침해된다고 주장하나, 이 사건 보호자동승조항은 어린이통학버스 운영자로 하여금 어린이통학버스에 어린이나 영유아를 태울 때 보호자를 동승하도록 규정하고 있을 뿐 어린이통학버스 운영자의 재산권에 제한을 가하는 내용을 규정하고 있지 아니하다. 또한 이 사건 보호자동승조항으로 인하여 동승보호자를 새로이 고용할 것인지, 기존의 학원 강사 등을 동승보호자로서 어린이통학버스에 함께 동승하게 할 것인지는 어린이통학버스 운영자의 선택에 달려 있는 것이고, 가사 새로이 동승보호자를 고용함으로 인하여 추가적인 비용지출이 발생한다고 하여도 이는 이 사건 보호자동승조항 시행에 따른 반사적 · 사실적인 불이익에 불과하므로, 이 사건 보호자동승조항으로 인하여 청구인들의 재산권이 제한된다고 볼 수는 없다. 따라서 이 사건의 쟁점은 이 사건 보호자동승조항이 청구인들의 직업수행의 자유를 침해하는지 여부이다(헌재 2020.4.23. 2017헌마479).

③ [O] 이 사건 보호자동승조항이 학원 등 운영자로 하여금 어린이통학버스에 학원 강사 등의 보호자를 함께 태우고 운행하도록 한 것은 어린이 등이 안전사고 위험으로부터 벗어나 안전하고 건강한 생활을 영위하도록 하기 위한 것이다. 어린이통학버스의 동승보호자는 운전자와 함께 탑승함으로써 승 · 하차시뿐만 아니라 운전자만으로 담보하기 어려운 '차량 운전 중' 또는 '교통사고 발생 등의 비상상황 발생시' 어린이 등의 안전을 효과적으로 담보하는 중요한 역할을 하는 점 등에 비추어 보면, 이 사건 보호자동승조항이 과잉금지원칙에 반하여 청구인들의 직업수행의 자유를 침해한다고 볼 수 없다(헌재 2020.4.23. 2017헌마479).

④ [O] 심판대상조항으로 측량업자의 직업의 자유가 일정 기간 제한된다 하더라도 이는 측량업의 정확성과 신뢰성을 담보하여 토지 관련 법률관계의 법적 안정성과 국토개발계획의 근간을 보호하려는 공익에 비하여 결코 중하다고 볼 수 없으므로, 법익의 균형성도 인정된다. 따라서 심판대상조항은 과잉금지원

칙에 위배되지 아니한다(헌재 2020.12.23, 2018헌바458).

**05** 정답 ③

ㄱ. [O] 청구인은 여자대학을 제외한 다른 약학대학에 입학하여 소정의 교육을 마친 후 약사국가시험을 통해 약사가 될 수 있는 충분한 기회와 가능성을 가지고 있다. 따라서 이 사건 조정계획으로 인하여 청구인이 받게 되는 불이익보다 원활하고 적정한 보건서비스를 제공하려는 공익이 더 크다고 할 것이므로, 이 사건 조정계획은 법익의 균형성도 갖추었다. 그러므로 이 사건 조정계획은 청구인의 직업선택의 자유를 침해한다고 볼 수 없다(헌재 2020.7.16, 2018헌마566).

ㄴ. [X] 이 사건 법률조항에서 의약분업의 예외를 인정한 취지를 살리면서도 약사 이외의 사람이 조제를 담당하여 발생할 수 있는 약화사고 등을 방지하기 위해서는, 의과대학에서 기초의학부터 시작하여 체계적으로 의학을 공부하고 상당기간 임상실습을 한 후 국가의 검증을 거친 의사로 하여금 조제를 직접 담당하도록 하는 것이 타당하고, 의사가 손수 의약품을 조제한 것에 준한다고 볼 수 있는 정도의 지휘·감독이 이루어진 경우에는 간호사의 보조를 받아 의약품을 조제하는 것이 허용되는 점 등을 감안하면 침해 최소성원칙에 반한다고 볼 수 없으며, 이 사건 법률조항을 통하여 달성하고자 하는 국민보건의 향상과 약화사고의 방지라는 공익은 의약품 조제가 인정되는 가운데 의사가 받게 되는 조제방식의 제한이라는 사익에 비하여 현저히 커 법익균형성도 충족되므로, 이 사건 법률조항은 직업수행의 자유를 침해하지 아니한다(헌재 2015.7.30, 2013헌바422).

ㄷ. [X] 약국 개설은 전 국민의 건강과 보건, 나아가 생명과도 직결된다는 점에서, 달성되는 공익보다 제한되는 사익이 더 중하다고 볼 수 없다. 심판대상조항은 과잉금지원칙에 반하여 직업의 자유를 침해하지 않는다(헌재 2020.10.29, 2019헌바249).

ㄹ. [O] 약사 이외의 다른 전문직의 경우 사회의 발전과 변화에 대응하여 그 업무를 조직적·전문적으로 수행하기 위한 법인의 설립을 허용하고 있는데, 약사에 대하여는 법인의 설립에 의한 직업수행 즉, 약국의 개설과 운영을 금지하고 있으므로 이 점에서 약사들로 구성된 법인 및 그 구성원인 약사 개인들은 차별을 받고 있다고 하겠다. … 이 사건 법률조항은 합리적 근거 없이 자의적으로 약사로 구성된 법인에 대하여 변호사 등 다른 전문직종들 및 의약품제조업자 등 약사법상의 다른 직종들로 구성된 법인과는 달리 그 직업 즉 약국을 개설하고 운영하는 일을 수행할 수 없게 하고, 또한 약사들에 대하여는 법인을 구성하는 방법으로 그 직업을 수행할 수 없게 함으로써, 약사들만으로 구성된 법인 및 그 구성원인 약사들의 헌법상 기본권인 평등권을 침해하고 있다고 할 것이다(헌재 2002.9.19, 2000헌바84).

ㅁ. [X] 대규모 자본을 가진 비안경사들이 법인의 형태로 안경시장을 장악하여 개인 안경업소들이 폐업하면 안경사와 소비자 간 신뢰관계 형성이 어려워지고, 독과점으로 인해 안경 구매 비용이 상승할 수 있다. 반면 현행법에 의하더라도 안경사들은 협동조합, 가맹점 가입, 동업 등의 방법으로 법인의 안경업소 개설과 같은 조직화, 대형화 효과를 어느 정도 누릴 수 있다. 따라서 심판대상조항은 과잉금지원칙에 반하지 아니하여 자연인 안경사와 법인의 직업의 자유를 침해하지 아니한다(헌재 2021.6.24, 2017헌가31).

ㅂ. [O] 헌법재판소는 과거 시각장애인에 한하여 안마사 자격인정을 받을 수 있도록 하는, 이른바 비맹제외기준을 설정하고 있는 안마사에관한 규칙이 법률유보원칙에 위배하여 일반인의 직업선택의 자유를 침해한다고 보았다(헌재 2006.5.25, 2003헌마715 등). 그 후 국회에서 의료법을 개정하여 법률에서 비맹제외기준을 설정한 것이 직업선택의 자유를 침해하는지 여부가 문제된 사안에서는 시각장애인에 한하여 안마사 자격을 인정하는 것을 합헌으로 판시하였다(헌재 2008.10.30, 2006헌마1098 등).

ㅅ. [X] 예비시험조항은 외국 의과대학의 교과 내지 임상교육수준이 국내와 차이가 있을 수 있으므로 국민의 보건을 위하여 기존의 면허시험만으로 검증이 부족한 측면을 보완할 공익적 필요성이 있다. 그러므로 예비시험조항은 청구인들의 직업선택의 자유를 침해하지 않는다(헌재 2003.4.24, 2002헌마611).

**06** 정답 ①

❶ [X] 이 사건 법률조항은 이륜자동차 운전자가 고속도로 등을 통행하는 것을 금지하고 있을 뿐, 퀵서비스 배달업의 직업수행행위를 직접적으로 제한하는 것이 아니고, 이로 인하여 청구인들이 퀵서비스 배달업의 수행에 지장을 받는 점이 있다고 하더라도, 그것은 고속도로 통행금지로 인하여 발생하는 간접적·사실상의 효과일 뿐이므로 이 사건 법률조항은 청구인들의 직업수행의 자유를 침해하지 않는다(헌재 2008.7.31, 2007헌바90).

② [O] 우리 헌법재판소는, 문화예술기금확보를 위한 부담금은 위헌으로 보았으나 영화발전기금확보를 위한 부담금에 대해서는 합헌결정을 하였다.

**관련판례**

> 특별부담금으로서의 문예진흥기금의 납입금은 그 헌법적 허용한계를 일탈하여 헌법에 위반된다. … 공연관람자 등이 예술감상에 의한 정신적 풍요를 느낀다면 그것은 헌법상의 문화국가원리에 따라 국가가 적극 장려할 일이지, 이것을 일정한 집단에 의한 수익으로 인정하여 그들에게 경제적 부담을 지우는 것은 헌법의 문화국가이념(제9조)에 역행하는 것이다(헌재 2003.12.18, 2002헌가2).

**비교판례**

> 영화발전기금의 안정적 재원 마련을 위한 영화상영관 입장권에 대한 부과금 제도는 과잉금지원칙에 반하여 영화관 관람객의 재산권과 영화관 경영자의 직업수행의 자유를 침해하였다고 볼 수 없다(헌재 2008.11.27, 2007헌마860).

③ [O] 게임물의 유통질서를 저해하는 행위를 방지하는 것은 게임산업의 진흥 및 건전한 게임문화의 확립에 필요한 기초가 되는 공익이며, 이에 비하여 청구인들의 직업수행의 자유가 제한되는 정도가 결코 중하다고 볼 수 없으므로, 법익의 균형성도

인정된다. 따라서 이 사건 법률조항들은 과잉금지원칙을 위반하여 직업수행의 자유를 침해하지 아니한다(헌재 2022.2.24. 2017헌바438).

④ [O] 이용 아동구성이 달라진다고 하여 청구인 운영자들의 지역아동센터 운영에 어떠한 본질적인 차이를 가져온다고 보기 어렵고, 청구인 운영자들은 국가의 재정적 지원에 상응하는 공익적 의무를 부담할 수 있다는 것을 충분히 예견할 수 있다. 따라서 이 사건 이용아동규정이 청구인 운영자들의 직업 수행의 자유를 중대하게 제한하고 있다고 할 수 없다(헌재 2022.1.27. 2019헌마583).

## 07

정답 ②

① [O] 이 사건 규정은 변협이 변호사법 제23조 제2항 제7호의 위임을 받아 변호사등이 광고를 함에 있어 금지되는 광고의 방법 또는 내용 등을 정한 것이고, 청구인 변호사들은 변호사법 제25조, 변협 회칙 제9조 제1항에 따라 위 규정을 준수할 의무가 있으며, 이를 위반할 경우 변호사법 제91조 제2항 제2호, 제90조에 따라 제명, 3년 이하 정직, 3천만 원 이하의 과태료, 견책의 징계를 받을 수 있다. 따라서 심판대상조항은 청구인 변호사들의 표현의 자유, 직업의 자유를 제한한다(헌재 2022.5.26. 2021헌마619).

❷ [×] 청구인 회사는 심판대상조항이 재산권을 침해한다고 주장하나, 청구인 회사가 심판대상조항으로 인하여 □□ 서비스를 기존과 같이 운영하지 못하는 영업상 어려움으로 경제적인 손해를 입게 된다고 하더라도 이는 사실상의 영향에 지나지 않으므로, 이 사건 심판대상조항이 청구인 회사의 재산권을 제한한다고 보기 어렵다(헌재 2022.5.26. 2021헌마619).

③ [O] 청구인들은 심판대상조항이 헌법상 경제질서에 위배된다고 주장하나, 헌법 제119조의 경제질서는 국가의 경제정책에 대한 헌법적 지침으로서 직업의 자유와 같은 경제에 관한 기본권에 의하여 구체화되는 것이다. 따라서 청구인들의 헌법 제119조에 관한 주장 역시 직업의 자유 침해 여부에 대하여 심사하는 것으로 충분하므로 별도로 판단하지 않는다(헌재 2022.5.26. 2021헌마619).

④ [O] 이 사건 유권해석위반 광고금지규정의 '협회의 유권해석'을 전자의 일반적·추상적인 법령 해석이라고 보든, 후자의 개별적·구체적인 사안에 대한 질의 회신이라고 보든, 위 규정 위반이 징계사유가 될 수 있음을 고려하면 적어도 수범자인 변호사등은 이 사건 유권해석위반 광고금지규정에서 유권해석을 통해 금지될 수 있는 내용들의 대강을 알 수 있어야 한다. 그런데 수범자들은 유권해석이 내려지기 전까지는 금지되는 내용이 무엇인지 도저히 알 수 없다. 따라서 이 사건 유권해석위반 광고금지규정은 수권법률로부터 위임된 범위를 벗어나는 규율 내용까지 포함할 가능성이 있으므로, 위임 범위 내에서 명확하게 규율 범위를 정하고 있다고 보기 어렵다. 그러므로 이 사건 유권해석위반 광고금지규정은 법률유보원칙을 위반하여 청구인들의 표현의 자유, 직업의 자유를 침해한다(헌재 2022.5.26. 2021헌마619).

## 08

정답 ③

① [O] 학교운영위원은 무보수 봉사직이므로 그 활동을 생활의 기본적 수요를 충족시키는 계속적인 소득활동으로 보기 어려운바, 이 사건 법률조항이 직업선택의 자유와 관련되는 것은 아니라 할 것이다(헌재 2007.3.29. 2005헌마1144).

② [O] 시설물 영업행위 역시 생활의 기본적 수요를 충족시키기 위한 계속적인 소득활동으로서 헌법상 보장된 직업의 개념에 포섭되고, 도로의 관리청으로부터 허가를 받음으로써 특정 도로에서의 시설물 영업을 할 수 있는 길을 열어둔 이상, 보도상에서 시설물을 운영하는 행위도 법적 권리 내지 자유로서 보장되므로 갱신허가대상자의 범위에서 제외된 자들은 위 조항으로 인하여 직업의 자유를 제한받게 된다(헌재 2008.12.26. 2007헌마1387).

❸ [×] 직업의 자유에 의한 보호의 대상이 되는 직업은 '생활의 기본적 수요를 충족시키기 위한 계속적 소득활동'을 의미하며 그 종류나 성질은 묻지 아니한다. 이러한 직업의 개념표지들은 개방적 성질을 지녀 엄격하게 해석할 필요는 없다. '계속성'에 관해서는 휴가기간 중에 하는 일, 수습직으로서의 활동 등도 이에 포함되고, '생활수단성'에 관해서는 단순한 여가활동이나 취미활동은 직업의 개념에 포함되지 않으나 겸업이나 부업은 삶의 수요를 충족하기에 적합하므로 직업에 해당한다고 본다(헌재 2018.7.26. 2017헌마452).

④ [O] 비어업인이 잠수용 스쿠버장비를 사용하여 수산자원을 포획·채취하는 것은 지속적인 소득활동이 아니다(헌재 2016.10.27. 2013헌마450).

## 09

정답 ③

① [×] 청구인들의 신뢰는 입법자에 의하여 꾸준히 축소되어 온 세무사 자격 자동부여 제도에 관한 것으로서 그 보호의 필요성이 크다고 보기 어렵다. 나아가 설령 그것이 보호가치가 있는 신뢰라고 하더라도 변호사인 청구인들은 변호사법 제3조에 따라 변호사의 직무로서 세무대리를 할 수 있으므로 신뢰이익을 침해받는 정도가 이 사건 부칙조항이 달성하고자 하는 공익에 비하여 크다고 보기 어렵다. 따라서 이 사건 부칙조항은 신뢰보호원칙을 위배하여 청구인들의 직업선택의 자유를 침해하지 않는다(헌재 2021.7.15. 2018헌마27).

② [×] 기본권 주체에게 요청된 모든 전제조건들을 충족시킨 경우에도 객관적 사유로 직업을 선택할 수 없는 경우이다. 객관적 사유에 의한 직업의 자유 제한은 개인의 능력이나 자격이 직업선택에 영향을 미치지 아니하므로 가장 엄격한 제한이다. 따라서 이러한 제한은 월등하게 중요한 공익에 대한 명백하고 확실한 위험을 방지하기 위해 그 필요성이 있다는 것이 엄격히 입증되어야 한다. **엄격한 비례의 원칙이 그 심사척도가 된다**(헌재 2002.4.25. 2001헌마614).

❸ [O] 비록 어떠한 직업 분야에 관한 자격제도를 만들면서 그 자격요건 내지 결격사유를 어떻게 설정할 것인가에 관하여 입법자에게 폭넓은 입법재량이 인정되기는 하나 **일단 자격요건을 구비하여 자격을 부여받았다면 사후적으로 결격사유가 발생했다고 해서 당연히 그 자격을 박탈할 수 있는 것은 아니다.** 국가가 설정한 자격요건을 구비하지 못했다는 이유로 일정한

자격을 부여하지 않더라도 해당자가 잃는 이익이 크다고 볼 수 없는 반면 그러한 자격을 일단 취득하여 직업활동을 영위해 오고 있는 자의 자격을 상실시킬 경우 장기간 쌓아온 지위를 박탈하는 것으로서 그 불이익이 중대할 수 있기 때문이다(헌재 2014.1.28, 2011헌바252).

④ [×] 심판대상조항은 소송사건의 대리인인 변호사라 하더라도 변호사접견을 하기 위해서는 소송계속 사실 소명자료를 제출하도록 규정함으로써 이를 제출하지 못하는 변호사는 일반접견을 이용할 수밖에 없게 되었다. 일반접견은 접촉차단시설이 설치된 일반접견실에서 10분 내외 짧게 이루어지므로 그 시간은 변호사접견의 1/6 수준에 그친다. 또한 그 대화 내용은 청취 · 기록 · 녹음 · 녹화의 대상이 되므로 교정시설에서 부당한 처우를 당했다는 등의 사정이 있는 수형자는 위축된 나머지 법적 구제를 단념할 가능성마저 배제할 수 없다. 심판대상조항은 소 제기 전 단계에서 충실한 소송준비를 하기 어렵게 하여 변호사의 직무수행에 큰 장애를 초래하고, 변호사의 도움이 가장 필요한 시기에 접견에 대한 제한의 정도가 위와 같이 크다는 점에서 수형자의 재판청구권 역시 심각하게 제한될 수밖에 없고, 이로 인해 법치국가원리로 추구되는 정의에 반하는 결과를 낳을 수도 있다. 따라서 심판대상조항은 과잉금지원칙에 위배되어 변호사인 청구인의 직업수행의 자유를 침해한다(헌재 2021.10.28, 2018헌마60).

## 10

정답 ①

❶ [×] 심판대상조항은 청원경찰이 저지른 범죄의 종류나 내용을 불문하고 금고 이상의 형의 선고유예를 받게 되면 당연히 퇴직되도록 규정함으로써 청원경찰에게 공무원보다 더 가혹한 제재를 가하고 있으므로, 침해의 최소성 원칙에 위배된다. 심판대상조항은 청원경찰이 저지른 범죄의 종류나 내용을 불문하고 범죄행위로 금고 이상의 형의 선고유예를 받게 되면 당연히 퇴직되도록 규정함으로써 그것이 달성하려는 공익의 비중에도 불구하고 청원경찰의 직업의 자유를 과도하게 제한하고 있어 법익의 균형성 원칙에도 위배된다. 따라서, 심판대상조항은 과잉금지원칙에 반하여 직업의 자유를 침해한다(헌재 2018.1.25, 2017헌가26).

② [O] 심판대상조항에 의하여 폐기물처리업자가 제한받게 되는 사익의 정도가 매우 중대하다고 보기 어려운 반면, 심판대상조항에 의하여 달성되는 환경보전과 국민건강 보호라는 공익은 그보다 더 크다고 할 것이므로, 심판대상조항은 법익의 균형성도 갖추었다(헌재 2023.2.23, 2020헌바504).

③ [O] 심판대상조항은 정기검사 기준에 부적합한 제품의 인증만을 취소하도록 할 뿐 해당 제품의 제조업자가 다른 수도용 제품을 인증받아 제조 · 판매하는 데에는 아무런 제한을 두지 않는 등, 직업수행의 자유의 제한을 입법목적 달성에 필요한 범위 내에서 최소화하고 있다. 따라서 심판대상조항은 과잉금지원칙에 위배되어 물에 접촉하는 수도용 제품 제조업자의 직업수행의 자유를 침해하지 아니한다(헌재 2023.2.23, 2021헌바179).

④ [O] 다른 전문자격사에 대해서도 이와 유사한 교육이 의무화되어 있는 사정, 교육에 소요되는 시간이나 이수의 편의성 등을 고려하면 심판대상조항이 행정사에게만 과도한 기준을 설정하였다고 볼 수 없다.따라서 심판대상조항은 과잉금지원칙에 위배되어 청구인의 직업의 자유를 침해하지 않는다(헌재 2023.3.23, 2021헌마50).

## 11

정답 ④

① [O] 변호사시험에 응시하여 합격하여야만 변호사의 자격을 취득할 수 있으므로, 금고 이상의 형의 집행유예를 선고받고 그 유예기간이 지난 후 2년이 지나지 아니한 자의 변호사시험 응시자격을 제한하고 있는 응시 결격조항은 변호사 자격을 취득하고자 하는 청구인의 직업선택의 자유를 제한한다(헌재 2013.9.26, 2012헌마365).

② [O] 이 사건 법률조항은 그 입법목적의 정당성이 인정된다. 또한 금고 이상의 형을 선고받고 그 집행이 종료된 후 5년을 경과하지 아니한 자가 변호사가 될 수 없도록 제한한 것은 변호사의 공공성과 변호사에 대한 국민의 신뢰를 보호하고자 하는 **입법목적의 달성에 적절한 수단이다**(헌재 2006.4.27, 2005헌마99).

③ [O] 변호사시험에 무제한 응시함으로 인하여 발생하는 인력 낭비, 응시인원의 누적으로 인한 시험합격률의 저하 및 법학전문대학원의 전문적인 교육효과 소멸 등을 방지하고자 하는 공익은 청구인들의 제한되는 기본권에 비하여 더욱 중대하다. 따라서 응시기회제한조항은 법익의 균형성도 인정된다. 청구인들은 국가가 법학전문대학원의 입학정원을 제한함으로써 법학전문대학원에 일단 입학하여 교육과정을 충실히 이수하면 변호사가 되리라는 신뢰를 유도하였다고 주장하나, 법학전문대학원의 입학정원을 제한하였다고 하여 변호사시험의 응시기회를 무제한으로 보장한다는 신뢰를 준 것이라고 보기는 어렵다. 따라서 응시기회제한조항은 신뢰보호원칙에 위배되어 청구인들의 직업선택의 자유를 침해한다고 할 수 없다(헌재 2016.9.29, 2016헌마47).

❹ [×] 청구인들의 신뢰는 입법자에 의하여 꾸준히 축소되어 온 세무사 자격 자동부여제도에 관한 것으로서 그 보호의 필요성이 크다고 보기 어렵다. 나아가 설령 그것이 보호가치가 있는 신뢰라고 하더라도 변호사인 청구인들은 변호사법 제3조에 따라 변호사의 직무로서 세무대리를 할 수 있으므로 신뢰이익을 침해받는 정도가 이 사건 부칙조항이 달성하고자 하는 공익에 비하여 크다고 보기 어렵다. 따라서 이 사건 부칙조항은 신뢰보호원칙을 위배하여 청구인들의 직업선택의 자유를 침해하지 않는다(헌재 2021.7.15, 2018헌마27).

## 12

정답 ④

① [O] 게임물의 유통질서를 저해하는 행위를 방지하는 것은 게임산업의 진흥 및 건전한 게임문화의 확립에 필요한 기초가 되는 공익이며, 이에 비하여 청구인들의 직업수행의 자유가 제한되는 정도가 결코 중하다고 볼 수 없으므로, 법익의 균형성도 인정된다. 따라서 이 사건 법률조항들은 과잉금지원칙을 위반하여 직업수행의 자유를 침해하지 아니한다(헌재 2022.2.24, 2017헌바438).

② [O] 건설폐기물 처리업자가 처리이행보증보험계약이 만료되었음에도 이를 갱신하지 않았다는 것은 향후 해당 폐기물 처리업자가 폐기물 처리를 제대로 하지 않아 폐기물이 방치될 우려가 매우 높은 경우이므로, 이러한 업체에 대하여는 허가취소를 통하여 폐기물 처리업을 더 이상 하지 못하도록 하는 것이 방치폐기물의 발생가능성을 줄일 수 있는 불가피한 조치이다. 심판대상조항으로 인하여 건설폐기물 처리업자는 더 이상 건설폐기물 처리업을 하지 못하게 되는 불이익을 입게 되나, 이러한 사익은 건설폐기물이 방치될 위험성을 차단하고 그로 인한 환경오염을 막기 위한 공익보다 중하다고 보기 어렵다. 따라서 심판대상조항은 과잉금지원칙에 반하여 직업의 자유를 침해한다고 볼 수 없다(헌재 2022.2.24, 2019헌바184).

③ [O] 응시자는 제1차 시험 응시원서 접수마감일부터 역산하여 2년이 되는 날 이후에 실시된 토익, 텝스 등 총 6개의 영어능력검정시험 중 어느 하나의 기준점수만 충족하면 되므로, 영어능력검정시험을 여러 차례 치를 수 있다. 따라서 인정되는 영어능력검정시험의 종기를 제1차 시험 응시원서 접수마감일까지 실시된 시험으로 정한 것은 침해의 최소성 및 법익의 균형성에도 반하지 않는다. 따라서 위 공고는 청구인의 직업선택의 자유를 침해하지 않는다(헌재 2022.2.24, 2020헌마290).

❹ [×] **재판관 이석태, 재판관 이종석, 재판관 이영진, 재판관 김기영, 재판관 문형배의 위헌의견**: 처벌조항에 규정된 '위반'이라는 문언은 집단급식소에 근무하는 영양사가 직무를 수행하지 아니한 경우 처벌한다는 의미만을 전달할 뿐, 그 판단기준에 관해서는 구체적이고 유용한 지침을 제공하지 않는다. 이는 식품위생법의 다른 금지규정 및 형벌규정과 대조된다. 이상과 같은 점을 고려할 때 처벌조항은 죄형법정주의의 명확성원칙에 위반된다(헌재 2023.3.23, 2019헌바141).

**재판관 유남석, 재판관 이선애의 위헌의견**: 처벌조항은 그 내용이 포괄적이고 광범위하기는 하지만, 그로 인하여 법규범의 의미내용에 대한 예측가능성이 없다거나, 자의적인 법해석이나 법집행이 배제되지 않는다고 보기는 어렵다. 따라서 처벌조항은 죄형법정주의의 명확성원칙에 위반되지는 않는다.
처벌조항으로 인해 집단급식소에 근무하는 영양사는 그 경중 또는 실질적인 사회적 해악의 유무에 상관없이 직무수행조항에서 규정하고 있는 직무를 단 하나라도 불이행한 경우 상시적인 형사처벌의 위험에 노출된다. 이는 범죄의 설정에 관한 입법재량의 한계를 현저히 일탈하여 과도하다고 하지 않을 수 없다. 그러므로 처벌조항은 과잉금지원칙에 위반된다(헌재 2023.3.23, 2019헌바141).

## 13

정답 ①

❶ [O] 청구인은 수형자인 박○○의 형사재심청구를 대리하기 위해 선임된 변호사로서 구 형집행법 시행령 제59조의2에 따라 이 사건 접견신청을 하였고 박○○과의 접견은 청구인의 직업수행에 속한다. 변호사접견은 접촉차단시설이 설치되지 않은 장소에서 이루어지고 일반접견 횟수에 포함되지 않는 월 4회, 회당 60분의 추가적인 접견이 가능하여 일반접견과 상당한 차이가 있다. 따라서 소송계속 사실 소명자료를 제출하지 못하는 경우 변호사접견이 아니라 일반접견만 가능하도록 규정한 심판대상조항은 변호사인 청구인의 직업수행의 자유를 제한한다. 청구인은 이로 인해 일반적 행동자유권도 제한되었다고 주장하나, 일반적 행동의 자유는 보충적으로 적용되는 기본권으로서, 직업수행의 자유와 같은 개별 기본권에 대하여 판단하는 이상 일반적 행동자유권에 대해서는 별도로 판단하지 아니한다.

② [×] 변호사의 직업수행의 자유 역시 국가안전보장 · 질서유지 또는 공공복리를 위해 필요한 경우에는 법률로써 제한될 수 있으므로(헌법 제37조 제2항), 아래에서는 심판대상조항이 과잉금지원칙을 위반하여 청구인의 직업수행의 자유를 침해하는지 여부를 살펴본다.

③ [×] 소송사건의 대리인인 변호사가 수형자인 의뢰인을 접견하는 경우 변호사의 직업 활동은 변호사 개인의 이익을 넘어 수형자의 재판청구권 보장, 나아가 사법을 통한 권리구제라는 법치국가적 공익을 위한 것이기도 하다. 따라서 이러한 변호사의 직업수행의 자유 제한에 대한 심사에 있어서는 변호사 자신의 직업 활동에 가해진 제한의 정도를 살펴보아야 할 뿐 아니라 그로 인해 접견의 상대방인 수형자의 재판청구권이 제한되는 효과도 함께 고려되어야 하므로, 그 심사의 강도는 일반적인 경우보다 엄격하게 해야 할 것이다.

④ [×] 심판대상조항은 이른바 '집사 변호사' 등 소송사건과 무관하게 수형자를 접견하는 변호사의 접견권 남용행위를 방지함으로써, 한정된 교정시설 내의 수용질서 및 규율을 유지하고, 수용된 상태에서 소송수행을 해야 하는 수형자들의 변호사접견을 원활하게 실시하기 위한 것으로서, **그 입법목적은 정당하다.** 심판대상조항이 변호사의 접견권 남용행위 방지에 실효적인 수단이라고 보기 어려울 뿐 아니라 수형자의 재판청구권 행사에 장애를 초래할 뿐이므로, **심판대상조항은 수단의 적합성이 인정되지 아니한다**(헌재 2021.10.28, 2018헌마60).

| 구분 | 일반접견 | 변호사접견 |
|---|---|---|
| 횟수 | 월 4회 | 월 4회<br>(일반접견횟수에<br>불산입) |
| 시간 | 회당 30분 이내 | 회당 60분 이내 |
| 장소 | 접촉차단시설이<br>설치된 장소 | 접촉차단시설이<br>설치되지 않은 장소 |
| 변호사 선임 증빙 | 불요 | 필요(선임 전<br>일반접견에 의함) |

## 14

정답 ①

❶ [×] 이 사건 법률조항은 법 제13조에 위반하기만 하면 해당 사업체의 규모, 전체 차량 중 지입차량이 차지하는 비율, 지입의 경위 등 제반사정을 전혀 고려할 여지 없이 필요적으로 면허를 취소하도록 규정하고 있다. 이에 따라 지입차량의 비율이 극히 일부분에 불과한 경우에도 사업면허의 전부를 취소할 수밖에 없게 되었다. 기본권 침해의 정도가 덜한 임의적 취소제도의 적절한 운용을 통하여 입법목적을 달성하려는 노력은 기울이지 아니한 채 기본권 침해의 정도가 한층 큰 **필요적 취소제도를 도입한 이 사건 법률조항은 행정편의적 발상으로서 피해최소성의 원칙에 위반된다** 할 것이다(헌재 2000.6.1, 99헌가11 · 12).

② [O] 이 사건 법률조항은 여객운송사업이라는 공공성이 강한 서비

스를 국민에게 제공함에 있어 안전운행의 확보와 운송서비스 향상을 도모하여 궁극적으로 국민의 생명·신체와 재산을 보호하기 위한 것이므로 입법목적의 정당성이 인정되고, 개인택시의 안전운행 확보를 통한 국민의 생명·신체 및 재산을 보호하고자 하는 입법목적에 비하여 청구인들이 입게 되는 불이익이 크지 않으므로 법익의 균형성 원칙에도 반하지 아니한다. 따라서 이 사건 법률조항은 청구인들의 직업의 자유와 재산권을 침해하지 아니한다(헌재 2008.5.29, 2006헌바85).

③ [O] 좁은 의미의 직업선택의 자유를 제한함에 있어, 어떤 직업의 수행을 위한 전제요건으로서 일정한 **주관적 요건**을 갖춘 자에게만 그 직업에 종사할 수 있도록 제한하는 경우에는 이러한 주관적 요건을 갖추도록 요구하는 것이 누구에게나 제한 없이 그 직업에 종사하도록 방임함으로써 발생할 우려가 있는 공공의 손실과 위험을 방지하기 위한 적절한 수단이고, 그 직업을 희망하는 모든 사람에게 동일하게 적용되어야 하며, 주관적 요건 자체가 그 제한목적과 합리적인 관계가 있어야 한다는 과잉금지원칙이 적용되어야 할 것이다. 다른 한편, 주류는 국민건강에 미치는 영향이 크고, 국가의 재정에도 직접 영향을 미치는 것이기 때문에 다른 상품과는 달리 특별히 법률을 제정하여 주류의 제조 및 판매에 걸쳐 폭넓게 국가의 규제를 받도록 하고 있다. 따라서 주류의 제조 및 판매와 관련되는 직업의 자유에 대하여는 입법자의 입법형성권의 범위도 어느 정도 인정된다고 할 수 있다. 따라서 헌법 제37조 제2항의 과잉금지원칙을 기준으로 심판대상조항이 청구인의 직업선택의 자유를 침해하는지 여부를 판단하되, 어느 정도의 입법재량이 인정됨을 고려하기로 한다(헌재 2014.3.27, 2012헌바178 등).

④ [O] 건설업 등록제도는 일정한 기술능력을 갖춘 자에 한하여 건설업을 영위할 수 있도록 하는 제도인데, 이는 적정한 시공을 담보할 수 있는 최소한의 요건을 갖춘 건설업자로 하여금 건설공사를 하게 함으로써 부실공사를 방지하고 국민의 생명과 안전을 보호하기 위한 것이다. 심판대상조항은 과잉금지원칙에 위배되어 직업의 자유를 침해하지 아니한다(헌재 2016.12.29, 2015헌바429).

## 15

정답 ④

① [O] 헌법 제8조 제1항 전단은 단지 정당설립의 자유만을 명시적으로 규정하고 있지만, 정당의 설립만이 보장될 뿐 설립된 정당이 언제든지 해산될 수 있거나 정당의 활동이 임의로 제한될 수 있다면 정당설립의 자유는 사실상 아무런 의미가 없게 되므로, 정당설립의 자유는 당연히 정당존속의 자유와 정당활동의 자유를 포함하는 것이다. 한편, 정당의 명칭은 그 정당의 정책과 정치적 신념을 나타내는 대표적인 표지에 해당하므로, 정당설립의 자유는 자신들이 원하는 명칭을 사용하여 정당을 설립하거나 정당활동을 할 자유도 포함한다(헌재 2014.1.28, 2012헌마431, 2012헌가19).

② [O] 헌법 제8조 제1항 전단은 단지 정당설립의 자유만을 명시적으로 규정하고 있지만, 정당의 설립만이 보장될 뿐 설립된 정당이 언제든지 해산될 수 있거나 정당의 활동이 임의로 제한될 수 있다면 정당설립의 자유는 사실상 아무런 의미가 없게 되므로, 정당설립의 자유는 당연히 정당존속의 자유와 정당활동의 자유를 포함하는 것이다. 한편, 정당의 명칭은 그 정당의 정책과 정치적 신념을 나타내는 대표적인 표지에 해당하므로, 정당설립의 자유는 자신들이 원하는 명칭을 사용하여 정당을 설립하거나 정당활동을 할 자유도 포함한다(헌재 2014.1.28, 2012헌마431, 2012헌가19).

③ [O] 헌법 제8조 제1항 전단의 정당설립의 자유는 정당설립의 자유만이 아니라 누구나 국가의 간섭을 받지 아니하고 자유롭게 정당에 가입하고 정당으로부터 탈퇴할 수 있는 자유를 함께 보장한다. 구체적으로 정당의 자유는 개개인의 자유로운 정당설립 및 정당가입의 자유, 조직형식 내지 법형식 선택의 자유를 포함한다. 또한 정당설립의 자유는 설립에 대응하는 정당해산의 자유, 합당의 자유, 분당의 자유도 포함한다. 뿐만 아니라 정당설립의 자유는 개인이 정당 일반 또는 특정 정당에 가입하지 아니할 자유, 가입했던 정당으로부터 탈퇴할 자유 등 소극적 자유도 포함한다(헌재 2006.3.30, 2004헌마246).

❹ [×] 헌법 제8조 제2항은 헌법 제8조 제1항에 의하여 정당의 자유가 보장됨을 전제로 하여, 그러한 자유를 누리는 정당의 목적·조직·활동이 민주적이어야 한다는 요청, 그리고 그 조직이 국민의 정치적 의사형성에 참여하는데 필요한 조직이어야 한다는 요청을 내용으로 하는 것으로서, 정당에 대하여 정당의 자유의 한계를 부과하는 것임과 동시에 입법자에 대하여 그에 필요한 입법을 해야 할 의무를 부과하고 있다. 그러나 이에 나아가 정당의 자유의 헌법적 근거를 제공하는 근거규범으로서 기능한다고는 할 수 없다(헌재 2004.12.16, 2004헌마456).

## 16

정답 ②

① [×], ③ [×]

> 헌법 제8조 ④ 정당의 목적이나 활동이 민주적 기본질서에 위배될 때에는 정부는 헌법재판소에 그 해산을 제소할 수 있고, 정당은 헌법재판소의 심판에 의하여 해산된다.

❷ [O]

> 헌법 제8조 ② 정당은 그 목적·조직과 활동이 민주적이어야 하며, 국민의 정치적 의사형성에 참여하는데 필요한 조직을 가져야 한다.

④ [×]

> 헌법 제8조 ③ 정당은 법률이 정하는 바에 의하여 국가의 보호를 받으며, 국가는 법률이 정하는 바에 의하여 정당운영에 필요한 자금을 보조할 수 있다.

## 17

답 ④

① [×] 정당공천에 대해 법원은 사법심사를 여러 차례 한 바 있다.

② [×] 이 사건 법률조항이 비록 정당으로 등록되기에 필요한 요건으로서 5개 이상의 시·도당 및 각 시·도당마다 1,000명 이상의 당원을 갖출 것을 요구하는, 이러한 제한은 "상당한 기간 또는 계속해서", "상당한 지역에서" 국민의 정치적 의사형성 과정에 참여해야 한다는 헌법상 정당의 개념표지를 구현

하기 위한 합리적인 제한이라고 할 것이다(헌재 2006.3.30. 2004헌마246).

③ [×] 정당법 제15조상 형식적 요건을 구비하는 한 선관위는 등록을 거부할 수 없으므로 민주적 기본질서에 반하는 목적을 가진 정당의 등록도 거부할 수 없다.

❹ [O] 정당은 일반적으로 법인격 없는 사단으로 평가되어 공권력행사의 주체에 해당한다고 볼 수 없다(헌재 2007.10.30. 2007헌마1128). 따라서 정당의 공천거부행위를 공권력 행사로 볼 수 없어 헌법소원을 제기할 수 없다.

## 18

정답 ①

❶ [O] 우리나라는 1962년 제5차 개헌 헌법에서 정당국가적 경향이 강화되어 대통령과 국회의원의 입후보에 소속정당의 추천을 받도록 하고, 국회의원의 당적이탈 · 변경 또는 정당해산시 의원직을 상실하도록 규정한 바 있다.

② [×] 1962년 헌법에서는 정당에서 탈당하거나 소속정당이 해산된 때에 의원직을 상실하도록 규정하고 있다. 제명으로 인하여 당적을 변경한 경우 의원직 상실은 규정하지 않았다.

③ [×] **국회의원 당적변경 의원직 상실규정**: 제5차, 제6차(1962년, 1969년 헌법)

④ [×] **국고보조금조항 신설**: 제8차(1980년 헌법)

## 19

정답 ④

① [×] 강제적 정당해산은 헌법상 핵심적인 정치적 기본권인 정당활동의 자유에 대한 근본적 제한이므로, 헌법재판소는 이에 관한 결정을 할 때 헌법 제37조 제2항이 규정하고 있는 비례원칙을 준수해야만 한다. 따라서 헌법 제8조 제4항의 명문규정상 요건이 구비된 경우에도 해당 정당의 위헌적 문제성을 해결할 수 있는 다른 대안적 수단이 없고, 정당해산결정을 통하여 얻을 수 있는 사회적 이익이 정당해산결정으로 인해 초래되는 정당활동 자유 제한으로 인한 불이익과 민주주의 사회에 대한 중대한 제약이라는 사회적 불이익을 초과할 수 있을 정도로 큰 경우에 한하여 정당해산결정이 헌법적으로 정당화될 수 있다(헌재 2014.12.19. 2013헌다1).

② [×] 강제적 정당해산은 우리 헌법상 핵심적인 정치적 기본권인 정당 활동의 자유에 대한 근본적 제한이므로 헌법재판소는 이에 관한 결정을 할 때 헌법 제37조 제2항이 규정하고 있는 비례원칙을 준수해야만 하는 것이다(헌재 2014.12.19. 2013헌다1).

③ [×] 정당의 목적이나 활동 중 **어느 하나라도** 민주적 기본질서에 위배된다면 정당해산의 사유가 될 수 있다고 해석된다(헌재 2014.12.19. 2013헌다1).

❹ [O] 정치적 비판자들을 탄압하기 위한 용도로 남용되는 일이 생기지 않도록 정당해산심판제도는 매우 엄격하고 제한적으로 운용되어야 한다. **'의심스러울 때에는 자유를 우선시하는(in dubio pro libertate)' 근대 입헌주의의 원칙은 정당해산심판제도에서도 여전히 적용되어야 할 것이다**(헌재 2014.12.19. 2013헌다1).

## 20

정답 ④

① [×] 위헌정당해산 결정에 따라 정당이 해산된 경우에 당해 정당 소속의원의 의원직 상실여부에 대하여 명문의 규정이 없어 학설대립이 있다. ㉠ 국민대표의 자유위임원칙을 강조하는 견해에 따르면 의원직을 유지하면서 무소속의원으로 남는다는 학설, ㉡ 정당대표성을 강조하고 방어적 민주주의의 정신을 중시하며, 위헌정당해산결정의 실효성 확보를 위하여 국회의원직을 상실한다고 보는 학설, ㉢ 지역구국회의원의 경우에는 국민의 대표성이 강하기에 의원직을 상실하지 않는다고 보는 반면에 비례대표의원의 경우는 정당대표성이 강하다는 점에서 의원직을 상실한다고 보는 학설의 대립이 있다. 질문에서와 같이 정당해산에만 초점을 맞추고 국민대표성을 중시하는 견해에 따르는 ㉠ 학설의 경우 의원직을 유지한다 봄이 타당하다. 다만, 최근 헌법재판소의 판례에 따르면, 헌법재판소의 해산결정으로 해산되는 정당 소속 국회의원이 의원직을 상실하는 것은 정당해산심판제도의 본질로부터 인정되는 기본적 효력으로 보고 있다.

② [×] 헌법재판소에 의해 해산결정을 받은 정당의 소속 국회의원이 의원직을 상실하는지 여부에 대해서는 공직선거법상 아무런 규정을 두고 있지 않다. 헌법재판소의 해산결정으로 해산되는 정당 소속 국회의원의 의원직 상실은 정당해산심판제도의 본질로부터 인정되는 기본적 효력으로 봄이 상당하므로, 이에 관하여 명문의 규정이 있는지 여부는 고려의 대상이 되지 아니하고, 그 국회의원이 지역구에서 당선되었는지, 비례대표로 당선되었는지에 따라 아무런 차이가 없이, 정당해산결정으로 인하여 신분유지의 헌법적인 정당성을 잃으므로 그 의원직은 상실되어야 한다(헌재 2014.12.19. 2013헌다1).

③ [×] 그 국회의원이 지역구에서 당선되었는지, 비례대표로 당선되었는지에 따라 아무런 차이가 없이, 정당해산결정으로 인하여 신분유지의 헌법적인 정당성을 잃으므로 그 의원직은 상실되어야 한다(헌재 2014.12.19. 2013헌다1).

❹ [O] 헌법재판소의 해산결정으로 해산되는 정당 소속 국회의원의 의원직 상실은 정당해산심판제도의 본질로부터 인정되는 기본적 효력으로 봄이 상당하므로, 이에 관하여 명문의 규정이 있는지 여부는 고려의 대상이 되지 아니하고, 그 국회의원이 지역구에서 당선되었는지, 비례대표로 당선되었는지에 따라 아무런 차이가 없이, 정당해산결정으로 인하여 신분유지의 헌법적인 정당성을 잃으므로 그 의원직은 상실되어야 한다.

# 9회 진도별 모의고사 정답 및 해설
(국민투표권 ~ 범죄피해자구조청구권)

## 정답

p.72

| 01 | ③ | 02 | ① | 03 | ④ | 04 | ④ | 05 | ④ |
|---|---|---|---|---|---|---|---|---|---|
| 06 | ④ | 07 | ② | 08 | ① | 09 | ② | 10 | ④ |
| 11 | ② | 12 | ① | 13 | ① | 14 | ① | 15 | ③ |
| 16 | ① | 17 | ④ | 18 | ③ | 19 | ③ | 20 | ③ |

## 01

정답 ③

① [O] 헌법 제8조 제4항은 정당해산심판의 사유를 '정당의 목적이나 활동이 민주적 기본질서에 위배될 때'로 규정하고 있는데, 여기서 말하는 민주적 기본질서의 '위배'란, 민주적 기본질서에 대한 단순한 위반이나 저촉을 의미하는 것이 아니라, 민주사회의 불가결한 요소인 정당의 존립을 제약해야 할 만큼 그 정당의 목적이나 활동이 우리 사회의 민주적 기본질서에 대하여 실질적인 해악을 끼칠 수 있는 구체적 위험성을 초래하는 경우를 가리킨다(헌재 2014.12.19, 2013헌다1).

② [O] 강제적 정당해산은 헌법상 핵심적인 정치적 기본권인 정당활동의 자유에 대한 근본적 제한이므로, 헌법재판소는 이에 관한 결정을 할 때 헌법 제37조 제2항이 규정하고 있는 비례원칙을 준수해야만 한다. 따라서 헌법 제8조 제4항의 명문규정상 요건이 구비된 경우에도 해당 정당의 위헌적 문제성을 해결할 수 있는 **다른 대안적 수단이 없고,** 정당해산결정을 통하여 얻을 수 있는 사회적 이익이 정당해산결정으로 인해 초래되는 정당활동 자유 제한으로 인한 불이익과 민주주의 사회에 대한 중대한 제약이라는 사회적 불이익을 초과할 수 있을 정도로 큰 경우에 한하여 정당해산결정이 헌법적으로 정당화될 수 있다(헌재 2014.12.19, 2013헌다1).

❸ [X] 정당해산심판은 원칙적으로 해당 정당에게만 그 효력이 미치며, 정당해산결정은 대체정당이나 유사정당의 설립까지 금지하는 효력을 가지므로 오류가 드러난 결정을 바로잡지 못한다면 장래 세대의 정치적 의사결정에까지 부당한 제약을 초래할 수 있다. 따라서 정당해산심판절차에서는 재심을 허용하지 아니함으로써 얻을 수 있는 법적 안정성의 이익보다 재심을 허용함으로써 얻을 수 있는 구체적 타당성의 이익이 더 크므로 재심을 허용하여야 한다. 한편, 이 재심절차에서는 원칙적으로 민사소송법의 재심에 관한 규정이 준용된다[헌재 2016.5.26, 2015헌아20(전원)].

④ [O] 독일연방헌법재판소는 1952년 10월 23일 사회주의 제국당(SRP)에 대한 위헌판결에서 "정당의 위헌성이 확인되면 당해 정당의 소속의원의 연방의회 · 주의회 의원직은 상실된다.", "의원직 상실로 이미 행한 의회에서의 의결의 효력에는 영향이 없다."라고 판시한 바 있다. 독일에서는 연방선거법에서 위헌정당해산시 의원직을 상실한다는 명문규정(연방선거법 제46조, 제47조)을 두어 이 문제를 해결하고 있다. 우리나라는 이에 대한 법규정이 없다.

## 02

정답 ①

❶ [O] 헌법 제72조는 대통령에게 국민투표의 실시 여부, 시기, 구체적 부의사항, 설문 내용 등을 결정할 수 있는 임의적인 국민투표발의권을 독점적으로 부여한 것이다. 따라서 특정의 국가정책에 대하여 다수의 국민들이 국민투표를 원하고 있음에도 불구하고 대통령이 이러한 희망과는 달리 국민투표에 회부하지 아니한다고 하여도 이를 헌법에 위반된다고 할 수 없고, 국민에게 특정의 국가정책에 관하여 국민투표에 회부할 것을 요구할 권리가 인정된다고 할 수도 없다. 결국 헌법 제72조의 국민투표권은 대통령이 어떠한 정책을 국민투표에 부의한 경우에 비로소 행사가 가능한 기본권이라 할 수 있다. 대통령이 한미무역협정을 체결하기 이전에 그에 관한 국민투표를 실시하지 아니하였다고 하더라도 국민투표권이 행사될 수 있는 계기인 대통령의 중요정책 국민투표 부의가 행해지지 않은 이상 청구인의 국민투표권이 행사될 수 있을 정도로 구체화되었다고 할 수 없으므로 그 침해의 가능성은 인정되지 않는다(헌재 2013.11.29, 2012헌마166).

② [X] 헌법소원에서는 대상적격성이 인정되지 않아 각하되었다(헌재 2003.11.27, 2003헌마694 등).

③ [X] 헌법 제72조는 "대통령은 필요하다고 인정할 때에는 외교 · 국방 · 통일 기타 국가안위에 관한 중요정책을 국민투표에 붙일 수 있다."라고 규정하여 대통령에게 국민투표부의권을 부여하고 있다. 헌법 제72조는 대통령에게 국민투표의 실시 여부, 시기, 구체적 부의사항, 설문 내용 등을 결정할 수 있는 임의적인 국민투표발의권을 독점적으로 부여하고 있다.

④ [X] 헌법 제72조의 정책국민투표는 정족수에 관하여 아무런 규정을 두고 있지 아니하다. 국민의사의 확인이라는 점에서 헌법 제130조의 헌법개정 국민투표와 마찬가지라고 보아, 제130조 제2항의 의결정족수규정을 유추적용하자는 견해가 있다.

## 03

정답 ④

ㄱ. [×] 선거운동방법의 다양화로 포괄적인 규제조항을 두는 것이 불가피한 측면이 있다. 선거운동이 금지되는 기간은 선거일 0시부터 투표마감시각 전까지로 하루도 채 되지 않고, 선거일 전일까지 선거운동기간 동안 선거운동이 보장되는 등 사정을 고려하면, 이 사건 처벌조항으로 인해 제한되는 정치적 표현의 자유가 선거운동의 과열을 방지하고 유권자의 올바른 의사형성에 대한 방해를 방지하는 공익에 비해 더 크다고 보기 어렵다. 따라서 이 사건 처벌조항이 과잉금지원칙을 위반하여 정치적 표현의 자유를 침해한다고 할 수 없다(헌재 2021.12.23, 2018헌바152).

ㄴ. [×] 공직선거법 제65조 제8항은 점자형 선거공보에 핵심적인 내용을 반드시 포함하도록 규정하고 있는 점, 시각장애인이 선거정보를 획득할 수 있는 다양한 수단들이 존재하는 점 등을 종합적으로 고려하면, 이 사건 선거공보조항이 청구인 김○○의 선거권을 침해한다고 보기 어렵다(헌재 2020.8.28, 2017헌마813).

ㄷ. [O] 이 사건 시청금지행위는 보충역을 병력자원으로 육성하고 병영생활에 적응시키기 위한 군사교육의 일환으로 이루어졌다. 대담·토론회가 이루어진 시각을 고려하면 육군훈련소에서 군사교육을 받고 있는 청구인 윤○○이 이를 시청할 경우 교육훈련에 지장을 초래할 가능성이 높았던 점, 육군훈련소 내 훈련병 생활관에는 텔레비전이 설치되어 있지 않았던 점, 청구인 윤○○은 다른 수단들을 통해서 선거정보를 취득할 수 있었던 점 등을 고려하면, 이 사건 시청금지행위가 청구인 윤○○의 선거권을 침해한다고 볼 수 없다(헌재 2020.8.28, 2017헌마813).

ㄹ. [O] 군의 장의 선거에서 예비후보자로서 선거운동을 할 수 있는 기간이 최대 60일이라고 하더라도 그 기간이 지나치게 짧다고 보기 어렵다. 군의 장의 선거에 입후보하고자 하는 사람은 문자메시지, 인터넷 홈페이지 등을 이용하여 상시 선거운동을 할 수도 있다. 따라서 심판대상조항은 청구인의 선거운동의 자유를 침해하지 않는다(헌재 2020.11.26, 2018헌마260).

## 04

정답 ④

① [×]

> 공직선거법 제15조【선거권】② 18세 이상으로서 제37조 제1항에 따른 선거인명부작성기준일 현재 다음 각 호의 어느 하나에 해당하는 사람은 그 구역에서 선거하는 지방자치단체의 의회의원 및 장의 선거권이 있다.
> 3. 출입국관리법 제10조에 따른 영주의 체류자격 취득일 후 3년이 경과한 외국인으로서 같은 법 제34조에 따라 해당 지방자치단체의 외국인등록대장에 올라 있는 사람

② [×] '유기징역 또는 유기금고의 선고를 받고 그 **집행유예기간 중인 자**' 부분은 **위헌결정**을, '유기징역 또는 유기금고의 선고를 받고 그 집행이 종료되지 아니한 자(수형자)'에 관한 부분은 **헌법불합치결정**을 하였다.

③ [×] 심판대상조항이 집행유예자와 수형자에 대하여 그가 선고받은 자유형과는 별도로 선거권을 박탈하는 것은 집행유예자 또는 수형자 자신을 포함하여 일반국민으로 하여금 시민으로서의 책임성을 함양하고 법치주의에 대한 존중의식을 제고하는 데도 기여할 수 있다. 심판대상조항이 담고 있는 이러한 목적은 정당하다고 볼 수 있고, 집행유예자와 수형자의 선거권 제한은 이를 달성하기 위한 효과적이고 적절한 방법의 하나이다. 따라서 심판대상조항은 **입법목적의 정당성과 수단의 적합성은 갖추고 있다**고 볼 수 있다[헌재 2014.1.28, 2012헌마409·510, 2013헌마167(병합)].

❹ [O] 주민등록이 되어 있지 않고 국내거소신고도 하지 않은 재외국민에게 임기만료지역구국회의원선거권을 인정하지 않은 공직선거법 제15조 제1항 단서 부분 및 공직선거법 제218조의5 제1항은 주민등록과 국내거소신고를 기준으로 지역구국회의원선거권을 인정하는 것으로 해당 국민의 지역적 관련성을 확인하는 합리적인 방법이다. 따라서 선거권조항과 재외선거인 등록신청조항이 재외선거인의 임기만료지역구국회의원선거권을 인정하지 않은 것이 재외선거인의 선거권을 침해하거나 보통선거원칙에 위배된다고 볼 수 없다(헌재 2014.7.24, 2009헌마256, 2010헌마394).

## 05

정답 ④

① [O] **여론조사 결과를 반영한 정당의 후보자추천**: 정당이 공권력 행사의 주체가 아니고, 정당의 대통령선거 후보선출은 자발적 조직 내부의 의사결정에 지나지 아니하므로, 청구인들 주장과 같이 한나라당이 대통령선거 후보경선과정에서 여론조사 결과를 반영한 것을 일컬어 헌법소원심판의 대상이 되는 공권력의 행사에 해당한다 할 수 없다(헌재 2007.10.30, 2007헌마1128).

② [O]

> 공직선거법 제47조【정당의 후보자추천】③ 정당이 비례대표국회의원선거 및 비례대표지방의회의원선거에 후보자를 추천하는 때에는 그 후보자 중 100분의 50 이상을 여성으로 추천하되, 그 후보자명부의 순위의 매 홀수에는 여성을 추천하여야 한다.

③ [O]

> 공직선거법 제56조【기탁금】① 출입국관리법 제10조에 따른 영주의 체류자격 취득일 후 3년이 경과한 외국인으로서 같은 법 제34조에 따라 해당 지방자치단체의 외국인등록대장에 올라 있는 사람.
> 1. 대통령선거는 3억원

❹ [×] 비례대표국회의원선거 기탁금조항은 그 입법목적이 정당하고, 기탁금 요건을 마련하는 것은 그 입법목적을 달성하기 위한 적합한 수단에 해당된다. 그러나 정당에 대한 선거로서의 성격을 가지는 비례대표국회의원선거는 인물에 대한 선거로서의 성격을 가지는 지역구국회의원선거와 근본적으로 그 성격이 다르고, 비례대표 기탁금조항은 공직선거법상 허용된 선거운동을 통하여 선거의 혼탁이나 과열을 초래할 여지가 지역구국회의원선거보다 훨씬 적다고 볼 수 있음에도 지역구국회의원선거에서의 기탁금과 동일한 고액의 기탁금을 설정하고 있어 최소성원칙과 법익균형성원칙에도 위반되어 공무담임권을 침해한다(헌재 2016.12.29, 2015헌마1160).

✎ 등록요건으로서 기탁금은 공무담임권을 제한하고, 기탁금 반환조항은 재산권을 제한한다.

## 06

정답 ④

① [O] 인쇄물배부 등 금지조항은 선거에서의 균등한 기회를 보장하고 선거의 공정성을 확보하기 위한 것으로서 입법목적의 정당성 및 수단의 적합성이 인정된다. 그러나 벽보·인쇄물은 시설물 등과 비교하여 보더라도 투입되는 비용이 상대적으로 적어 경제력 차이로 인한 선거 기회 불균형의 문제가 크지 않고, 그러한 우려도 선거비용을 규제하거나 벽보·인쇄물의 종류나 금액 등을 제한하는 수단을 통해서 방지할 수 있다. 또한 공직선거법상 후보자 비방 금지 규정 등을 통해 무분별한 흑색선전 등의 방지도 가능한 점을 종합하면, 인쇄물배부 등 금지조항은 목적 달성에 필요한 범위를 넘어 장기간 동안 벽보 게시, 인쇄물 배부·게시를 금지·처벌하는 것으로서 침해의 최소성에 반한다. 또한 인쇄물배부 등 금지조항으로 인하여 일반 유권자나 후보자가 받는 정치적 표현의 자유에 대한 제약이 위 조항을 통하여 달성되는 공익보다 중대하므로 인쇄물배부 등 금지조항은 법익의 균형성에도 위배된다. 따라서 인쇄물배부 등 금지조항은 과잉금지원칙에 반하여 정치적 표현의 자유를 침해한다(헌재 2022.7.21, 2017헌바100).

② [O] 광고, 문서·도화에 담긴 정보가 반드시 일방적·수동적으로 전달되거나 수용되는 것은 아니므로 매체의 특성만을 이유로 광범위한 규제를 정당화할 수 없는바, 문서·도화게시 등 금지조항은 입법목적 달성을 위하여 필요한 범위를 넘어 광고, 문서·도화의 첩부·게시를 통한 정치적 표현을 장기간 동안 포괄적으로 금지·처벌하고 있으므로 침해의 최소성에 반한다. 또한 문서·도화게시 등 금지조항으로 인하여 유권자나 후보자가 받는 정치적 표현의 자유에 대한 제약이 달성되는 공익보다 중대하므로 법익의 균형성에도 위배된다. 따라서 문서·도화게시 등 금지조항은 과잉금지원칙에 반하여 정치적 표현의 자유를 침해한다(헌재 2022.7.21, 2018헌바357).

③ [O] 심판대상조항은 선거에서의 균등한 기회를 보장하고 선거의 공정성을 확보하기 위한 것으로서 정당한 목적 달성을 위한 적합한 수단에 해당한다. 그러나 선거비용 제한·보전 제도 및 일반 유권자가 과도한 비용을 들여 물건을 설치·진열·게시하거나 착용하는 행위를 제한하는 수단을 통해서 선거에서의 기회 균등이라는 심판대상조항의 입법목적의 달성이 가능하며, 공직선거법상 후보자 비방 금지 규정 등을 통해 무분별한 흑색선전 등의 방지도 가능한 점을 종합하면, 심판대상조항은 목적 달성에 필요한 범위를 넘어 장기간 동안 선거에 영향을 미치게 하기 위한 광고물의 설치·진열·게시나 표시물의 착용을 금지·처벌하는 것으로서 침해의 최소성에 반한다. 또한 심판대상조항으로 인하여 일반 유권자나 후보자가 받는 정치적 표현의 자유에 대한 제약이 달성되는 공익보다 중대하므로 심판대상조항은 법익의 균형성에도 위배된다. 따라서 심판대상조항은 과잉금지원칙에 반하여 정치적 표현의 자유를 침해한다(헌재 2022.7.21, 2017헌가1).

❹ [×] 공직선거법상 후보자 비방 금지 규정 등에 비추어 심판대상조항이 무분별한 흑색선전 방지 등을 위한 불가피한 수단이라고 보기도 어려우므로, 심판대상조항은 필요한 범위를 넘어 표시물을 사용한 선거운동을 포괄적으로 금지·처벌하는 것으로서 침해의 최소성에 반한다. 또한 심판대상조항으로 인하여 일반 유권자나 후보자가 받는 정치적 표현의 자유에 대한 제약이 달성되는 공익보다 중대하므로 심판대상조항은 법익의 균형성에도 위배된다(헌재 2022.7.21, 2017헌가4).

## 07

정답 ②

① [O] 당선무효조항은 결과적으로 국민이 직접 선출한 국회의원이라는 신분을 법원의 100만 원 이상 벌금형 선고로써 박탈할 수 있도록 한 것이고, 이는 국민이 선출한 국회의원 신분의 상실이라는 중대한 법익의 침해에 관련되는 것이므로, 당선무효조항에 의한 공무담임권의 제한에 대하여는 그에 상응하는 비례의 원칙 심사가 엄격하게 이루어져야 한다(헌재 2011.12.29, 2009헌마476).

❷ [×] 심판대상조항은 국회의원으로 당선된 자에게 사립대학 교원의 직에서 사직할 의무를 부과하고 있어 사립대학 교원이라는 직업선택의 자유를 제한함과 동시에, 청구인과 같이 사립대학 교원의 직에 있는 상태에서 향후 국회의원 선거에 출마하려는 자에게는 국회의원 출마 자체를 주저하게 만듦으로써 공무담임권의 행사에 적지 않은 위축효과도 가져온다. 따라서 이 사건 심판대상조항은 공무담임권과 직업선택의 자유라는 두 가지 기본권을 모두 제한하고 있다(헌재 2015.4.30, 2014헌마621).

③ [O] 지방교육에 있어서 경력요건과 교육전문가의 참여 범위에 관한 입법재량의 범위를 일탈하여 그 합리성이 결여되어 있다거나 필요한 정도를 넘어 청구인들의 공무담임권을 침해하는 것이라 볼 수 없다(헌재 2020.9.24, 2018헌마444).

④ [O] 이 사건 법률조항과 같이 그 퇴직 후 일정 기간 동안 공직에의 임명을 제한하는 특별규정이 존재하지 아니하며, 검찰총장이나 경찰청장의 경우 그 퇴직 후 공직취임 등을 제한하도록 규정하였던 유사 법률조항들은 이미 우리 재판소가 모두 위헌이라고 결정하여 효력을 상실한 바 있다. 따라서 이 사건 법률규정이 유독 국가인권위원회 위원에 대해서만 퇴직한 뒤 일정 기간 공직에 임명되거나 선거에 출마할 수 없도록 제한한 것은 아무런 합리적 근거 없이 동 위원이었던 자만을 차별하는 것으로서 공무담임권 및 평등의 원칙에도 위배된다(헌재 2004.1.29, 2002헌마788).

## 08

정답 ①

❶ [×] 국가공무원법 제66조 제1항이 근로3권이 보장되는 공무원의 범위를 사실상 노무에 종사하는 공무원에 한정하고 있는 것은 근로3권의 향유주체가 될 수 있는 공무원의 범위를 정하도록 하기 위하여 헌법 제33조 제2항이 입법권자에게 부여하고 있는 형성적 재량권의 범위를 벗어난 것이라고는 볼 수 없다(헌재 1992.4.28, 90헌바27).

② [O] **형사사건으로 기소되면 필요적으로 직위해제처분을 하도록 한 국가공무원법규정의 위헌 여부(적극)**: 형사사건으로 기소되기만 하면 그가 국가공무원법 제33조 제1항 제3호 내지 제6호에 해당하는 유죄판결을 받을 고도의 개연성이 있는가의

여부에 무관하게 경우에 따라서는 벌금형이나 무죄가 선고될 가능성이 큰 사건인 경우에 대해서까지도 당해 공무원에게 일률적으로 직위해제처분을 하지 않을 수 없도록 한 이 사건 규정은 헌법 제37조 제2항의 비례의 원칙에 위반되어 직업의 자유를 과도하게 침해하고 헌법 제27조 제4항의 무죄추정의 원칙에도 위반된다(헌재 1998.5.28. 96헌가12).

③ [O] 금고 이상의 형의 선고유예를 받은 경우에는 공무원직에서 당연히 퇴직하는 것으로 규정한 국가공무원법 제69조 중 제33조 제1항 제5호 부분은 헌법 제25조의 공무담임권을 침해한다(헌재 2003.10.30. 2002헌마684).

④ [O] 이 사건 법률조항은 금고 이상의 형의 선고유예의 판결을 받아 그 기간 중에 있는 사람이 공무원으로 임용되는 것을 금지하고 이러한 사람이 공무원으로 임용되더라도 그 임용을 당연무효로 하는 것으로서, 재직기간 중 사실상 제공한 근로에 대하여는 그 대가에 상응하는 금액의 반환을 부당이득으로 청구하는 등의 민사적 구제수단이 있는 점을 고려하면, 공직에 대한 국민의 신뢰보장이라는 공익과 비교하여 임용결격공무원의 사익 침해가 현저하다고 보기 어렵다. 따라서 이 사건 법률조항은 입법자의 재량을 일탈하여 공무담임권을 침해한 것이라고 볼 수 없다(헌재 2016.7.28. 2014헌바437).

## 09

정답 ②

① [×] **헌법 제7조 제2항에 반한다고 본 것이 아니라 헌법 제25조의 공무담임권 침해로 보았다.**

**관련판례**

공무원이 금고 이상의 형의 선고유예를 받은 경우에는 공무원직에서 당연히 퇴직하는 것으로 규정하고 있는 이 사건 법률조항은 금고 이상의 선고유예의 판결을 받은 모든 범죄를 포괄하여 규정하고 있을 뿐 아니라, 심지어 오늘날 누구에게나 위험이 상존하는 교통사고 관련 범죄 등 과실범의 경우마저 당연퇴직의 사유에서 제외하지 않고 있으므로 최소침해성의 원칙에 반한다. 오늘날 사회구조의 변화로 인하여 '모든 범죄로부터 순결한 공직자 집단'이라는 신뢰를 요구하는 것은 지나치게 공익만을 우선한 것이며, 오늘날 사회국가원리에 입각한 공직제도의 중요성이 강조되면서 개개 공무원의 공무담임권 보장의 중요성이 더욱 큰 의미를 가지고 있다. 일단 공무원으로 채용된 공무원을 퇴직시키는 것은 공무원이 장기간 쌓은 지위를 박탈해 버리는 것이므로 같은 입법목적을 위한 것이라고 하여도 당연퇴직사유를 임용결격사유와 동일하게 취급하는 것은 타당하다고 할 수 없다. 결국, 지방공무원법 제61조 중 제31조 제5호 부분은 **헌법 제25조의 공무담임권을 침해하였다고 할 것이다**(헌재 2002.8.29. 2001헌마788).

❷ [O] 임용 당시의 공무원법상의 정년까지 근무할 수 있다는 기대와 신뢰는 절대적인 권리로서 보호되어야만 하는 것은 아니고 행정조직, 직제의 변경 또는 예산의 감소 등 강한 공익상의 정당한 근거에 의하여 좌우될 수 있는 상대적이고 가변적인 것이라 할 것이므로 입법자에게는 제반사정을 고려하여 합리적인 범위 내에서 정년을 조정할 입법형성권이 인정된다(헌재 2000.12.14. 99헌마112 등).

③ [×] 헌법 제7조 제2항은 "공무원의 신분과 정치적 중립성은 법률이 정하는 바에 의하여 보장된다."라고 규정하고 있다. 이는 직업공무원제를 규정한 것으로서 공무원으로 하여금 정권교체에 영향을 받지 아니하게 함과 동시에 동일한 정권 아래에서도 정당한 이유 없이 해임되지 아니하도록 신분을 보장하여 국민 전체의 봉사자로서 흔들림 없이 성실하게 공무를 수행할 수 있도록 하기 위한 규정이다. 따라서 **공무원의 신분은 무제한 보장되는 것이 아니고** 공무원의 지위 및 공무의 특수성을 고려하여 헌법이 정한 신분보장의 원칙 아래 법률로 그 내용을 정할 수 있도록 한 것이다(헌재 1990.6.25. 89헌마220).

④ [×] 지방공무원법 제62조는 직제의 폐지로 인해 직권면직이 이루어지는 경우 임용권자는 인사위원회의 의견을 듣도록 하고 있고, 면직기준으로 임용형태 · 업무실적 · 직무수행능력 · 징계처분사실 등을 고려하도록 하고 있으며, 면직기준을 정하거나 면직대상을 결정함에 있어서 반드시 인사위원회의 의결을 거치도록 하고 있는바, 이는 합리적인 면직기준을 구체적으로 정함과 동시에 그 공정성을 담보할 수 있는 절차를 마련하고 있는 것이라 볼 수 있다. 그렇다면 <u>이 사건 규정이 직제가 폐지된 경우 직권면직을 할 수 있도록 규정하고 있다고 하더라도 이것이 직업공무원제도를 위반하고 있다고는 볼 수 없다</u>(헌재 2004.11.25. 2002헌바8).

## 10

정답 ④

① [O] 관세직 국가공무원의 업무상 전문성 강화라는 공익과 함께, 위와 같은 가산점 제도가 1993.12.31. 이후 유지되어 온 점, 자격증 없는 자들의 응시기회 자체가 박탈되거나 제한되는 것이 아닌 점, 가산점 부여를 위해서는 일정한 요건을 갖추도록 하고 있는 점 등을 고려하면 법익균형성도 인정된다(헌재 2023.2.23. 2019헌마401).

② [O] 교육전문직원으로 전직하면 추후에 교감, 교장으로 임용되는 데 유리한 측면이 있으므로, 수석교사의 교육연구사 선발 응시를 허용하는 경우 수석교사제도의 도입취지가 몰각될 수 있다. 또한 수석교사가 임기 종료 후 재임용을 받지 않거나 수석교사직을 포기하면 교육연구사 선발에 응시할 수 있고, 수석교사직을 잃더라도 교사 지위는 유지된다는 점에 비추어 보면 침해의 최소성 및 법익의 균형성에도 반하지 않는다. 결국 이 사건 공고는 과잉금지원칙에 위배되어 공무담임권을 침해하지 않는다(헌재 2023.2.23. 2017헌마604).

③ [O] 모집인원이 적어 공무원 임용시험에 합격할 가능성이 감소하였다는 것은 단순히 간접적이고 사실적인 불이익에 불과할 뿐, 공무담임권이나 평등권에 대한 제한에 해당한다고 볼 수 없으므로, 이 사건 인원조항은 청구인의 기본권을 침해할 가능성이 없다(헌재 2023.2.23. 2019헌마401).

❹ [×] 헌법재판소의 가처분결정을 계기로 보건당국과 교육부가 확진자의 응시를 허용하는 방향으로 지침을 변경함에 따라 피청구인도 이 사건 제2차 시험 시행 전인 2021.1.13. 확진자의 응시를 허용하였다. 이후에 실시된 전국단위 자격시험 등도 변경된 지침에 따라 확진자의 응시를 허용하였다. 이처럼 청구인들이 당초 다투던 확진자의 일률적인 응시 금지는 더 이

상 문제되지 않을 뿐만 아니라 이 사건 제2차 시험도 이미 종료되었으므로, 이 사건 확진자 응시금지에 관하여 심판을 구할 주관적인 권리보호이익은 더 이상 존재하지 않는다. 또한 감염병 확진자에 대하여 이 사건 확진자 응시금지와같은 기본권 제한이 반복될 가능성이 있다거나 이에 관한 헌법적 해명의 필요성이 인정된다고 보기도 어렵다. 따라서 이 사건 헌법소원심판청구 중 이 사건 확진자 응시금지 부분은 심판의 이익이 인정되지 아니하므로 부적법하다(헌재 2023.2.23. 2021헌마48).

**재판관 이선애의 이 사건 확진자 응시금지에 대한 반대의견:** 피청구인이 확진자의 응시를 일률적으로 제한할 법률상 근거를 찾아볼 수 없고, 이러한 추가적인 응시결격사유의 창설은 교육공무원법상 응시자격 및 응시결격사유를 법으로 정한 내용에 반하는 것이다. 따라서 이 사건 확진자 응시금지는 법률상 근거 없이 기본권을 제한하므로 법률유보원칙에 위배되어 청구인들의 공무담임권을 침해한다.

## 11

정답 ②

① [O] 공무원의 사퇴는 사퇴의 의사표시를 한 때 발생하는 것이 아니라, 임명권자가 면직의 의사표시를 한 때 발생한다. 공무원에 대한 임명 또는 해임 행위는 임명권자의 의사표시를 내용으로 하는 하나의 행정처분으로 보아야 한다(대판 1962.11.15. 62누165).

❷ [X] **동장을 별정직 공무원으로 둔 것:** 직업공무원제도는 헌법이 보장하는 제도적 보장 중의 하나임이 분명하므로 입법자는 직업공무원제도에 관하여 '최소한 보장'의 원칙의 한계 안에서 폭넓은 입법형성의 자유를 가진다. 따라서 입법자가 동장의 임용의 방법이나 직무의 특성 등을 고려하여 이 사건 법률조항에서 동장의 공직상의 신분을 지방공무원법상 신분보장의 적용을 받지 아니하는 별정직공무원의 범주에 넣었다 하여 바로 그 법률조항 부분을 위헌이라고 할 수는 없다(대판 1997.4.24. 95헌바48).

③ [O] 이 사건 국가공무원법 규정의 '공무 외의 일을 위한 집단 행위'는 언론 · 출판 · 집회 · 결사의 자유를 보장하고 있는 헌법 제21조 제1항과 국가공무원법의 입법취지, 국가공무원법상 공무원의 성실의무와 직무전념의무 등을 종합적으로 고려할 때, '공익에 반하는 목적을 위하여 직무전념의무를 해태하는 등의 영향을 가져오거나, 공무에 대한 국민의 신뢰에 손상을 가져올 수 있는 공무원 다수의 결집된 행위'를 말하는 것으로 한정 해석되므로 명확성원칙에 위반된다고 볼 수 없다(헌재 2014.8.28. 2011헌바32).

④ [O] 공무원의 정치적 중립과 신분보장을 통해 행정의 계속성과 안정성을 확보하여 국가기능의 효율성을 증대하고자 하는 직업공무원제도가 그 본래의 취지와 달리 공무원 개인에게 평생직업을 보장하는 장치로 변질되어 행정의 무능과 국가기능의 비효율을 초래해서는 안 된다는 점과 국가경영의 경비부담 주체가 국민이고 공무원은 국민 전체에 대한 봉사자라는 점을 감안하면, 행정의 효율성 및 생산성 제고 차원에서는 행정수요가 소멸하거나 조직의 비대화로 효율성이 저하되는 경우 직제를 폐지하거나 인원을 축소하는 것은 불가피한 선택에 해당할 것이다. 그렇다면 이 사건 규정이 직업공무원제도를 위반하고 있다고는 볼 수 없다(헌재 2004.11.25. 2002헌바8).

## 12

정답 ①

❶ [O] 헌법 제24조는 "모든 국민은 법률이 정하는 바에 의하여 선거권을 가진다."라고 규정하고 있는바, 여기서 선거권이란 국민이 공무원을 선거하는 권리를 말하고, 원칙적으로 간접민주정치를 채택하고 있는 우리나라에서는 공무원선거권은 국민의 참정권 중 가장 중요한 것이다. 위에서 말하는 공무원은 가장 광의의 공무원으로서 일반직공무원은 물론 대통령 · 국회의원 · 지방자치단체장 · 지방의회의원 · 법관 등 국가기관과 지방자치단체를 구성하는 모든 자를 말한다(헌재 2002.3.28. 2000헌마283 등).

② [X] 여기서의 공무원이란 원칙적으로 국가와 지방자치단체의 모든 공무원, 즉 좁은 의미의 직업공무원은 물론이고, 적극적인 정치활동을 통하여 국가에 봉사하는 정치적 공무원(예컨대, 대통령, 국무총리, 국무위원, 도지사, 시장, 군수, 구청장 등 지방자치단체의 장)을 포함한다. 더욱이 대통령은 행정부의 수반으로서 공정한 선거가 실시될 수 있도록 총괄 · 감독해야 할 의무가 있으므로, 당연히 선거에서의 중립의무를 지는 공직자에 해당하는 것이고, 이로써 공직선거법 제9조의 '공무원'에 포함된다. 다만, 정당의 대표자이자 선거운동의 주체로서의 지위로 말미암아, 선거에서의 정치적 중립성이 요구될 수 없는 국회의원과 지방의회의원은 공직선거법 제9조의 '공무원'에 해당하지 않는다(헌재 2004.5.14. 2004헌나1).

③ [X] 직업공무원제도에서 말하는 공무원은 국가 또는 공공단체와 근로관계를 맺고 이른바 공법상 특별관계 아래 공무를 담당하는 것을 직업으로 하는 협의의 공무원을 말하며 정치적 공무원이라든가 임시직 공무원은 포함되지 아니한다(헌재 1989.12.18. 89헌마32 등).

④ [X] 공무원은 국민 전체에 대한 봉사자이며, 국민에 대하여 책임을 진다는 헌법 제7조 제1항에서의 공무원은 최광의의 공무원을 의미하며, 공무원의 신분과 정치적 중립성은 법률이 정하는 바에 의하여 보장된다는 헌법 제2항의 공무원은 경력직 공무원을 의미한다.

## 13

정답 ①

❶ [X]

> 국회법 제123조 【청원서의 제출】 ① 국회에 청원하려고 하는 자는 의원의 소개를 받거나 국회규칙으로 정하는 기간 동안 국회규칙으로 정하는 일정한 수 이상의 국민의 동의를 받아 청원서를 제출하여야 한다.

② [O] 청원권의 보호범위에는 청원사항의 처리결과에 심판서나 재결서에 준하여 이유를 명시할 것까지를 요구하는 것은 포함되지 아니한다(헌재 1997.7.16. 93헌마239).

③ [O] 헌법 제26조 제1항의 규정에 의한 청원권은 국민이 국가기관에 대하여 어떤 사항에 관한 의견이나 희망을 진술할 권리로서 단순히 그 사항에 대한 국가기관의 선처를 촉구하는데 불과한 것이므로 같은 조 제2항에 의하여 국가가 청원에 대하여 심사할 의무를 지고 청원법 제9조 제4항에 의하여 주관관

서가 그 심사처리결과를 청원인에게 통지할 의무를 지고 있더라도 청원을 수리한 국가기관은 이를 성실, 공정, 신속히 심사, 처리하여 그 결과를 청원인에게 통지하는 이상의 법률상 의무를 지는 것은 아니라고 할 것이고, 따라서 국가기관이 그 수리한 청원을 받아들여 구체적인 조치를 취할 것인지 여부는 국가기관의 자유재량에 속한다(대판 1990.5.25, 90누1458).

④ [O] 헌법상 보장된 청원권은 공권력과의 관계에서 일어나는 여러 가지 이해관계, 의견, 희망 등에 관하여 적법한 청원을 한 모든 당사자에게 국가기관이 청원을 수리할 뿐만 아니라 이를 심사하여 청원자에게 그 처리결과를 통지할 것을 요구할 수 있는 권리를 말하나, 청원사항의 처리결과에 심판서나 재결서에 준하여 이유를 명시할 것까지를 요구하는 것은 청원권의 보호범위에 포함되지 아니하므로 청원 소관관서는 청원법이 정하는 절차와 범위 내에서 청원사항을 성실 · 공정 · 신속히 심사하고 청원인에게 그 청원을 어떻게 처리하였거나 처리하려고 하는지를 알 수 있는 정도로 결과통지함으로써 충분하고, 비록 그 처리내용이 청원인이 기대하는 바에 미치지 않는다고 하더라도 헌법소원의 대상이 되는 공권력의 행사 내지 불행사라고는 볼 수 없다(헌재 1997.7.16, 93헌마239).

## 14

정답 ①

❶ [O] 특수임무수행자보상심의위원회는 위원 구성에 제3자성과 독립성이 보장되어 있고, 보상금등 지급 심의절차의 공정성과 신중성이 갖추어져 있다. 특수임무수행자는 보상금등 지급결정에 동의할 것인지 여부를 자유롭게 선택할 수 있으며, 보상금등을 지급받을 경우 향후 재판상 청구를 할 수 없음을 명확히 고지받고 있다. 보상금 중 기본공로금은 채용 · 입대경위, 교육훈련여건, 특수임무종결일 이후의 처리사항 등을 고려하여 위원회가 정한 금액으로 지급되는데, 위원회는 음성적 모집 여부, 기본권 미보장 여부, 인권유린, 종결 후 사후관리 미흡 등을 참작하여 구체적인 액수를 정하므로, 여기에는 특수임무교육훈련에 관한 정신적 손해배상 또는 보상에 해당하는 금원이 포함된다. 특수임무수행자는 보상금등 산정과정에서 국가 행위의 불법성이나 구체적인 손해 항목 등을 주장 · 입증할 필요가 없고 특수임무수행자의 과실이 반영되지도 않으며, 국가배상청구에 상당한 시간과 비용이 소요되는 데 반해 보상금등 지급결정은 비교적 간이 · 신속한 점까지 고려하면, 특임자보상법령이 정한 보상금등을 지급받는 것이 국가배상을 받는 것에 비해 일률적으로 과소 보상된다고 할 수도 없다. 따라서 심판대상조항이 과잉금지원칙을 위반하여 국가배상청구권 또는 재판청구권을 침해한다고 보기 어렵다(헌재 2021.9.30, 2019헌가28).

② [×] **서울대학교가 기본권의 수범자로 기능하면서 그 대표자가 행정심판의 피청구인이 된 경우에 적용되는 심판대상조항의 위헌성을 다투는 이 사건에서 서울대학교는 기본권의 주체가 된다고 할 수 없으므로,** 청구인의 재판청구권 침해 주장은 더 나아가 살필 필요 없이 이유 없다(헌재 2023.3.23, 2018헌바385).

③ [×] 5 · 18보상법 및 같은 법 시행령의 관련 조항을 살펴보면 정신적 손해배상에 상응하는 항목은 존재하지 아니하고, 보상심의위원회가 보상금 등 항목을 산정함에 있어 정신적 손해를 고려할 수 있다는 내용도 발견되지 아니한다. … 따라서 이 조항이 5 · 18보상법상 보상금 등의 성격과 중첩되지 않는 정신적 손해에 대한 국가배상청구권의 행사까지 금지하는 것은 국가배상청구권을 침해한다(헌재 2021.5.27, 2019헌가17).

④ [×] 법원조직법은 재판사무의 효율적 분담을 위하여 법정형이 중함에도 불구하고 단독판사의 관할로 할 사건을 법원조직법 제32조 제1항 제3호의 각 목에 정하였고, 이 사건 관할조항 또한 이 사건 특정범죄가중법 조항에 해당하는 사건의 난이도 또는 중대성을 고려하여 그 법정형에도 불구하고 이를 단독판사가 심판하도록 한 것이다. 이 사건 특정범죄가중법 조항의 적용을 받는 피고인은 합의부에서 재판을 받을 수 없게 되지만, 법관의 자격을 갖추고 물적 독립과 인적 독립이 보장된 판사에 의하여 사실의 확정과 법률의 해석 · 적용에 관하여 심리를 받을 수 있을 뿐만 아니라, 합의부에서 심판을 받는 것과 비교하여 특별한 형사소송법상의 불이익을 받지 아니한다. 또한 이 사건 특정범죄가중법 조항에 해당하는 사건이라고 하더라도 구체적인 사건의 난이도와 중대성에 비추어 합의부의 재판이 필요한 사건은 결정을 통하여 합의부에서 심판을 받을 수 있다. 따라서 이 사건 관할조항이 재판사무 배분에 관한 입법형성의 재량을 일탈하였다고 볼 수 없으므로, 국민의 재판받을 권리를 침해하지 않는다(헌재 2019.7.25, 2018헌바209).

## 15

정답 ③

① [O] 법원은 국민의 재판청구권에 근거하여 법령에 정한 국민의 정당한 재판청구행위에 대하여만 재판(裁判)을 할 의무를 부담하고 법령이 규정하지 아니한 재판청구행위에 대하여는 그 의무가 없다고 할 것이다(헌재 1994.6.30, 93헌마161).

② [O] 검사의 자의적인 불기소처분에 대한 통제방법에 관하여 헌법에 아무런 규정을 두고 있지 않기 때문에 어떠한 방법으로 어느 범위에서 이를 제한하여 그 남용을 통제할 것인가 하는 문제 역시 기본적으로 입법자의 재량에 속하는 입법정책의 문제이다(헌재 1997.8.21, 94헌바2).

❸ [×] **피청구인이 출정비용납부거부 또는 상계동의거부를 이유로 청구인의 행정소송 변론기일에 청구인의 출정을 제한한 행위(이하 '이 사건 출정제한행위'라 한다)가 청구인의 재판청구권을 침해하는지 여부(적극):** 재판 당사자가 재판에 참석하는 것은 재판청구권 행사의 기본적 내용이라고 할 것이므로 수형자도 형의 집행과 도망의 방지라는 구금의 목적을 반하지 않는 범위에서는 재판청구권이 보장되어야 한다(헌재 2012.3.29, 2010헌마475).

④ [O] 헌재 2012.8.23, 2008헌마430

## 16

정답 ①

❶ [O] 이 사건 재심기각결정들은 이 사건 한정위헌결정의 기속력을 부인하여 헌법재판소법에 따른 청구인들의 재심청구를 기각하였다. 따라서 이 사건 재심기각결정들은 모두 '법률에 대한 위헌결정의 기속력에 반하는 재판'으로 이에 대한 헌법소원은

허용되고 청구인들의 헌법상 보장된 재판청구권을 침해하였으므로, 헌법재판소법 제75조 제3항에 따라 취소되어야 한다(헌재 2020.6.30, 2014헌마760).

② [×] 강력범죄 또는 조직폭력범죄의 수사와 재판에서 범죄입증을 위해 증언한 자의 안전을 효과적으로 보장해 줄 수 있는 조치가 마련되어야 할 필요성은 매우 크고, 경우에 따라서는 증인이 피고인의 변호인과 대면하여 진술하는 것으로부터 보호할 필요성이 있을 수 있다. 피고인 등과 증인 사이에 차폐시설을 설치한 경우에도 피고인 및 변호인에게는 여전히 반대신문권이 보장되고, 증인신문과정에서 증언의 신빙성에 대한 최종 판단 권한을 가진 재판부가 증인의 진술태도를 충분히 관찰할 수 있으며, 형사소송법은 차폐시설을 설치하고 증인신문절차를 진행할 경우 피고인으로부터 의견을 듣도록 하는 등 피고인이 받을 수 있는 불이익을 최소화하기 위한 장치를 마련하고 있다. 따라서 심판대상조항은 과잉금지원칙에 위배되어 **청구인의 공정한 재판을 받을 권리 및 변호인의 조력을 받을 권리를 침해한다고 할 수 없다**(헌재 2016.12.29, 2015헌바221).

③ [×] 해당 대학의 공공단체로서의 지위를 고려하여 교원의 지위를 두텁게 제도를 형성하는 것이 가능하다. 교원소청심사위원회의 인용결정이 있을 경우 한국과학기술원 총장의 제소를 금지하여 교원으로 하여금 확정적이고 최종적으로 징계 등 불리한 처분에서 벗어날 수 있도록 한 것은 공공단체의 책무를 규정한 교원지위법의 취지에도 부합한다. 따라서 심판대상조항은 **청구인의 재판청구권을 침해하지 아니한다**(헌재 2022.10.27, 2019헌바117).

④ [×] 학교법인에게 재심결정에 불복할 제소권한을 부여한다고 하여 이 사건 법률조항이 추구하는 사립학교 교원의 신분보장에 특별한 장애사유가 생긴다든가 그 권리구제에 공백이 발생하는 것도 아니므로 이 사건 법률조항은 분쟁의 당사자이자 재심절차의 피청구인인 **학교법인의 재판청구권을 침해한다**(헌재 2006.2.23, 2005헌가7).

## 17

정답 ④

① [O] 치료감호심의위원회의 심사대상은 이미 판결에 의하여 확정된 보호감호처분을 집행하는 것에 불과하므로 이를 법관에게 맡길 것인지, 아니면 제3의 기관에 맡길 것인지는 입법재량의 범위 내에 있으며, 위원회의 결정에 대하여 불복이 있는 경우 행정소송 등 사법심사의 길이 열려 있으므로 법관에 의한 재판을 받을 권리를 침해한다고 할 수 없다. 나아가, 치료감호심의위원회의 구성, 심사절차 및 심사대상에 비추어 볼 때 위원회가 보호감호의 관리 및 집행에 관한 사항을 심사 · 결정하도록 한 것이 헌법상 적법절차원칙에 위배된다고 볼 수 없다(헌재 2009.3.26, 2007헌바50).

② [O] 특허청의 심판절차에 의한 심결이나 보정각하결정은 특허청의 행정공무원에 의한 것으로서 이를 헌법과 법률이 정한 법관에 의한 재판이라고 볼 수 없으므로 특허법 제186조 제1항은 법관에 의한 사실확정 및 법률적용의 기회를 박탈한 것으로서 헌법상 국민에게 보장된 '법관에 의한' 재판을 받을 권리의 본질적 내용을 침해하는 위헌규정이다(헌재 1995.9.28, 92헌가11 등).

③ [O] **통고처분은** 상대방의 임의의 승복을 그 발효요건으로 하기 때문에 그 자체만으로는 통고이행을 강제하거나 상대방에게 아무런 권리의무를 형성하지 않으므로 행정심판이나 행정소송의 대상으로서의 처분성을 부여할 수 없고, 통고처분에 대하여 이의가 있으면 통고 내용을 이행하지 않음으로써 고발되어 형사재판절차에서 통고처분의 위법 · 부당함을 얼마든지 다툴 수 있기 때문에 관세법 제38조 제3항 제2호가 법관에 의한 재판받을 권리를 침해한다든가 적법절차의 원칙에 저촉된다고 볼 수 없다(헌재 1998.5.28, 96헌바4).

❹ [×] 헌법재판소는 2010.12.28. 특례법 제4조 제1항과 제5조 제1항 중 제4조에 관한 2009헌바410 결정에서 "헌법 제27조의 재판청구권이 모든 사건에 대하여 상고심재판을 받을 권리를 의미한다고 할 수 없고, 심급제도는 원칙적으로 입법자의 형성의 자유에 속하는 사항인바, 심리불속행제도는 상고심재판을 받을 수 있는 객관적 기준을 정함에 있어 개별적 사건에서의 권리구제보다 법령해석의 통일을 더 우위에 둔 규정으로서 합리성이 있으므로 헌법에 위반되지 아니하고, 한편 심리불속행 상고기각판결에 이유를 기재한다 하더라도, 심리속행사유에 해당하지 않는다는 정도의 이유기재에 그칠 수밖에 없고, 그 이상의 이유기재를 요구하는 것은 심리불속행제도의 입법취지에 반하는 결과를 초래할 수 있으므로 헌법에 위반되지 않는다."는 취지의 합헌결정을 한 바 있는데, 이 사건의 경우 위 결정과 달리 판단하여야 할 사정변경이 없으므로 위 법률조항들은 재판청구권을 침해하지 않는다(헌재 2011.12.29, 2010헌마344).

✎ 심리불속행 모두 합헌

## 18

정답 ③

① [×], ② [×] 형사보상청구권은 헌법 제28조에 따라 '법률이 정하는 바에 의하여' 행사되므로 그 내용은 법률에 의해 정해지는바, 형사보상의 구체적 내용과 금액 및 절차에 관한 사항은 입법자가 정하여야 할 사항이다. 형사보상은 형사사법절차에 내재하는 불가피한 위험으로 인한 피해에 대한 보상으로서 국가의 위법 · 부당한 행위를 전제로 하는 국가배상과는 그 취지 자체가 상이하므로 형사보상절차로서 인과관계 있는 모든 손해를 보상하지 않는다고 하여 반드시 부당하다고 할 수는 없으며, 보상금액의 구체화 · 개별화를 추구할 경우에는 개별적인 보상금액을 산정하는데 상당한 기간의 소요 및 절차의 지연을 초래하여 형사보상제도의 취지에 반하는 결과가 될 위험이 크고 나아가 그로 인하여 형사보상금의 액수에 지나친 차등이 발생하여 오히려 공평의 관념을 저해할 우려가 있는바, 그 범위를 일정하게 제한하고 있다고 하여 형사보상청구권을 침해한다고 볼 수 없다(헌재 2010.10.28, 2008헌마514).

❸ [O] 이 사건 법률조항으로 인하여 피고인은 실제 지출한 변호사 보수를 보전 받지 못할 개연성이 많고, 그로 인하여 형사사건의 난이도, 변호인과의 신뢰도 등을 고려하여 사선변호인을 선임할 필요가 있는 경우에도 비용보상을 받지 못할 것을 우려한 피고인이 사선변호인 선임을 주저하게 되어 방어권 행사에 지장을 받을 수도 있게 되므로, 결국 이 사건 법률조항은 청구인의 재판청구권을 제한하고 있다고 할 수 있다. 그러나 형사보상청구권은 헌법 제28조 및 이를 구체화하고 있는

'형사보상 및 명예회복에 관한 법률'에 의하여 보장되고 있고, 무죄판결이 확정된 형사피고인에게 국선변호인의 보수에 준하여 변호사 보수를 보상하여 주도록 규정한 형사소송법이 형사보상청구권을 직접 제한하고 있지는 아니한다(헌재 2013.8.29. 2012헌바168).

④ [×] 인간다운 생활을 할 권리는 사회권적 기본권의 일종으로서 인간의 존엄에 상응하는 최소한의 물질적인 생활의 유지에 필요한 급부를 요구할 수 있는 권리를 의미하는바, 변호인의 보수에 관하여 국선변호인에 관한 규정을 준용하도록 규정한 이 사건 법률조항이 최소한의 물질적 생활을 요구할 수 있는 인간다운 생활을 할 권리의 향유와 관련되어 있다고 볼 여지가 없으므로, 이에 대하여도 별도로 판단하지 아니한다(헌재 2013.8.29. 2012헌바168).

## 19

정답 ③

① [×]

> 국가배상법 제2조 【배상책임】 ② 제1항 본문의 경우에 공무원에게 고의 또는 중대한 과실이 있으면 국가나 지방자치단체는 그 공무원에게 구상할 수 있다.

② [×] '국가배상법에 의하여'라는 문구 때문에 틀린 선지이다. 국가배상법에 의하여가 아니라 '대법원 판례'에 따라 고의, 중과실 유무에 따라 공무원이 배상책임을 지게 된다. 국가배상법은 공무원의 대외적 책임 범위를 규정하지 않고 있어 대법원 판례에 의해서 비로소 공무원에게 고의 또는 중대한 과실이 있으면 공무원의 대외적 배상책임을 지고 공무원에게 경과실이 있으면 공무원은 배상책임을 지지 않게 되었다.

❸ [O] **국가배상법 제2조 제2항을 해석하면 공무원의 불법행위로 국가나 지방자치단체가 배상을 한 경우 공무원에게 경과실이 있으면 국가나 지방자치단체는 그 공무원에게 구상할 수 없다.** 다만, 공무원의 불법행위로 공무원이 배상을 한 경우 이 있으면 국가나 지방자치단체에게 구상할 수 있다.

④ [×] **국가배상법 제2조 제1항 단서는 보상 외 배상금지이다. 최근 판례에서 배상을 받은 후 보상청구는 가능하다고 한다.**

> 국가배상법 제2조 【배상책임】 ① 국가나 지방자치단체는 공무원 또는 공무를 위탁받은 사인이 직무를 집행하면서 고의 또는 과실로 법령을 위반하여 타인에게 손해를 입히거나, 자동차손해배상 보장법에 따라 손해배상의 책임이 있을 때에는 이 법에 따라 그 손해를 배상하여야 한다. 다만, 군인·군무원·경찰공무원 또는 예비군대원이 전투·훈련 등 직무 집행과 관련하여 전사·순직하거나 공상을 입은 경우에 본인이나 그 유족이 다른 법령에 따라 재해보상금·유족연금·상이연금 등의 보상을 지급받을 수 있을 때에는 이 법 및 민법에 따른 손해배상을 청구할 수 없다.

## 20

정답 ③

① [O] 범죄피해자 보호법에 의한 범죄피해 구조금 중 위 법 제17조 제2항의 유족구조금은 사람의 생명 또는 신체를 해치는 죄에 해당하는 행위로 인하여 사망한 피해자 또는 그 유족들에 대한 손실보상을 목적으로 하는 것으로서, 위 범죄행위로 인한 손실 또는 손해를 전보하기 위하여 지급된다는 점에서 **불법행위로 인한 소극적 손해의 배상과 같은 종류의 금원이라고 봄이 타당하다**(대판 2017.11.9. 2017다228083).

② [O] 범죄피해자 보호법 제20조는 "구조피해자나 유족이 해당 구조대상 범죄피해를 원인으로 하여 국가배상법이나 그 밖의 법령에 따른 급여 등을 받을 수 있는 경우에는 대통령령으로 정하는 바에 따라 구조금을 지급하지 아니한다."라고 규정하고, 범죄피해자 보호법 시행령 제16조는 "법 제16조에 따른 구조피해자(이하 '구조피해자'라 한다) 또는 그 유족이 다음 각 호의 어느 하나에 해당하는 보상 또는 급여 등을 받을 수 있을 때에는 법 제20조에 따라 그 받을 금액의 범위에서 법 제16조에 따른 구조금(이하 '구조금'이라 한다)을 지급하지 아니한다."라고 규정하면서 제1호에서 "국가배상법 제2조 제1항에 따른 손해배상 급여"를 규정하고 있다. 이는 수급권자가 동일한 범죄로 범죄피해자 보호법 소정의 구조금과 국가배상법에 의하여 국가 또는 지방자치단체의 부담으로 되는 같은 종류의 급여를 모두 지급받음으로써 급여가 중복하여 지급되는 것을 방지하기 위한 조정조항이라 할 것이다. 따라서 **구조대상 범죄피해를 받은 구조피해자가 사망한 경우, 사망한 구조피해자의 유족들이 국가배상법에 의하여 국가 또는 지방자치단체로부터 사망한 구조피해자의 소극적 손해에 대한 손해배상금을 지급받았다면 지구심의회는 유족들에게 같은 종류의 급여인 유족구조금에서 그 상당액을 공제한 잔액만을 지급하면 되고**, 유족들이 지구심의회로부터 범죄피해자 보호법 소정의 유족구조금을 지급받았다면 국가 또는 지방자치단체는 유족들에게 사망한 구조피해자의 소극적 손해액에서 유족들이 지급받은 유족구조금 상당액을 공제한 잔액만을 지급하면 된다고 봄이 타당하다(대판 2017.11.9. 2017다228083).

❸ [×] 헌법은 전시납북자와 그 가족에 대한 보상에 관한 법률을 제정할 것을 명시적으로 위임하고 있지 아니하므로 헌법 규정으로부터 직접 도출되는 입법의무는 없다. 나아가 헌법 제30조에 따라 '법률이 정하는 바에 의하여' 범죄피해자구조청구권을 보장하기 위해서는 입법자에 의한 범죄피해자구조청구권의 구체적 형성이 불가피하고, 전시납북피해에 대하여 국가가 보상을 할 것인지 여부는 국가 책임의 정도와 태양, 예산, 사회적·경제적 여건 등을 종합적으로 고려할 사안으로서 입법재량의 영역이다. 정부에서 전시납북피해 신고를 받아 그 규모를 파악하고 있으므로 전시납북피해에 대해 이를 보상하는 방법을 강구한다면 바람직할 수 있겠으나, 그렇다고 하여 현행헌법하에서 그러한 입법이 헌법상 의무로 강제된다고 보기는 어렵다. 그러므로 **헌법 제30조의 해석만으로는 전시납북자와 그 가족에 대한 보상입법의무가 곧바로 도출된다고 볼 수 없고**, 그 밖에 헌법 전문이나 제10조 등을 해석하여 보더라도 그와 같은 입법의무가 직접적으로 도출된다고 보기 어렵다. 따라서 이 사건 심판청구는 헌법소원의 대상이 될 수 없는 진정입법부작위를 대상으로 한 것으로서 부적법하다(헌재 2022.8.31. 2019헌마1331).

④ [O]

| 범죄피해자 보호법 제19조 【구조금을 지급하지 아니할 수 있는 경우】 ① 범죄행위 당시 구조피해자와 가해자 사이에 다음 각 호의 어느 하나에 해당하는 친족관계가 있는 경우에는 구조금을 지급하지 아니한다.<br>1. 부부(사실상의 혼인관계를 포함한다)<br>제3조 【정의】 ① 이 법에서 사용하는 용어의 뜻은 다음과 같다.<br>1. "범죄피해자"란 타인의 범죄행위로 피해를 당한 사람과 그 배우자(사실상의 혼인관계를 포함한다), 직계친족 및 형제자매를 말한다. |
|---|

# 10회 진도별 모의고사 정답 및 해설
(사회적 기본권 ~ 국민의 기본적 의무)

## 정답

p.80

| 01 | ④ | 02 | ② | 03 | ④ | 04 | ④ | 05 | ③ |
|---|---|---|---|---|---|---|---|---|---|
| 06 | ③ | 07 | ③ | 08 | ③ | 09 | ② | 10 | ① |
| 11 | ④ | 12 | ① | 13 | ④ | 14 | ④ | 15 | ① |
| 16 | ② | 17 | ② | 18 | ③ | 19 | ② | 20 | ③ |

### 01

정답 ④

① [×]

> 범죄피해자 보호법 제25조【구조금의 지급신청】② 제1항에 따른 신청은 해당 구조대상 범죄피해의 발생을 안 날부터 3년이 지나거나 해당 구조대상 범죄피해가 발생한 날부터 10년이 지나면 할 수 없다.

② [×]

> 범죄피해자 보호법 제24조【범죄피해구조심의회 등】① 구조금 지급에 관한 사항을 심의·결정하기 위하여 각 지방검찰청에 범죄피해구조심의회(이하 '지구심의회'라 한다)를 두고 법무부에 범죄피해구조본부심의회(이하 '본부심의회'라 한다)를 둔다.

③ [×]

> 범죄피해자 보호법 제32조【구조금 수급권의 보호】구조금을 받을 권리는 양도하거나 담보로 제공하거나 압류할 수 없다.

❹ [○] 범죄피해자 보호법 제16조 제2호는 자기 또는 타인의 형사사건의 수사 또는 재판에서 고소·고발 등 수사단서를 제공하거나 진술, 증언 또는 자료제출을 하다가 구조피해자가 된 경우 구조를 받을 수 있도록 규정하고 있다. 가해자가 무자력인 경우뿐 아니라 불명인 경우에도 피해자는 가해자로부터 배상을 받지 못하므로 구조금을 지급받을 수 있다.

### 02

정답 ②

① [○] 모든 국민은 인간다운 생활을 할 권리를 가지며 국가는 생활능력 없는 국민을 보호할 의무가 있다는 헌법의 규정은 모든 국가기관을 기속하지만, 그 기속의 의미는 적극적·형성적 활동을 하는 입법부 또는 행정부의 경우와 헌법재판에 의한 사법적 통제기능을 하는 헌법재판소에 있어서 동일하지 아니하다(헌재 1997.5.29, 94헌마33).

❷ [×] 헌법 제34조 제1항은 "모든 국민은 인간다운 생활을 할 권리를 가진다."고 규정하고, 제2항은 "국가는 사회보장·사회복지의 증진에 노력할 의무를 진다."고 규정하고 있는바, 사회보장수급권은 이 규정들로부터 도출되는 사회적 기본권의 하나이다. 이와 같이 사회적 기본권의 성격을 가지는 사회보장수급권은 국가에 대하여 적극적으로 급부를 요구하는 것이므로 헌법 규정만으로는 이를 실현할 수 없고, 법률에 의한 형성을 필요로 한다. 사회보장수급권의 구체적 내용, 즉 수급요건, 수급권자의 범위, 급여금액 등은 법률에 의하여 비로소 확정된다(헌재 2001.9.27, 2000헌마342).

③ [○] 사회적 기본권은 입법과정이나 정책결정과정에서 사회적 기본권에 규정된 국가목표의 무조건적인 최우선적 배려가 아니라 단지 적절한 고려를 요청하는 것이다. 이러한 의미에서 사회적 기본권은, 국가의 모든 의사결정과정에서 사회적 기본권이 담고 있는 국가목표를 고려하여야 할 국가의 의무를 의미한다(헌재 2002.12.18, 2002헌마52).

④ [○] 사회적 기본권과 경쟁적 상태에 있는 국가의 다른 중요한 헌법적 의무와의 관계에서나 아니면 개별적인 사회적 기본권 규정들 사이에서의 경쟁적 관계에서 보나, 입법자는 사회·경제정책을 시행하는 데 있어서 서로 경쟁하고 충돌하는 여러 국가목표를 균형 있게 고려하여 서로 조화시키려고 시도하고, 매 사안마다 그에 적합한 실현의 우선순위를 부여하게 된다. 국가는 사회적 기본권에 의하여 제시된 국가의 의무와 과제를 언제나 국가의 현실적인 재정·경제능력의 범위 내에서 다른 국가과제와의 조화와 우선순위결정을 통하여 이행할 수밖에 없다. 그러므로 사회적 기본권은 입법과정이나 정책결정과정에서 사회적 기본권에 규정된 국가목표의 무조건적인 최우선적 배려가 아니라 단지 적절한 고려를 요청하는 것이다. 이러한 의미에서 사회적 기본권은, 국가의 모든 의사결정과정에서 사회적 기본권이 담고 있는 국가목표를 고려하여야 할 국가의 의무를 의미한다(헌재 2002.12.18, 2002헌마52).

### 03

정답 ④

① [×] 국민연금제도는 자기 기여를 전제로 하지 않고 국가로부터 소득을 보장받는 순수한 사회부조형 사회보장제도가 아니라, 가입자의 보험료를 재원으로 하여 가입기간, 기여도 및 소득수준 등을 고려하여 소득을 보장받는 사회보험제도이므로, 입

법자가 가입기간의 상당 부분을 성실하게 납부한 사람의 유족만을 유족연금 지급대상에 포함시키기 위하여 '연금보험료를 낸 기간이 그 연금보험료를 낸 기간과 연금보험료를 내지 아니한 기간을 합산한 기간의 3분의 2'보다 짧은 경우 유족연금 지급을 제한한 것이 입법재량의 한계를 일탈하였을 정도로 불합리하다고 보기 어렵다(헌재 2020.5.27, 2018헌바129).

② [×] **사회보험과 공공부조**

| 사회보험 | 공공부조 |
|---|---|
| 자기 기여 | 국가 부담 |
| 예산에서 일부 지원 | 예산에서 전액 부담 |
| 국민연금, 의료보험 | 생계급여, 주거급여 |
| 국민연금법 | 국민기초생활 보장법 |
| 1차 | 보충 |

③ [×] 공무원연금법상의 퇴직연금수급권은 기본적으로 사회보장적 급여로서의 성격을 가짐과 동시에 공로보상 내지 후불임금으로서의 성격도 함께 가진다고 할 것이고, 이러한 퇴직연금수급권은 경제적 가치 있는 권리로서 헌법 제23조에 의하여 보장되는 재산권으로서의 성격을 가진다고 할 수 있는데, 다만 그 구체적인 급여의 내용, 기여금의 액수 등을 형성하는 데에 있어서는 직업공무원제도나 사회보험원리에 입각한 사회보장적 급여로서의 성격으로 인하여 일반적인 재산권에 비하여 입법자에게 상대적으로 보다 폭넓은 재량이 헌법상 허용된다고 볼 수 있다(헌재 2005.6.30, 2004헌바42).

❹ [O] 현대의 가족구조가 통상 부모와 자녀의 2대로 구성된 핵가족화하고 있고, 직계존비속과 달리 형제자매는 가족 구성원으로서 법적인 부양의무를 부담하지 않으며, 보험원리에 입각해 한정된 재원으로 사회보장급부를 보다 절실히 필요로 하는 보험대상자에게 경제적 생활안정과 복리향상을 도모하기 위한 것이므로, 이 사건 법률조항이 입법형성권의 한계를 일탈하여 청구인들의 재산권을 침해한 것으로 볼 수 없다(헌재 2014.5.29, 2012헌마555).

## 04

답 ④

① [O] 우리 헌법은 제34조 제5항에서 "신체장애자 및 질병·노령 기타의 사유로 생활능력이 없는 국민은 법률이 정하는 바에 의하여 국가의 보호를 받는다."고 하여 생활능력이 없는 국민의 복지향상을 위하여 노력해야 할 국가의 의무를 규정하고 있다. 그러나 이러한 국가의 의무는 신체장애자 등 생활능력이 없는 국민도 인간다운 생활을 누릴 수 있도록 정의로운 사회질서를 형성해야 할 일반적인 의무를 뜻하는 것이지, 신체장애자 등을 위하여 특정한 의무를 이행해야 한다는 구체적 내용의 의무가 헌법으로부터 나오는 것은 아니다. 따라서 이러한 헌법 규정으로부터 직접 신체장애 등을 가진 국민에게 어떠한 기본권이 발생한다고 보기는 어렵다(헌재 2012.5.31, 2011헌마241).

② [O] 한 사람의 수급권자에게 여러 종류의 연금의 수급권이 발생한 경우 그 연금을 모두 지급하는 것보다는 일정한 범위에서 그 지급을 제한하여야 할 필요성이 있고 국민연금의 급여수준은 수급권자가 최저생활을 유지하는 데 필요한 금액을 기준으로 결정해야 할 것이지 납입한 연금보험료의 금액을 기준으로 결정하거나 여러 종류의 수급권이 발생하였다고 하여 반드시 중복하여 지급해야 할 것은 아니므로, 이 사건 법률조항이 수급권자에게 2 이상의 급여의 수급권이 발생한 때 그 자의 선택에 의하여 그중의 하나만을 지급하고 다른 급여의 지급을 정지하도록 한 것은 공공복리를 위하여 필요하고 적정한 방법으로서 헌법 제37조 제2항의 기본권 제한의 입법적 한계를 일탈한 것으로 볼 수 없고, 또 합리적인 이유가 있으므로 평등권을 침해한 것도 아니다(헌재 2000.6.1, 97헌마190).

③ [O] 의학적 평가 단계에서의 제한에 관하여 살피면, 심판대상조항들로 인하여 3개 이상의 질병을 가진 평가대상자의 경우 의학적 평가에서 자신의 질병 중 일부를 평가받을 수 없는 제한을 받게 된다. 그러나 다양한 경우에 적용될 수 있는 의학적 평가의 기준을 마련하는 데는 현실적 한계가 존재하는 점, 근로능력판정에 있어 질병의 개수보다 중한 질병의 정도가 더 큰 영향을 미칠 수 있다는 점, 활동능력 평가 단계에서는 평가대상자의 모든 질병이 반영된 총체적 상태를 바탕으로 평가가 이루어진다는 점 등을 고려할 때, 이러한 제한이 명백히 불합리하다고 보기는 어렵다(헌재 2019.9.26, 2017헌마632).

❹ [×] **경과실의 범죄로 인한 사고**는 개념상 우연한 사고의 범위를 벗어나지 않으므로 경과실로 인한 범죄행위에 기인하는 보험사고에 대하여 의료보험급여를 부정하는 것은 우연한 사고로 인한 위험으로부터 다수의 국민을 보호하고자 하는 사회보장제도로서의 의료보험의 본질을 침해하여 헌법에 위반된다(헌재 2003.12.18, 2002헌바1).

## 05

정답 ③

① [O] 국가 및 지방자치단체에게 사립유치원에 대한 교사 인건비, 운영비 및 영양사 인건비를 예산으로 지원하라는 헌법상 명문규정이 없음은 분명하다. 그리고 헌법 제31조 제1항은 국민의 교육을 받을 권리를 보장하고 있지만 그 권리는 통상 국가에 의한 교육조건의 개선·정비와 교육기회의 균등한 보장을 적극적으로 요구할 수 있는 권리로 이해되고 있을 뿐이고, 그로부터 위와 같은 작위의무가 헌법해석상 바로 도출된다고 볼 수 없다. 또한 사립유치원 운영자 등의 영업의 자유나 평등권을 보장하는 헌법규정으로부터도 위와 같은 작위의무가 도출된다고 볼 수 없다(헌재 2006.10.26, 2004헌마13).

② [O] 실질적인 평등교육을 실현해야 할 국가의 적극적인 의무가 인정된다고 하여 이로부터 국민이 직접 실질적 평등교육을 위한 교육비를 청구할 권리가 도출된다고 볼 수 없다(헌재 2003.11.27, 2003헌바39).

❸ [×] 교육을 받을 권리는 국민이 국가에 대해 직접 특정한 교육제도나 학교시설을 요구할 수 있음을 뜻하지 않으며, 더구나 자신의 교육환경을 최상 혹은 최적으로 만들기 위해 타인의 교육시설 참여기회를 제한할 것을 청구할 수 있는 기본권은 더더욱 아닌 것이다(헌재 2003.9.25, 2001헌마814).

④ [O] 헌법 제31조 제1항의 교육을 받을 권리는, **국민이 능력에 따라 균등하게 교육받을 것을 공권력에 의하여 부당하게 침해받지 않을 권리와, 국민이 능력에 따라 균등하게 교육받을 수 있도록 국가가 적극적으로 배려하여 줄 것을 요구할 수 있는 권리로 구성**되는바, 전자는 자유권적 기본권의 성격이, 후자

는 사회권적 기본권의 성격이 강하다고 할 수 있다(헌재 2008.4.24. 2007헌마1456).

## 06

정답 ③

① [O], ❸ [×] 국가 및 지방자치단체에게 사립유치원에 대한 교사 인건비, 운영비 및 영양사 인건비를 예산으로 지원하라는 헌법상 명문규정이 없음은 분명하다. 그리고 헌법 제31조 제1항은 국민의 교육을 받을 권리를 보장하고 있지만 그 권리는 통상 국가에 의한 교육조건의 개선·정비와 교육기회의 균등한 보장을 적극적으로 요구할 수 있는 권리로 이해되고 있을 뿐이고, 그로부터 위와 같은 작위의무가 헌법해석상 바로 도출된다고 볼 수 없다. 또한 사립유치원 운영자 등의 영업의 자유나 평등권을 보장하는 헌법규정으로부터도 위와 같은 작위의무가 도출된다고 볼 수 없다(헌재 2006.10.26. 2004헌마13).

② [O] 헌법 제31조 제1항의 교육을 받을 권리는, 국민이 능력에 따라 균등하게 교육받을 것을 공권력에 의하여 부당하게 침해받지 않을 권리와, 국민이 능력에 따라 균등하게 교육받을 수 있도록 국가가 적극적으로 배려하여 줄 것을 요구할 수 있는 권리로 구성되는바, 전자는 자유권적 기본권의 성격이, 후자는 사회권적 기본권의 성격이 강하다고 할 수 있다(헌재 2008.4.24. 2007헌마1456).

④ [O] 헌법 제31조 제1항에 의하여 보장되는 교육을 받을 권리는 교육의 기회균등을 의미하는 것으로, 국가에게 국민 누구나 능력에 따라 균등한 교육을 받을 수 있게끔 노력해야 할 의무를 부과한다. 따라서 교육을 받을 권리는 개인적 성향·능력 및 정신적·신체적 발달상황 등을 고려하지 아니한 채 동일한 교육을 받을 수 있는 권리를 의미하는 것이 아니다(헌재 2009.9.24. 2008헌마662).

## 07

정답 ③

① [×] 시행령은 입학전형 실시권자나 학생 모집 단위 등도 그대로 유지하여 자사고의 사학운영의 자유 제한을 최소화하였다. 또한 일반고 경쟁력 강화만으로 고교서열화 및 입시경쟁 완화에 충분하다고 단정할 수 없다. 따라서 이 사건 동시선발 조항은 국가가 학교 제도를 형성할 수 있는 재량 권한의 범위 내에 있다(헌재 2019.4.1. 2018헌마221).

② [×] 자사고가 전기학교로 유지되리라는 기대 내지 신뢰는 자사고의 교육과정을 도입취지에 충실하게 운영할 것을 전제로 한 것이므로 그 전제가 충족되지 않은 이상 청구인 학교법인의 신뢰를 보호하여야 할 가치나 필요성은 그만큼 약하다. 고교서열화 및 입시경쟁 완화라는 공익은 매우 중대하고, 자사고를 전기학교로 유지할 경우 우수학생 선점 문제를 해결하기 곤란하여 고교서열화 현상을 완화시키기 어렵다는 점, 청구인 학교법인의 신뢰의 보호가치가 작다는 점을 고려하면 이 사건 동시선발 조항은 신뢰보호원칙에 위배되지 아니한다(헌재 2019.4.1. 2018헌마221).

❸ [O] 과학고는 '과학분야의 인재 양성'이라는 설립 취지나 전문적인 교육과정의 측면에서 과학 분야에 재능이나 소질을 가진 학생을 후기학교보다 먼저 선발할 필요성을 인정할 수 있으나, 자사고의 경우 교육과정 등을 고려할 때 후기학교보다 먼저 특정한 재능이나 소질을 가진 학생을 선발할 필요성은 적다. 따라서 이 사건 동시선발 조항이 자사고를 후기학교로 규정함으로써 과학고와 달리 취급하고, 일반고와 같이 취급하는 데에는 합리적인 이유가 있으므로 청구인 학교법인의 평등권을 침해하지 아니한다(헌재 2019.4.1. 2018헌마221).

④ [×] 이 사건 중복지원금지 조항은 고등학교 진학 기회에 있어서의 평등이 문제된다. 비록 고등학교 교육이 의무교육은 아니지만 매우 보편화된 일반교육임을 고려할 때 고등학교 진학 기회의 제한은 당사자에게 미치는 제한의 효과가 커 엄격히 심사하여야 하므로 차별 목적과 차별 정도가 비례원칙을 준수하는지 살펴야 한다(헌재 2019.4.1. 2018헌마221).

## 08

정답 ③

① [×] **부모의 자녀교육권**은 다른 기본권과는 달리, 기본권의 주체인 부모의 자기결정권이라는 의미에서 보장되는 자유가 아니라, **자녀의 보호와 인격발현을 위하여 부여되는 기본권**이다. 다시 말하면, 부모의 자녀교육권은 자녀의 행복이란 관점에서 보장되는 것이며, 자녀의 행복이 부모의 교육에 있어서 그 방향을 결정하는 지침이 된다(헌재 2000.4.27. 98헌가16).

② [×] 부모의 자녀에 대한 교육권은 비록 헌법에 명문으로 규정되어 있지는 아니하지만, 혼인과 가족생활을 보장하는 헌법 제36조 제1항, 행복추구권을 보장하는 헌법 제10조 및 헌법 제37조 제1항에서 나오는 중요한 기본권이다. 이러한 부모의 자녀교육권은 학교영역에서는 부모가 자녀의 개성과 능력을 고려하여 자녀의 학교교육에 관한 전반적 계획을 세운다는 것에 기초하고 있으며, 자녀개성의 자유로운 발현을 위하여 그에 상응한 교육과정을 선택할 권리, 즉 자녀의 교육진로에 관한 결정권 내지는 자녀가 다닐 학교를 선택하는 권리로 구체화된다(헌재 2009.4.30. 2005헌마514).

❸ [O] 학부모가 자녀를 교육시킬 학교를 선택할 권리인 학교선택권도 자녀에 대한 부모교육권에 포함된다(헌재 1995.2.23. 91헌마204). 또한 부모의 교육권에는 학부모가 자신의 자녀를 위해서 가지는 자녀에 대한 정보청구권, 면접권도 포함된다(헌재 1999.3.25. 97헌마130).

④ [×] 자녀의 양육과 교육에 있어서 부모의 교육권은 교육의 모든 영역에서 존중되어야 하며, 다만, 학교교육에 관한 한, **국가는** 헌법 제31조에 의하여 부모의 교육권으로부터 원칙적으로 독립된 독자적인 교육권한을 부여받음으로써 부모의 교육권과 함께 자녀의 교육을 담당하지만, 학교 밖의 교육영역에서는 원칙적으로 부모의 교육권이 우위를 차지한다(헌재 2000.4.27. 98헌가16).

## 09

정답 ②

① [O] 산업재해를 입은 근로자에 대한 보상을 어떻게 할 것인가의 문제도 헌법 제32조 제3항이 의미하는 근로조건에 관한 기준의 한 문제로 볼 수 있다. 그렇다고 하더라도 헌법 제32조 제3항이 그에 관한 모든 문제를 국회가 정하는 법률로 규정할

것을 요구한다고는 볼 수 없다. 즉, 헌법 제32조 제3항이 헌법 제75조에 정한 위임입법의 한계를 유월하지 않는 한도에서 위 문제에 관한 대강의 기준을 국회가 제정하는 법률로 정하고 기타 상세한 사항은 하위 법령으로 정하도록 위임하는 것을 전면적으로 금지하고 있는 것은 아니라고 해석된다(헌재 1996.8.29, 95헌바36).

❷ [×] 이 사건 출국만기보험금이 근로자의 퇴직 후 생계 보호를 위한 퇴직금의 성격을 가진다고 하더라도 불법체류가 초래하는 여러 가지 문제를 고려할 때 불법체류 방지를 위해 그 지급시기를 출국과 연계시키는 것은 불가피하므로 심판대상조항이 청구인들의 근로의 권리를 침해한다고 보기 어렵다(헌재 2016.3.31, 2014헌마367).

③ [O] 이 사건 법률조항에서 '계속근로기간이 1년 미만인 근로자'를 퇴직급여 대상에서 제외하여 '계속근로기간이 1년 이상인 근로자'와 차별취급하는 것은, 퇴직급여가 1년 이상 장기간 근속한 근로자의 공로를 보상하고 업무의 효율성과 생산성의 증대 등을 위해 장기간 근무를 장려하기 위한 것으로 볼 수 있으며, 그 차별에 합리적 이유가 있으므로 청구인의 평등권이 침해되었다고 보기 어렵다(헌재 2011.7.28, 2009헌마408).

④ [O] 헌법 제32조 제1항이 규정하는 근로의 권리는 사회적 기본권으로서 국가에 대하여 직접 일자리를 청구하거나 일자리에 갈음하는 생계비의 지급청구권을 의미하는 것이 아니라 고용증진을 위한 사회적 · 경제적 정책을 요구할 수 있는 권리에 그치며, 근로의 권리로부터 국가에 대한 직접적인 직장존속청구권이 도출되는 것도 아니다. 나아가 근로자가 퇴직급여를 청구할 수 있는 권리도 헌법상 바로 도출되는 것이 아니라 근로자퇴직급여 보장법 등 관련 법률이 구체적으로 정하는 바에 따라 비로소 인정될 수 있는 것이므로 계속근로기간 1년 미만인 근로자가 퇴직급여를 청구할 수 있는 권리가 헌법 제32조 제1항에 의하여 보장된다고 보기는 어렵다(헌재 2011. 7.28, 2009헌마408).

## 10

정답 ①

❶ [×] 청구인들은 기존 직장에서 계속 근무하기를 원하는 기간제근로자들에게 정규직으로 전환되지 않는 한 2년을 초과하여 계속적으로 근무할 수 없도록 한 조항이 직업선택의 자유, 근로의 권리를 침해하고 있다고 주장한다. 이러한 청구인들의 주장은 기간제근로자라 하더라도 한 직장에서 계속해서 일할 자유를 보장해야(근로관계의 존속보장) 한다는 취지로 읽힌다. 그런데 헌법 제15조 직업의 자유와 제32조 근로의 권리는 국가에게 단지 사용자의 처분에 따른 직장 상실에 대하여 최소한의 보호를 제공해 줄 의무를 지울 뿐이고, 여기에서 직장 상실로부터 근로자를 보호하여 줄 것을 청구할 수 있는 권리가 나오지는 않으므로, 직업의 자유, 근로의 권리 침해 문제는 이 사건에서 발생하지 않는다(헌재 2013.10.24, 2010헌마219).

② [O] 헌법이 보장하는 근로의 권리에는 '일할 자리에 관한 권리'뿐만 아니라 '일할 환경에 관한 권리'도 포함되는데, 일할 환경에 관한 권리는 인간의 존엄성에 대한 침해를 막기 위한 권리로서 건강한 작업환경, 정당한 보수, 합리적 근로조건의 보장 등을 요구할 수 있는 권리를 포함한다. 근로기준법에 마련된 해고예고제도는 근로조건의 핵심적 부분인 해고와 관련된 사항일 뿐만 아니라, 근로자가 갑자기 직장을 잃어 생활이 곤란해지는 것을 막는 데 목적이 있으므로, 근로자의 인간 존엄성을 보장하기 위한 최소한의 근로조건으로서 근로의 권리의 내용에 포함된다(헌재 2015.12.23, 2014헌바3).

③ [O] 헌법 제32조 제1항이 규정하는 근로의 권리는 사회적 기본권으로서 국가에 대하여 직접 일자리를 청구하거나 일자리에 갈음하는 생계비의 지급청구권을 의미하는 것이 아니라 고용증진을 위한 사회적 · 경제적 정책을 요구할 수 있는 권리에 그치며, 근로의 권리로부터 국가에 대한 직접적인 직장존속청구권이 도출되는 것도 아니다. 나아가 근로자가 퇴직급여를 청구할 수 있는 권리도 헌법상 바로 도출되는 것이 아니라 퇴직급여법 등 관련 법률이 구체적으로 정하는 바에 따라 비로소 인정될 수 있는 것이므로 계속근로기간 1년 미만인 근로자가 퇴직급여를 청구할 수 있는 권리가 헌법 제32조 제1항에 의하여 보장된다고 보기는 어렵다(헌재 2011.7.28, 2009헌마408).

④ [O] 근로의 권리에는 일자리를 직접 청구할 권리는 도출되지 않고, 또한 생계비지급청구권도 인정되지 아니한다.

## 11

정답 ④

① [O] 노동조합은 근로의 권리 주체는 아니나 근로3권의 주체가 될 수 있다.

② [O] 근로의 권리가 "일할 자리에 관한 권리"만이 아니라 "일할 환경에 관한 권리"도 함께 내포하고 있는바, 후자는 인간의 존엄성에 대한 침해를 방어하기 위한 자유권적 기본권의 성격도 갖고 있어 건강한 작업환경, 일에 대한 정당한 보수, 합리적인 근로조건의 보장 등을 요구할 수 있는 권리 등을 포함한다고 할 것이므로 외국인 근로자라고 하여 이 부분에까지 기본권 주체성을 부인할 수는 없다. 즉 근로의 권리의 구체적인 내용에 따라, 국가에 대하여 고용증진을 위한 사회적 · 경제적 정책을 요구할 수 있는 권리는 사회권적 기본권으로서 국민에 대하여만 인정해야 하지만, 자본주의 경제질서하에서 근로자가 기본적 생활수단을 확보하고 인간의 존엄성을 보장받기 위하여 최소한의 근로조건을 요구할 수 있는 권리는 자유권적 기본권의 성격도 아울러 가지므로 이러한 경우 외국인 근로자에게도 그 기본권 주체성을 인정함이 타당하다(헌재 2007.8.30, 2004헌마670).

③ [O] 근로의 권리의 구체적인 내용에 따라, 국가에 대하여 고용증진을 위한 사회적 · 경제적 정책을 요구할 수 있는 권리는 사회권적 기본권으로서 국민에 대하여만 인정해야 하지만, 자본주의 경제질서하에서 근로자가 기본적 생활수단을 확보하고 인간의 존엄성을 보장받기 위하여 최소한의 근로조건을 요구할 수 있는 권리는 자유권적 기본권의 성격도 아울러 가지므로 이러한 경우 외국인 근로자에게도 그 기본권 주체성을 인정함이 타당하다(헌재 2007.8.30, 2004헌마670).

❹ [×] 산업재해보상보험법상 외국인 근로자에게 그 적용을 배제하는 특별한 규정이 없는 이상 피재자가 외국인이라 할지라도 그가 근로기준법상의 근로자에 해당하는 경우에는 내국인과 마찬가지로 산업재해보상보험법상의 요양급여를 지급받을 수 있다(서울고법 1993.11.26, 93구16774)고 판시한 바 있으나, 국가에 대하여 근로기회의 제공을 청구할 권리도 국민과 대

등하게 인정된다고 판시한 바 없다. 헌법재판소는 외국인은 근로의 권리 중 자유권은 인정되나 사회적 기본권 측면인 근로기회 관련 권리는 인정되지 않는다고 한다.

## 12

정답 ①

❶ [O] 입법자로서는 근로자의 권리행사의 실질적 조건을 형성하고 유지할 수 있도록 법률을 통해 단체행동권을 보장하고 실현하여야 할 것이나, 단체행동권의 보장은 사용자와 근로자단체와의 관계에서 사용자에게 일정한 손해를 감수할 의무를 수반할 수밖에 없다는 점을 감안하면 단체행동권을 제한이 불가능한 절대적 기본권으로 인정할 수는 없다. 단체행동권 역시 헌법 제37조 제2항의 일반적 법률유보조항에 따른 기본권 제한의 대상이 되므로, 그 제한의 위헌 여부는 과잉금지원칙을 준수하였는지 여부에 따라 판단되어야 한다(헌재 2022.5.26, 2012헌바66).

② [×] 퇴직급여제도의 적용대상에서 초단시간근로자를 배제한 심판대상조항이 헌법 제32조 제3항에 위배되는지 여부는 입법자가 퇴직급여제도를 형성함에 있어 근로자 보호의 필요성, 사용자의 부담능력, 목적달성에 소요되는 경제적 · 사회적 비용, 각종 사회보험제도의 활용이나 그러한 제도에 의한 대체나 보완가능성 등 제반사정을 고려하여 근로자 퇴직급여제도를 설정함에 있어 그 내용이 현저히 불합리하여 헌법상 용인될 수 있는 재량의 범위를 벗어난 것인지 여부에 달려 있다[헌재 2021.11.25, 2015헌바334, 2018헌바42(병합)].

③ [×] 축산업은 가축의 양육 및 출하에 있어 기후 및 계절의 영향을 강하게 받으므로, 근로시간 및 근로내용에 있어 일관성을 담보하기 어렵고, 축산업에 종사하는 근로자의 경우에도 휴가에 관한 규정은 여전히 적용되며, 사용자와 근로자 사이의 근로시간 및 휴일에 관한 사적 합의는 심판대상조항에 의한 제한을 받지 않는다. 현재 우리나라 축산업의 상황을 고려할 때, 축산업 근로자들에게 근로기준법을 전면적으로 적용할 경우, 인건비 상승으로 인한 경제적 부작용이 초래될 위험이 있다. 위 점들을 종합하여 볼 때, 심판대상조항이 입법자가 입법재량의 한계를 일탈하여 인간의 존엄을 보장하기 위한 최소한의 근로조건을 마련하지 않은 것이라고 보기 어려우므로, 심판대상조항은 청구인의 근로의 권리를 침해하지 않는다(헌재 2021.8.31, 2018헌마563).

④ [×] 소정근로시간이 1주간 15시간 미만인 이른바 '초단시간근로'는 일반적으로 임시적이고 일시적인 근로에 불과하여, 해당 사업 또는 사업장에 대한 기여를 전제로 하는 퇴직급여제도의 본질에 부합한다고 보기 어렵다. 소정근로시간이 짧은 경우에는 고용이 단기간만 지속되는 현실에 비추어 볼 때에도, '소정근로시간'을 기준으로 해당 사업 또는 사업장에 대한 전속성이나 기여도를 판단하도록 규정한 것 역시 합리성을 상실하였다고 보기도 어렵다. 따라서 심판대상조항은 헌법 제32조 제3항에 위배되는 것으로 볼 수 없다[헌재 2021.11.25, 2015헌바334, 2018헌바42(병합)].

## 13

정답 ④

① [×] 헌법상 근로의 권리는 '일할 자리에 관한 권리'만이 아니라 '일할 환경에 관한 권리'도 의미하는데, '일할 환경에 관한 권리'는 인간의 존엄성에 대한 침해를 방어하기 위한 권리로서 외국인에게도 인정되며, 건강한 작업환경, 일에 대한 정당한 보수, 합리적인 근로조건의 보장 등을 요구할 수 있는 권리 등을 포함한다. 여기서의 근로조건은 임금과 그 지불방법, 취업시간과 휴식시간 등 근로계약에 의하여 근로자가 근로를 제공하고 임금을 수령하는 데 관한 조건들이고, 이 사건 출국만기보험금은 퇴직금의 성질을 가지고 있어서 그 지급시기에 관한 것은 근로조건의 문제이므로 외국인인 청구인들에게도 기본권 주체성이 인정된다(헌재 2016.3.31, 2014헌마367).

② [×] 교육공무원인 대학 교원에 대하여 보더라도, 교육공무원의 직무수행의 특성과 헌법 제33조 제1항 및 제2항의 정신을 종합해 볼 때, 교육공무원에게 근로3권을 일체 허용하지 않고 전면적으로 부정하는 것은 합리성을 상실한 과도한 것으로서 입법형성권의 범위를 벗어나 헌법에 위반된다(헌재 2018.8.30, 2015헌가38).

③ [×] 헌법 제33조 제2항이 직접 '법률이 정하는 자'만이 노동3권을 향유할 수 있다고 규정하고 있어서 '법률이 정하는 자' 이외의 공무원은 노동3권의 주체가 되지 못하므로, '법률이 정하는 자' 이외의 공무원에 대해서도 노동3권이 인정됨을 전제로 하여 헌법 제37조 제2항의 과잉금지원칙을 적용할 수는 없는 것이다(헌재 2007.8.30, 2003헌바51 등).

❹ [O] 우리 헌법은 제33조 제1항에서 근로자의 자주적인 노동3권을 보장하고 있으면서도, 같은 조 제2항에서 공무원인 근로자에 대하여는 법률에 의한 제한을 예정하고 있는바, 이는 공무원의 국민 전체에 대한 봉사자로서의 지위 및 그 직무상의 공공성을 고려하여 합리적인 공무원제도의 보장과 이와 관련된 주권자의 권익을 공공복리의 목적 아래 통합 조정하려는 것이다. 따라서 국회는 헌법 제33조 제2항에 따라 공무원인 근로자에게 단결권 · 단체교섭권 · 단체행동권을 인정할 것인가의 여부, 어떤 형태의 행위를 어느 범위에서 인정할 것인가 등에 대하여 광범위한 입법형성의 자유를 가진다(헌재 2008.12.26, 2005헌마971).

## 14

정답 ④

① [O] '지배 · 개입행위'란 사용자가 노동조합의 조직 · 운영을 조종하거나 이에 간섭하는 일체의 행위로서 노동조합의 자주성을 저해하거나 저해할 위험성이 있는 행위라고 볼 수 있다. 비록 이 사건 지배개입금지조항은 '지배 · 개입'이라는 다소 광범위한 용어를 사용하고 있으나 수범자인 사용자가 노동조합과의 관계에서 자신의 행위를 결정해 나가기에 충분한 기준이 될 정도의 의미내용을 가지고 있다고 할 것이다. 또한 앞서 본 바와 같은 학설, 판례 등의 집적을 통하여 실무적 기준이 충분히 확립되어 있으므로 법 집행자가 자의적으로 해석하는 것을 허용한다고 보기도 어렵다. 따라서 이 사건 지배개입금지조항이 헌법상 죄형법정주의가 요구하는 명확성원칙에 위반된다고 볼 수 없다(헌재 2022.5.26, 2019헌바341).

② [O] 직업의 자유에는 영업의 자유와 기업의 자유가 포함되는데 이 사건 급여지원금지조항의 경우 사용자가 노조전임자에게 급여를 지원하는 것을 금지하고 있으므로 사용자인 청구인의 기업활동의 자유를 제한하고 있다(헌재 2022.5.26, 2019헌바341).

③ [O] 이 사건 급여지원금지조항으로 인하여 초래되는 사용자의 기업의 자유의 제한은 근로시간 면제 제도로 인하여 상당히 완화되는 반면에, 이 사건 급여지원금지조항은 노동조합의 자주성과 독립성 확보, 안정적인 노사관계의 유지와 산업 평화를 도모하기 위한 것으로서 그 공익은 중대하므로 법익의 균형성도 인정된다. 따라서 이 사건 급여지원금지조항은 과잉금지원칙에 위배되지 아니한다(헌재 2022.5.26, 2019헌바341).

❹ [×] 법인의 행위는 법인을 대표하는 자연인인 대표기관의 의사결정에 따른 행위에 의하여 실현되므로, 자연인인 대표기관의 의사결정 및 행위에 따라 법인의 책임 유무를 판단할 수 있다. 즉, 법인은 기관을 통하여 행위하므로 법인이 대표자를 선임한 이상 그의 행위로 인한 법률효과는 법인에게 귀속되어야 하고, 법인 대표자의 범죄행위에 대하여는 법인 자신이 자신의 행위에 대한 책임을 부담하는 것이다. 이 사건에서 문제되고 있는 사용자의 부당노동행위와 관련하여서도 법인인 사용자는 이 사건 지배개입금지조항과 이 사건 급여지원금지조항에 따라 부당노동행위를 하여서는 아니 될 의무를 부담하지만, 이 경우 법인은 직접 범행의 주체가 될 수 없고 대표자의 행위를 매개로 하여서만 범행을 실현할 수 있으므로 대표자의 행위를 곧 법인의 행위로 볼 수밖에 없다. 더 이상의 감독기관이 없는 대표자의 행위에 대하여는 누군가의 감독상 과실을 인정할 수도 없고, 달리 대표자의 책임과 분리된 법인만의 책임을 상정하기도 어려운 것이다.
결국 법인 대표자의 법규위반행위에 대한 법인의 책임은 법인 자신의 법규위반행위로 평가될 수 있는 행위에 대한 법인의 직접책임이므로, 대표자의 고의에 의한 위반행위에 대하여는 법인이 고의 책임을, 대표자의 과실에 의한 위반행위에 대하여는 법인이 과실 책임을 부담한다. 따라서 이 사건 양벌조항은 법인의 직접책임을 근거로 하여 법인을 처벌하므로 책임주의원칙에 위배되지 않는다(헌재 2022.5.26, 2019헌바341).

## 15

정답 ①

❶ [O] 헌법 제33조 제1항에 의하면 단결권의 주체는 단지 개인인 것처럼 표현되어 있지만, 만일 헌법이 개인의 단결권만을 보장하고 조직된 단체의 권리를 인정하지 않는다면, 즉 국가가 임의로 단체의 존속과 활동을 억압할 수 있다면 개인의 단결권 보장은 무의미하게 된다. 따라서 헌법 제33조 제1항은 근로자 개인의 단결권만이 아니라 단체 자체의 단결권도 보장하고 있는 것으로 보아야 한다(헌재 1999.11.25, 95헌마154).

② [×] 헌법상 보장된 근로자의 단결권은 단결할 자유만을 가리킬 뿐이고, 단결하지 아니할 자유 이른바 소극적 단결권은 이에 포함되지 않는다. 근로자의 단결하지 아니할 자유는 헌법 제10조의 일반적 행동의 자유와 헌법 제21조의 결사의 자유에서 근거를 찾을 수 있고, 노동조합의 적극적 단결권은 헌법 제33조에서 보호된다(헌재 2005.11.24, 2002헌바95).

③ [×], ④ [×] 헌법 제33조 제1항은 "근로자는 근로조건의 향상을 위하여 자주적인 단결권·단체교섭권 및 단체행동권을 가진다."고 규정하고 있다. 여기서 헌법상 보장된 근로자의 단결권은 단결할 자유만을 가리킬 뿐이고, **단결하지 아니할 자유 이른바 소극적 단결권은 이에 포함되지 않는다고** 보는 것이 우리 재판소의 선례라고 할 것이다. 그렇다면 근로자가 노동조합을 결성하지 아니할 자유나 노동조합에 가입을 강제당하지 아니할 자유, 그리고 가입한 노동조합을 탈퇴할 자유는 근로자에게 보장된 단결권의 내용에 포섭되는 권리로서가 아니라 헌법 제10조의 행복추구권에서 파생되는 일반적 행동의 자유 또는 제21조 제1항의 결사의 자유에서 그 근거를 찾을 수 있다(헌재 2005.11.24, 2002헌바95).

## 16

정답 ②

① [O] 헌법 제35조 제1항에서 정하고 있는 환경권에 관한 규정만으로는 그 권리의 주체·대상·내용·행사방법 등이 구체적으로 정립되어 있다고 볼 수 없고, 환경정책기본법 제6조도 그 규정 내용 등에 비추어 국민에게 구체적인 권리를 부여한 것으로 볼 수 없다는 이유로, 환경영향평가 대상지역 밖에 거주하는 주민에게 헌법상의 환경권 또는 환경정책기본법에 근거하여 공유수면매립면허처분과 농지개량사업 시행인가처분의 무효확인을 구할 원고적격이 없다고 한 사례(대판 2006.3.16, 2006두330)

❷ [×] 환경권은 명문의 법률규정이나 관계 법령의 규정 취지 및 조리에 비추어 권리의 주체, 대상, 내용, 행사 방법 등이 구체적으로 정립될 수 있어야만 인정되는 것이므로, 사법상의 권리로서의 환경권을 인정하는 명문의 규정이 없는데도 환경권에 기하여 직접 방해배제청구권을 인정할 수 없다(대판 1997.7.22, 96다56153).

③ [O]

> **헌법 제35조** ① 모든 국민은 건강하고 쾌적한 환경에서 생활할 권리를 가지며, 국가와 국민은 환경보전을 위하여 노력하여야 한다.

④ [O] 쾌적한 환경에서 살 권리는 인간의 권리이다.

## 17

정답 ②

① [O]

> **헌법 제35조** ① 모든 국민은 건강하고 쾌적한 환경에서 생활할 권리를 가지며, 국가와 국민은 환경보전을 위하여 노력하여야 한다.

❷ [×] 대부분의 국가는 환경권을 헌법에 규정하고 있지 않다. 미국 헌법에는 환경권 규정이 없고, 독일은 환경권은 규정하지 않고 국가목표로 환경보호를 규정하고 있다.

③ [O] 환경권은 건강하고 쾌적한 생활을 유지하는 조건으로서 양호한 환경을 향유할 권리이다. 환경권을 행사함에 있어 국민은 국가로부터 건강하고 쾌적한 환경을 향유할 수 있는 자유를 침해당하지 않을 권리(= 자유권)를 행사할 수 있고, 일정한 경우 국가에 대하여 건강하고 쾌적한 환경에서 생활할 수 있도록 요구할 수 있는 권리(= 청구권)가 인정되기도 하는바,

환경권은 그 자체 종합적 기본권으로서의 성격을 지닌다(헌재 2008.7.31, 2006헌마711).

④ [O] 헌재 2008.7.31, 2006헌마711

## 18

정답 ③

① [×] 교육을 받게 할 의무의 주체는 취학아동을 둔 친권자 또는 후견인이다. 국가기관은 교육을 받을 권리에 대응하는 의무교육의 주체이지 교육을 받게 할 의무의 주체는 아니다(다수설). 또한 외국인은 교육을 받게 할 의무를 지지는 않는다.

② [×] 병역의무를 부과하게 되면 그 의무자의 기본권은 여러 가지 면에서(일반적 행동의 자유, 신체의 자유, 거주·이전의 자유, 직업의 자유, 양심의 자유 등) 제약을 받으므로, 법률에 의한 병역의무의 형성에도 헌법적 한계가 없다고 할 수 없고 헌법의 일반원칙, 기본권보장의 정신에 의한 한계를 준수하여야 한다(헌재 2010.7.29, 2008헌가28).

❸ [O] 국방의 의무는 외부 적대세력의 직·간접적인 침략행위로부터 국가의 독립을 유지하고 영토를 보전하기 위한 의무로서, 현대전이 고도의 과학기술과 정보를 요구하고 국민 전체의 협력을 필요로 하는 이른바 총력전인 점에 비추어 ⓐ 단지 병역법에 의하여 군복무에 임하는 등의 직접적인 병력형성의 무만을 가리키는 것이 아니라, ⓑ 병역법·향토예비군설치법·민방위기본법·비상대비에 관한 법률 등에 의한 간접적인 병력형성의무 및 ⓒ 병력형성 이후 군작전명령에 복종하고 협력하여야 할 의무도 포함하는 개념이다(헌재 2002.11.28, 2002헌바45).

④ [×] 헌법 제39조 제2항은 병역의무를 이행한 사람에게 보상조치를 취하거나 특혜를 부여할 의무를 국가에게 지우는 것이 아니라, 법문 그대로 병역의무의 이행을 이유로 불이익한 처우를 하는 것을 금지하고 있을 뿐이다. 그리고 이 조항에서 금지하는 '불이익한 처우'라 함은 단순한 사실상, 경제상의 불이익을 모두 포함하는 것이 아니라 법적인 불이익을 의미하는 것으로 보아야 한다(헌재 1999.12.23, 98헌바33).

## 19

정답 ②

① [O] 병역법은 양심에 근거한 병역거부에 대하여 병역의무무면제나 대체복무를 인정하지 않고 처벌을 하고 있지만, 이는 우리의 분단현실 등을 고려한 불가피한 조치로써 현행헌법질서에 반하지 않는다. 또한 '시민적 및 정치적 권리에 관한 국제규약(International Covenant on Civil and Political Rights)'은 가입국에게 양심적 병역거부권을 인정해야 한다는 의무를 부과하고 있지 않으므로 우리의 병역법이 규약에 반하는 것도 아니다(대판 2007.12.27, 2007도7941).

❷ [×] 군복무로 인한 휴직기간을 법무사시험의 일부 면제에 관한 법무사법 제5조의2 제1항의 공무원 근무경력에 산입하지 아니하였다고 하여 이를 두고 병역의무의 이행으로 인하여 불이익한 처우를 받지 아니한다고 규정한 헌법 제39조 제2항 위반이라고 할 수 없다(대판 2006.6.30, 2004두4802).

③ [O] 병역의무가 제대로 이행되지 않아 국가의 안전보장이 이루어지지 않는다면 국민의 인간으로서의 존엄과 가치도 보장될 수 없음은 불을 보듯 명확한 일이므로, 병역의무는 궁극적으로는 국민 전체의 인간으로서의 존엄과 가치를 보장하기 위한 것이라 할 것이고, 양심적 병역거부자의 양심의 자유가 위와 같은 헌법적 법익보다 우월한 가치라고는 할 수 없으니, 위와 같은 헌법적 법익을 위하여 헌법 제37조 제2항에 따라 피고인의 양심의 자유를 제한한다 하더라도 이는 헌법상 허용된 정당한 제한이다(대판 2004.7.15, 2004도2965).

④ [O] 현역을 마친 예비역이 병역법에 의하여 병력동원훈련 등을 위하여 소집을 받는 것은 위에서 본 바와 같이 헌법과 법률에 따른 국방의 의무를 이행하는 것이고, 소집되어 실역에 복무하는 동안 군형법의 적용을 받는 것 또한 국방의 의무를 이행하는 중에 범한 군사상의 범죄에 대하여 형벌이라는 제재를 받는 것이므로 어느 것이나 헌법 제39조 제1항에 규정된 국방의 의무를 이행하느라 입는 불이익이라고 할 수는 있을지언정, 이를 가리켜 병역의무의 이행으로 불이익한 처우를 받는 것이라고는 할 수 없다(헌재 1999.2.25, 97헌바3).

## 20

정답 ③

① [O] 표현행위자의 특정 견해, 이념, 관점에 근거한 제한은 표현의 내용에 대한 제한 중에서도 가장 심각하고 해로운 제한이다. 헌법상 표현의 자유가 보호하고자 하는 가장 핵심적인 것이 바로 '표현행위가 어떠한 내용을 대상으로 한 것이든 보호를 받아야 한다'는 것이며, '국가가 표현행위를 그 내용에 따라 차별함으로써 특정한 견해나 입장을 선호하거나 억압해서는 안 된다'는 것이다. 따라서 정치적 표현의 내용, 그중에서도 표현된 관점을 근거로 한 제한은 과잉금지원칙을 준수하여야 하며, 그 심사 강도는 더욱 엄격하다고 할 것이다(헌재 2020.12.23, 2017헌마416).

② [O] 국가배상청구권의 성립요건으로서 공무원의 고의 또는 과실을 규정한 것은 법률로 이미 형성된 국가배상청구권의 행사 및 존속을 제한한다고 보기보다는 국가배상청구권의 내용을 형성하는 것이라고 할 것이므로, 헌법상 국가배상제도의 정신에 부합하게 국가배상청구권을 형성하였는지의 관점에서 심사하여야 한다. 이하에서는 심판대상조항이 국가배상청구권의 성립요건으로서 공무원의 고의 또는 과실을 요구함으로써 무과실책임을 인정하지 않은 것이 입법형성권의 자의적 행사로서 헌법상 국가배상청구권을 침해하는지 여부를 살펴본다(헌재 2020.3.26, 2016헌바55).

❸ [×] 대학의 자율도 헌법상의 기본권이므로 기본권 제한의 일반적 법률유보의 원칙을 규정한 헌법 제37조 제2항에 따라 제한될 수 있고, 대학의 자율의 구체적인 내용은 법률이 정하는 바에 의하여 보장되며, 또한 국가는 헌법 제31조 제6항에 따라 모든 학교제도의 조직, 계획, 운영, 감독에 관한 포괄적인 권한, 즉 학교제도에 관한 전반적인 형성권과 규율권을 부여받았다고 할 수 있고, 다만 그 규율의 정도는 그 시대의 사정과 각급 학교에 따라 다를 수밖에 없는 것이므로 교육의 본질을 침해하지 않는 한 궁극적으로는 입법권자의 형성의 자유에 속하는 것이라 할 수 있다. 따라서 교육공무원법의 관련 규정이 대학의 자유를 제한하고 있다고 하더라도 그 위헌 여부는 입법자가 기본권을 제한함에 있어 헌법 제37조 제2항에 의한 합리적인 입법한계를 벗어나 자의적으로 그 본질적 내용을

침해하였는지 여부에 따라 판단되어야 할 것이다(헌재 2006.4.27, 2005헌마1047).

④ [O] 헌법 제31조 제1항의 교육을 받을 권리는, 국민이 능력에 따라 균등하게 교육받을 것을 공권력에 의하여 부당하게 침해받지 않을 권리와, 국민이 능력에 따라 균등하게 교육받을 수 있도록 국가가 적극적으로 배려하여 줄 것을 요구할 수 있는 권리로 구성되는바, 전자는 자유권적 기본권의 성격이, 후자는 사회권적 기본권의 성격이 강하다고 할 수 있다.
그런데 이 사건 규칙조항과 같이 검정고시응시자격을 제한하는 것은, 국민의 교육받을 권리 중 그 의사와 능력에 따라 균등하게 교육받을 것을 국가로부터 방해받지 않을 권리, 즉 자유권적 기본권을 제한하는 것이므로, 그 제한에 대하여는 헌법 제37조 제2항의 비례원칙에 의한 심사, 즉 과잉금지원칙에 따른 심사를 받아야 할 것이다(헌재 2008.4.24, 2007헌마1456).

# 빠른 정답

## 1회

p.8

| 01 | ③ | 02 | ③ | 03 | ④ | 04 | ④ | 05 | ② |
|---|---|---|---|---|---|---|---|---|---|
| 06 | ① | 07 | ④ | 08 | ④ | 09 | ② | 10 | ④ |
| 11 | ① | 12 | ③ | 13 | ③ | 14 | ④ | 15 | ④ |
| 16 | ④ | 17 | ② | 18 | ② | 19 | ② | 20 | ④ |

## 2회

p.14

| 01 | ② | 02 | ② | 03 | ② | 04 | ③ | 05 | ② |
|---|---|---|---|---|---|---|---|---|---|
| 06 | ② | 07 | ① | 08 | ① | 09 | ① | 10 | ② |
| 11 | ① | 12 | ② | 13 | ② | 14 | ③ | 15 | ④ |
| 16 | ② | 17 | ④ | 18 | ② | 19 | ② | 20 | ② |

## 3회

p.22

| 01 | ③ | 02 | ② | 03 | ② | 04 | ④ | 05 | ④ |
|---|---|---|---|---|---|---|---|---|---|
| 06 | ② | 07 | ④ | 08 | ③ | 09 | ④ | 10 | ④ |
| 11 | ③ | 12 | ④ | 13 | ③ | 14 | ② | 15 | ④ |
| 16 | ② | 17 | ① | 18 | ② | 19 | ① | 20 | ④ |

## 4회

p.28

| 01 | ④ | 02 | ③ | 03 | ① | 04 | ③ | 05 | ③ |
|---|---|---|---|---|---|---|---|---|---|
| 06 | ③ | 07 | ③ | 08 | ④ | 09 | ① | 10 | ② |
| 11 | ② | 12 | ① | 13 | ③ | 14 | ② | 15 | ④ |
| 16 | ① | 17 | ③ | 18 | ③ | 19 | ④ | 20 | ① |

## 5회

p.38

| 01 | ① | 02 | ④ | 03 | ② | 04 | ① | 05 | ② |
|---|---|---|---|---|---|---|---|---|---|
| 06 | ④ | 07 | ③ | 08 | ④ | 09 | ④ | 10 | ① |
| 11 | ④ | 12 | ① | 13 | ④ | 14 | ③ | 15 | ① |
| 16 | ④ | 17 | ④ | 18 | ① | 19 | ① | 20 | ④ |

## 6회

p.48

| | | | | | | | | | |
|---|---|---|---|---|---|---|---|---|---|
| 01 | ② | 02 | ④ | 03 | ① | 04 | ① | 05 | ② |
| 06 | ③ | 07 | ② | 08 | ② | 09 | ③ | 10 | ② |
| 11 | ③ | 12 | ④ | 13 | ① | 14 | ① | 15 | ② |
| 16 | ④ | 17 | ① | 18 | ② | 19 | ③ | 20 | ② |

## 7회

p.56

| | | | | | | | | | |
|---|---|---|---|---|---|---|---|---|---|
| 01 | ④ | 02 | ① | 03 | ① | 04 | ④ | 05 | ④ |
| 06 | ④ | 07 | ③ | 08 | ④ | 09 | ② | 10 | ② |
| 11 | ① | 12 | ④ | 13 | ① | 14 | ② | 15 | ② |
| 16 | ③ | 17 | ② | 18 | ③ | 19 | ① | 20 | ④ |

## 8회

p.64

| | | | | | | | | | |
|---|---|---|---|---|---|---|---|---|---|
| 01 | ① | 02 | ③ | 03 | ① | 04 | ② | 05 | ③ |
| 06 | ① | 07 | ② | 08 | ③ | 09 | ③ | 10 | ① |
| 11 | ④ | 12 | ④ | 13 | ① | 14 | ① | 15 | ④ |
| 16 | ② | 17 | ④ | 18 | ① | 19 | ④ | 20 | ④ |

## 9회

p.72

| | | | | | | | | | |
|---|---|---|---|---|---|---|---|---|---|
| 01 | ③ | 02 | ① | 03 | ④ | 04 | ④ | 05 | ④ |
| 06 | ④ | 07 | ② | 08 | ① | 09 | ② | 10 | ④ |
| 11 | ② | 12 | ① | 13 | ① | 14 | ① | 15 | ③ |
| 16 | ① | 17 | ④ | 18 | ③ | 19 | ③ | 20 | ③ |

## 10회

p.80

| | | | | | | | | | |
|---|---|---|---|---|---|---|---|---|---|
| 01 | ④ | 02 | ② | 03 | ④ | 04 | ④ | 05 | ③ |
| 06 | ③ | 07 | ③ | 08 | ③ | 09 | ② | 10 | ① |
| 11 | ④ | 12 | ① | 13 | ④ | 14 | ④ | 15 | ① |
| 16 | ② | 17 | ② | 18 | ③ | 19 | ② | 20 | ③ |

MEMO

2024 최신개정판

해커스경찰

# 황남기 경찰헌법

Season 2 진도별 모의고사


**개정 2판 1쇄 발행 2024년 6월 12일**

| | |
|---|---|
| 지은이 | 황남기 |
| 펴낸곳 | 해커스패스 |
| 펴낸이 | 해커스경찰 출판팀 |
| 주소 | 서울특별시 강남구 강남대로 428 해커스경찰 |
| 고객센터 | 1588-4055 |
| 교재 관련 문의 | gosi@hackerspass.com<br>해커스경찰 사이트(police.Hackers.com) 교재 Q&A 게시판<br>카카오톡 플러스 친구 [해커스경찰] |
| 학원 강의 및 동영상강의 | police.Hackers.com |
| ISBN | 979-11-7244-153-1 (13360) |
| Serial Number | 02-01-01 |